MICHAEL ALLNER · GEBRAUCHTMOTORRÄDER

Michael Allner

GEBRAUCHT MOTORRÄDER

130 beliebte Maschinen unter der Lupe

Einbandgestaltung: Nicole Lechner
unter Verwendung von Dias aus dem Archiv der Zeitschrift MOTORRAD; Stuttgart

Fotonachweis: Alle Fotos stammen aus dem Archiv des Autors
oder der Zeitschrift MOTORRAD.

Eine Haftung des Autors oder des Verlages und seiner Beauftragten
für Personen-, Sach- und Vermögensschäden ist ausgeschlossen.

ISBN 3-613-02219-2

Copyright © by Motorbuch Verlag, Postfach 103743, 70032 Stuttgart.
Ein Unternehmen der Paul Pietsch Verlage GmbH & Co.
4. aktualisierte Auflage 2002

Nachdruck, auch einzelner Teile, ist verboten. Das Urheberrecht und sämtliche
weiteren Rechte sind dem Verlag vorbehalten. Übersetzung, Speicherung,
Vervielfältigung und Verbreitung einschließlich Übernahme auf elektronische
Datenträger wie CD-Rom, Bildplatte usw. sowie Einspeicherung in elektronische
Medien wie Bildschirmtext, Internet usw. ist ohne vorherige schriftliche
Genehmigung des Verlages unzulässig und strafbar.

Lektorat: Joachim Kuch
DTP: Tebitron GmbH, 70839 Gerlingen
Druck: Gulde-Druck, 72072 Tübingen
Bindung: Heinrich Koch, 72072 Tübingen
Printed in Germany

INHALT

Danke

Vorwort:
Überzeugung oder Not 8

Haltbarkeit gestern und heute:
Langläufer 9

Eine kleine Typberatung:
Was darf's denn sein? 12
   Die Gattungen 12
   Die Motoren 16
   Das Baujahr 19
   Der Führerschein 19

Problematik Sitzhöhe:
Hoch-Zeit 20

Drosselung und Entdrosselung:
Pferdemörder 23

Kauf vom Händler oder von Privat:
Zeit ist Geld 25

Was ist bei grau importierten Motorrädern zu beachten:
Grauzone 27

Besichtigung einer Gebrauchten:
Schau mal an 29
   Besichtigung im Stand 29
   Die Probefahrt 32
   Häßliche Tricks der Verkäufer 34
   Der Papierkram 36
   Checkliste 37

Wieviel darf's denn kosten:
Verhandlungssache 40

Die 130 beliebtesten Gebraucht-Motorräder:
Jetzt geht's los 42

BMW
R 45 und R 65 44
F 650 46
K 75 48
R 850 R 50
K 100 52
R 100 GS 54
K 1100 und K 1 56
R 1100 GS 58
R 1100 RS 60

Ducati
900 Monster 62
916 64

HONDA
CM 185 T und 200 T 66
CB 400 N und CB 450 N 68
CB 450 S 70
CB 500 72
CX 500 74
FT 500 76
VT 500 E 78
XBR 500 80
XL 500 R 82
CBX 550 F 84
CBR 600 F 86
VT 600 C Shadow 88
XL 600 V Transalp 90
NTV 650 92
NX 650 Dominator 94
CB 750 Four 96
CB 750 K(Z) und F 98
CB 750 Seven Fifty 100
CBX 750 F 102
VFR 750 F 104
XRV 750 Africa Twin 106
CB 900 F Bol d'Or 108
CBR 900 RR 110
CBR 1000 F 112
CBX 1000 114
ST 1100 116
GL 1500 118

KAWASAKI
EL 250 120
KLR 250 122
GPZ 305 124
Z 440 und Z 440 LTD 126
EN 500 128
ER-5 Twister 130
GPZ 500 S 132
KLE 500 134
GPZ 550 136
Zephyr 550 138
GPZ 600 R 140
KLR 600 142

INHALT

ZX-6R	144
ZZ-R 600	146
KLR 650	148
W 650	150
Z 650	152
Z 750 GT	154
Zephyr 750	156
ZXR 750	158
GPZ 900 R	160
ZX-9R	162
Z 1000 A	164
ZX-10	166
GPZ 1100	168
Zephyr 1100	170
ZZ-R 1100	172
Z 1300	174
VN-15	176

KTM

600 LC 4 Enduro	178

MZ

ETZ 125 und ETZ 150	180
ETZ 250	182

SUZUKI

GN 250	184
RGV 250	186
DR 350	188
GSX 400 E	190
GS 500 E	192
DR 600 S und DR 600 R	194
GSF 600 Bandit	196
GSX 600 F	198
RF 600 R	200
DR 650	202
GR 650	204
LS 650	206
SV 650	208
GSX 750 F	210
GSX-R 750	212
GSX-R 750 W	214
VS 750 Intruder	216
DR 800 S	218
VX 800	220
TL 1000 S	222
GSX 1100 F	224
GSX-R 1100	226
GSX-R 1100 W	228
GSF 1200 Bandit	230
GSX 1300 R Hayabusa	232
VS 1400 Intruder	234

Triumph

Speed Triple	236

YAMAHA

RD 350 LC	238
XT 350	240
XS 400 (ohc)	242
XS 400 (dohc)	244
SR 500	246
XT 500	248
XV 535	250
XJ 550	252
FZR 600	254
FZS 600 Fazer	256
SRX 600	258
XJ 600	260
XJ 600 S Diversion und XJ 600 N	262
XT 600	264
XT 600 Ténéré	266
XJ 650	268
XS 650	270
XVS 650 Drag Star	272
XTZ 660 Ténéré	274
FZ 750	276
XS 750/850	278
XTZ 750 Super Ténéré	280
XV 750 SE	282
TDM 850	284
XJ 900	286
XJ 900 S Diversion	288
FZR 1000	290
YZF-R1	292
XS 1100	294
XV 1100	296
FJ 1200	298
XJR 1200	300
Vmax	302

Der Kauf:
Geld ist nicht alles — 304

Recht nach dem Gebrauchtkauf:
Gekauft ist gekauft? — 306

Adressen
Wo gibt's was? — 308

Kaufvertrag — 319

Danke

Bevor Sie, lieber Leser, dieses Buch das erste Mal in den Händen hielten, haben sich schon eine Menge anderer Leute eingehend mit dessen Inhalt beschäftigen »dürfen«. Für diese Arbeit bedanke ich mich an erster Stelle bei meiner Frau Antje – mittlerweile wohl DIE Fachfrau für Gebrauchtmotorrad-Fragen. Ein Dankeschön auch an meine Redaktionskollegen Klaus Herder und Waldemar Schwarz - der eine half mir vor allem mit etlichen guten Ideen, der andere mit seinem technischen Wissen -, und an die Starfotografen von MOTORRAD (insbesonders Dave Schahl, Jacek Bilski, Achim Hartmann, Markus Jahn und Stefan Wolf), deren Bilder Sie in diesem Buch finden.

Vorwort

Überzeugung oder Not

Eigentlich gibt es nur zwei Sorten von Gebrauchtkäufern: den Überzeugungstäter und den Notkäufer.

Der Überzeugungstäter weiß, daß der Wertverlust von Neumaschinen besonders in den ersten beiden Jahren am größten ist (zwischen 20 und 25 Prozent im ersten Jahr, rund 15 Prozent im zweiten Jahr) und hat nicht die geringste Lust, auf diese Art und Weise sein sauer erspartes Geld zu verpulvern. Er legt auch überhaupt keinen Wert darauf, 1000 Kilometer lang mit 80 km/h durch die Gegend zu tuckern – das langweilige Einfahren überläßt er lieber dem Vorbesitzer. Und er weiß, daß ein Neukäufer, besonders wenn es ein Vielfahrer ist, eine Menge Geld in Inspektionen stecken muß, um sich die mittlerweile meist zwei Jahre dauernde Werksgarantie zu sichern – nein, das sollen andere zahlen.

Der Notkäufer dagegen hat gar keine andere Wahl. Entweder kann er sich wegen Ebbe in der Haushaltskasse sein Wunschmotorrad neu einfach nicht leisten. Oder sein Traumbike wird nicht mehr hergestellt, auch dann hilft nur noch der Griff zur Gebrauchten.

Rund 370 000 Käufer können nicht irren, sollte man meinen, denn so viele gebrauchte Maschinen wechselten 2000 den Besitzer, das sind immerhin rund doppelt so viele Besitzumschreibungen wie Neuzulassungen. Irren können sie aber dennoch. Denn, und jetzt kommen die Haken und Ösen beim Kauf einer Gebrauchten, 100prozentig sicher kann der Käufer einer Gebrauchten nie sein: Steht das Motorrad wirklich so gut im Futter wie es beim Besichtigungstermin herausgeputzt war? Wann sind die nächsten Reparaturen zu erwarten? Hat man nicht etwa doch einen versteckten Mangel übersehen? Wäre vielleicht nicht doch ein anderes Motorrad die bessere Wahl gewesen? Fragen über Fragen.

Um dem gebeutelten Gebrauchtkäufer darauf und auf viele weitere Fragen die passenden Antworten zu geben, wurde dieses Buch geschrieben – sowohl für Überzeugungstäter als auch für Notkäufer.

Ich wünsche Ihnen für den Gebrauchtkauf ein glückliches Gelingen.

Michael Allner
August 2001

Übrigens: Wie Sie an obigem Datum sehen, wurde dieses Buch im August 2001 überarbeitet. Da gab es noch keinen Euro. Jetzt aber schon. Da Sie heute Ersatzteile in Euro bezahlen müssen, alle Motorräder in diesem Buch aber noch in Mark bezahlt wurden, habe ich die Preise dementsprechend angegeben: **Ersatzteile in Euro, die damaligen Neupreise der Motorräder in Mark.**

Haltbarkeit gestern und heute

Langläufer

Früher, vor rund 25 Jahren, hatten die Motorradfahrer mit ihren Maschinen noch ordentlich zu tun, denn zu der Zeit waren die Maschinen noch ziemlich pflegebedürftig. Teilweise war schon nach 1500 Kilometer der nächste Ölwechsel fällig, und meist mußten nach 3000 Kilometern die Ventile und die Unterbrecherkontakte der Zündung nachgestellt werden. So gesehen konnten 10 000 Kilometer eine verdammt lange Strecke sein.

Schon damals führte MOTORRAD Langstreckentests durch, allerdings begnügten sich die Redakteure noch damit, die Testmaschinen eben über die heute kümmerlich wirkende Distanz von rund 10 000 Kilometern zu scheuchen und anschließend die dabei aufgetreten Schäden aufzulisten. Zwar brachen die Motoren dabei nicht gleich reihenweise zusammen, aber, nachzulesen in MOTORRAD 4/1971: »Maschinen, die 30 000 Kilometer fahren, ohne daß daran eine besonders bemerkenswerte Reparatur notwendig ist, gibt es nicht sehr viele.« Aber es gab doch schon einige. So absolvierte die Honda CB 750 Four 1973 die ungewöhnlich lange Teststrecke von 20 000 Kilometern (einen Großteil davon übernahm Ernst »Klacks« Leverkus mit seinem legendären Fahrtenschreiber auf der Nordschleife) – abschließendes Urteil: außer Wartungsdiensten und Verschleißteilen nichts gewesen. 1975 hatte das gleiche Motorrad sogar schon 40 000 Kilometer auf dem Buckel – wieder nichts kaputt. Die BMW R 75/5 schnurrte ihre geforderten 10 000 Kilometer weg – nichts. Die Sache wurde langweilig, also mußten die Bedingungen verschärft werden.

So kam MOTORRAD Anfang 1976 auf die Idee, nach Absolvieren der Testdistanz zumindest einmal einen schamhaften Blick auf die Teile zu werfen, die nach Demontage der Zylinder sichtbar wurden. Hier outete sich nach 25 000 Kilometern 1976 die Yamaha XS 650 mit verschlissenen Kolbenringen, die Stoßdämpfer waren übrigens schon nach 8000 Kilo-

Im Wandel der Zeiten: 1984, Beispiel Honda VF 750 F. Die Kolben sahen nach dem 25 000-Kilometer-Langstreckentest aus, als ob sie im Sandkasten gelaufen...

...und die Nockenspitzen, als ob sie in einem Hammerwerk bearbeitet worden wären. Dieser Dauertest nagte kräftig am Ruf des Honda V-Motors

metern erneuerungsbedürftig. Dennoch, MOTORRAD war's zufrieden: »...was die Zuverlässigkeit anbelangt, entspricht sie dem geforderten Stand der Zeit.« Na denn.

Ende 1977 schließlich etablierte sich die Form des Langstreckentests, die prinzipiell auch heute noch bei MOTORRAD gültig ist – Fahren, Zerlegen, Vermessen.

Die über die Jahre üblichen Testdistanzen können durchaus als Gradmesser für die Haltbarkeit der Motorräder herhalten. So genügten bis 1986 tatsächlich noch schlappe 25 000 Kilometer, um bei manchen Modellen gravierende Motorschäden aufzudecken. Die Honda GL 1000 (1977) verbrauchte auf dieser Distanz drei Kupplungen, einen Satz Getrieberäder, eine Primärkette und ein Pleuellager. Für die Kawasaki Z 200 lautete der Befund nach der Langstrecke 1979 sogar: technischer k.o. Die Suzuki GS 850 G beendete 1980 ihren Dauertest vorzeitig, da ein Kurbelwellenlager kaputtging. Die Honda VF 750 F befand sich nach dem Zerlegen 1984 in einem katastrophalen Zustand: starke Freßspuren in allen Zylindern, heftige Materialausbrüche an den Nockenwellen. Solch

1994, Beispiel Honda CBR 900 RR. Nach 50 000 und sicher nicht den schonendsten Kilometern der Befund: fast kein Verschleiß

verheerende Ergebnisse waren aber eher die Ausnahme, andere Maschinen steckten die 25 000 Kilometer locker weg. Dennoch, die Fertigungsqualität und damit die Serienstreuung hatte noch nicht die Güte der heutigen Zeit erreicht, dementsprechend durchwachsen waren die Ergebnisse. Doch das Haltbarkeitsbarometer zeigte deutlich nach oben.

So mußte die Distanz eben größer werden, 1986 wurden 40 000, 1991 schließlich 50 000 Kilometer das Maß der Dinge.

Die MOTORRAD-Langstreckentests der letzten Jahre offenbaren kaum noch Überraschungen. Meist zeigen sich die Motoren selbst nach 50 000 Kilometern noch in hervorragendem Zustand. In den Zylindern sind noch die Honspuren zu erkennen, die Nockenwellen und die Kurbelwelle samt Lagerung wirken neuwertig, die Kupplung muß noch nicht ersetzt werden, und auch das Getriebe ist meist ohne Tadel. Nur die Zahnräder von Einzylinder-Getrieben zeigen meist Ausfallerscheinungen, ein konstruktionsbedingter Defekt, hervorgerufen durch den unrunden Motorlauf.

Und selbst, wenn nach dem Zerlegen ein Verschleiß meßbar geworden ist, heißt das noch lange nicht, daß der Motor hinüber wäre. Schließlich ist er vor dem Zerlegen ja noch gut gelaufen – und welcher vernünftig denkende Mensch nimmt sonst schon sein Motorrad auseinander, wenn überhaupt kein Defekt spürbar ist?

Manche Motorräder mußten sich sogar einer noch weit höheren Distanz unterziehen lassen. So absolvierte der Sechszylinder Honda CBX 1000 1981 75 000 Kilometer ohne gravierende Schwächen. Die BMW K 100 RT, die Kawasaki GPZ 900 R und die Honda ST 1100 beispielsweise machten sogar 100 000 Kilometer klaglos mit.

Hohe Laufleistungen bei gebrauchten Motorrädern ab Mitte der achtziger Jahre müssen heute also beileibe kein Kaufhindernis mehr sein. Die Angstschwelle bei rund 40 000 Kilometern, die heute noch in den Köpfen vieler Motorradfahrer existiert, ist unbegründet. Generell gilt: Je größer der Hubraum und je höher die Zahl der Zylinder, desto größer ist die zu erwartende Lebensdauer. So gibt es in Deutschland etliche Vierzylinder, die selbst nach 200 000 oder gar 300 000 Kilometern noch anstandslos laufen.

Die standfestere Technik machte im Lauf der Jahre auch die Inspektionsintervalle deutlich größer. Ölwechsel alle 1500 Kilometer? Heute undenkbar – alle 6000 oder 12 000 Kilometer ist Stand der Dinge. Ventile einstellen alle 3000 Kilometer? Bei einigen Yamaha-Modellen ist dieser Akt nur noch alle 42 000 Kilometer vorgeschrieben. Schade ist eigentlich nur, daß dieser Fortschritt im Motorenbau zu Lasten der Schrauberfreundlichkeit ging – heute sind die meisten Motorräder ziemlich verbaut.

Eine kleine Typberatung

Was darf's denn sein?

Das Motorrad-Angebot ist für denjenigen, der sich nicht ständig mit dieser Materie beschäftigt, mittlerweile recht unübersichtlich geworden. Da gibt es nicht nur Tourer, Chopper, Sportler und Enduro, nein, es wird auch noch fein nach Cruiser, Reise-Enduro, Funbike und Tourensportler unterschieden. Und soll es nun ein Vierzylinder-V- oder Reihen-Motor sein? Oder vielleicht doch lieber ein Boxer? Hat das Baujahr eines Motorrads außer für den Kaufpreis auch sonst noch etwas zu bedeuten? Und mit welchem Führerschein darf man was? Die nächsten Seiten sollen Licht in diesen Begriffs-Dschungel bringen.

Die Gattungen

Früher war ein Motorrad eben einfach ein Motorrad und mußte mangels Auswahl universell einsetzbar sein. Heute dagegen ist jede nur denkbare Marktnische mit einem entsprechenden Spezial-Motorrad besetzt.

Beginnen wir mit dem **Reise-Motorrad (Tourer)**. Natürlich kann man prinzipiell mit jedem Motorrad verreisen, doch bietet der echte Tourer dafür spezielle Voraussetzungen. Eine Vollverkleidung schützt den Fahrer vor Wetter und Fahrtwind, und die Sitzbank ist idealerweise breit und lang genug, um zwei Passagieren eine bequeme Sitzposition zu ermöglichen. Da Reisen auch etwas mit souveränem Vorankommen zu tun hat, sind die Tourer mit großvolumigen Motoren ausgestattet, die nicht etwa auf Spitzenleistung, sondern vielmehr auf kräftigen Durchzug aus niedrigen Drehzahlen ausgelegt sind.

Häufig gehört ein Koffersystem schon zur Serie (Honda ST 1100), bei noch reichhaltigerer Ausstattung (Radio, elektrisch verstellbare Windschutzscheibe oder ähnliches) spricht man von einem Supertourer.

Das **Sport-Motorrad** ist vom Komfort her das Gegenteil des Tourers. Die Sitzposition des Fahrers ist tief gebückt, die Beine sind stark angewinkelt, und die Sitzgelegenheit für den Beifahrer erfüllt meist nur eine Alibi-Funktion. Um Gewicht zu sparen – ein Sport-Motorrad hat möglichst leicht zu sein – ist die Ausstattung häufig spartanisch, Kettenantrieb ist hier obligatorisch. Sport-Motorräder gibt's in fast allen Hubraumklassen, die Motoren sind auf Spitzenleistung getrimmt.

Der **Tourensportler** oder **Sporttourer** ist eine Mischung eben aus Sportler und Tourer, das heißt, dieses Bike kann von beidem etwas. Manchmal mutiert ein Sport-Motorrad auch von ganz allein zum Tourensportler. Dann nämlich, wenn es zwar vor etlichen Jahren als Sportler konzipiert war, mittlerweile aber von der sportlichen Konkurrenz überholt wurde und so in die touristische Ecke verdrängt wurde – Beispiel: Kawasaki GPZ 900 R.

Bei der **Enduro** wird besonders fein unterschieden. Früher hatte eine Enduro einfach nur geländetauglich zu sein – geringes Gewicht, lange Federwege, große Sitzhöhe und grobstollige Reifen waren die Voraussetzungen dazu. Diesem Anspruch genügt heute eigentlich nur noch die Hard-Enduro (zum Beispiel KTM LC4), die schon fast als Crosser durchgeht. Montiert man an eine Enduro bessere Bremsen, breitere Felgen mit Straßenreifen und reduziert Federwege und Sitzhöhe (zum Beispiel Kawasaki KLE 500), ist's auf einmal ein **Funbike** – eine etwas irreführende Bezeichnung, schließlich machen auch andere Motorräder Spaß. Natürlich taugt ein Funbike nicht im geringsten mehr dazu, sich auf unbefestigtes Terrain zu wagen. Eine etwas andere Kreation schuf BMW mit der F 650, zielsicher »Funduro« genannt, eine Mischung also aus Funbike und Enduro, wobei die Enduro-Abstammung eigentlich nur aus der etwas grobstolligeren Bereifung resultiert. Die **Reise-Enduro** schließlich ist ein Mords-Trumm von Motorrad mit zwei Zylindern oder mehr. Ein großer Tank erhöht die Intervalle der Tankpausen, eine kleine

Tourer: Motorräder wie die BMW K 100 LT bieten guten Windschutz und für beide Passagiere einen bequemen Sitzplatz

Sportler: Natürlich kann man zur Not auch mit einem Sportmotorrad (hier Honda CBR 900 RR) verreisen, doch Rennstrecke macht mehr Spaß

Enduro: Nur noch wenige Enduros taugen wie die Suzuki DR 650 dazu, sich in unwegsamen Gelände auszutoben

Naked Bike: Alles kommt wieder – in der Mode und auch bei Motorrädern. Die Kawasaki Zephyr 750 (links) von 1991 sieht der alten Z 650 von 1977 verblüffend ähnlich

Halbschalen-Verkleidung schützt den Fahrer etwas vorm Fahrtwind und der Elektro-Starter gehört natürlich auch dazu. Vom Ideal des leichten Stoppelhoppers haben sich diese Motorräder weit entfernt, denn ihr Gewicht beträgt meist um die 240 Kilogramm und mehr (Honda XRV 750 Africa Twin, Yamaha XTZ 750 Super Ténéré, BMW R 1150 GS).

Das **Naked Bike,** der Name sagt es schon, ist ein nacktes Motorrad ohne Verkleidung. Diese Gattung zieht sich durch alle Baujahre und Hubraumklassen, kein Wunder, ist dies doch auch die ursprünglichste aller Motorrad-Gattungen. Allerdings gibt es auch hier einen Nebenzweig – das sogenannte **»Muscle-Bike«.** Solch ein Motorrad scheint schon im Stand vor Kraft zu bersten, prominentestes Beispiel ist hier sicher die Vmax von Yamaha.

In eine ähnliche Kerbe schlägt der sogenannte **»Streetfighter«** – eine Motorrad-Mode, die aus England herübergetröpfelt kam. Ehemals verkleidete Motorräder werden ihrer Kunststofhülle beraubt, mit praxisfremden, winzigen Scheinwerfern versehen, und die Heckpartie wird drastisch abgespeckt. Heftiges Motortuning (zum Beispiel durch Lachgas-Einspritzung) gehört hier zum guten Ton.

Bleibt schließlich noch der **Chopper**. Eine Verkleidung wäre hier vollkommen fehl am Platz, dafür ist eine gestufte Sitzbank mit niedriger Sitzhöhe, ein langer Radstand, die flache Gabel, ein kleiner Tank und ein schmaler Vorder- sowie ein breiter Hinterreifen Pflicht. Die Sitzposition ist auf längeren Strecken bei weitem nicht so bequem, wie sie auf Außenstehende wirken mag, auch für sportliche Einlagen ist solch ein Motorrad wegen der meist geringen Schräglagenfreiheit nicht geeignet.

Ein entfernter Verwandter des Choppers ist der **»Cruiser«**. Besonderes Kennzeichen: alles breit. Der monströse Vorder- und Hinterradreifen, die Segelstange von Lenker und der dicke Tank verleihen dieser Motorrad-Gattung ein imposantes Erscheinungsbild (zum Beispiel Yamaha Royal Star).

Chopper: Auf langen Strecken meist nicht besonders bequem, aber ein langjähriger Verkaufsrenner.
Beliebtester Japaner: Yamaha XV 535

Die Motoren

Jede Motorenbauart hat prinzipiell ihren eigenen Charakter. Grundsätzlich gilt: kleiner Hubraum braucht hohe Drehzahlen. Daher aber auch: Je mehr Zylinder ein Motor hat, desto drehfreudiger ist er, da die Einzelhubräume der Zylinder kleiner sind.

Die exklusivste Motorenbauart bei Serien-Motorrädern ist der **Sechszylinder.** In einigermaßen nennenswerten Stückzahlen gibt es heute nur noch die Honda CBX 1000 und die Kawasaki Z 1300, beide mittlerweile schon zu recht teuren Sammlerstücken avanciert. Der Sechszylinder zeichnet sich durch eine hervorragende Laufruhe und große Drehfreude aus.

Der **Vierzylinder** ist als Reihenmotor (alle vier Zylinder sind nebeneinander angeordnet) die häufigste Bauform beim Motorrad. Hier gehen jeweils zwei Kolben gleichzeitig auf und ab. Auch er läuft vergleichsweise vibrationsarm, kann den Fahrer aber schon manchmal mit Kribbeln in den Lenkerenden oder in den Fußrasten ärgern. Etwas ruhiger läuft ein Vierzylinder-V-Motor, zumindest wenn er einen Zylinderwinkel von 90 Grad hat (Beispiel: Honda VFR 750 F). Jeweils zwei Zylinder stehen hier nebeneinander, die Pärchen bilden miteinander ein »V«. Noch ruhiger wird's mit einem Boxer-Motor (die Schenkel des V sind so weit nach unten geklappt, bis sich die Zylinder gegenüberstehen). Ein Musterbeispiel für dessen Laufruhe war die Honda GL 1000, bei der man bei laufendem Motor ein Geldstück hochkant auf einen Ventildeckel stellen konnte, ohne daß es herunterfiel.

Der **Dreizylinder** ist wenig verbreitet. Er findet heute lediglich in einigen Triumph-Modellen Anwendung. Das Auspuffgeräusch ist charakteristisch rauh, die Vibrationen sind konstruktionsbedingt höher als bei einem Vierzylinder.

Beim **Zweizylinder** gibt es als Reihenmotor zwei Bauformen: Entweder gehen beide Kolben gleichzeitig (»Gleichläufer«) oder gegenläufig (»Gegenläufer«) auf und ab. Diese Bauart entwickelt recht kräftige Vibrationen – der Gleichläufer sehr derbe, der Gegenläufer etwas feinere –, die aber meist durch eine oder zwei Ausgleichswellen recht wirkungsvoll eingeschränkt werden. Der Zweizylinder-V-Motor mit einem Zylinderwinkel von 90 Grad (Beispiel Ducati) verhält sich vibrationsmäßig gesitteter, am ruhigsten läuft aber, wie beim Vierzylinder auch, die Boxer-Bauweise. BMW

Sechszylinder-Reihenmotor (hier Honda CBX 1000). Besondere Kennzeichen: hervorragende Laufruhe, große Drehfreude – und exklusiv

Vierzylinder-Reihenmotor (hier Kawasaki Zephyr 1100): Die bei Motorrädern am häufigsten verwendete Bauart. Allerdings sterben die luftgekühlten Exemplare langsam aus

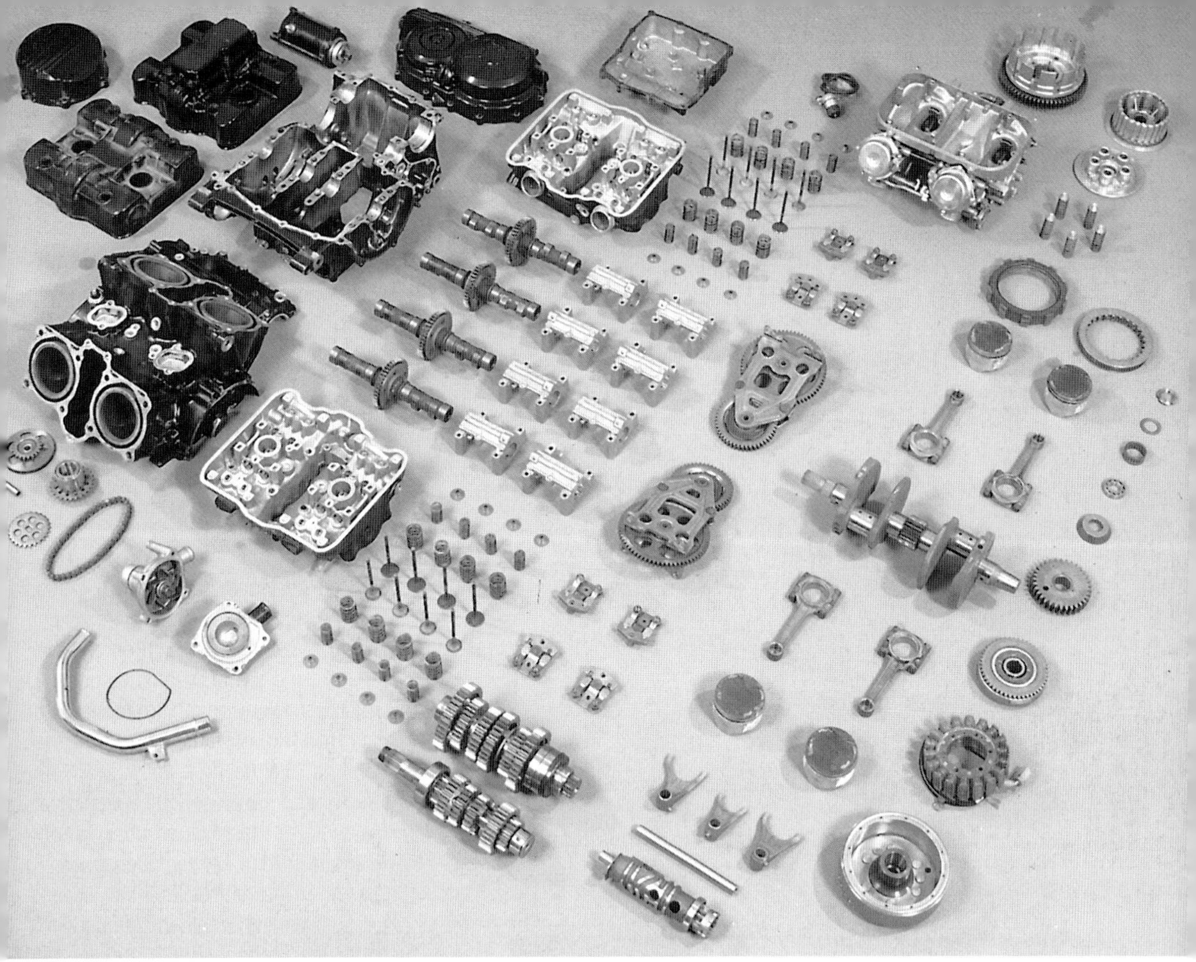

Vierzylinder-V-Motor (hier Honda VFR 750 F): Läuft ruhiger als sein Reihenkollege – zumindest wenn er, wie hier, einen Zylinderwinkel von 90 Grad aufweist

Zweizylinder-Reihenmotor (hier Yamaha XS 650, Gleichläufer): Dieser Motor entwickelt derbe Vibrationen. Es geht aber auch viel sanfter, siehe TDM 850

schwört bekanntermaßen seit Jahrzehnten auf diesen Motor.

Der **Einzylinder** ist der ruppigste Geselle von allen. Dennoch halten sich beim Einsatz zweier gegenläufiger Ausgleichswellen die Vibrationen in Grenzen. Durch den ungleichförmigen Motorlauf leiden Einzylinder allerdings häufig unter Getriebeschäden. Ein gängiges Vorurteil ist, daß Einzylinder-Motoren über ein höheres Drehmoment als Mehrzylinder verfügen würden. Stimmt aber nicht, denn sie entwickeln ihr maximales Drehmoment zwar bei niedrigeren Drehzahlen, aber der Wert absolut ist kleiner als bei einem Vierzylinder. Dies wird logisch, wenn man weiß, daß das Drehmoment vom Füllungsgrad der Zylinder und damit von den freien Ventilquerschnitten abhängt – salopp ausgedrückt: je mehr und größere Löcher, desto mehr paßt rein. Und in einem Vierzylinder lassen sich nun einmal mehr Ventile unterbringen als in einem einzigen Zylinder. Diese Tatsache entkräftet auch gleich das zweite Vorurteil, das lautet, V-Motoren hätten mehr Drehmoment als Reihenmotoren. Nur der Füllungsgrad der Zylinder ist entscheidend – und der hat mit der Anordnung der Zylinder nichts zu tun.

Zweizylinder-V-Motor (hier Ducati 900 SS): Läuft von Haus aus gesitteter als ein Reihenmotor – egal, ob Gleich- oder Gegenläufer

Zweizylinder-Boxermotor: der laufruhigste aller Zweizylinder. Durch die weit nach außen stehenden Zylinderköpfe auch sehr wartungsfreundlich

Einzylinder-Motor (hier Suzuki DR 600 R): ruppiger Geselle mit Hang zu Getriebeschäden. Allerdings hält sich der mechanische Aufwand im Rahmen

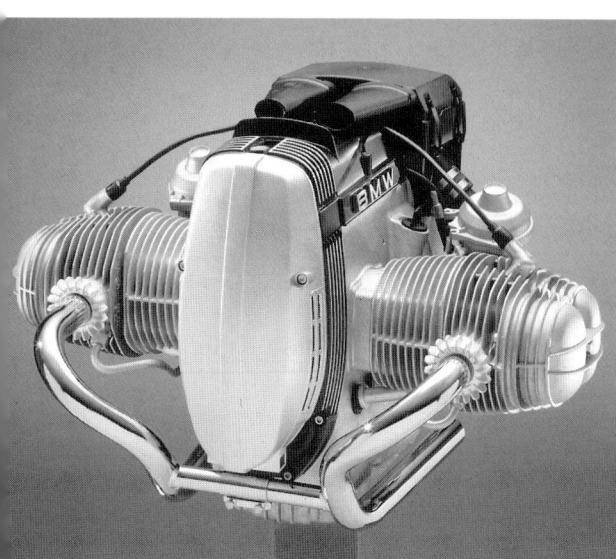

Bleiben wir bei den Vorurteilen: **Zweitakter** stinken, saufen und gehen schnell kaputt. In diesem Fall ist da leider etwas Wahres dran. Besonders wegen den hohen Abgaswerten ist daher der Zweitakter unter den Neumaschinen mit Hubräumen über 250 cm³ heute ausgestorben.

Das Baujahr

Natürlich wirkt sich das Baujahr in erster Linie auf den Gebrauchtpreis eines Motorrads aus. Doch es kann auch durchaus etwas über das Geräusch- und Leistungsverhalten des entsprechenden Modells aussagen, »Schuld« daran sind einige EG-Vorschriften.

Der erste Stichtag war der 1. Oktober 1980. Motorräder, die seit diesem Tag zugelassen wurden, dürfen nicht lauter als 86 dB(A) sein. Genaueres, zum Beispiel über die Meßmethoden, findet sich in der Vorschrift 78/1015/EWG.

Die nächste Verschärfung fand zum 1. Oktober 1991 statt (87/56/EWG, erste Stufe), jetzt lag der Grenzwert bei 82 dB(A). Die zweite Stufe dieser Vorschrift zündete zum 1. Oktober 1995, seitdem sind 80 dB(A) angesagt.

Auch bei den Abgasvorschriften tat sich einiges. Bis zum 1. Januar 1989 gab es in Deutschland bis auf den Maximalwert »4,5 Prozent Kohlenmonoxid (CO)« keinerlei Vorschriften für das Abgasverhalten von Motorrädern. Das änderte sich mit der Regelung ECE-R 40, die nach einer Übergangszeit am 1. Oktober 1990 endgültig zum Tragen kam. Die dort festgelegten Grenzwerte wurden zum 1. Oktober 1994 mit der ECE-R 40.01 nochmals gesenkt.

So wurden Motorräder, die schon seit vielen Jahren gebaut wurden, leiser, schadstoffärmer – und teilweise langsamer. Entweder gingen die Beschleunigungswerte in den Keller (zum Beispiel Kawasaki GPZ 900 R: vorher in 3,4 Sekunden von Null auf 100 km/h, seit 1991 »nur noch« in 3,9 Sekunden) oder die Leistung wurde weniger (Yamaha XJ 900 F: vorher 98, seit 1991 92 PS).

Wer also »freier atmende« Motorräder mag, muß sich an die älteren Kaliber halten. Umweltbewußte, Rücksicht nehmende Zweitgenossen sind dagegen mit den neueren Modellen besser bedient.

Der Führerschein

Nicht jeder Motorrad-Novize darf das fahren, was er will, denn am 1. April 1986 wurde in Deutschland der Stufenführerschein eingeführt. Fortan wurde nach bestandener Fahrprüfung nicht mehr sofort der »große Einser« erteilt, sondern der Einsteiger mußte sich zunächst zwei Jahre lang mit der Führerscheinklasse 1a zufrieden geben, die nur Motorräder bis 27 PS zuließ. Am 1. April 1993 wurde diese Leistungsgrenze auf 34 PS angehoben. Seitdem haben es übrigens die Versicherer immer noch nicht für nötig befunden, dafür eine eigene Versicherungsklasse zu eröffnen – nach wie vor muß, wer 34 PS fährt, für deren 50 zahlen.

Nach der Lehrzeit von zwei Jahren kann der Führerschein A (früher 1a) ohne eine weitere Prüfung auf den EU-Führerschein A unbeschränkt (früher der unbeschränkte Einser) umgeschrieben werden.

Doch auch wer gar keinen Motorrad-Führerschein hat, darf unter Umständen ein Motorrad bewegen. Dann nämlich, wenn der Auto-Führerschein (Klasse 3) vor dem 1. Dezember 1954 ausgestellt wurde, ist das Fahren von Motorrädern bis 250 cm³ erlaubt.

Wer als 16jähriger den Führerschein der Klasse A1 (früher 1b) macht, darf fortan Motoräder mit 125 cm³ und 15 PS bewegen. Das harte Los der Jugend: Die Höchstgeschwindigkeit ist auf 80 km/h begrenzt. Diese Beschränkung entfällt für A1-Inhaber, die 18 Jahre oder älter sind. Auch diese kleinen Motorräder dürfen unter bestimmten Voraussetzungen ohne Motorradführerschein gefahren werden, denn der Führerschein B (früher der Dreier), vor dem 1. April 1980 ausgestellt, schließt die Klasse A1 mit ein – und zwar ohne Geschwindigkeitsbeschränkung.

Problematik Sitzhöhe

Hoch-Zeit

»Tja, wenn Sie mit Ihren Händen nicht ans Lenkrad kommen, können wir auch nichts machen – Pech gehabt.« Beim Auto-Verkaufsgespräch eine unvorstellbare Situation. Schließlich sorgen verstellbare Sitze, Lenkräder und Kopfstützen für eine Anpassung der Technik an den Menschen. Die ist auch durchaus nötig, denn schon zwischen der Größe der Durchschnittsfrau in unseren Breiten (1,62 Meter) und der des Durchschnittsmanns (1,73 Meter) klaffen elf Zentimeter. Noch viel weiter spreizt sich die Größenskala, wenn »Randgruppen« mit einbezogen werden: So sind immerhin fünf Prozent der Frauen kleiner als 1,51 Meter und der gleiche Prozentsatz der männlichen Bevölkerung größer als 1,84 Meter. Und dennoch, rein ergonomisch gesehen: Alle können Auto fahren, wenn sie wollen. Selbst bei einem so simplen technischen Gerät wie einem Fahrrad läßt sich die Sattelhöhe verstellen, doch bei Motorrädern – Fehlanzeige. Nur BMW hat offensichtlich erkannt, daß auch Motorradfahrer unterschiedlich groß sind und bietet seit vielen Jahren das sogenannte »Ergonomie-Paket« an, bei dem sich die Sitzbank in verschiedenen Höhen und der Lenker in verschiedenen Stellungen positionieren läßt – eine wirklich sinn- und wirkungsvolle Lösung. Jedes siebte Motorrad wechselt mittlerweile in Frauenhand und dennoch zeigen sich die restlichen Motorrad-Hersteller immer noch vollkommen stur. Zwar gab es da mal die Suzuki DR 350 SH mit hydraulisch absenkbarem Federbein, zwar tauchen auf Motorrad-Messen immer wieder mal Studien verstellbarer Motorräder auf (die aber dann doch nicht realisiert werden) – und das war's auch schon.

Wenn jemand nicht mit beiden Füßen platt auf den Boden kommt, heißt das zwar noch lange nicht, daß er mit dem Motorrad nicht klarkommen kann. Aber unangenehme Balance-Akte beim Ampelstop oder Rangieren mit den Zehenspitzen vermiesen auf Dauer ein-

Vision: Immer wieder tauchen auf Zweirad-Messen Studien von Motorrädern auf, die sich dem Menschen anpassen lassen (hier Yamaha Morpho) – doch dabei bleibt's dann auch

fach den Spaß und machen Anfänger unnötigerweise noch unsicherer.

So bleibt kleinen Motorradfahrern zunächst nur die (begrenzte) Wahl eines Motorrads mit niedriger Sitzhöhe. Hier sollen die Tabellen auf dieser Seite helfen – ein Extrakt aus den 130 in diesem Buch behandelten Bikes.

Bis 700 Millimeter Sitzhöhe ist die Auswahl also sehr begrenzt, auch bis 750 Millimeter ist das Angebot nicht gerade üppig – Chopper dominieren in diesen Höhen-Regionen ganz klar. Erst bei den Maschinen bis 800 Millimeter wird die Auswahl größer, aber bei dieser Höhe wird die Luft für manchen kurzen Menschen auch schon wieder ziemlich dünn. Also: Wer sich nicht auf einen Chopper zwingen lassen möchte, muß eben leider zur Selbsthilfe übergehen.

Motorräder mit einer Sitzhöhe bis 700 mm

Honda VT 600 C Shadow	Chopper	690 mm
Suzuki LS 650	Chopper	660 mm
Suzuki VS 750 Intruder	Chopper	670 mm
Yamaha XVS 650 Drag Star	Chopper	680 mm

Motorräder mit einer Sitzhöhe bis 750 mm

Honda CBX 550 F	Naked Bike	740 mm
Kawasaki EL 250	Cruiser	715 mm
Kawasaki Z 440 LTD	Chopper	750 mm
Kawasaki EN 500	Chopper	750 mm
Suzuki GN 250	Chopper	730 mm
Suzuki VX 800	Tourer	710 mm
Suzuki VS 1400 Intruder	Chopper	725 mm
Yamaha XV 535	Chopper	715 mm
Yamaha XV 1100	Chopper	715 mm

Motorräder mit einer Sitzhöhe über 800 mm

BMW F 650	Funduro	810 mm
BMW R 100 GS	Enduro	850 mm
BMW R 1100 GS	Enduro	840/860 mm
BMW R 1100 RS	Tourensportler	780/00/820 mm
Honda CX 500	Naked Bike	810 mm
Honda XL 500 R	Enduro	910 mm
Honda XL 600 V Transalp	Tourer	850 mm
Honda NX 650 Dominator	Enduro	865 mm
Honda XRV 750 Africa Twin	Enduro	880 mm
Honda CB 900 F Bol d'Or	Tourer	815 mm
Kawasaki KLR 250	Enduro	855 mm
Kawasaki KLE 500	Funbike	840 mm
Kawasaki KLR 600	Enduro	890 mm
Kawasaki ZX-6R	Supersportler	810 mm
Kawasaki KLR 650	Enduro	910 mm
Kawasaki Z 650	Naked Bike	830 mm
Kawasaki Z 1000 A	Naked Bike	820 mm
KTM 600 LC 4 Enduro	Hard-Enduro	975 mm
Suzuki DR 350	Enduro	910 mm
Suzuki DR 600	Enduro	920 mm
Suzuki DR 650	Enduro	900 mm
Suzuki DR 800 S	Enduro	860 mm
Suzuki TL 1000 S	Sportler	840 mm
Suzuki GSF 1200 Bandit	Naked Bike	820 mm
Suzuki GSX 1300 R	Tourensportler	805 mm
Triumph Speed Triple	Naked Bike	810 mm
Yamaha XT 350	Enduro	855 mm
Yamaha XT 500	Enduro	820 mm
Yamaha XT 600/Ténéré	Enduro	830/900 mm
Yamaha XS 650	Naked Bike	820 mm
Yamaha XTZ 660 Ténéré	Enduro	870 mm
Yamaha XS 750	Naked Bike	820 mm
Yamaha XTZ 750 Super Ténéré	Enduro	865 mm
Yamaha YZF-R1	Sportler	815 mm
Yamaha XS 1100	Naked Bike	810 mm
Yamaha XJR 1200	Naked Bike	790 mm
Yamaha Vmax	Muscle Bike	780 mm

Die einfachste und preisgünstigste Methode (zirka 50 bis 75 Euro), eine niedrigere Sitzhöhe zu erhalten, ist das Abpolstern der Sitzbank. Vorteil: Die Fahrwerksgeometrie des Motorrads ändert sich nicht, daher ist dieser Akt auch nicht eintragungspflichtig.

Es kann übrigens durchaus sinvoll sein, nicht nur die Höhe (also die Dicke des Schaumstoffs) reduzieren zu lassen, sondern auch die Breite der Bank, denn dadurch werden weitere wertvolle Zentimeter gewonnen – leider aber meist zu Lasten des Sitzkomforts.

Dieser bleibt zwar bestehen, wenn das komplette Motorrad über geänderte Federelemente angesenkt wird. Dafür ist solch ein Umbau meist aber recht teuer (zwischen 170 und 350 Euro, Adressen siehe im Anhang dieses Buchs, Stichwort »Tieferlegung«). Außerdem sind noch die Kosten für die notwendige Eintragung hinzuzurechnen.

Es ist wirklich ein Armutszeugnis für die Motorrad-Industrie, daß kurze Fahrer so benachteiligt werden. Denn eine solch gewaltige Ingenieurs-Leistung ist die verstellbare Sitzhöhe nun wirklich nicht – BMW hat's bewiesen.

Und damit sind wir gleich beim nächsten Extrem – bei den langen Menschen. Motorradfahrer mit langen Haxen haben es sogar noch etwas schwerer als die mit den kurzen Beinen. Während kleine Menschen eben ihr Motorrad niedriger legen können, ist für Lange nichts damit gewonnen, das Bike höher zu machen. Fünf Zentimeter mehr Sitzhöhe durch eine aufgepolsterte Sitzbank zum Beispiel brächten nur vergleichsweise wenig Entspannung im Kniewinkel. Im Prinzip müßte also die komplette Geometrie des Motorrads (Lenker, Sitzbank, Fußrasten) verändert werden – nachträglich ein gewaltiger Aufwand. Auch hier ist also BMW mit seinem Ergonomie-Paket zu loben. Langen bleibt demnach kaum etwas anderes übrig, als sich von vornherein auf hohe und meist unverkleidete Motorräder zu spezialisieren. Wer keine Enduros mag: Besonders die 750er, 900er und noch hubraumstärkeren Motorräder der siebziger und achtziger Jahre waren extrem bullig, also hoch und breit, und meist unverkleidet, denn auch eine Verkleidung kann an den Knien ganz schön weh tun. Von den in diesem Buch behandelten Motorrädern sind die Maschinen in der Tabelle »Motorräder mit einer Sitzhöhe über 800 mm« besonders hoch.

Drosselung und Entdrosselung

Pferdemörder

Prinzipiell fühlen sich Motoren dann am wohlsten, wenn sie mit der Leistung laufen dürfen, für die sie konstruiert wurden – mit der maximalen nämlich. In den allermeisten Fällen ist der Spritverbrauch geringer als bei einem »zugeschnürten« Motor und das Startverhalten besser.

Doch hin und wieder besteht die Notwendigkeit einer Drosselung. Da gab es zum Beispiel seit 1980 die freiwillige Selbstbeschränkung der deutschen Motorrad-Importeure auf 100 PS. Der Grund: Die Leistung der Motoren wuchs und wuchs, doch die Fahrwerke konnten damit nicht Schritt halten – die Beschränkung sollte schlicht der Sicherheit der Motorradfahrer dienen. Bei der Perfektion moderner Motorräder und vor allem deren Fahrwerke ein mittlerweile antiquiertes Argument. Dennoch mußten bis Ende 1998 Maschinen, die im Ausland 140 PS und mehr haben dürfen, für Deutschland auf 98 PS gedrosselt werden.

Und da ist auch schon das zweite Stichwort: 98 PS. Zum 1. Januar 1993 führten die Versicherungen zum Ärger aller Besitzer von 100-PS-Motorrädern die willkürlich anmutende 98-PS-Klasse ein. Tarifmäßig ist es nun egal, ob ein Motorrad 100 oder 140 PS hat, für beide ist der gleiche Versicherungsbetrag zu berappen. Logisch, daß seitdem nahezu alle 100-PS-Motorräder um zwei PS gedrosselt wurden. Und dann gibt es schließlich noch die Einsteiger, die durch den Stufenführerschein zwei Jahre lang lediglich 34 PS bewegen dürfen. »Echte« 34-PS-Motorräder gibt es kaum, meist sind es Drosselversionen leistungsstärkerer Maschinen.

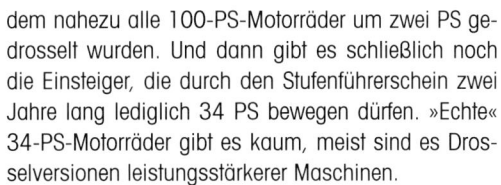

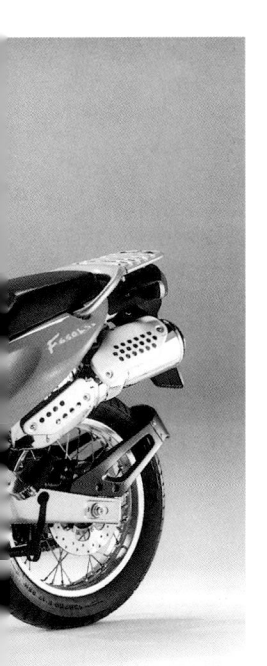

Und wie kommt die Leistungsänderung in die Fahrzeugpapiere? Wichtig zu wissen: Um dem Motorradfahrer keine Schwindeleien zu ermöglichen, muß, wenn der Umbau von außen nicht sichtbar ist, die Drosselung (oder Entdrosselung) von einer Werkstatt vorgenommen werden. Über den erfolgten Einbau erhält der Kunde dann eine Einbaubescheinigung. Da das Motorrad durch die geänderte Leistung gegenüber den Eintragungen in den Fahrzeugpapieren jetzt abweichende Daten hat (Höchstgeschwindigkeit, Leistung, Geräusch-Entwicklung und eventuell auch Reifenfreigaben), liegt dem Drosselkit eine sogenannte Unbedenklichkeitsbescheinigung bei – manchmal auch Leistungs- oder Mustergutachten genannt. Hierin sind die neuen Daten vermerkt, um dem Motorradfahrer eine aufwendige und teure Nachmessung dieser Werte bei TÜV oder Dekra zu ersparen. Bei den Drosselkits der offiziellen Importeure ist dieser Service kostenlos, Zubehör-Anbieter dagegen lassen sich das Leistungs-Gutachten bezahlen.

Mit diesem Papier und dem umgebauten Motorrad geht's dann zu TÜV oder Dekra. Der Sachverständige dort begutachtet den korrekten Einbau und erteilt entweder eine eine weitere Bescheinigung, aufgrund derer das Straßenverkehrsamt die neuen Daten in die Fahrzeugpapiere einträgt, oder er trägt die geänderten Daten gleich selbst in den Fahrzeugbrief ein – das Verfahren ist regional unterschiedlich.

Moderne Motorräder werden zwar fast ausschließlich über verengte Ansaugstutzen und ein paar Vergaser-Kleinteile gedrosselt, aber auch diese Teile samt dem Werkstattumbau und der nötigen Eintragung in die Fahrzeugpapiere haben ihren Preis. Richtig teuer dagegen kann es bei einigen älteren Modellen werden, wenn zur Leistungsänderung eine ganze Armada von teuren Teilen nötig werden.

Zur Übersicht nachfolgend eine Tabelle der in diesem Buch beschriebenen Motorräder, bei denen eine Drosselung oder Entdrosselung besonders kostspielig ist:

Neben der BMW F 650 gibt es nicht viele Motorräder, die sich bereits ab Werk in der Höhe absenken lassen. Das Rangieren wird auch für kurze Menschen kinderleicht.

Teure Leistungs-Änderung

Modell, Beispiel	Tausch nötig von	Materialkosten zirka
Honda CM 200 T, von 10 auf 17 PS	Nockenwelle, Vergaser	400 Euro
Honda CB 400 N, von 43 auf 27 PS	Nockenwelle	250 Euro
Honda CB 450 S, von 27 auf 44 PS	Nockenwelle, Ritzel	300 Euro
Honda CX 500, von 27 auf 50 PS	Vergaser, Auspuffkrümmer	800 Euro
Honda VT 500 E, von 27 auf 50 PS	Nockenwellen, Vergaser, Auspuffkrümmer	1600 Euro
Honda XBR 500 (Typ PC 15 bis 1987), von 44 auf 27 PS	Nockenwelle, Ritzel	200 Euro
Honda CBX 550 F, von 60 auf 50 PS	Nockenwellen, Vergaser	1700 Euro
Honda CBR 900 RR, von 50 auf 98 PS	Zündbox	600 Euro
Suzuki GSX 400 E, von 41 auf 27 PS	Nockenwellen, Zylinderfußdichtung	300 Euro
Yamaha XS 400 (ohc), von 27 auf 39 PS	Nockenwellen, Ansaugstutzen	300 Euro
Yamaha XS 400 (dohc), von 45 auf 27 PS	Nockenwellen, Ansaugstutzen, Lichtmaschinen-Rotor, Zündbox	700 Euro
Yamaha XV 535 (Typ 3BR), von 27 auf 46 PS	Nockenwellen, Ansaugstutzen	200 Euro
Yamaha FZR 600 (Typ 3RH), von 27 auf 91 PS	Zündbox, Ansaugstutzen	1000 Euro
Yamaha XJ 650, von 50 auf 71 PS	Nockenwellen, Ansaugstutzen	500 Euro

Erheblich billiger kommt es in solchen Härtefällen, sich aus dem Zubehörhandel zu bedienen. Im Anhang dieses Buchs finden sich daher im Adressteil unter »Drosselung/Entdrosselung« einige Händler, die technisch wesentlich einfachere Möglichkeiten bieten, die Motorräder zumindest zu drosseln – meist sind's Blenden für die Ansaugstutzen oder Anschläge für die Gasschieber. Und hier belaufen sich die Kosten für Material samt Gutachten meist um die 50 Euro.

Unkonventionell: Der linke BMW-Luftfilter soll genau für zwei PS weniger Atemluft durchlassen – statt 100 sind's jetzt 98 PS

Gängigste Methode: Drosselung über Verengungen der Ansaugstutzen. Ist die neue Leistung von außen ersichtlich (wie die 72 kW links), braucht's keine Einbaubescheinigung

Kauf vom Händler oder von Privat?

Zeit ist Geld

Motorradfahrer kaufen ihre gebrauchten Gefährte überwiegend von Privat, zirka 75 Prozent wechseln auf diese Art und Weise den Besitzer. Bei den Besitzumschreibungen bei Autos ist das Verhältnis anders – hier halten sich Händler- und Privatverkäufe ungefähr die Waage.

Der geringe Händleranteil beim Gebrauchtgeschäft mit Motorrädern verwundert nicht besonders, schließlich wurde dieses Geschäft lange Zeit von den meisten Händlern eher stiefmütterlich behandelt. Zwar erkannten einige schon früh, daß sich auch mit Motorrädern aus zweiter Hand Geld verdienen läßt, doch häufig haperte es noch an einem professionellen Marketing.

Das ist heute bei vielen Händlern anders. Bei manchen großen Vertretern der Zunft stehen mehrere hundert Gebrauchte im Verkaufsraum (Adressen siehe im Anhang dieses Buches, Stichwort »Gebrauchtmotorrad-Händler«) – bei fast allen geputzt, aber nur bei den seriösen auch noch mit einer Inspektion versehen. Häufig gibt's noch eine Garantie obendrein, Regelfall ist ein halbes Jahr, bei noch nicht so alten Maschinen kann diese gegen Aufpreis meist sogar verlängert werden. Und für die Bezahlung bieten die Händler häufig sogar Finanzierungsmöglichkeiten an.

Damit kann der Privatmarkt natürlich nicht dienen.

Auch erfordert der Kauf von Privat mehr Zeit, keine Frage. Hier kann der Interessent nicht gelassen durch die Reihen bummeln und die Preisschilder studieren – hier muß telefoniert und abgeklappert werden. Und

Auf einen Haufen: Mittlerweile haben sich etliche Händler mit dem Gebraucht-Geschäft ein zweites finanzielles Standbein geschaffen – hier läßt es sich bequem einkaufen

das meist auch noch unter Zeitdruck, denn wenn man Pech hat, war die erste besichtigte zwar die beste – ist beim Besichtigen der nächsten mittlerweile aber schon an jemand anderen verkauft worden. Daher ist beim Privatkauf eine gewisse Strategie sehr hilfreich.

So hat sich bewährt, bereits vor dem Durchtelefonieren der interessanten Angebote eine kleine Liste anzufertigen. Hierzu schreibt man die wichtigsten Angaben aus jeder Annonce ab und notiert darunter die Stichworte: Name, Adresse, Baujahr, Laufleistung, Vorbesitzer, TÜV, angemeldet, Originalzustand oder Umbauten, Ersatzteile. Diese Punkte werden dann systematisch am Telefon abgefragt und in die Liste eingetragen. Auf diese Weise kann man nichts vergessen zu fragen, bringt die einzelnen Motorräder nicht durcheinander und kann sie zudem schon zu Hause ansatzweise miteinander vergleichen.

Außerdem ergeben sich aus der Liste gleich einige Aktivitäten. Wenn zum Beispiel das Bike nicht angemeldet ist, sollte sich der Interessent wenn möglich vorher noch schnell eine rote Nummer besorgen, denn niemals sollte man ein Motorrad ohne eine Probefahrt kaufen (Fahrerklamotten mitnehmen nicht vergessen). Und wenn das Motorrad umgebaut ist und die Originalteile mitverkauft werden oder viele Ersatzteile vorhanden sind, lohnt die Anfahrt mit dem Auto, um die eventuell sperrigen Teile nach dem Kauf gleich einpacken zu können.

Dann wird die Besichtigungsroute geplant, denn häufig stehen ja mehrere Motorräder zur Auswahl. Logisch, daß das interessanteste Angebot hier zuerst vorgenommen werden soll, denn wer zuerst kommt, mahlt zuerst. Mehr als drei Stück sollte man sich aber nicht vornehmen, denn danach lassen Sorgfalt und Lust schon deutlich nach.

Die Lust beim Kauf kann manchem aber auch vergehen, wenn er die Preise beim Händler betrachtet. Im Gegensatz zum Kauf von Privat ist hier die Möglichkeit, ein Schnäppchen zu machen, nahezu ausgeschlossen, denn dazu kennen die Händler das Preisgefüge am Markt einfach zu gut. Außerdem sind Hallenmiete, Inspektion und Garantie auf den Kaufpreis umgelegt – und verdienen möchte der Händler, wenn er nicht gerade ein Wohltäter der Menschheit ist, ja schließlich auch noch etwas.

Etwas Gutes hat die Sache dennoch: Im Beanstandungsfall läßt der Händler wahrscheinlich bereitwilliger mit sich reden als der Privatverkäufer, schließlich hat er seinen guten Ruf zu verlieren. Zumindest, wenn er wirklich einen hat.

Ein Segen für den Gebrauchtkäufer ist das Internet. Wer einen Computer und einen Anschluß zu Hause hat (oder wenigstens einen kennt, der das hat), kann gemütlich vom Bildschirm aus die verschiedenen Angebote studieren. Fast alle Internet-Angebote, die gebrauchte Autos offerieren, beherbergen auch Motorrad-Seiten meist mit sehr komfortablen Suchfunktionen. So kann man sich zum Beispiel Angebote von seinem Wunschmotorrad nur in bestimmten Regionen oder nur bestimmte Preisklassen anzeigen lassen. Ein klarer Vorteil gegenüber den häufig unsortierten Angeboten in gedruckten Anzeigenblättern.

Natürlich haben auch die meisten Gebrauchtmotorrad-Händler diesen Vorteil erkannt und bieten ihre Ware auf teils sehr professionell gemachten Internet-Seiten an – tagesaktuell und mit Bild. Und da soll noch mal jemand was gegen das Internet sagen.

Was ist bei grau importierten Motorrädern zu beachten?

Grauzone

In Deutschland gibt es für jede Motorrad-Marke mindestens einen vom Hersteller autorisierten Importeur, der die Motorräder aus dem jeweiligen Herstellungsland heranschafft. Seine Aufgabe besteht nicht nur aus dem Import der Maschinen und dem Verteilen der Kontingente auf die einzelnen Vertragshändler. Auch die Garantie-Abwicklung, das Sicherstellen der Ersatzteil-Versorgung, eventuelle Rückrufaktionen, Marketing zur Unterstützung der Händlerschaft und das Erstellen von Freigaben, zum Beispiel für neue Reifen, fallen in sein Aufgabengebiet.

Mit dem sogenannten »Grauimport« hat der Importeur dagegen nichts am Hut, denn das »grau« bedeutet in diesem Zusammenhang, daß der Import nicht über den offiziellen Importeur für Deutschland abgewickelt wurde (daher nennen sich die Grau-Importeure auch viel lieber Parallel-Importeure). In diesem Fall hat sich also ein Großhändler in einem anderen Land bei einem anderen Großhändler, Importeur oder sogar dem Hersteller eingedeckt – in Zeiten der EG-Harmonisierung mit den geöffneten Handelsgrenzen kein großes Problem mehr. Aber wozu das alles?

Am verständlichsten wird das am Beispiel Dänemark: Die nordischen Nachbarn werden beim Kauf eines neues Fahrzeugs mit einer Mehrwertsteuer in Höhe von 25 Prozent und zusätzlich einer Zulassungssteuer von 105 Prozent beglückt – was über 34 500 Kronen hinausgeht, wird sogar mit 180 Prozent besteuert. Würden die Hersteller jetzt jedem Importeur die gleichen Preise abverlangen, wären die Fahrzeuge für die Dänen damit unbezahlbar. Also brauchen die dänischen Importeure nur einen niedrigeren Einkaufspreis zahlen als die Importeure weniger steuerbelasteter Länder. Und um konkurrenzfähig bleiben zu können, wird zusätzlich der Verkaufs-Nettopreis niedriger als zum Beispiel in Deutschland angesetzt.

Nun der Gag: Kauft ein Ausländer ein Neufahrzeug, muß er lediglich dem deutschen Finanzamt die obligatorischen 15 Prozent Mehrwertsteuer entrichten, von den hohen dänischen Abgaben bleibt er verschont. Der Einkauf ist also billiger als in Deutschland – der Privatkunde hat Geld gespart, und der Grau-Händler kann die Motorräder zu einem niedrigeren Preis als den Listenpreis des offiziellen deutschen Importeurs anbieten.

Natürlich kursieren auch auf dem Gebrauchtmarkt viele solcher grau importierten Maschinen. Trotz des seinerzeit deutlich niedrigeren Neupreises liegt das Preisniveau für gebrauchte Graue kaum unter, sondern meist auf dem gleichen Level wie bei offiziell importierten Motorrädern.

So gesehen spricht eigentlich bei Gebrauchten im Gegensatz zu Neumaschinen kaum etwas für den Kauf einer Grauen, zumal man sich damit unter Umständen auch noch einige Probleme einhandeln kann. So ist zum Beispiel seitens der Importeure und der Händler in vielen Bereichen nicht mit allzuviel Entgegenkommen zu rechnen – schließlich ist ihnen mit dem Parallel-Import ja seinerzeit ein Geschäft durch die Lappen gegangen. Besonders bei der Bestellung von Ersatzteilen kann es haarig werden. Vielfach kann nämlich der Vertrags-Händler das Motorrad gar nicht einordnen, da sich die Ersatzteil-Nummern nur auf die deutsche Version beziehen, die Motorräder aus den Nachbarländern aber in den meisten Fällen eine anderes Typkürzel haben. Selbst der deutsche Importeur kann meist nicht sagen, welche technischen Unterschiede die Versionen für die verschiedenen Länder aufweisen – im Normalfall braucht es ihn ja auch wirklich nicht interessieren.

So wird der Händler meist keine Garantie dafür geben können, daß das bestellte Teil auch wirklich paßt – eine Rückgabe-Möglichkeit wird daher häufig ausgeschlossen. Also ist der Motorradfahrer häufig gezwungen, seine Ersatzteile beim Grau-Importeur zu bestellen.

Allerdings, so schlimm ist das nun wieder auch nicht, denn viele der großen Grauhändler unterhalten ein eigenes Ersatzteil-Lager. Und manchmal sind Grau-Importeure bei der Teilebeschaffung sogar fixer als die offiziellen Händler, da sie mehr Auswahl bei den Beschaffungswegen haben.

Überhaupt sind bei grau importierten Motorrädern jüngeren Datums viel weniger Probleme zu erwarten als das bei frühen Modellen der Fall war. Heutzutage entsprechen zumindest die gängigen Modelle der EG-Spezifikation, sind also wegen dieser EG-ABE baugleich mit den Modellen vom Vertragshändler. Bei einigen US-Modellen sind Parallel-Importe sogar üppiger ausgestattet.

Aber woran erkennt der notorische Zweifler dennoch, ob es sich bei seinem älteren Objekt der Begierde um eine Graue oder eine »Offizielle« handelt? Recht eindeutig ist das Typkürzel, also die Zahlen-/Buchstabenkombination, die den Anfang der Fahrzeug-Identifizierungs-Nummer (früher hieß das noch Fahrgestell-Nummer) bildet, denn die war früher in den allermeisten Fällen länderspezifisch. Wer das betreffenden Typkürzel für die deutsche Version in Erfahrung bringen möchte: Hier geben die Vertragshändler sicher sehr bereitwillig Auskunft. Auch ein Hinweis ist die Bedienungsanleitung beziehungsweise das Fahrerhandbuch – kommt einem dieses spanisch vor, so ist das Herkunftsland eben, messerscharf geschlossen, Spanien. Oder vielleicht doch Südamerika? Weitere Indikatoren für eine Grau-Import sind zum Beispiel der Meilentacho oder eine Zwangslichtschaltung (kein Schalter für Licht an/aus).

Verräterisch: »mph« auf dem Tacho bedeutet »miles per hour« und verrät in der Regel den Grau-Import

Besichtigung einer Gebrauchten

Schau mal an

Vertrauen ist gut, Kontrolle ist besser. Zugegeben, dieser Spruch ist ziemlich abgegriffen. Dennoch, selten ist er so aktuell wie beim Kauf eines gebrauchten Motorrads. Zwar darf auch der private Verkäufer den Interessenten nicht beliebig über den Tisch ziehen (siehe Kapitel »Gekauft ist gekauft?« ab Seite 306), aber von der Haftung für kleinere Mängel kann er sich durch den Zusatz im Kaufvertrag »gekauft wie besichtigt und probegefahren unter Ausschluß jeglicher Gewährleistung« befreien. Also liegt es am Interessenten, möglichst sämtliche Macken des gebrauchten Motorrads aufzuspüren – und zwar vor dem Kauf und nicht erst zähneknirschend in der heimischen Garage. Und je mehr Mängel dem Verkäufer präsentiert werden können, umso günstiger ist natürlich die Verhandlungsposition für den tatsächlichen Kaufpreis.

Generell gilt: Vier Augen sehen mehr als zwei, und daher ist es sehr empfehlenswert, beim Besichtigungstermin zu zweit oder zu dritt aufzutauchen. Besitzt eine der Begleitpersonen dann auch noch das gleiche Motorrad wie das zu besichtigende, sind die Voraussetzungen optimal, denn dann kann man sogar beide Motorgeräusche referenzmäßig miteinander vergleichen.

Besichtigung im Stand

Man kann ein Motorrad gar nicht lang genug unter die Lupe nehmen. Mag das Erscheinungsbild auf den ersten Blick auch noch so gepflegt wirken, oft finden sich bei längerer und genauerer Betrachtung doch noch etliche Haare in der Suppe.

Doch zunächst zur Ausrüstung. Nur Anfänger erscheinen mit leeren Händen zum Besichtigungstermin. Der gewiefte Besichtiger dagegen hat eine Taschenlampe, einen kleinen Spiegel, ein Stück Leichtmetall-Profil aus dem Fensterbau und eventuell einen

Papierkram: Stimmt das besichtigte Motorrad überhaupt mit dem Fahrzeugbrief überein? Wenn nicht, kann man die Besichtigung gleich wieder abbrechen

Kompressions-Prüfung: Bei nackten Motorrädern geht dieser aufschlußreiche Test leicht vonstatten – bei verkleideten Motorädern kann man das vergessen

Ist es noch der Original-Auspuff? Hier nicht. Ist aber nicht schlimm, da die entsprechende Betriebserlaubnis vorhanden ist

Schlag auf Schlag: Wenn's nach einem Knuff mit dem Handballen klappert, haben sich innen Bleche gelöst

Kompressionsprüfer samt Kerzenschlüssel im Handgepäck. Diese Ausrüstung sieht nicht nur wichtig aus und beeindruckt nachhaltig den Verkäufer, sondern erweist sich auch als durchaus hilfreich. So kann man mit der Taschenlampe zum Beispiel in den Tank hineinleuchten, um dort eventuelle Rostbildung festzustellen. Auch bringt sie Licht in das Dunkel der Umgebung von Zentral-Federbeinen. Der Spiegel hingegen erleichtert die eingehende Untersuchung der Motorrad-Unterseite, so kann zum Beispiel eine eingerissene Halterung des Hauptständers oder eine leckende Motordichtung nicht unentdeckt bleiben. Das Leichtmetall-Profil (gibt's beim Fensterbau-Betrieb aus der Schrottkiste) ist ein ebenso wirkungsvolles wie einfaches Hilfsmittel, verbogene oder verspannt montierte Standrohre der Gabel zu diagnostizieren – einfach plan auf die Rohre legen und kippeln. Und die Prüfung der Kompression schließlich sagt eine Menge über das mechanische Wohlbefinden eines Motors aus. Hier genügt ein preisgünstiges Exemplar aus dem Baumarkt, es muß ja nicht gleich ein Meßgerät mit Schreiber sein. Bei vollverkleideten Motoräder allerdings wird diese Prüfung leider meist entfallen müssen, da der Besitzer sicher nicht davon begeistert ist, wenn sein Motorrad halb demontiert wird.

Besonderes Augenmerk sollte der Interessant darauf legen, daß das Motorrad keinen Unfall mit Rahmenschaden hinter sich hat. Laut Rechtssprechung muß der Verkäufer in diesem Fall zwar ungefragt darauf hinweisen, aber nicht jeder Verkäufer ist eben eine ehrliche Haut. Und selbst im Fall eines »Geständnisses« ist die Euphorie des Käufers angesichts eines vermeintlichen Schnäppchens groß – doch der Schuß kann schnell nach hinten losgehen. Rahmen aus Stahlrohr lassen sich zwar richten, doch für eine hundertprozentige Arbeit muß das Motorrad komplett, und zwar wirklich komplett zerlegt werden. Noch viel schlimmer wird's bei Rahmen aus Leichtmetall, denn die können (und dürfen) nur in ganz begrenztem Maße nachgearbeitet werden – und neu kostet so ein Kleinod bis zu 2000 Euro. In ungünstigen Fällen genügt sogar manchmal schon ein kleiner Ausrutscher, um eine Rahmenverzug zu bewirken. Um hier sicherzugehen, sollte das Motorrad also unbedingt an allen möglichen Extremitäten auf Sturzspuren untersucht werden. Besonders aufschlußreich ist ein Blick auf den Lenkanschlag auf der unteren Gabelbrücke – massive Druckstellen oder gar ein abgebrochener Anschlag sind nahezu eindeutige Indizien für einen Unfallschaden. Interessant ist auch immer die Kontrolle des Ölstands. Hat es nämlich der Verkäufer noch nicht einmal jetzt, für den Verkauf, für nötig befunden, Öl aufzufüllen, wird er es sonst damit erst recht nicht ernst genommen haben – und diese Tatsache sollte den Interessenten in Bezug auf den inneren Pflegezustand des Motors sehr skeptisch stimmen.

Wird bei der Besichtigung gern vergessen: das Lenkschloß. Und der TÜV sieht's überhaupt nicht gern, wenn dieses Schloß nicht funktioniert

Ein tiefer Blick: Dem Lenkanschlag sieht man es fast immer an, wenn das Motorrad umgefallen ist – hier also besonders drauf achten

Lenkkopflager: Beim Ruckeln gegen die Wand darf es nicht klappern. Sonst müssen die Lager entweder nachgestellt oder ausgetauscht werden

Gabeldichtringe: Die Standrohre dürfen sich nicht ölig anfühlen – sonst sind die Dichtringe hinüber

Bei der Besichtigung eines gebrauchten Motorrads sollte der Interessent möglichst systematisch vorgehen – die Gefahr, einen Mangel zu übersehen, ist sonst einfach zu groß. Als Hilfsmittel soll hier die Checkliste am Ende dieses Kapitels dienen, am besten also rauskopieren und vor Ort die Punkte ankreuzen. Die ausgefüllte Checkliste verschafft dem potentiellen Gebrauchtkäufer nicht nur einen guten Überblick über den Zustand des Motorrads, sondern kann auch bei der anschließenden Preisverhandlung ein wichtiges Argument darstellen – je mehr Kreuzchen unter der Rubrik »schlecht« stehen, desto nachgiebiger sollte sich der Verkäufer beziehungsweise desto skeptischer der Interessent zeigen.

Die Probefahrt

Niemals sollte man ein gebrauchtes Motorrad lediglich nach einer, wenn auch noch so sorgfältigen, Besichtigung im Stand kaufen. Nur auf einer Probefahrt kann man zum Beispiel ein angeknabbertes Getriebe, einen verzogenen Rahmen, einen defekten Hinterradantrieb oder eine verschlissene Kupplung 100prozentig feststellen. Ist das betreffende Bike nicht angemeldet, sollte der Interessent also mit einer roten Nummer erscheinen.

Besonders für die Probefahrt zahlt es sich aus, wenn man jemanden mitgenommen hat, der sich speziell mit diesem Motorrad auskennt – idealerweise weil er selbst so eine Maschine besitzt. Artfremde Geräusche wird er dann viel leichter heraushören als ein unerfahrener Interessent, auch ein ungewöhnliches Fahrverhalten wird dann viel schneller deutlich.

Doch das ist, wie gesagt, nur der Idealfall. Dennoch muß die Probefahrt nicht zum Glücksspiel werden, denn zu beachten ist prinzipiell immer das gleiche. So sollte man auf einer unbefahrenen Straße das Motorrad ein Stück freihändig fahren, dabei darf die Maschine nicht immer wieder zur gleichen Seite ziehen – ansonsten besteht der dringende Verdacht auf einen Rahmenverzug. Eine Geschwindigkeit zwischen 50 und 70 km/h reicht für diese Übung schon völlig aus, aber Vorsicht: Gerade in diesem Geschwindigkeitsbereich fangen einige Motorräder an, mit dem Vorderrad zu flattern. In diesem Fall genügt ein schneller Griff zum Lenker, und der Spuk ist vorbei.

Danach geht's auf die Autobahn, denn auch eine Vollgasfahrt gehört zum Programm. Zwar geht nicht jeder Motorrad-Tacho genau, dennoch gibt die erreichbare Höchstgeschwindigkeit indirekt Aufschluß über den Zustand des Motors – ausgelutschte Motoren sind deutlich langsamer als im Fahrzeugschein unter »Höchstgeschwindigkeit« vermerkt ist.

Die Kupplung muß gut trennen, das Motorrad darf bei eingelegtem Gang und gezogener Kupplung also keinen Vorwärtsdrang haben. Ebenso sollte sie unter

Kippelbruder: Mit so einem Profil aus Leichtmetall läßt sich leicht feststellen, ob die Standrohre verspannt montiert oder sogar verbogen sind

Profiltiefe: Mit einem Markstück leicht gemessen – bei der gesetzlichen Mindestgrenze von 1,6 Millimetern wäre die Schrift schon komplett zu sehen. Haben Sie ein Markstück aufgehoben?

Fingernagel-Test: Auf diese Art und Weise können riefige Bremsscheiben einfach nicht verborgen bleiben

Schwingenlager: Ist Spiel fühlbar, wenn quer zur Fahrtrichtung gerüttelt wird, sind die Lager lose oder verschlissen

Last nicht rutschen (besonders spürbar in den großen Gängen, also im Vierten und Fünften), ansonsten sind wahrscheinlich die Kupplungs-Beläge hinüber.

Das Getriebe muß leicht schaltbar sein, die Gänge dürfen nicht rausfliegen, und heulende oder singende Geräusche sollten auch nicht sein. Die Kette darf nicht mahlen, ein Kardan nicht knacken oder rattern. Aus diesen Zeilen wird ersichtlich: Eine Probefahrt hat nicht nur etwas mit Fahren, sondern auch sehr viel mit Hören zu tun.

Und was soll man machen, wenn der Verkäufer keine Probefahrt zulassen will? Unbedingt verübeln kann man es ihm zunächst nicht, denn vielleicht hat er einfach Bedenken, daß an seinem geliebten Motorrad etwas kaputtgeht.

Schließlich muß der Probefahrer nur dann für Schäden haften, wenn ihm grobe Fahrlässigkeit oder Vorsatz nachgewiesen werden können, zum Beispiel also das Fahren unter Alkohol- oder Drogeneinfluß oder das vorsätzliche Mißachten von Verkehrsregeln. Oder der Verkäufer hat vielleicht sogar Angst, daß er sein Motorrad überhaupt nicht mehr wiedersieht. In letzter Zeit haben sich nämlich einige üble Zeitgenossen darauf spezialisiert, auf diese Weise vergleichsweise einfach an ein Motorrad zu kommen, ohne es extra knacken zu müssen. Für den Besitzer besonders bitter: Da er das Motorrad dem Interessenten freiwillig überlassen hat, handelt es sich in einem solchen Fall nicht um das Delikt Diebstahl, sondern um Unterschlagung – und hier zahlt die Versicherung keinen Cent. »Vertrauen gegen Vertrauen« ist hier also tatsächlich nicht angebracht.

Der Verkäufer sollte sich aber auf eine Probefahrt einlassen, wenn ihm der Interessent zwischenzeitlich

Radlager: Rad mit beiden Händen oben oder wie gezeigt greifen und quer zur Fahrtrichtung ruckeln – wenn's klackert, haben die Lager ausgedient

Federbeine: Vorn hält ein Helfer das Motorrad, hinten wird jetzt kräftig eingefedert. Dabei dürfen die Federbeine keine gurgelnden Geräusche machen

als Sicherheit seinen Personalausweis hinterläßt. Führerschein gilt hier nicht, da den der Probefahrer erstens im Fall einer Polizeikontrolle benötigt und zweitens die Fahrerlaubnis recht leicht zu fälschen ist. Und wenn der Verkäufer selbst dann immer noch nicht will? Dann muß sich der Verkäufer wohl nach einem anderen Käufer umsehen, denn nochmal: Niemals sollte man ein Motorrad kaufen, ohne es probegefahren zu haben.

Häßliche Tricks der Verkäufer

Damit wir uns nicht mißverstehen: Nicht jeder Verkäufer hat Dreck am Stecken. Dennoch kann es nichts schaden, wenn der Interessent einige der Tricks kennt, mit denen Mängel der Motorräder kaschiert werden können.

Eine Binsenweisheit ist, daß sich die meisten Interessenten durch eine Gebrauchte, wenn sie einen gepflegten Eindruck macht, im wahrsten Sinne des Wortes blenden lassen. Also wird ein gewiefter Verkäufer das Bike wienern auf Teufel komm raus. Probieren Sie es ruhig einmal an ihrem eigenen Motorrad aus: Wenn sogar die Hüllen der Bowdenzüge und der Kabelbäume nach Behandlung mit dem Wundermittel »Armor All« wieder in sattem Schwarz prangen und die Reifen mit Reifenfarbe auf neu getrimmt wurden, wirkt sich das enorm positiv auf den Gesamteindruck aus. Nicht so schön sehen zwar Aufkleber aus, doch taugen sie hervorragend dazu, Kratzer auf Verkleidungen zu verdecken.

Bei Trommelbremsen: Ist der Verschleißzeiger der Bremse schon am Ende? Dann müssen neue Bremsbeläge einkalkuliert werden

Und zwischendurch: Solch ausgenudelte Schräubchen mögen bei der Besichtigung noch nicht so stören, doch beim späteren Basteln ist die Flucherei groß

Probegriff: Hat der Verkäufer etwa den Motor vorher schon einmal warmlaufen lassen, weil das Motorrad sonst immer so schlecht anspringt?

Leidet ein Motor unter Ladehemmungen beim Kaltstart, so läßt man ihn gern vorher schon einmal warmlaufen. Das kann der Interessent zwar mit einem temperaturfühligen Griff zum Zylinder leicht feststellen, doch die griffige Ausrede des Verkäufers wird lauten: »Kurz vor Ihnen ist schon ein anderer probegefahren« – und da soll erst mal einer das Gegenteil beweisen.

Eine ausgenudelte Batterie wird ausgiebig geputzt und noch einmal kräftig am Ladegerät aufgepeppelt. So reicht die Ladung der Batterie auch, um für die Dauer einer kurzen Probefahrt eine defekte Lichtmaschine zu verbergen.

Sind die Standrohre vorn schon von Rostpickeln verunstaltet, werden sie einfach verdreht – so kommt die besser erhaltene hintere Seite nach vorn in den Sichtbereich.

Sturzspuren sind an den Spiegeln, den Vibrationsdämpfern an den Lenkerenden oder an den Fußrasten besonders schnell zu erkennen, daher werden diese vergleichsweise billigen Teile schnell noch ersetzt. Ebenso lautet die Devise häufig »ist ja nur für den Verkauf« und so kommen statt den hochwertigen (und teuren) Originalteilen eben Billigstangebote aus dem Zubehörhandel zum Einsatz, zum Beispiel bei abgenutzten Bremsbelägen.

Der Papierkram

Bleiben zum Schluß noch ein paar Prüfpunkte, die zwar etwas haarspalterisch wirken mögen, bei Nichtbeachtung aber nach dem Kauf für unnötigen Ärger sorgen können. Der wichtigste: Stimmt die Fahrzeug-Identifizierungs-Nummer im Fahrzeugbrief überhaupt mit der auf dem Typschild des Motorrads überein? Und bei der Gelegenheit gleich: Wie viele Vorbesitzer hat die Maschine? Wenn es sich nicht mehr um den ersten Brief handelt (ist darauf vermerkt), standen auf dem alten womöglich schon allein sechs Besitzer.

Wenn der Verkäufer Reparaturen oder den jüngsten Austausch von Verschleißteilen angibt, sollte dies auch per Rechnung belegbar sein. Ein ausgefülltes Service-Heft ist immer beruhigend, denn dann wurden die Inspektionen von einer Werkstatt erledigt. Und bei eintragungspflichtigen Anbauteilen schließlich (wie Lenker, Nachrüst-Auspuffanlage oder breiteren Felgen) sollte sich der Käufer vergewissern, daß die Teile entweder in die Papiere eingetragen sind, die zugehörigen ABE- oder EG-Bescheinigungen vorliegen oder wenigstens die Originalteile noch vorhanden sind – sonst kann es bei der nächsten Hauptuntersuchung Ärger geben.

Probefahrt: Niemals sollte man ein Motorrad kaufen, ohne es vorher gefahren zu haben – etliche Schäden können sonst unentdeckt bleiben

Checkliste

Prüfpunkt	Prüfung	Zustand gut	Zustand schlecht
Besichtigung im Stand			
Motor	Sind Ventildeckel, Ölwanne, Zylinderkopf und -fuß sowie Motorseitendeckel dicht?	○	○
	Leckt das Wasserkühlsystem?	○	○
	Stimmt der Ölstand?	○	○
	Sind an den Motorseitendeckeln Unfallspuren zu erkennen?	○	○
	Ist der Motor kalt, oder wurde er vom Verkäufer schon vorsichtshalber warmgefahren?	○	○
	Kompressions-Vergleichsmessung: Die Zylinder dürfen nicht mehr als ein bar Differenz untereinander haben	○	○
Auspuff	Ist es der Original-Auspuff? Wenn nicht, ist der Zubehörtopf eingetragen oder eine ABE vorhanden?	○	○
	Mit dem Handballen gegen den Schalldämpfer schlagen: Wenn es hierbei klappert, sind innen Bleche lose	○	○
	Ist Rost zu entdecken?	○	○
	Sind Unfallspuren zu sehen?	○	○
Armaturen	Läßt sich der Tageskilometerzähler zurückstellen?	○	○
	Funktionieren Hauptscheinwerfer, Blinker, Hupe, Rück- und Bremslicht?	○	○
	Zeigen sich an den Griffenden, Vibrationsdämpfern, Spiegeln oder Hebeln Unfallspuren?	○	○
Schlüssel	Alle vorhanden?	○	○
	Funktioniert das Lenkschloß?	○	○
	Wenn Einheitsschließung: Paßt der eine Schlüssel auch wirklich für alle Schlösser?	○	○
Bowdenzüge	Leichtgängig?	○	○
Verkleidung	Hat die Kunststoffhaut Risse oder verdächtig viele Aufkleber?	○	○
	Ist es die Original-Verkleidung? (auch auf die Scheibe achten). Wenn nicht: Sind die Teile eingetragen beziehungsweise ist eine ABE vorhanden?	○	○
Tank	Mit der Taschenlampe hineinleuchten: Rostspuren?	○	○
Lenkanschlag	Unbeschädigt? Ansonsten besteht starker Verdacht auf einen Unfall	○	○
Lenkkopflager	Motorrad aufbocken und Vorderrad entlasten, Lenker von Anschlag zu Anschlag drehen: muß leichtgängig und ohne Einrasten möglich sein	○	○
	Motorrad mit dem Vorderrad gegen eine Wand stellen und mehrmals kurz am Lenker Richtung Wand drücken: Es darf nicht klackern	○	○
Standrohre	Mit zwei Fingern die Standrohre auf- und abfahren: trocken?	○	○
	Prüfung mit Profil aus Leichtmetall: Wenn es sich auf den Rohren kippeln läßt, sind die Standrohre krumm oder zumindest verspannt eingebaut	○	○
Vorderrad	Hat das Radlager Spiel? Reifen mit beiden Händen oben umgreifen und quer zur Fahrtrichtung ruckeln – darf nicht klackern	○	○
	Wenn Speichenrad: Sind die Speichen korrekt gespannt? (Speichen mit Schraubendrehergriff anklopfen: müssen klingen). Sind alle Speichen vorhanden?	○	○
	Wenn ComStar-Rad (Honda-Verbundfelge): Nieten dürfen nicht lose sein	○	○
Reifen vorn	Ist das Profil mindestens die gesetzlich vorgeschriebenen 1,6 Millimeter tief? (Prüfung zum Beispiel mit einem Markstück: Der Rand bis zur Schrift ist genau 1,6 Millimeter breit)	○	○
	Ist der montierte Reifen eingetragen?	○	○

Checkliste

Prüfpunkt	Prüfung	Zustand gut	Zustand schlecht
Bremse vorn	Bremsscheiben riefig? (Prüfung mit Fingernagel)	○	○
	Bremsbeläge verschlissen?	○	○
Hauptständer	Ist das Motorrad aufgebockt, sollte das Hinterrad den Boden nicht mehr berühren, sonst ist der Hauptständer verbogen	○	○
Seitenständer	Funktioniert der eventuell vorhandene Kurzschlußschalter? Wird bei laufendem Motor der Ständer ausgeklappt, muß der Motor absterben (bei machen Motorrädern erst beim Gangeinlegen und/oder Einkuppeln)	○	○
Kette	Pflegezustand? (Durchhang/Schmierung)	○	○
	Läßt sich die Kette nach hinten deutlich vom Kettenrad wegziehen? (Wenn ja: verschlissen)	○	○
	Motorrad aufbocken, Durchhang bei verschiedenen Stellungen des Hinterrads fühlen. Wenn sich der Durchhang stark ändert: verschlissen	○	○
	Ist der Kettenspanner schon am Ende der Einstellskala? Wenn ja: Kette verschlissen	○	○
	Hat das Kettenrad »Haifischzähne«? Wenn ja, ist nicht nur das Kettenrad, sondern wahrscheinlich auch noch das Ritzel und die Kette verschlissen	○	○
Kardan	Ölundichtigkeiten am Antriebsstrang?	○	○
Schwinge	Bei aufgebocktem Motorrad quer zur Fahrtrichtung rütteln. Wenn Spiel fühlbar ist, sind die Schwingenlager entweder lose (bei Kardanantrieb einstellbar) oder verschlissen	○	○
Federbeine	Undichtigkeiten?	○	○
	Funktionskontrolle: Motorrad von Helfer am Lenker halten lassen. Motorrad hinten einfedern und hochschnellen lassen. Darf keine gurgelnden Geräusche machen und nicht nachschwingen	○	○
Zentralfederbein	Bei aufgebocktem Motorrad an der Schwinge hoch und runter ruckeln. Wenn Spiel fühlbar wir, sind die Umlenklager verschlissen	○	○
	Ist die Umlenkhebelei von außen verrostet und fettfrei, laufen die Lager selbst wahrscheinlich auch trocken	○	○
	Undichtigkeiten? (Taschenlampe benutzen)	○	○
	Funktionskontrolle: Motorrad von Helfer am Lenker halten lassen. Motorrad hinten einfedern und hochschnellen lassen. Darf keine gurgelnden Geräusche machen und nicht nachschwingen	○	○
Hinterrad	Hat das Radlager Spiel? Reifen mit beiden Händen oben umgreifen und quer zur Fahrtrichtung ruckeln – darf nicht klackern	○	○
	Wenn Speichenrad: Sind die Speichen korrekt gespannt? (Speichen mit Schraubendrehergriff anklopfen: müssen klingen). Sind alle Speichen vorhanden?	○	○
	Wenn ComStar-Rad (Honda-Verbundfelge): Nieten dürfen nicht lose sein	○	○
Bremse hinten	Bremsscheiben riefig? (Prüfung mit Fingernagel)	○	○
	Bremsbeläge verschlissen?	○	○
	Wenn Trommelbremse: Verschleißzeiger schon am Limit? Wenn ja, Beläge verschlissen	○	○
Reifen hinten	Ist das Profil mindestens die gesetzlich vorgeschriebenen die 1,6 Millimeter tief? (Prüfung zum Beispiel mit einem Markstück: Der Rand bis zur Schrift ist genau 1,6 Millimeter breit)	○	○
	Ist der montierte Reifen eingetragen?	○	○

Checkliste

Prüfpunkt	Prüfung	Zustand gut	Zustand schlecht
Räderflucht	Motorrad aufbocken, Lenker gerade stellen. Aus einigen Metern Abstand tief gebückt von vorn schauen: Fluchten die Räder? Wenn nicht, ist das Hinterrad schief eingebaut oder eventuell der Rahmen verzogen	○	○
Unter der Sitzbank	Was für einen Eindruck macht die Batterie? (Pole, Flüssigkeitsstand, Batteriekasten)	○	○
	In welchem Zustand sind die Steckverbindungen der Kabel?	○	○
	Sind Bordwerkzeug und Fahrer-Handbuch noch vorhanden?	○	○
Probefahrt			
Kupplung	Rutscht sie beim Beschleunigen im großen Gang? Wenn ja, muß sie nachgestellt werden oder die Beläge sind verschlissen	○	○
	Schiebt das Motorrad bei eingelegtem ersten Gang trotz voll gezogener Kupplung? Wenn ja: Beläge verklebt oder Kupplung falsch eingestellt	○	○
Freihändig fahren	Zieht das Motorrad immer wieder zu einer Seite? Wenn ja, eventuell Rahmenschaden	○	○
Lastwechsel	Helfer fährt hinterher. Wenn unter Last, also beim Gasgeben, blaue Fahnen aus dem Auspuff kommen, sind die Kolbenringe verschlissen. Tritt dagegen beim Lastwechsel und im Schiebebetrieb (Gas wegnehmen) Blaurauch auf, sind die Ventilschaftdichtungen im Eimer	○	○
Geräusche	Mahlt die Kette? Wenn ja, ungleichmäßig gelängt	○	○
	Singt das Getriebe im fünften Gang? Kommt häufig bei Einzylindern vor. Wenn ja, Zahnradpaar verschlissen	○	○
	Rasselt der Motor bei niedrigen Drehzahlen? Vielleicht Steuerkette oder deren Spanner verschlissen	○	○
Armaturen	Zeigen Tacho und Drehzahlmesser an?	○	○
	Funktioniert die Dämpfung oder schlackern die Zeiger?	○	○

Wieviel darf's denn kosten?

Verhandlungssache

Für den unbedarften Käufer einer gebrauchten Maschine ist es oft gar nicht so leicht, herauszufinden, wieviel das Objekt der Begierde denn nun wirklich kosten darf. Gerade beim Kauf von Privat ist es ein offenes Geheimnis, daß der anfangs verlangte Preis fast immer eine Verhandlungsbasis darstellt. Aber welcher Endpreis ist dann realistisch?

Um ein Gefühl für das Preisgefüge des jeweiligen Motorrads zu bekommen, ist es zunächst empfehlenswert, jede Menge privater Kleinanzeigen zu studieren. Wer nicht viel Geld zur Verfügung hat, wird sein günstiges Wunsch-Motorrad wahrscheinlich eher in den kostenlosen Anzeigenblättern finden, da die Verkäufer bei einem schon geringen Verkaufspreis meist die zusätzliche Ausgabe für eine Annonce scheuen. Bei gebrauchten Motorrädern der höheren Preisklasse (ab zirka 2500 Euro) ist dagegen die Auswahl in den einschlägigen Fachzeitschriften größer.

Einen weiteren Anhaltspunkt geben die sogenannten Bewertungslisten. Bei deren Erstellung sind in Deutschland zwei Institutionen federführend: die Deutsche Automobil Treuhand (DAT) und die Eurotax Schwacke GmbH (Adressen im Anhang dieses Buchs). Diese Listen sind jedoch relativ teuer – die Monatsausgabe der DAT kostet rund 25, das vierteljährlich erscheinende Heft von EurotaxSchwacke rund 35 Euro. Daher druckt zum Beispiel die Zeitschrift MOTORRAD in jeder Frühjahrs-Ausgabe einen Auszug aus dem Komplettwerk. Der Haken an diesen Listen: Sie gelten eher für den kommerziellen als für den privaten Bereich – die angegebenen Preise sind häufig niedriger als sie tatsächlich bei Privatgeschäften bezahlt werden. Auch mit der preislichen Einbindung von Liebhaber- oder Mode-Trends, wie sie auf dem Motorrad-Gebrauchtmarkt immer wieder auftreten, tun sich die Bewerter recht schwer. Dennoch, durch die Kombination des Studiums privater Kleinanzeigen und der Bewertungslisten bekommt der Interessent schon ein Gefühl dafür, was das entsprechende Motorrad ungefähr kosten darf. Unter Umständen hilft noch ein informativer Besuch bei einem Händler, um letzte Unklarheiten zu beseitigen.

Jetzt geht's ans Feintuning, das speziell besichtigte Motorrad muß eingeschätzt werden. Ein hervorragend gepflegtes Exemplar mit geringer Laufleistung kann natürlich immer noch deutlich über dem ermittelten Preisniveau liegen, genauso wie ein runtergekommenes Stück mit vielen Macken darunter liegen sollte. Nicht vergessen werden dürfen aber auch die Kosten, die auf den Käufer zukommen können, wenn das Motorrad nicht die gewünschte Leistungs-Variante aufweist (siehe dazu das Kapitel »Drosselung und Entdrosselung« ab Seite 23).

Die Jahreszeit spielt mittlerweile nicht mehr eine solch entscheidende Rolle wie noch vor einigen Jahren. Das Angebot im Winter ist zwar dünner, dennoch sind die Offerten nicht deutlich billiger. Der einzige Vorteil beim Kauf in der kalten Zeit: Es wird nicht so viele Mit-Interessenten geben – kurz vor dem Frühling ist die Nachfrage natürlich wesentlich höher.

Hin und wieder muß auch ein regionales Gefälle berücksichtigt werden – manchmal gibt's eine Gebrauchte billiger auf dem Land als in der Stadt.

Wie schon erwähnt, die annoncierten Preise stellen zumeist noch eine Verhandlungsbasis dar. Jetzt muß der Käufer nur noch genügend Argumente vorweisen können, warum der Preis unbedingt niedriger angesetzt werden muß – feilschen ist also angesagt. Argumente höchster Priorität sind natürlich technische Mängel des Motorrads, hier stellt die ausgefüllte Checkliste dieses Buchs eine gute Hilfe dar. Ein technischer Mangel in diesem Zusammenhang kann aber auch schon eine lange Standzeit sein, leicht festzustellen an dem Abmelde-Eintrag im Fahrzeugbrief. Schon bei Motorrädern, die ein Jahr lang nicht bewegt wurden, können sich im darauffolgenden Alltagsbetrieb ärgerliche Mängel (vor allem Öl-Undichtigkeiten) einstellen. Außerdem ist nach einem Jahr Stillegung eine Vollabnahme bei TÜV oder Dekra erforderlich – Kostenpunkt rund

35 Euro. Tip: Diese Frist, »Löschungsfrist« genannt, läßt sich im Normalfall bei der gleichen Behörde, die seinerzeit auch die Stillegung vorgenommen hat, um ein weiteres halbes Jahr verlängern.

Sehr hilfreich ist es zu wissen, daß der Verkäufer sein Gefährt unbedingt loswerden möchte oder wenig Chancen hat, es zu verkaufen. Käufer mit starken Nerven und viel Zeit lesen und vergleichen daher die Kleinanzeigen mehrere Wochen lang. So wird auffällig, wer sein Motorrad schon mehrmals hintereinander annoncieren mußte. Ganz sicher: Dieser Verkäufer ist überdurchschnittlich verhandlungsbereit.

Händler zeigen sich im allgemeinen beim Verkaufspreis nicht so nachgiebig wie ein Privatverkäufer. Das heißt aber nicht zwingend, daß die Angebote grundsätzlich teurer wären als ein vergleichbarer Kauf von Privat. Auch Händler haben ihre »Standuhren«, also Motorräder, die sich partout nicht verkaufen lassen wollen – und hier liegt unter Umständen dann doch wieder ein deutlicher Preisnachlaß drin. Gute Karten hat vielleicht auch der Kunde, der sich bei einem Vertragshändler für ein »Fremdfabrikat« interessiert, die werden nämlich häufig billiger abgegeben als die eigenen Fabrikate.

Verhandlungsbasis hin, Preisschild her – eine goldene Regel des Gebrauchthandels lautet: »Ein Motorrad ist genau das wert, was dafür bezahlt wird.« Und da ist was Wahres dran.

Preisfrage: Am besten ist das Studieren der Kleinanzeigen in verschiedenen Zeitschriften. Gegen Ebbe in der Kasse hilft das allerdings auch nichts

Die 130 beliebtesten Gebrauchtmotorräder

Jetzt geht's los

Bisher drehte sich in diesem Buch alles nur ganz allgemein um den Kauf gebrauchter Motorräder, aber jetzt geht's ans Eingemachte. Auf den folgenden Seiten stehen die Stärken und Schwächen der hundert in Deutschland beliebtesten Motorräder, innerhalb der Marken nach Hubraum sortiert. Beliebt heißt in diesem Fall verbreitet (ermittelt aus der Bestandsstatistik des Kraftfahrt-Bundesamts), und so ist es auch zu erklären, daß in diesem Buch zum Beispiel keine einzige Harley-Davidson, Moto Guzzi, Buell oder Laverda vorkommt – die Modelle sind exklusiv und daher die Bestandszahlen recht klein.

Was in diesem Buch ebenfalls nicht vorkommt, sind die ungefähren Gebrauchtpreise für die jeweiligen Motorräder. Das hat einen einfachen Grund: Von der Abgabe des Manuskripts für ein Buch bis zur Veröffentlichung vergeht einige Zeit. Und nichts ist für den Leser so uninteressant wie der Gebrauchtpreis von gestern.

Zu jedem der aufgeführten Motorräder gibt es einen kleinen Datenkasten mit den für den Gebrauchtkäufer wichtigsten Daten. Da nicht jeder Leser ein Techno-Freak ist, nachfolgend eine kurze Erklärung, stellvertretend für alle beschriebenen Motorräder am Beispiel der Honda CBR 600 F:

Honda CBR 600 F

Motor: Wassergekühlter-Vierzylinder-Viertakter, 100 PS (74 KW) bei 12 000/min, 63 Nm bei 9500/min, Sechsganggetriebe, Kettenantrieb
Diese Angaben vermitteln einen Überblick über den Charakter des Motors: Vierzylinder bedeutet vibrationsarm, 100 PS bei 12 000/min heißt leistungsstark und drehfreudig, 63 Nm bei 9500 sagt aus, daß dieses Triebwerk bei niedrigen Drehzahlen nicht allzuviel Druck hat (je mehr Nm und je tiefer die Drehzahl, desto mehr Dampf aus dem Keller). Das Sechsganggetriebe ist nichts für Schalt-, der Kettenantrieb nichts für Schmierfaule.

Fahrwerk: Brückenrahmen aus Stahl, vorn Doppelscheiben-, hinten Scheibenbremse, Reifengröße vorn 120/60 VR 17, hinten 160/60 VR 17
Ein Stahlrahmen ist im Falle eines Falles längst nicht so teuer wie einer aus Leichtmetall. Scheibenbremsen sind schon lange Standard, eine Scheibe kann allerdings bis zu 600 Mark kosten. Je breiter die Reifen, desto größer ist die benötigte Schräglage – bei gleicher Geschwindigkeit. Die dicksten Serienreifen zur Zeit sind ein 130er vorn und ein 190er hinten).

Gewicht: 203 kg mit 16 Litern Normal vollgetankt
Rund 200 Kilogramm sind auch von zierlichen Frauen noch gut zu beherrschen. Zum Vergleich: Das Fliegengewicht Suzuki GN 250 wiegt 140, das Tourenschiff Honda ST 1100 312 kg. Verbrauch geteilt durch Tankinhalt mal 100 ergibt die durchschnittliche Reichweite mit einer Tankfüllung.

Sitzhöhe: 785 Millimeter
Eine besonders für Kleinwüchsige wichtige Angabe, die Spannweite bei den Motorrädern in diesem Buch reicht von 660 (Suzuki LS 650) bis 975 mm (KTM LC 4).

Höchstgeschwindigkeit: 227 km/h
Muß man doch wissen, oder?

Beschleunigung 0-100 km/h: 3,5 s
...und das doch auch!

Verbrauch: 6,8 Liter/100 km
Ncht erschrecken lassen, das ist immer der Durchschnittsverbrauch der MOTORRAD-Redakteure. Meist geht's auch mit weniger.

Leistungsvarianten: 27, 34, 50, 98, 100, 110 PS
Hier stehen alle Varianten, in denen die Motorräder vom Importeur lieferbar oder drossel- beziehungsweise entdrosselbar waren oder noch sind.

Bauzeit (Neupreise): 1987 (10 200 Mark) bis heute (1999 16 400 Mark)
Wichtige Information zur Preisfindung der Gebrauchten.

Wichtige Modellpflegemaßnahmen: 1987 PC 19 mit 85 PS. 1989 PC 23 mit 93 PS. 1990 PC 25 mit 100 PS, komplett neuem Motor und sportlicherer Sitzposition. 1995 PC 31 mit komplett überarbeitetem Motor, besseren Bremsen und verstärktem Fahrwerk.1999 (Typ PC 35) erneut überarbeitet: 190 kg, offen 110 PS
Macht unter Umständen die Entscheidung für einen bestimmten Jahrgang leichter. Das Typkürzel bildet übrigens immer den Anfang der Fahrzeug-Identifizierungs-Nummer.

*Die angegebenen technischen Daten beziehen sich auf das Modell von 1990 bis 1994 (Typ PC 25).
Die Datenkästen wären ohne Einschränkung zu unübersichtlich geworden.*

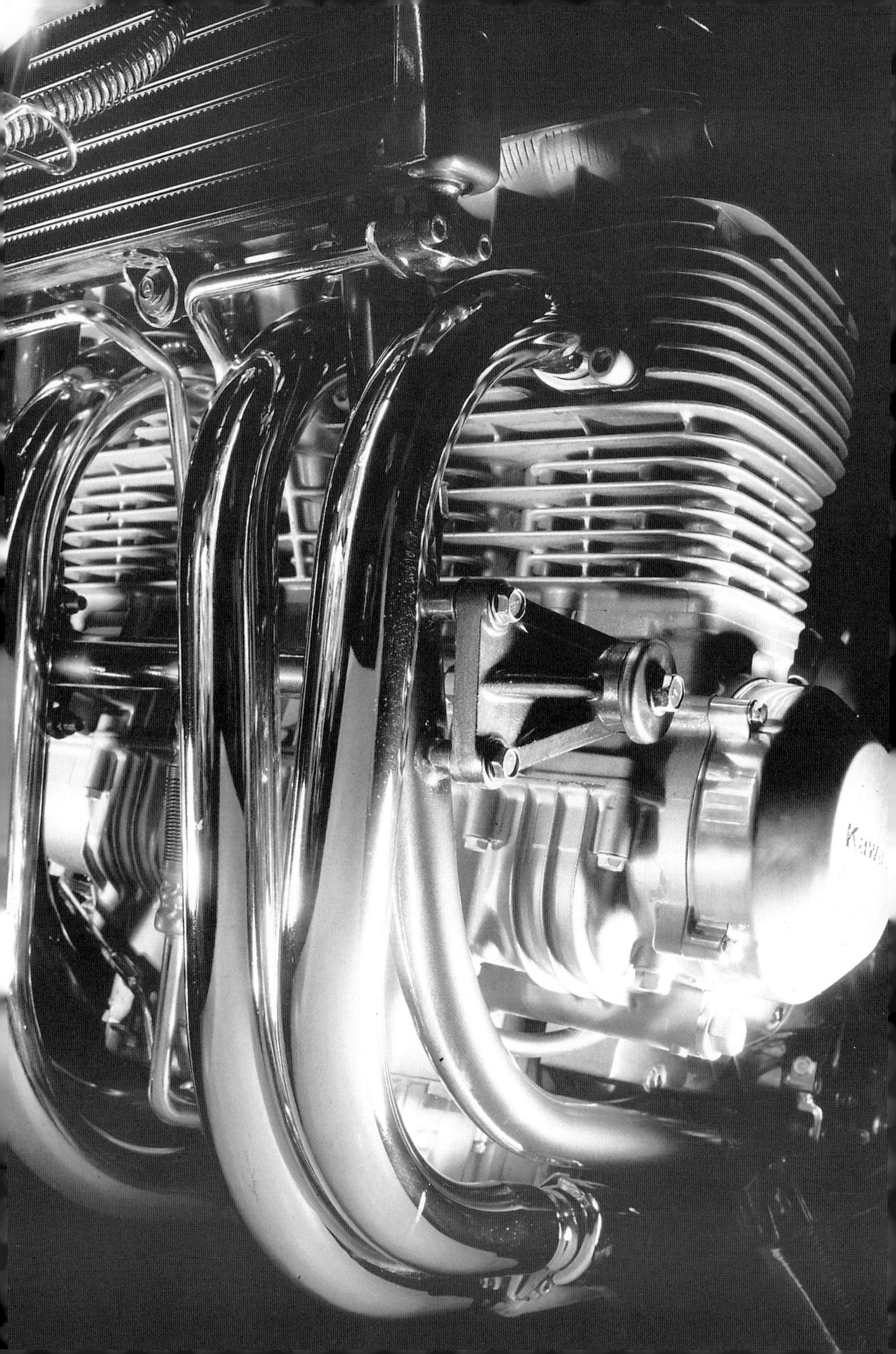

BMW

R 45 + R 65

Mit den 1978 vorgestellten R 45 und R 65 wandte sich BMW speziell an die Einsteiger. Erfreulicherweise blieb auch bei den kleinsten Modellen des BMW-Programms der Tourenkomfort nicht auf der Strecke. Leider pendelt die R 65, typisch für alte BMWs, bei Vollgas auf der Autobahn – nicht gefährlich, aber lästig. Bei der R 45 tritt dieser Effekt nicht auf, dafür dafür ist sie mit ihrer Endgeschwindigkeit von 145 km/h schlicht zu langsam.

Für den Gebrauchtkäufer wichtig zu wissen: 1980 wurden die Zylinderlaufbahnen beider Modelle für eine längere Lebensdauer mit Nikasil beschichtet. Das Nachteilige an der Sache: Ab diesem Baujahr lassen sich somit die verschlissenen Zylinder nicht mehr auf ein Übermaß aufbohren – sind die Laufbahnen hinüber, müssen gleich neue Zylinder und Kolben her. Im gleichen Jahr wurde die sich häufig verstellende Kontaktzündung durch eine wartungsfreie elektronische Zündung ersetzt. Außerdem bekam die R 65 durch größere Ventile zusätzliche fünf Pferdchen eingehaucht – jetzt waren's deren 50.

Bisher lief vom Gasgriff je ein Zug zu einem Vergaser. Natürlich längten sich diese im Lauf der Zeit, und natürlich längten sie sich unterschiedlich. So wurden beim Gasgeben die Vergaser nicht mehr identisch betätigt, Folge: Der Motor lief unrund, die Vergaser mußten wieder nachsynchronisiert werden. Ab 1980 verwendete BMW endlich ein Zugsystem mit Zwischenverteiler, jetzt hielt die Grundeinstellung deutlich länger vor.

1985 versuchte sich BMW an einem jugendlich sportlichen Modell, der R 65 LS. Doppelscheibenbremse vorn und Cockpitverkleidung konnten jedoch die Boxerfans nicht so ganz überzeugen – die R 65 LS erwies sich als Verkaufsflop.

Mitte 1985 war es dann mit der Produktion der R 45 vorbei, und gleichzeitig wurde der Motor der R 65 in das Fahrwerk der R 80 mit Einarmschwinge verpflanzt. Bis 1989 konnte der Käufer noch zwischen 48 und 27 PS wählen, bis zur Produktionseinstellung 1993 gab's die R 65 nur noch mit 27 PS.

Die R 45 und 65 waren serienmäßig nur mit einer Bremsscheibe im Vorderrad ausgerüstet. Für die 450er langt die Bremsleistung durchaus, doch die R 65 sollte schon vom Vorbesitzer mit einer zweiten Bremsscheibe ausgerüstet sein – die notwendigen Aufnahmen für den Bremssattel sind schließlich am Tauchrohr schon vorhanden.

Die Verarbeitung der kleinen BMWs ist zwar sehr gut, doch sollte man sich ruhig einmal neben das Motorrad legen. So bekommt man zum Beispiel die eventuell durchgerosteten Auspuffrohre zu Gesicht. In diesem Fall empfiehlt sich später der Austausch gegen etwas teurere Edelstahl-Exemplare aus dem Zubehör, die Firma BK Moto zum Beispiel gibt darauf zehn Jahre Garantie.

Geräuschdeutungen am laufenden Motor sollten lieber einem alten Hasen überlassen werden, denn jeder Motor klingt anders. Dennoch lassen sich aber einige innere Schäden recht leicht feststellen. So hat BMW eine Trockenkupplung, und die muß zum Funktionieren auch trocken bleiben. Gelangt aber durch einen defekten Kurbelwellen-Dichtring Öl auf die Kupplung – was relativ häufig passiert –, so rutscht sie beim Anfahren. Läßt sich dagegen die Kupplung beim Anfahren nur schlecht dosieren, kann die Verzahnung zwischen Kupplung und Getriebe verschlissen sein. Und noch ein Dichtring: Wenn die Trommelbremse hinten

---

BMW R 65

Motor: Luftgekühlter-Viertakt-Zweizylinder-Boxer, 50 PS (37 kW) bei 7250/min, 52 Nm bei 6500/min, Fünfganggetriebe, Kardanantrieb

Fahrwerk: Doppelschleifenrahmen aus Stahl, vorn Scheiben-, hinten Trommelbremse, Reifengröße vorn 3.25 H 18, hinten 4.00 H 18

Gewicht: 204 kg mit 21 Litern Super verbleit vollgetankt

Sitzhöhe: 790 Millimeter

Höchstgeschwindigkeit: 175 km/h

Beschleunigung 0 – 100 km/h: 6,5 sek

Verbrauch: 5,8 Liter/100 km

Leistungsvarianten: 45, 50 PS

Bauzeit (Neupreise): 1978 (7300 Mark) bis 1993 (11 500 Mark)

Wichtige Modellpflegemaßnahmen: Bis 1980 45 PS, ab 1981 50 PS, Nikasil-beschichtete Zylinder, elektronische Zündung, erhöhte Ölmenge im Motor. 1985 Motor im Rahmen der R 80 mit Einarmschwinge, wahlweise mit 48 oder 27 PS. 1987 bis 1993 ausschließlich 27 PS.

So sah sie seit 1985 aus: Der Rahmen mit Einarmschwinge stammte von der R 80

nicht funktioniert, ist das Exemplar vom Hinterachsgetriebe undicht – und Öl in der Bremse macht sich wirklich nicht gut.

BMW R 65: Zweizylinder-Boxermotor, 50 PS, 204 Kilogramm, 175 km/h

BMW

F 650

Die F 650 ist ein ziemlicher Ausreißer aus der BMW-Produktpalette. Zum ersten Mal in der Firmengeschichte überwanden sich hier die Konstrukteure, einen Kettenantrieb zu verwenden. Der Einsatz eines Einzylindermotors war zwar nicht ganz neu, lag mit der seligen R 27 aber immerhin schon 30 Jahre zurück. Das eigentlich Revolutionäre aber: BMW gab die Produktion außerhalb der heiligen Hallen in Auftrag. Der Motor dieser neuen Kreation, von BMW frech Funduro genannt, basiert auf dem Triebwerk der Aprilia Pegaso und wird bei Rotax in Österreich montiert, Aprilia in Italien erledigt den Rest – quasi ein Europa-Motorrad also.

Mit der F 650 gelang BMW 1994 auf Anhieb ein großer Wurf. Sowohl Fahrer als auch Beifahrer finden einen bequemen Platz vor, der agile Einzylinder macht durch seine Drehfreude Spaß, und Fahrwerk samt Bremsen sind ohne Tadel. Und diese BMW ist ein grundsolides Motorrad, wie auch der 50 000-Kilometer-Langstreckentest von MOTORRAD beweisen konnte. Nach dieser Distanz zeigten sich nämlich alle wichtigen Motorenteile noch in sehr gutem Zustand. Nur auf die Edelstahl-Auspuffanlage sollte der Gebrauchtkäufer einen besonders kritischen Blick werfen, denn hier wirken sich häufig die einzylindertypischen Vibrationen in Form von Rissen aus. Hin und wieder, wohl ebenfalls vibrationsbedingt, geht der Tachometer kaputt, der dann ausgetauscht werden muß. Hier bringt nur das lückenlos ausgefüllte Inspektionsheft Klarheit, ob der Tachostand tatsächlich mit der wirklichen Laufleistung des Motorrads übereinstimmt.

Die Ansaugstutzen der ersten Modelle wurden schnell porös – dieses Problem ist in der Serie aber mittlerweile durch resistentere Gummis behoben.

Bei Laufleistungen ab 30 000 Kilometern muß der wahrscheinlich bald fällige Austausch der Kupplungsbeläge einkalkuliert werden, bei der F 650 dank des konventionellen Motoraufbaus allerdings eine leichte Übung.

Die Oberflächenqualität von Lack und Rahmen ist hervorragend, hier wird selbst der kritische Begutachter auch an Motorrädern, die viel im Winter bewegt wurden, kaum Anlaß zur Beanstandung und damit zur Preisminderung finden. In diesem Zusammenhang wissenswert: Die Tatsache, daß die F 650 nicht bei BMW gebaut wird, schlägt sich erstaunlicherweise nicht in schnellerem Wertverlust nieder – sie ist genauso wertstabil wie die anderen BMW-Modelle auch.

Die F 650 ist seit Mai 1995 serienmäßig mit einem ungeregelten Katalysator ausgestattet, die ersten Modelle können nur durch den teuren Austausch der Auspuffanlage nachgerüstet werden.

Kleingewachsene Fahrer suchen zwar an der F 650 vergeblich eine höhenverstellbare Sitzbank, wie sie an den 1100er-Boxern zu finden ist, dafür bietet BMW aber einen Tieferlegungskit an, der die Sitzhöhe von 810 auf 760 Millimeter reduziert – wohl auch ein Tribut an die hohe Beliebtheit der F 650 unter weiblichen Motorradfahrern. Schade nur, daß durch diesen Umbau der Fahrkomfort empfindlich leidet, denn die Federung wird knüppelhart.

BMW F 650

Motor: Wassergekühlter Einzylinder-Viertaktmotor, 48 PS (35 kW) bei 6500/min, 57 Nm bei 5200/min, Fünfganggetriebe, Kettenantrieb
Fahrwerk: Einschleifenrahmen aus Stahl, Scheibenbremse vorn und hinten, Reifengröße vorn 100/90 S 19, hinten 130/80 S 17
Gewicht: 189 kg mit 17,5 Litern Super bleifrei vollgetankt
Sitzhöhe: 810 Millimeter
Höchstgeschwindigkeit: 160 km/h
Beschleunigung 0 – 100 km/h: 5,4 sek
Verbrauch: 5,8 Liter/100 km
Leistungsvarianten: 34, 48 PS
Bauzeit (Neupreise): 1994 (11 400 Mark) bis 2000 (12 400 Mark)
Wichtige Modellpflegemaßnahmen: seit Mai 1995 Katalysator und Hauptständer serienmäßig. Seit 1997 auch verkleidete Variante F 650 ST lieferbar.
2001 Ablösung beider Modelle durch F 650 GS.

Unter Tage: Die Edelstahl-Auspuffanlage ist vibrationsanfällig – hier wurde schon geschweißt

BMW F 650: Einzylindermotor, 48 PS, 189 Kilogramm, 160 km/h

BMW

K 75

K 100-Fans mögen verzeihen, doch Tatsache ist: Die K 75 ist von den K-Modellen für sportliche Naturen der bessere Kauf.

Das Fahrwerk ist handlicher und der Dreizylinder-Einspritzer einfach kerniger – außerdem erfreut er mit einem geringen Spritverbrauch von vier bis maximal sieben Liter.

Kleinanzeigen-Studiosi müssen wissen, daß die K 75 seit 1985 im BMW-Programm ist – anfangs als K 75 C mit lenkerfester Cockpitverkleidung oder als K 75 S mit sportlicher Halbschale, seit 1988, dem letzten Jahr der K 75 C, auch als unverkleidete Basis-Version K 75. 1991 kam die Tourenversion K 75 RT auf den Markt, ausgerüstet mit der Vollverkleidung der großen Schwester K 100 LT. 1996 ist dann endgültig das letzte Jahr des Dreizylinders, die letzten beiden Mohikaner heißen K 75 Ultima und K 75 RT Ultima, mittlerweile im neuen Gewand, nämlich der Verkleidung der K 1100 LT.

BMW machte sich bei der K 75 geschickt das hauseigene Baukastenprinzip zunutze, denn rund die Hälfte aller eingesetzten Teile stammten von der K 100. So verwundert es nicht, daß auch die typischen Schwachstellen beider Bauarten einander sehr ähnlich sind.

Vor der obligatorischen Probefahrt lohnt also bei der K 75 ein wenig Gymnastik vor dem Motorblock, denn dieser hat eine Neigung zu Ölundichtigkeiten. Besonders gefährdet sind der Ventildeckel (links), der Deckel der Steuerkette (vorn) und die Abdeckung der kombinierten Öl-/Wasserpumpe (darunter). Mechanisch gilt der K 75-Motor jedoch als absolut problemlos – Laufleistungen von weit über 100 000 Kilometer sind durchaus keine Seltenheit. Und die ärgerliche Marotte, nach dem Kaltstart eine dicke Qualmwolke ins Freie zu entlassen, wurde ihm werksseitig ab Ende 1988 durch sogenannte Anti-Blaurauch-Kolben abgewöhnt.

Auch der Kardan-Antrieb ist langlebig, der Gebraucht-Interessent sollte lediglich darauf achten, daß die Naht zwischen Schwinge und Antrieb trocken ist, ansonsten hat wahrscheinlich der Dichtring vom Getriebeausgang das Zeitliche gesegnet.

Seit 1992 setzte BMW eine Gabel des japanischen Herstellers Showa ein. Damit wurde nicht nur das Ansprechverhalten verbessert, sondern auch die Lebensdauer der Gabeldichtringe verlängert.

Bei der Probefahrt wird der K-Unkundige vielleicht über das penetrant singende Motorgeräusch erstaunt sein, doch das ist völlig normal. Nicht serienmäßig ist dagegen, wenn das Getriebe sich schlecht schalten läßt oder einzelne Gänge herausspringen, denn das Getriebe einer K muß sich weich und exakt schalten lassen – zumindest im Vergleich zu den ruppigen Vorgängern der alten Boxer. Und sollte aufgrund eines während der Fahrt schief ziehenden Motorrads der Verdacht aufkommen, es handle sich um ein Unfall-Motorrad und der Rahmen sei infolgedessen krumm, läßt sich das bei den K-Modellen im Gegensatz zu anderen Modellen sehr leicht feststellen: Tank runter (falls der Verkäufer das zuläßt) und ein Lineal nacheinander auf die drei oberen Rahmenrohre auflegen – keins dieser Rohre darf nach oben verbogen sein.

Die K 75 war seit 1988 wahlweise mit zwei verschiedenen Sitzbankhöhen, seit 1990 gegen Aufpreis mit ABS und seit 1991 mit ungeregeltem Kalalysator lieferbar. Für Umweltbewußte: Auch heute noch läßt sich die K 75 durch Austausch des Schalldämpfers mit einem Kat nachrüsten. Ihrer sportlichen Mentalität tut dieser Eingriff glücklicherweise keinen Abbruch.

BMW K 75

Motor: Wassergekühlter Dreizylinder-Viertaktmotor, 75 PS (55 kW) bei 8500/min, 68 Nm bei 6750/min, Fünfganggetriebe, Kardanantrieb

Fahrwerk: Brückenrahmen aus Stahl, vorn Doppelscheiben-, hinten Trommelbremse, Reifengröße vorn 100/90 H 18, hinten 120/90 H 18

Gewicht: 228 kg mit 21 Litern Super bleifrei vollgetankt

Sitzhöhe: wahlweise 760 oder 800 Millimeter

Höchstgeschwindigkeit: 191 km/h

Beschleunigung 0 – 100 km/h: 5,3 sek

Verbrauch: 5,4 Liter/100 km

Leistungsvarianten: 50, 75 PS

Bauzeit (Neupreise): 1985 (K 75 C 12 900 Mark) bis 1995 (K 75 RT 20 400 Mark)

Wichtige Modellpflegemaßnahmen:
1988 geänderte Kolben, um das Qualmen nach dem Kaltstart zu vermindern, 1992 bessere Gabel.

Daran sollt ihr sie erkennen: Der Querschnitt des Auspufftopfs ist bei der K 75 dreieckig, bei der K 100 quadratisch

BMW K 75: Dreizylindermotor, 75 PS, 228 Kilogramm, 191 km/h

BMW

R 850 R

Hatten da einen BMW-Manager nostalgische Gefühle geplagt? Erinnerte sich da einer, der etwas zu sagen hatte, an die seligen BMW-Kombinationen R 75 und R 90 oder R 80 und R 100? Vielleicht. Jedenfalls wurde der seit 1992 erhältlichen R 1100 R 1994 die kleine Schwester R 850 R zur Seite gestellt.

Wozu denn bloß, wird sich damals manch leistungs- und drehmomenthungrige Hubraum-ist-durch-nichts-zu-ersetzen-Jünger gefragt haben. Die Antwort bringt eine ausgedehnte Probefahrt: Weil die 850er gesitteter läuft – sanft und nicht so ruppig. Weil man mit der 850er gelassener unterwegs ist. Und weil auch der 850er Motor schon schön aus dem Drehzahlkeller zieht. Diese Argumente werden jetzt zwar nicht jeden überzeugen, müssen sie aber auch nicht.

Fakt ist: Wer so eine Art von Motorrädern mag – unspektakulär, zuverlässig und praktisch –, wird mit der R 850 R sicher glücklich. Der wird sich nicht lange über die bei BMW generell merkwürdige Blinker-Betätigung wundern und betrachtet die bei nur zaghaftem Fußeln immer noch lauten Geräusche beim Gangwechsel als praktische akustische Vollzugsmeldungen. Der nimmt auch das Murren des Beifahrers nicht zur Kenntnis, der sich über die nach hinten abfallende Sitzbank beschwert.

Nein, wer solche Motorräder mag, freut sich vielmehr über das wendige, schluckfreudige und völlig problemlose Fahrwerk. Über den Motor, der schon ab 2000/min ausreichend Leistung zum ruckfreien Abruf parat hat. Über den unauffällig arbeitenden Kardanantrieb, der nicht ständig wie eine Kette nach Wartung verlangt. Über den serienmäßigen Katalysator. Über die serienmäßige Sitzhöhenverstellung. Aber dann bietet er die 850er vielleicht doch irgendwann zum Verkauf an. Eventuell, weil ihm das hakende Getriebe auf Dauer doch zu sehr auf die Nerven ging.

Dann können sich plötzlich sogar zwei Menschen freuen. Der Verkäufer, weil er dank des geringen Wertverlusts noch einen ordentlichen Batzen Geld einstreichen kann. Und der Käufer, weil er bei der Besichtigung nicht viel kontrollieren muss.

Der Motor ist sehr haltbar. Lediglich die Trockenkupplung kann Probleme machen, dann nämlich, wenn sie nach der Einfahrphase nicht korrekt nachjustiert wurde. Konstruktionsbedingt verringert sich das Kupplungsspiel, wird es nicht nachgestellt, rückt die Kupplung nicht mehr ganz ein, schleift also immer ein wenig. Rutscht die Kupplung bei der Probefahrt, kann aber genau so ein defekter Dichtring, der Öl auf die Kupplungsscheibe läßt, der Übeltäter sein. Aber das war bei den Trockenkupplungen von BMW ja immer schon so. Also doch klarer Fall von Nostalgie.

BMW R 850 R

Motor: Luft-/ölgekühlter Zweizylinder-Viertakt-Boxermotor, 70 PS (52 kW) bei 7000/min, 77 Nm bei 5500/min, Fünfganggetriebe, Kardanantrieb

Fahrwerk: Tragende Motor/Getriebe-Einheit mit angeschraubtem Hilfsrahmen, vorn Doppelscheiben-, hinten Scheibenbremse, Reifengröße vorn 120/70 ZR 17, hinten 160/60 ZR 18

Gewicht: 247 kg mit 21 Litern Super vollgetankt

Sitzhöhe: 760 bis 800 Millimeter einstellbar

Höchstgeschwindigkeit: 193 km/h

Beschleunigung 0 – 100 km/h: 4,4 sek

Verbrauch: 5,5 Liter/100 km

Leistungsvarianten: 34, 70 PS

Bauzeit (Neupreise): 1994 (16 000 Mark) bis heute (2001 18 700 Mark)

Wichtige Modellpflegemaßnahmen:
1997 verbesserte Zylinderkopfdichtungen

Hier spritzt's, und zwar ein: Erst die Einspritzung macht es möglich, daß die R 850 R serienmäßig mit Katalysator ausgeliefert werden kann

BMW R 850 R: Zweizylinder-Boxermotor, 70 PS, 247 Kilogramm, 193 km/h

BMW

K 100

Was wurden über dieses Motorrad nicht schon alles für häßliche Witze gemacht: Der Motor sähe aus wie ein Ziegelstein oder gar ein Toaster, der viereckige Auspuff sei ein mühsam zurechtgedengeltes Ofenrohr ... Schwamm drüber. Tatsache ist, daß BMW 1983 mit der K 100 Motorrad-Geschichte schrieb. Die Technik des pfeifenden Vierzylinders erwies sich als grundsolide: Regelmäßige Wartung vorausgesetzt, sind Laufleistungen weit über 200 000 Kilometer möglich – da könnte sich sogar mancher PKW-Motor eine Scheibe abschneiden.

Die im Lauf der Jahre angebotenen Varianten boten für jeden Fahrertyp etwas Passendes: Die K 100 RS für sportliche Naturen, die RT (1984 bis 1991) für Tourer, die LT (1990 bis 1991) für sehr verwöhnte Tourer und die 1987 schließlich völlig entblätterte, etwas machomäßige Basisversion K 100 (bis 1989) für Verkleidungs-Hasser.

1990 wurde die RS gründlich überarbeitet, hierbei erhielt sie den 100 PS-Vierventilmotor und das Paralever-Fahrwerk der K 1. Das hatte sie auch bitter nötig, denn unter sportlichen Gesichtspunkten kann das Fahrwerk der alten RS heute wirklich nicht mehr überzeugen. 1993 schließlich wurde die K 100 RS, wie schon ein Jahr zuvor die LT, durch den 1100er Nachfolger ersetzt. Im Lauf der Jahre wurden viele Details an den K 100-Modellen verbessert, und so ist beim Gebrauchtkauf ein von der Werkstatt lückenlos ausgefülltes Serviceheft sehr zu begrüßen. Viele Nachbesserungen erfolgten nämlich, vom Kunden häufig unbemerkt, anläßlich der Inspektionen.

Eine Dauermacke an allen K-Modellen sind die Instrumente, die Ärgernis-Skala reicht vom Beschlagen der Gläser bis hin zum Totalausfall. Wieder ist hier das lückenlose Serviceheft sinnvoll, denn manchmal mußten die Instrumente komplett ausgetauscht werden – stimmt also der Kilometerstand auf dem Tacho auch wirklich? Seit Modelljahr 1988, nach einer Modifizierung der Instrumente, trat das Problem nicht mehr so häufig auf, aber ganz abgestellt war es immer noch nicht. Ab 1987 verbaute BMW geänderte Gabeldichtringe, denn vorher neigte die Gabel zu Undichtigkeiten. Wie bei der K 75 auch – logisch, diese beiden Motoren sind ja auch eng verwandt – wurden ab Ende 1988 die Anti-Blaurauch-Kolben eingesetzt, denn mit den alten Kolben qualmte es nach dem Anlassen kräftig aus dem Auspuff, wenn das Motorrad vorher auf dem Seitenständer abgestellt war.

Der Interessent sollte auf Undichtigkeiten des Ventildeckels, des Steuerkettendeckels und der Öl-/Wasserpumpen-Abdeckung achten. Alles Verhandlungssache: Zur Abdichtung der Pumpe braucht's mit dem neuen Dichtring zwar nur einen Pfennigartikel, aber eine Menge Arbeitszeit in der Werkstatt.

Schon früh erkannte BMW die den japanischen Herstellern anscheinend immer noch weitgehend unbekannte Tatsache, daß Motorradfahrer unterschiedlich groß sein können und bot für die K 100 ab 1988 zwei unterschiedlich hohe Sitzbänke an (760 oder 800 Millimeter) an.

BMW K 100 RS

Motor: Wassergekühlter Vierzylinder-Viertaktmotor, 90 PS (66 kW) bei 8000/min, 86 Nm bei 6000/min, Fünfganggetriebe, Kardanantrieb

Fahrwerk: Brückenrahmen aus Stahl, vorn Doppelscheiben-, hinten Scheibenbremse, Reifengröße vorn 100/90 V 18, hinten 130/90 V 17

Gewicht: 260 kg mit 21 Litern Super bleifrei vollgetankt

Sitzhöhe: 830 Millimeter

Höchstgeschwindigkeit: 221 km/h

Beschleunigung 0 – 100 km/h: 4,3 sek

Verbrauch: 7,0 Liter/100 km

Leistungsvarianten: keine

Bauzeit (Neupreise): 1983 (14 100 Mark) bis 1992 (21 800 Mark)

Wichtige Modellpflegemaßnahmen:
1987 besser abgedichtete Gabel, 1988 neue Kolben, 1990 Motor und Fahrwerk von der K 1, jetzt 100 PS.

Nicht immer, aber immer öfter: Die erreichbaren Laufleistungen mit der K 100 sind gigantisch. Nur die Instrumente machen Ärger

Ab 1988 bot BMW für die K 100 ABS als Sonderausstattung an, und seit 1991 gab es gegen Aufpreis einen geregelten Katalysator für die Vierventilmotoren und einen ungeregelten für die Zweiventiler. Der ungeregelte Kat kann durch Austausch des Schalldämpfers nachgerüstet werden. Nicht nur ein umwelt-, sondern auch ein designmäßiger Vorteil – schließlich steckt der Kat in einem runden Auspuffrohr.

BMW K 100: Vierzylindermotor, 90 PS, 260 Kilogramm, 221 km/h

BMW

R 100 GS

Fernreisende, oder solche, die wenigstens dafür gehalten werden wollen, kommen eigentlich kaum an ihr vorbei, an der großen Enduro von BMW. Schon ein Jahr nach ihrer Präsentation anno 1987 war sie das seinerzeit meistverkaufte Motorrad in Deutschland. Die Nachfolgerin der mittlerweile schon legendären R 80 G/S überzeugt mit ihrem durchzugsstarken Motor, hervorragendem Touren- und Beifahrer-Komfort (bis auf die bis 1991 zu harte Sitzbank) und dem endlich fehlenden Fahrstuhleffekt beim Beschleunigen – die neue Paralever-Schwinge machte es möglich. Die neue GS gab es zwar auch weiterhin in der 800er Variante mit 50 PS, doch wer es sich leisten kann, sollte zur größeren Version greifen, da das Plus von zehn PS den Fahrspaß deutlich erhöht.

Den BMW-Boxern eilte zwar schon immer der Ruf der Zuverlässigkeit voraus, doch auf einige Dinge sollte der Gebrauchtkäufer dennoch verstärkt achten. Wenn zum Beispiel der Motor im Leerlauf ein deutliches Klappern von sich gibt, das bei geringfügig höherer Drehzahl verschwindet, ist wahrscheinlich die Steuerkette oder deren Spanner erneuerungsbedürftig. Nimmt der Motor nur unwillig Gas an, sind vermutlich die Vergaser nicht ordnungsgemäß synchronisiert – an sich nicht schlimm, weil das ein Könner ruckzuck hinbekommt, aber diese Schlamperei läßt auf einen technisch unbedarften Vorbesitzer schließen. Apropos Schlamperei: Leichte Ölspuren an den Zylinderfüßen sind bei BMW-Boxern leider zwar fast normal, aber zum Glück völlig ungefährlich. Nur bei kräftigem Ölaustritt an lediglich einem Zylinder sollte der Kaufinteressent Lunte riechen, denn dann besteht die Gefahr, daß die geplagte Enduro einen deftigen Sturz auf diesen Zylinder hinter sich hat. Und noch was Öliges: Wer bei einem Blick auf die Motor-Unterseite Ölspuren am Lüftungsschlitz zwischen Motor und Getriebe entdeckt, kann den Kaufpreis gleich herunterhandeln, denn meist stammt dieses Öl vom hinteren Kurbelwellen-Dichtring – und hier sitzt leider auch die Trockenkupplung. Folge: Nicht nur besagter Dichtring ist hinüber, auch die Kupplung muß erneuert werden.

Auch das Fahrwerk verdient einige Beachtung, denn obwohl die GS ja strenggenommen trotz ihres hohen Gewichts eine Enduro ist, hat es doch kein Käufer gern, wenn der Vorbesitzer das Motorrad ständig im Gelände hart rangenommen hat. Typische Schäden als Indiz für häufigen Gelände-Einsatz können sein: Radlager vom vielen Dampfstrahlen defekt (das Rad läßt sich dann quer zur Fahrtrichtung wackeln oder macht beim aufgebockten Drehen Geräusche) oder von derben Sprüngen verbogene Felgen (aufgebockt den Rundlauf prüfen). Übrigens: Ein Radlagerwechsel ist für die Werkstatt kein großer Akt. Die Felgen dagegen lassen sich nicht nachzentrieren und müssen daher bei Verzug ausgetauscht werden.

BMW R 100 GS

Motor: Luftgekühlter Viertakt-Zweizylinder-Boxer, 60 PS (44 kW) bei 6500/min, 76 Nm bei 3750/min, Fünfganggetriebe, Kardanantrieb
Fahrwerk: Doppelschleifenrahmen aus Stahl, vorn Scheiben-, hinten Trommelbremse, Reifengröße vorn 90/90-21, hinten 130/80-17
Gewicht: 225 kg mit 26 Litern Super verbleit vollgetankt
Sitzhöhe: 850 Millimeter
Höchstgeschwindigkeit: 164 km/h
Beschleunigung 0 – 100 km/h: 5,1 sek
Verbrauch: 7 Liter/100 km
Leistungsvarianten: keine
Bauzeit (Neupreise): 1987 (13 000 Mark) bis 1995 (18 000 Mark)
Wichtige Modellpflegemaßnahmen:
1988 weichere Feder am Zentralfederbein.
1992 bessere Sitzbank in Sandwich-Bauweise.

Ganz offen: Wenn es doch nur bei allen Motorrädern so einfach wäre, die Ventile einzustellen

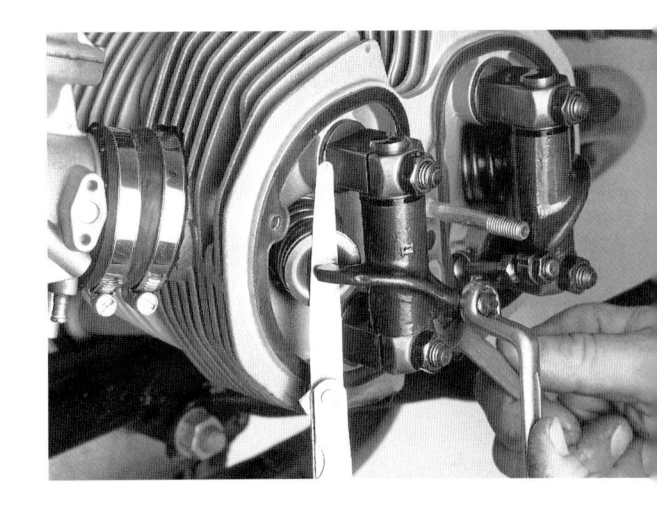

BMW R 100 GS: Zweizylinder-Boxermotor, 60 PS, 225 Kilogramm, 164 km/h

BMW

K 1100 RS + K 1

Auf Dauer konnte BMW sich dem Leistungsstreben der Konkurrenz nicht vollständig entziehen, die 90 PS der in die Jahre gekommenen K 100 mußten einfach irgendwann mal aufgestockt werden. So brachte BMW 1989 zunächst die K 1 mit 100 PS auf den Markt. Neu war neben dem sehr gewagten Design vor allem der Zylinderkopf, der jetzt pro Zylinder vier Ventile beherbergte und die sogenannte »Paralever-Schwinge«, die das lästige Heck-Aufstellen beim Anfahren ein für allemal beseitigte. Leider leidet dieser Motor an einer ausgeprägten Durchzugsschwäche zwischen 5500 und 6500/min – sehr unangenehm beim Überholen – und leider vibriert er deutlich stärker als der alte Zweiventil-Motor. Weitere Ärgernisse: Die Armaturen sind störungsanfällig und die Elektrik leidet unter manchen Fipsen (Blinker schalten sich unaufgefordert ein, Zündboxen verabschieden sich). 1993 verschwand die K 1 wieder von der Bildfläche, da sich die erhofften Verkaufszahlen dieses BMW-Technologieträgers nicht einstellen wollten. Dafür hat die K 1 das Zeug zum zukünftigen Liebhaber-Motorrad – vielleicht ein Spekulationsobjekt?

Das nachfolgende sportliche Top-Modell von BMW, die seit 1993 erhältliche K 1100 RS, beutelt zwar ihren Fahrer ebenfalls mit lästigen Vibrationen, versöhnt dafür aber mit sattem Durchzug ohne Leistungsloch, die Hubraumaufstockung hatte der Leistungscharakteristik sehr gut getan. Das hier als Sonderausstattung lieferbare verbesserte Antiblockier-System der zweiten Generation »ABS II« funktioniert übrigens deutlich besser als das erste ABS-System, das noch an der K 100 eingesetzt wurde. Seit 1995 gehört ein geregelter Katalysator, seit 1996 auch ABS zur Serienausstattung der K 1100 RS.

Sehr beruhigend für den Gebrauchtkäufer ist, daß die Vierventil-Motoren nichts von der Haltbarkeit der alten K-Reihe eingebüßt haben – auch diese Motoren sind eigentlich kaum kaputtzukriegen. Die Getriebe halten ebenfalls meist ein Motorradleben lang – kein Wunder, die Zahnräder haben im Vergleich zu japanischen Getrieben auch schon fast Kleinwagenformat. Allerdings beschlagen auch bei der K 1100 RS hin und wieder die Instrumente, und auch hier spinnen manchmal Teile der Elektrik – eine ärgerliche »Modellkonstanz«.

BMW K 1100 RS

Motor: Wassergekühlter Vierzylinder-Viertaktmotor, 100 PS (74 kW) bei 7500/min, 107 Nm bei 5500/min, Fünfganggetriebe, Kardanantrieb

Fahrwerk: Brückenrahmen aus Stahl, vorn Doppelscheiben-, hinten Scheibenbremse, Reifengröße vorn 120/70 VR 17, hinten 160/60 VR 18

Gewicht: 280 kg mit 21 Litern Super bleifrei vollgetankt

Sitzhöhe: 810 Millimeter

Höchstgeschwindigkeit: 221 km/h

Beschleunigung 0 – 100 km/h: 4,0 sek

Verbrauch: 6,0 Liter/100 km

Leistungsvarianten: keine

Bauzeit (Neupreise): 1993 (22 400 Mark) bis 1996 (27 000 Mark)

Wichtige Modellpflegemaßnahmen: Seit 1995 geregelter Katalysator, seit 1996 ABS serienmäßig.

K 1: Der Technologieträger mit dem gewagten Design wollte sich nicht so recht verkaufen lassen

BMW K 1100 RS: Vierzylindermotor, 100 PS, 280 Kilogramm, 221 km/h

BMW

R 1100 GS

Muß eine Enduro 260 Kilogramm wiegen? Muß eine Enduro 200 km/h schnell sein? Muß eine Enduro so einen merkwürdigen Entenschnabel haben? Muß alles nicht, kann aber – allerdings gelten für die R 1100 GS auch andere Maßstäbe. Sie ist sicher keine Enduro im herkömmlichen Sinn mehr, denn zu deftigen Gelände-Einlagen mit herzhaften Sprüngen über irgendwelche Hügel taugt die neue GS wirklich nicht. Vielmehr ist dieser hochbeinige Koloß eine ausgezeichnete Reisemaschine: handlich, durchzugstark, sehr bequem für Fahrer und Beifahrer und mit komfortablen Federelementen ausgestattet, die nahezu jede Unebenheit der Straße wegbügeln – das Fahrwerk der GS ist wirklich sensationell gut. Ebenso die Bremsen, die in punkto Wirkung und Dosierbarkeit keine Wünsche offen lassen.

Und richtig sicher wird die Fuhre, wenn das ABS montiert ist (war nur ab Werk als Sonderausstattung lieferbar, Aufpreis rund 2000 Mark) – übrigens für den Gelände-Einsatz sinnvollerweise auch vorübergehend abschaltbar.

BMW R 1100 GS

Motor: Luft-/ölgekühlter Zweizylinder-Viertakt-Boxermotor, 80 PS (59 kW) bei 6800/min, 97 Nm bei 5300/min, Fünfganggetriebe, Kardanantrieb
Fahrwerk: Tragender Motor mit angeschraubtem Front- und Heck-Hilfsrahmen aus Stahl, vorn Doppelscheiben-, hinten Scheibenbremse, Reifengröße vorn 110/80 H 19, hinten 150/70 H 17
Gewicht: 260 kg mit 25 Litern Super bleifrei vollgetankt
Sitzhöhe: 840/860 Millimeter
Höchstgeschwindigkeit: 199 km/h
Beschleunigung 0 – 100 km/h: 3,9 sek
Verbrauch: 6,4 Liter/100 km
Leistungsvarianten: 78, 80 PS
Bauzeit (Neupreise): 1994 (17 900 Mark) bis 1999 (19 900 Mark)
Wichtige Modellpflegemaßnahmen: 1995 Katalysator serienmäßig, Schutzblechverlängerung vorn. 1996 Tank aus Stahlblech. 2000 Ablösung durch R 1150 GS.

Die angegebenen technischen Daten beziehen sich auf das Modell von 1994.

Trotz der in zwei Stufen höhenverstellbaren Sitzbank sollte der GS-Fahrer besser nicht unter 1,75 Meter messen, da die Sitzbank recht breit und die untere Stufe mit 840 Millimetern immer noch ziemlich hoch ausgefallen ist. Diese Geometrie wiederum kommt langen Fahrern sehr entgegen, denn nach oben gibt es eigentlich keine Grenze, selbst Menschen über zwei Meter Länge sitzen auf der Dicken noch sehr bequem.

Modelltypische Schwächen sind bei diesem Motorrad bisher noch nicht bekannt geworden, aber es gab schon einige Modellpflege-Maßnahmen, und die sollte das Objekt der Begierde auch mitbekommen haben. So zeigte sich anfänglich die Lackierung des Kunststofftanks nicht resistent genug gegen die Benzindämpfe. Im harmloseren Fall hoben sich die Aufkleber vom Tank ab, in schlimmeren Fällen bildeten sich Blasen unter dem Lack oder verformte sich sogar der ganze Tank – die BMW-Händler besserten bei Beanstandung nach. Seit Modelljahr 1996 kann dieses Problem nicht mehr auftreten, da der Tank ab jetzt aus Blech gefertigt ist.

1994 mußte BMW eine Rückrufaktion starten, da sich bei der R 1100 GS bei stärkerer Beanspruchung der rechte Lagerzapfen in der Hinterradschwinge lösen konnte. Bei dieser Gelegenheit wurden in der Werkstatt gleich noch diverse andere Schraubverbindungen auf ihr korrektes Anzugsmoment mit überprüft.

1995 erhielt die GS eine vergrößerte Vorderrad-Abdeckung, da beim ersten Baujahr die Fahrer bei feuchtem Wetter noch tüchtig vollgekleckert wurden. Dieses Teil läßt sich aber auch heute noch für kleines Geld nachrüsten.

Bleiben nur noch zwei Punkte, die der Interessent besonders unter die Lupe nehmen sollte: Bei häufig hoher Beladung kann der Gepäckträger aus gespritztem Leichtmetall Haar-Risse bekommen. Und wenn die GS mal umgefallen ist, was bei Enduros ja häufiger vorkommen soll, kann als Folge des Umkippers die Dichtung des betroffenen Ventildeckels anfangen zu ölen. Bei den neuen Modellen gibt es diesen für den Gebrauchtkäufer sehr aufschlußreichen Umfall-Indikator nicht mehr, da die Ventildeckel-Dichtung nunmehr verrutschsicher konstruiert ist.

Pfiffige Lösung: Nach Abnehmen des Beifahrersitzes ist's ein Gepäckträger – und unter dessen Deckel ist das Werkzeugfach

BMW R 1100 GS: Zweizylinder-Boxermotor, 80 PS, 260 Kilogramm, 199 km/h

BMW

R 1100 RS

Die Vorstellung der /5-Boxergeneration lag 23 Jahre zurück, da präsentierte BMW den neuen Vierventil-Boxer. War das nun zu spät oder zu früh? Eigentlich von beidem etwas. Natürlich war es an der Zeit, endlich der treuen Fangemeinde einen modernen Boxer-Motor mit zeitgemäßer Leistung und Technik anzubieten. So protzte der neue Motor mit strammen 90 PS, mit Benzin-Einspritzung, die die Verwendung eines geregelten Drei-Wege-Kats erlaubte (bis 1994 gegen Aufpreis, ab 1995 serienmäßig) und der neuen Telelever-Gabel, die beim Verzögern kaum noch eintaucht. Innovativ war auch das sogenannte Ergonomie-Paket, das verstellbare Lenkerhälften und eine höhenverstellbare Sitzbank und Verkleidungsscheibe umfaßte – bei der R 1100 RS serienmäßig.

Andererseits war die Markteinführung wohl etwas verfrüht, da besonders das erste, das 1993er Baujahr, noch unter ausgeprägten Kinderkrankheiten zu leiden hatte. Besonders das lautstarke Getriebe sorgte für Ärger, aber auch undichte Ventildeckel- und Zylinderkopfdichtungen machten von sich reden. Die Zeitschrift MOTORRAD hatte scheinbar sogar das besondere Pech, für den 50 000-Kilometer-Langstreckentest ein Montagsexemplar eingekauft zu haben, denn der Test mußte wegen gravierender Mängel bei Kilometerstand 26 000 abgebrochen werden.

Zu allem Übel war 1994 auch noch eine Rückrufaktion nötig, da die Lenkerhälften Risse bekommen konnten. Das Image von BMW war nachhaltig angeknackst, denn es drängte sich der Verdacht auf, daß Teile der Entwicklungsarbeit den Kunden aufgebürdet worden waren.

BMW reagierte daher schnell auf den Protest von Kunden und Fachpresse: 1994 wurde unter anderem das Getriebe modifiziert und die Ventildeckel-Dichtungen verstärkt. Dieses 1994er Modell überstand dann auch die 50 000 Kilometer des MOTORRAD-Langstreckentests vergleichsweise schadlos. Nach dieser Distanz lautete der Befund: Kupplung komplett verschlissen, mäßiger Verschleiß an einer Nockenwelle und eine einseitig verschlissene Steuerketten-Führungsschiene, wohl durch einen werksseitigen Montagefehler bedingt. Das Getriebe zeigte sich nach dem Zerlegen zwar in Bestform, leider stellte sich aber heraus, daß durch die Verbesserungen zur Beseitigung der Klappergeräusche die leichte Schaltbarkeit Einbußen erlitten hatte, die Gangwechsel müssen nachdrücklich erfolgen. Und schnell, denn wer nach alter BMW-Getriebe-Schule beim Schalten eine Gedenksekunde einlegt, wird mit einem häßlichen Zahnrad-Rattern bestraft. Bei der R 1100 RS besonders ärgerlich, da der Motor nicht mit Durchzugsstärke glänzt, sondern nach häufigen Gangwechseln verlangt.

Hin und wieder schlagen die Kontrolleuchten des ABS (Sonderausstattung) Alarm, meist hilft dann, das Motorrad einfach noch einmal neu zu starten.

Läuft der Motor unrund, ruckelt im Teillastbereich oder patscht ordinär in den Auspuff, müssen die Bowdenzüge zu den Drosselklappen synchronisiert werden – eine Arbeit, die bei der R 1100 RS relativ häufig nötig ist.

Zwitschernde Geräusche nach dem Kaltstart deuten auf einen zu schlapp gewordenen Lichtmaschinen-Antrieb hin – das Austausch-Intervall für den verantwortlichen Keilriemen wurde übrigens ab 1995 von 40 000 auf 60 000 Kilometer erhöht.

BMW R 1100 RS

Motor: Luft-/ölgekühlter Zweizylinder-Viertakt-Boxermotor, 90 PS (66 kW) bei 6250/min, 95 Nm bei 5500/min, Fünfganggetriebe, Kardanantrieb

Fahrwerk: Tragender Motor mit angeschraubtem Front- und Heck-Hilfsrahmen aus Stahl, vorn Doppelscheiben-, hinten Scheibenbremse, Reifengröße vorn 120/70 ZR 17, hinten 160/60 ZR 18

Gewicht: 247 kg mit 23 Litern Super bleifrei vollgetankt

Sitzhöhe: 810 (mit Ergonomie-Paket 780, 800 oder 820) Millimeter

Höchstgeschwindigkeit: 220 km/h

Beschleunigung 0 – 100 km/h: 3,9 sek

Verbrauch: 6,5 Liter/100 km

Leistungsvarianten: keine

Bauzeit (Neupreise): 1993 (19 300 Mark) bis heute (2001 22 430 Mark)

Wichtige Modellpflegemaßnahmen: 1994 modifiziertes Getriebe, verbesserte Ventildeckel-Dichtung. 1995 verbesserter Keilriemen zum Lichtmaschinen-Antrieb. Seit 1994 Ergonomie-Paket, seit 1995 Drei-Wege-Katalysator serienmäßig.

Trauriger Anblick: eine angenagte Nockenwelle der ersten MOTORRAD-Dauertestmaschine

BMW R 1100 RS: Zweizylinder-Boxermotor, 90 PS, 247 Kilogramm, 220 km/h

DUCATI

900 Monster

Monster. Wieso heißt diese Ducati eigentlich Monster? Eine beeindruckende Größe hat sie nicht, im Gegenteil, die 900er ist sogar recht kompakt. Eine imposante Motorleistung erst recht nicht: Mit 74 PS aus 900 Kubikzentimetern ist heute kein Leistungs-Blumentopf mehr zu gewinnen. Ein böses Streetfighter-Gesicht hat sie auch nicht. Trifft hier womöglich das alte Vorurteil zu: Italienische Motorräder sind monstermäßig unzuverlässig? Nein, keinesfalls. Na, dann lassen wir das mit der Namensdeutung.

Klar jedenfalls ist, daß die Sitzposition auf der Monster, ganz Ducati-untypisch, richtig bequem ist. Ganz Ducati-typisch dagegen wieder: Das Handling ist extrem leicht, auch die Geradeauslaufstabilität überzeugt. Durch die fehlende Verkleidung (die halb verkleidete Monster S gab's erst ab 2000) wird allerdings die Front bei höheren Geschwindigkeiten durch den voll im Wind hängenden Fahrer etwas leicht, darunter leidet die Zielgenauigkeit in langen, schnellen Kurven. Die Upside-down-Gabel ist recht straff gedämpft, auf welligen Fahrbahnen gibt sie jede Unebenheit an den Fahrer weiter. Und natürlich das ewige Ducati-Thema: Der Lenkeinschlag ist sehr knapp bemessen, der Wendekreis entsprechend riesig. Vorsicht also bei der Probefahrt. Vorsicht aber auch beim Abstellen nach der Probefahrt: Der Seitenständer klappt bei Entlastung sehr leicht wieder ein.

Womit wir also beim Thema Besichtigung beziehungsweise Behörung wären. Die Trockenkupplung rasselt und macht beim Anfahren beängstigende Geräusche? Völlig normal. Und da der Motor ohnehin recht laut arbeitet, gibt es speziell für den Laien hier kaum sinnvoll etwas probezuhören.

Wichtiger ist da schon eher ein lückenloses Werkstattheft, denn die desmodromisch betätigten Ventile richtig einzustellen gilt auch heute noch als eine Kunst. Und das alle 10 000 Kilometer. Außerdem sollte unbedingt der Nockenwellen-Antrieb, ein Zahnriemen, alle 20 000 Kilometer gewechselt werden – macht wohl auch besser die Werkstatt.

Die Vergaser-Modelle bis 1999 sind bei Drehzahlen bis 3000/min deutlich schwächer im Antritt als die Einspritzversion. Um den Durchzug etwas zu verbessern, gibt es drei Möglichkeiten: Penible Einstellung der Vergaser mit mäßigem Effekt. Einbau von Dynojet-Kits in Verbindung mit einem K&N-Filterelement – schon besser. Oder, Tuningstufe drei, Verwendung von 41er-Keihin-Flachschiebervergasern – sehr effektiv, aber teuer und völlig illegal.

Ducati 900 Monster

Motor: Luft-/ölgekühlter Zweizylinder-Viertakt-V-Motor, 74 PS (54 kW) bei 7000/min, 77 Nm bei 6500/min, Fünfganggetriebe, Kettenantrieb
Fahrwerk: Gitterrohrrahmen aus Stahl, vorn Doppelscheiben-, hinten Scheibenbremse, Reifengröße vorn 120/70 ZR 17, hinten 170/60 ZR 17
Gewicht: 199 kg mit 16,5 Litern Super vollgetankt
Sitzhöhe: 770 Millimeter
Höchstgeschwindigkeit: 198 km/h
Beschleunigung 0 – 100 km/h: 3,7 sek
Verbrauch: 6,1 Liter/100 km
Leistungsvarianten: keine
Bauzeit (Neupreise): 1993 (19 250 Mark) bis heute (2001 ab 18 385 Mark)
Wichtige Modellpflegemaßnahmen: 1996 Gabel einstellbar. 1997 Leistung auf 67 PS gesenkt (außer bei Special und Cromo). 1998 Schwinge aus Stahl statt aus Alu (außer bei Monster S), stahlummantelte Bremsleitungen. 2000 Einspritzung und Drehzahlmesser; Ducati Monster S mit Halbschalenverkleidung lieferbar.
Die angegebenen technischen Daten beziehen sich auf das Modell bis 1996.

Sehr, sehr übersichtlich, weil nichts dran: das Cockpit der Ducati Monster. Einen Drehzahlmesser gibt's erst seit Modelljahr 2000

Ducati 900 Monster: Zweizylinder-V-Motor, 74 PS, 199 Kilogramm, 198 km/h

DUCATI
916

Ein wirklich erstaunliches Motorrad, die Ducati 916. Trotz nur 108 PS ist sie mit 260 km/h erstaunlich schnell – der hervorragenden Aerodynamik sei Dank. Ebenfalls erstaunlich: Trotz der geringen Sitzhöhe von 770 Millimetern finden auch noch 1,90-Meter-Menschen bequem Platz. Ebenso erstaunt das Laufgeräusch: Wo ist das Ducati-typische Rasseln der Trockenkupplung geblieben? Unterm Deckel, genauer gesagt, unter einem nun geschlossenen Gehäusedeckel.

Doch die Überraschungen waren nicht nur positiv. Warum nur verbaute Ducati an einem Motorrad mit so einem wunderbaren Fahrwerk und einem so herrlich druckvollen Motor solch miserablen Bremsen? Schlecht dosierbar, mit mangelhafter Wirkung und zudem mit stark nachlassender Bremsleistung, wenn sie ein paarmal hart zubeißen mussten? Und warum nur war cio mit rund 29 000 Mark so entsetzlich teuer?

Wenigstens so teuer ist sie gebraucht heute nicht mehr. Im Gegenzug sollte man übers Jahr aber immer ein paar Scheine zur regelmäßigen Wartung der italienischen Schönheit parat haben, denn besonders die Einstellung der desmodromischen Ventilsteuerung kostet die Werkstatt Zeit und den Ducati-Fahrer entsprechend Geld: Eine große Inspektion dauert zwischen sechs und acht Stunden.

Bei der Besichtigung einer Gebrauchten gibt's eigentlich gar nicht so viel zu besichtigen. Manchmal reißt vibrationsbedingt der Luftfilterkasten (unter dem Tank) ein. Häufiger schon segnet der Regler das Zeitliche, dann wird die Batterie nicht mehr geladen. Manchmal hüpfen die Nieten aus den seitlichen Verkleidungsteilen. Und bei frühen Exemplaren löste sich der Lack in der Nähe des Tankeinfüllstutzens in Wohlgefallen auf. Das war's aber auch schon. Eigentlich erstaunlich wenig Mängel, oder?

Schnell noch ein paar Tips für Rennstreckenfahrer: Wem der Kraftaufwand bei schnellen Richtungswechseln zu groß ist, schraubt das Heck über die Gewindespindel an der Hebelumlenkung höher. Und wer mit den Bremsen partout nicht leben kann, greift wieder einmal tief in die Tasche und montiert die viel bessere Bremsanlage der Nachfolgerin 996.

Ducati 916

Motor: Wassergekühlter Zweizylinder-Viertakt-V-Motor, 108 PS (79 kW) bei 9000/min, 86 Nm bei 7000/min, Sechsganggetriebe, Kettenantrieb

Fahrwerk: Gitterrohrrahmen aus Stahl, vorn Doppelscheiben-, hinten Scheibenbremse, Reifengröße vorn 120/70 ZR 17, hinten 190/50 ZR 17

Gewicht: 214 kg mit 19 Litern Super vollgetankt

Sitzhöhe: 770 Millimeter

Höchstgeschwindigkeit: 260 km/h

Beschleunigung 0 – 100 km/h: 3,0 sek

Verbrauch: 5,6 Liter/100 km

Leistungsvarianten: keine

Bauzeit (Neupreise): 1994 (29 000 Mark) bis 1998 (Biposto 29 500 Mark)

Wichtige Modellpflegemaßnahmen: 1995 zweisitziges Modell Biposto, geänderter Regler. 1998 erneut geänderter Regler, Stahlflex-Bremsleitung hinten. 1999 Ablösung durch die hubraumstärkere 996.

Gestrippt: Nein, bei diesem Anblick wird wohl kaum ein Mensch auf die Idee kommen, die 916 ohne Vollverkleidung fahren zu wollen

Ducati 916: Zweizylinder-V-Motor, 108 PS, 214 Kilogramm, 260 km/h

HONDA

CM 185 T + CM 200 T

Hätten Sie's gewußt? Die CM 185 T, 1978 vorgestellt, war der erste japanische Chopper überhaupt. Die Ausstattung war spartanisch (kein Drehzahlmesser, kein Hauptständer, Trommelbremse vorn und hinten, Vierganggetriebe, Federbeine nicht verstellbar), aber dafür kostete das Motorrädchen mit einem anfänglichen Neupreis von rund 3200 Mark auch nur soviel wie damals ein Kleinkraftrad.

Die CM 185 T wurde zwar noch bis 1980 gebaut, aber schon 1979 erschien die hubraumstärkere CM 200 T. Beide Motorräder wurden wahlweise mit zehn oder 17 PS angeboten, aber wer im Verkehr einigermaßen sicher mitschwimmen möchte, sollte zur stärkeren Version greifen – schließlich verhelfen die zehn 10 PS gerade mal zu einer Endgeschwindigkeit von rund 90 km/h. Wer eine zehn-PS-Version erwischt hat: Die 185er ist nur über die Nockenwelle gedrosselt, bei der 200er wird's teurer, denn hier muß zusätzlich der Vergaser getauscht werden.

Beide Leistungsvarianten erfreuen übrigens mit einem geringen Spritverbrauch, der sich je nach Fahrweise zwischen drei und vier Litern bewegt.

Bis 1983 konnte Honda über 9000 Stück von diesen beiden CM-Modellen verkaufen, davon sind heute in Deutschland immerhin noch über 6000 Stück zugelassen. Obwohl einige von diesen Sparmobilen sicher nur angemeldet im Schuppen stehen, um den Schadenfreiheitsrabatt bei der Motorrad-Versicherung zu halten oder zu senken, ist der noch recht hohe Bestand auch ein Hinweis auf die Haltbarkeit des hochdrehenden Motors. So braucht der Interessent lediglich ein waches Auge auf eventuelle Ölundichtigkeiten des Motors zu werfen – insbesondere in den Bereichen Zylinderkopf, Zylinderfuß, linker Gehäusedeckel unten (Dichtring Kurbelwelle) und Ritzelabdeckung unten (Dichtring Schaltwelle) – spezielle Macken des kleinen Zweizylinders sind nicht bekannt. Allerdings muß man nach 25 000 Kilometern mit dem wahrscheinlich bald fälligen Austausch der Kolben und der Steuerkette rechnen. In diesem Fall kann statt einer teuren Werkstattreparatur der Einbau eines gesunden Tauschmotors vom Gebrauchtteilehändler sogar günstiger kommen – der 200er Motor paßt übrigens auch in das Fahrwerk der 185er.

Die Kilometerstände der Gebrauchten sind meist vergleichsweise niedrig, bei den gebotenen Fahrleistungen kommen die Kilometer eben nicht so schnell zusammen. Dafür sind die Preise erstaunlich hoch.

HONDA CM 200 T

Motor: Luftgekühlter Zweizylinder-Viertaktmotor, 17 PS (13 kW) bei 9000/min, 15 Nm bei 7000/min, Vierganggetriebe, Kettenantrieb

Fahrwerk: Zentralrohrrahmen aus Stahl, vorn und hinten Trommelbremse, Reifengröße vorn 3.00-17, hinten 3.50-16

Gewicht: 138 kg mit 11 Litern Normal vollgetankt

Sitzhöhe: 830 Millimeter

Höchstgeschwindigkeit: 110 km/h

Beschleunigung 0 – 100 km/h: 15 sek

Verbrauch: 4,2 Liter/100 km

Leistungsvarianten: 10, 17 PS

Bauzeit (Neupreise): 1979 (3600 Mark) bis 1983 (3800 Mark)

Wichtige Modellpflegemaßnahmen: 1981 kontaktlose Transistorzündung

Ausgedichtet: Hier hat's den Dichtring der Kurbelwelle erwischt

Honda CM 200 T: Zweizylindermotor, 17 PS, 138 Kilogramm, 110 km/h

HONDA

CB 400 N + CB 450 N

Auf kaum ein anderes Motorrad paßt das vielzitierte »Butter und Brot«-Image so gut wie auf die Honda CB 400 N: kein aufregendes Design, dafür aber zeitlos. Kein spritziger Motor, dafür aber robust. Kein seltenes Motorrad, dafür aber niedrige Gebrauchtpreise.

Die von 1978 bis 1985 gebaute CB 400 N wurde rund 24 000mal verkauft, davon gibt es heute immerhin noch über 15 000 Stück. Auch guterhaltene Sahnestücke mit geringem Kilometerstand gibt es vergleichsweise preiswert.

Besonders empfehlenswert sind die Modelle ab 1983, denn vorher litt die CB 400 N an einigen Macken. So verbaute Honda ab diesem Jahr zum Beispiel eine außenliegende Ölsteigleitung, vorher erfolgte die Ölführung zum Zylinderkopf innen an zwei Stehbolzen entlang, und eben an dieser Stelle wurde die Zylinderkopfdichtung häufig undicht.

Vor allem aber findet sich ab diesem Baujahr eine geänderte Kettenradbefestigung am Hinterrad. Bei der alten Konstruktion wurde das Kettenrad lediglich auf die Nabe gesteckt und durch einen großen Sicherungsring fixiert. Schön und gut, solange die Passung auf der Nabe noch taufrisch war, doch durch die Verwendung billiger, nicht so paßgenauer Kettenräder aus dem Zubehör konnte der ganze Sitz ausgenudelt werden. Soweit, daß das Kettenrad ausreichend viel Spiel hatte, den Sicherungsring von der Nabe zu sprengen – nicht ganz ungefährlich.

Bei den älteren CB 400 N (und übrigens auch bei den Honda-Modellen CB 250/400 T, CB 250 N und CM 185/200 T, bei denen das gleiche Befestigungsprinzip verwendet wurde) sollte der Gebrauchtkäufer also unbedingt den festen Sitz des Kettenrads prüfen und nach verräterischen Metall-Abriebspuren in diesem Bereich suchen. Es lohnt sich, denn die sonst nötige neue Nabe samt Kleinteilen kostet ein ordentliches Sümmchen. Ab 1983 wurde das Kettenrad dann ganz konventionell verschraubt – Problem erkannt, Problem gebannt.

Macht der laufende Motor mit starken Vibrationen und häßlichem Kettengerassel auf sich aufmerksam, ist unter Umständen der Spanner der Ausgleichswellenkette verschlissen. Die Reparatur wird für den, der's nicht selbst erledigen kann, teuer, denn der Motor muß dazu zerlegt werden.

Teuer wird's auch, wenn das Motorrad nicht die gewünschte Leistungsvariante aufweist, da zur Leistungsänderung die Nockenwelle gewechselt werden muß.

Wie bei fast allen Motorrädern dieser Baujahre ist die Auspuffanlage extrem rostanfällig, hier muß unbedingt auch der Vorschalldämpfer unter dem Motor mit in die Besichtigung einbezogen werden.

Die CB 400 N war ganz sicher der Verkaufsrenner dieser Baureihe. Aber von 1980 bis 1984 gab es noch den Softchopper CM 400 T mit dem gleichen Motor, und von dem fahren heute immerhin auch noch rund 9000 Stück durch die Gegend. Das Nachfolgemodell CB 450 N dagegen verkaufte sich eher schleppend, und so wurde es 1986 durch die deutlich sportlichere Variante CB 450 S abgelöst.

HONDA CB 400 N

Motor: Luftgekühlter Zweizylinder-Viertaktmotor, 27 PS (20 kW) bei 7500/min, 28 Nm bei 6500/min, Sechsganggetriebe, Kettenantrieb

Fahrwerk: Einschleifenrahmen aus Stahl, vorn Doppelscheiben-, hinten Trommelbremse, Reifengröße vorn 3.60 S 19, hinten 4.10 S 18

Gewicht: 185 kg mit 14 Litern Normal vollgetankt

Sitzhöhe: 795 Millimeter

Höchstgeschwindigkeit: 141 km/h

Beschleunigung 0 – 100 km/h: 11 sek

Verbrauch: 5,8 Liter/100 km

Leistungsvarianten: 27, 43 PS

Bauzeit (Neupreise): 1978 (4600 Mark) bis 1985 (5200 Mark)

Wichtige Modellpflegemaßnahmen: 1981 Schlauchlos-Felgen, Kickstarter entfällt. 1982 bessere Bremsen, Motor schwarz lackiert, 1983 geänderte Kettenrad-Befestigung.

Merkwürdige Konstruktion:
Die alte Kettenrad-Befestigung bis 1982 ist nicht ganz unproblematisch

Honda CB 400 N. Zweizylindermotor, 27 PS, 185 Kilogramm, 141 km/h

HONDA

CB 450 S

Ihre Vorgängerin, die CB 450 N, war ja ein eher unsportlicher Typ. Das sollte sich bei der CB 450 S ändern. Also, den Motor von Tante N geerbt, schönen Gitterrohrrahmen drumherumgehäkelt, flottes Design – fertig war 1986 der Mittelklasse-Sportler von Honda, und das zu einem sehr günstigen Neupreis von rund 5900 Mark.

Die CB 450 S entwickelte sich im Lauf der Jahre zu einem beliebten Einsteigerfahrzeug, denn das Fahrverhalten ist auch für Anfänger vollkommen unproblematisch. Andererseits läßt es sich mit der CB 450 S auch durchaus flott durch die Lande wieseln. Der Motor gilt als ausgereift ohne typische Macken, die Ölundichtigkeiten waren ja schließlich schon der 450er N ausgetrieben worden.

Deutliche Vibrationen und Kettengerassel deuten im harmlosen Fall darauf hin, daß die Kette der Ausgleichswellen wieder einmal nachgespannt werden muß. Übrigens: Die korrekte Spannung übernimmt automatisch eine Feder, nachdem eine Schraube gelöst wurde. Keinesfalls darf mit dem Schraubendreher nachgedrückt werden, um die Spannung zu erhöhen und damit die Geräusche zu verringern, denn dann reibt sich der Kettenspanner ab und dessen Kunststoffteile können den Ölkreislauf verstopfen. Im schlimmeren Fall dagegen ist der Kettenmechanismus schon so weit verschlissen, daß er nicht mehr nachgespannt werden kann und ausgetauscht werden muß – dann wird's teuer, weil dazu der Motor zerlegt werden muß.

Teuer ist auch eine nachträgliche Entdrosselung des Motorrads von 27 auf 44 PS, weil dafür die Nockenwelle und das Ritzel getauscht werden müssen. Samt den weiterhin notwendigen Modifikationen an den Vergasern und der obligatorischen Eintragung kommt da einiges zusammen.

Wer eine Gebrauchte sucht, wird sicher fündig, schließlich gibt es noch rund 7000 CB 450 S in Deutschland. Der weitaus größte Teil fährt übrigens in der mit 27-PS-Version durch die Gegend.

HONDA CB 450 S

Motor: Luftgekühlter Zweizylinder-Viertaktmotor, 44 PS (32 kW) bei 9000/min, 38 Nm bei 7000/min, Sechsganggetriebe, Kettenantrieb

Fahrwerk: Gitterrohrrahmen aus Stahl, vorn Doppelscheiben-, hinten Trommelbremse, Reifengröße vorn 100/90 S 18, hinten 110/90 S 18

Gewicht: 185 kg mit 17 Litern Normal vollgetankt

Sitzhöhe: 795 Millimeter

Höchstgeschwindigkeit: 171 km/h

Beschleunigung 0 – 100 km/h: 11,4 sek

Verbrauch: 5,2 Liter/100 km

Leistungsvarianten: 27, 44 PS

Bauzeit (Neupreise): 1986 (5700 Mark) bis 1989 (6600 Mark)

Wichtige Modellpflegemaßnahmen: keine

Alter Bekannter: Das solide Triebwerk stammt von Tante CB 450 N

Honda CB 450 S: Zweizylindermotor, 44 PS, 185 Kilogramm, 171 km/h

HONDA

CB 500

Unglaublich, aber wahr: Honda hatte einfach nichts zu bieten. Während sich nämlich Suzuki mit der GS 500 E und Kawasaki mit der GPZ 500 S schon seit vielen Jahren in der 500er Klasse, besonders beliebt bei Einsteigern und Wieder-Einsteigern, eine goldene Nase verdienten, schaute Honda scheinbar tatenlos zu.

Doch das sollte sich ändern. Als nämlich Ende 1993 die CB 500 auf dem Markt erschien, schlug die Fachpresse vor Begeisterung Purzelbäume – die Neuentwicklung war ein ganz großer Wurf.

Das auf Anhieb absolut sichere Fahrgefühl, die bequeme Sitzposition für Klein (1,60 Meter) und Groß (1,95 Meter) und die narrensicheren Bremsen, die ein Blockieren durch zu hastige Bedienung nahezu ausschließen, qualifizierten die CB 500 zum optimalen Einsteiger-Fahrzeug. Doch nicht nur das, denn durch das zielsichere Fahrwerk und den drehfreudigen Motor macht die CB 500 auch sportlichen Naturen Spaß, denn sie ist auch durchaus geeignet, Superbikes auf engen, kurvigen Straßen kräftig um die Ohren zu fahren. Und was schließlich allen gefällt: der bequeme Soziusplatz, das sehr gute Start- und Warmlaufverhalten, das gute Licht und der niedrige Verbrauch. Wer zum Beispiel die Nervenstärke besitzt, stoisch mit 100 km/h durch die Lande zu fahren, wird mit einem Spritverbrauch von 3,8 Litern belohnt – was nach Adam Riese bei einem Tankvolumen von 18 Litern immerhin eine Reichweite von 474 Kilometern bedeutet. Aber auch wer es flotter liebt, wird den Verbrauch kaum über sieben Liter treiben können. Lobenswerterweise besannen sich die Honda-Ingenieure auch auf sinnvolle Details, denn nach guter alter Väter Sitte besitzt die CB 500 einen Hauptständer, heute ja durchaus nicht mehr selbstverständlich und üppig Platz unter der Sitzbank zum Verstauen von zahlreichen Kleinigkeiten.

Fast schon peinlich, das jetzt auch noch zu erwähnen (nein, diese Seiten wurden wirklich nicht von Honda gekauft) – der Motor ist extrem standfest. Nach einem 50 000-Kilometer-Langstreckentest von MOTORRAD zeigten sich die Innereien des Triebwerks (und übrigens auch die anderen Bauteile) in einem hervorragendem Zustand. Und das trotz der Tatsache, daß diesem Motorrad während der Distanz häufig hohe Drehzahlen abverlangt wurden, denn ein Durchzugswunder ist die CB 500 nicht. Nichts besonders Auffälliges, nichts hätte ausgetauscht werden müssen – halt, die Lenkkopflager waren hinüber.

Gibt's denn sonst überhaupt nichts an der CB 500 zu meckern? Doch, die Federelemente könnten besser sein. Im Zwei-Personen-Betrieb schlagen auf schlechten Straßen hin und wieder die Federbeine durch, und bei den 1993 ausgelieferten Exemplaren zeigte sich die Gabel etwas bockig, was nach einer gewissen Einlaufzeit aber meist verschwindet.

Der Umbau zwischen den verschiedenen Leistungsvarianten ist übrigens einfach und damit billig: Die 34-PS-Variante erstarkt auf 50 PS, wenn die beiden Ansaugstutzen und Vergaser-Hauptdüsen gewechselt werden. Zur Entdrosselung von 50 auf 58 PS bedarf es nur des Austauschs der beiden Ansaugstutzen. Es scheint also: Die CB 500 ist ein durchdachtes Motorrad und ein gelungener Allrounder. Und dabei hatte Honda doch anfangs nichts zu bieten.

HONDA CB 500

Motor: Wassergekühlter Zweizylinder-Viertaktmotor, 58 PS (43 kW) bei 9500/min, 47 Nm bei 7500/min, Sechsganggetriebe, Kettenantrieb

Fahrwerk: Doppelschleifenrahmen aus Stahl, vorn Doppelscheiben-, hinten Trommelbremse, Reifengröße vorn 110/80 VB 17, hinten 130/80 VB 17

Gewicht: 193 kg mit 18 Litern Normal vollgetankt

Sitzhöhe: 780 Millimeter

Höchstgeschwindigkeit: 185 km/h

Beschleunigung 0 – 100 km/h: 5,2 sek

Verbrauch: 5,3 Liter/100 km

Leistungsvarianten: 34, 50, 58 PS

Bauzeit (Neupreise): 1993 (9300 Mark) bis heute (2001 9680 Mark)

Wichtige Modellpflegemaßnahmen: Seit 1998 auch verkleidete Variante CB 500 S lieferbar.

Mustergültig: So sahen die Kolben nach 50 000 Kilometern aus – fast wie neu

Honda CB 500: Zweizylindermotor, 58 PS, 193 Kilogramm, 185 km/h

HONDA

CX 500

Einst war sie so etwas wie der VW Käfer unter den Motorrädern, denn Honda Deutschland konnte von der Basisversion CX 500, dem Softchopper CX 500 C und der kantigen Euro-Version CX 500 E in neun Jahren insgesamt gigantische 40 000 Stück verkaufen. Den Käfer sieht man heute auf Deutschlands Straßen nicht mehr so häufig, und auch die CX 500 ist selten geworden.

Die CX 500 ist ein altes Motorrad, keine Frage, und das macht sich auch beim Fahren bemerkbar: Bei Vollgas pendelt die Fuhre ein wenig, bei scharfen Bremsungen schlägt die Gabel durch, und als Schluchtenflitzer für enge Kehren taugt sie auch nur bedingt. Dafür versöhnt sie mit gutem Tourenkomfort und einem soliden Motor, der normalerweise die 100 000-Kilometer-Schallmauer locker packt.

Dennoch muß der Gebrauchtkäufer einige Punkte beachten. Gibt zum Beispiel der Motor auffällig rasselnde Geräusche von sich, ist wahrscheinlich der mechanische Steuerkettenspanner am Ende seines Verstellbereiches angelangt und die Steuerkette bereits über Gebühr gelängt – zu erwarten ab Kilometerständen von 80 000. Eigentlich nichts Schlimmes, sollte man meinen, kostet doch so eine Kette nicht die Welt. Schade nur, daß zum Austausch der Kette der Motor ausgebaut werden muß, und das kommt für den, der's nicht selber machen kann, in der Werkstatt teuer. Die CX 500 des Modelljahres 1982 und die CX 500 E erhielten zwar einen automatischen Spanner, doch auch dieser funktionierte nicht immer so, wie er sollte – auch hier also auf verdächtige Geräusche achten. Der automatische Spanner kann übrigens auch an den älteren Modellen nachgerüstet werden.

Springt das Motorrad bei der Besichtigung schlecht an und der Verkäufer beteuert treuherzig, das läge daran, daß es vorher lange gestanden hätte, kann man ihm wahrscheinlich sogar Glauben schenken, denn die CX 500 mag tatsächlich keine langen Standzeiten.

Die Wasserpumpe neigt ab Laufleistungen von 30 000 bis 50 000 Kilometern zu Undichtigkeiten. Kalkspuren am Motorgehäuse sollten hier mit Argusaugen betrachtet werden, denn zum dann nötigen Austausch der Dichtung muß der Motor raus.

Vorsicht bei den Leistungsvarianten: Die Entdrosselung einer CX 500 mit 27 PS kommt unverhältnismäßig teuer, da die 50 PS nur durch Austausch beider Vergaser und Krümmer freigesetzt werden können.

Auf dem Gebrauchtmarkt spielen heute nur noch die Basis-CX und die CX 500 C (Typ PC 01) eine Rolle. Obwohl die CX 500 E (Typ PC 06) ganz unsentimental mit ihrem Zentralfederbein und den besseren Bremsen sicher das bessere Motorrad war, verkaufte sie sich nur noch rund 4000mal. Dagegen ist heute die Preistendenz für guterhaltene und originale CX 500 stabil bis steigend. Aber das gilt für guterhaltene Käfer ja auch.

HONDA CX 500

Motor: Wassergekühlter Zweizylinder-V-Motor, 50 PS (37 kW) bei 9000/min, 43 Nm bei 7000/min, Fünfganggetriebe, Kardanantrieb

Fahrwerk: Preßstahl-Rohrrahmen, vorn Doppelscheiben-, hinten Trommelbremse, Reifengröße vorn 3.25 S 19, hinten 4.00 S 18

Gewicht: 221 kg mit 17 Litern Normal vollgetankt

Sitzhöhe: 810 Millimeter

Höchstgeschwindigkeit: 167 km/h

Beschleunigung 0 – 100 km/h: 5,4 sek

Verbrauch: 7,5 Liter/100 km

Leistungsvarianten: 27, 50 PS

Bauzeit (Neupreise): 1978 (5600 Mark) bis 1982 (6800 Mark). CX 500 C von 1979 bis 1984; CX 500 E von 1982 bis 1986

Wichtige Modellpflegemaßnahmen: 1982 automatischer Steuerkettenspanner und kombiniertes Zünd-/Lenkschloß.

Kampf dem Gilb: Bei manchen Exemplaren gammelt's kräftig in den Ecken

Honda CX 500: Zweizylinder-V-Motor, 50 PS, 221 Kilogramm, 167 km/h

HONDA

FT 500

Das Vorhaben war gewagt. Mit dem 1982 modern ausgestatteten Einzylinder FT 500 gegen die seit vier Jahren ausgesprochen erfolgreiche, weil klassische Yamaha SR 500 anzustinken, hatte nur geringe Aussicht auf Erfolg. Und es kam so, wie es kommen mußte: In den drei Jahren Produktionszeit konnte Honda nur rund 4000 Exemplare in Deutschland absetzen – nicht gerade der Hit.

Der Hit ist eine FT 500 auch heute auf dem Gebrauchtmarkt noch nicht. Liebhaberstatus war ihr bisher nicht vergönnt, was aber immerhin die Preise niedrig hält. Eigentlich ungerecht, denn die FT 500 bietet eine recht solide Technik. Der Vierventil-Motor stammte in seinen Grundzügen aus der seligen Enduro XL 500 S, wurde allerdings unter anderem mit verstärktem Getriebe, verstärkter Kurbelwelle und einem E-Starter versehen. Das Fahrwerk überzeugt mit seiner Stabilität auch heute noch, was bei den gebotenen Fahrleistungen allerdings kein Lob ist, das man überbewerten sollte.

Da die FT während ihrer Bauzeit nicht mit Modellpflegemaßnahmen behelligt wurde, sind die möglichen Macken bei allen Baujahren gleich. An erster Stelle ist hier von Startschwierigkeiten zu berichten. Damit hatten auch schon – speziell bei heißem Motor – XL-Fahrer ihre Not, nur daß bei der FT auch noch Probleme mit dem E-Starter hinzu kommen. Häufig ist's lediglich die erlahmte oder verdreckte Feder des Magnetschalters, die zur Befehlsverweigerung des Anlassers führt. Im schlimmeren Fall ist der Einrückmechanismus defekt.

Wie auch schon bei der XL 500 gehören Ölundichtigkeiten an Zylinderkopf und Ventildeckel einfach dazu. Verbraucht der Motor aber viel Öl, was zugegebenermaßen bei der Probefahrt kaum feststellbar ist, wird's kritisch. Zu rechnen ist mit diesem Schaden ab Kilometerständen von 40 000 bis 50 000, verursacht wird er meist von zu hohem Kolbenlaufspiel. Das eigentlich Fatale für Selbstschrauber: Die Qualität der Gewinde im Zylinderkopf läßt extrem zu wünschen übrig – ein Überdrehen läßt sich selbst bei aller Sorgfalt kaum vermeiden. Hier helfen dann nur noch Gewinde-Einsätze von Helicoil oder Ensat weiter.

Ein letzter Blick sollte noch den schnell rostenden Standrohren gelten, die, rauh geworden, dann haufenweise die Gabeldichtringe zerschmirgeln. Und eine akustische Kontrolle verdient die Auspuffanlage. Eigentlich hören sich nur durchgerostete Rohre standesgemäß an. Intakte Exemplare geben ein armseliges »ft, ft, ft« von sich. Vielleicht auch ein Grund, warum sich die FT 500 seinerzeit nicht so toll verkaufte. Und warum sie FT genannt wurde.

HONDA FT 500

Motor: Luftgekühlter Einzylinder-Viertaktmotor, 27 PS (20 kW) bei 5500/min, 40 Nm bei 4000/min, Fünfganggetriebe, Kettenantrieb

Fahrwerk: Einrohrrahmen aus Stahl, Scheibenbremse vorn und hinten, Reifengröße vorn 3.50 S 19, hinten 4.25 S 18

Gewicht: 171 kg mit 13 Litern Normal vollgetankt

Sitzhöhe: 795 Millimeter

Höchstgeschwindigkeit: 138 km/h

Beschleunigung 0 – 100 km/h: 8,3 sek

Verbrauch: 5,5 Liter/100 km

Leistungsvarianten: keine

Bauzeit (Neupreise): 1982 (5448 Mark) bis 1984 (4699 Mark)

Wichtige Modellpflegemaßnahmen: keine

Und ewig nervt der Anlasser: Mal ist's die Feder des Magnetschalters, mal der Einrückmechanismus

Honda FT 500: Einzylindermotor, 27 PS, 171 Kilogramm, 138 km/h

HONDA

VT 500 E

Mit der VT 500 E begann 1983 der Erfolgszug des standfesten V2-Motors, der, nur leicht modifiziert, später noch in den Honda-Modellen Transalp (XL 600 V), NTV 650 und Africa Twin (XRV 650) werkeln sollte.

Allen Varianten gemeinsam ist: Dieses Triebwerk ist nichts für Vibrationssüchtige, denn vom Treiben des Zweizylinders ist ansatzweise nur etwas bei niedrigen Drehzahlen zu spüren – in höheren Drehzahlregionen läuft der Motor dagegen seidenweich.

Weich ist leider aber auch das Fahrwerk, sowohl die serienmäßigen Federbeine als auch die Gabelfedern lassen es an der gebotenen Straffheit missen. Hier hilft nur der Austausch gegen Produkte von Koni und Wirth. Und da der Bremsdruckpunkt auch noch teigig ist, sollten Stahlflex-Bremsleitungen das Verbesserungspaket vervollständigen.

Bei gebrauchten VT 500 E sind hohe Laufleistungen kein Kaufhindernis, da die Motoren grundsolide sind. Zweiflern bringt ein Kompressionsdiagramm einen guten Überblick über den Zustand des Motors. Und wer keinen Kompressionsprüfer besitzt, kann sich mit einer kurzen Autobahn-Vollgasfahrt behelfen: Bei gesundem Motor bringt die 27 PS-Variante aufrecht sitzend rund 130, die 50 PS-Version ungefähr 170 km/h Tachoanzeige.

Zu den unterschiedlichen Leistungsvarianten: Beim 27 PS-Motor reicht die Drehfreude bis rund 6000/min, dann ist Schluß. Die offene Version dagegen wird ab diesem Bereich erst richtig munter. Eine nachträgliche Entdrosselung der VT 500 E kann der Gebrauchtkäufer mit gesundem Menschenverstand aber getrost vergessen, denn zur Entfesselung des Motors ist der Austausch der beiden Nockenwellen, der beiden Krümmer und der zwei Vergaser nötig – und allein dieses Material übersteigt schon den Zeitwert so mancher VT.

Wenn der Motor besonders im Leerlauf rasselt, sind mit ziemlicher Sicherheit die beiden Steuerketten gelängt, eine werkstattintensive Kinderkrankheit der Modelle bis 1984. Ab 1985 verbaute Honda verstärkte Ketten.

Wenn der Motor bei gezogener Kupplung merkwürdige Geräusche von sich gibt, sind das Lebensäußerungen des Ausrücklagers – bei der VT 500 E völlig normal.

Ganz ungewöhnlich: Die VT sollte man bei der Besichtigung nicht nur fahren und angucken, sondern auch einmal schieben. Die Kapselung der Scheibenbremse im Vorderrad nämlich, die ursprünglich das Ansprechverhalten bei Nässe verbessern sollte, erschwert nicht nur den Ein- und Ausbau des Rads, sondern dient auch vorzüglich als ungewollter Nässespeicher. Folge: Die ganze Mechanik gammelt unter der Abdeckung still und leise vor sich hin, bis sich im Endstadium sogar das Rad nur noch schwer drehen läßt. Doch für VT 500 E-Besitzers gibt es diesbezüglich zumindest einen Trost: Fahrer einer CBX 550 F sind noch schlechter dran. Die hat nämlich zwei solcher gekapselten Wunderwerke.

HONDA VT 500 E

Motor: Wassergekühlter Zweizylinder-Viertakt-V-Motor, 50 PS (37 kW) bei 9000/min, 45 Nm bei 7000/min, Sechsganggetriebe, Kardanantrieb

Fahrwerk: Doppelschleifenrahmen aus Stahl, vorn gekapselte Scheibenbremse, hinten Trommelbremse, Reifengröße vorn 100/90 S 18, hinten 120/80 S 18

Gewicht: 204 kg mit 18 Litern Normal vollgetankt

Sitzhöhe: 790 Millimeter

Höchstgeschwindigkeit: 187 km/h

Beschleunigung 0 – 100 km/h: 5,7 sek

Verbrauch: 5,1 Liter/100 km

Leistungsvarianten: 27, 50 PS

Bauzeit (Neupreise): 1983 (7000 Mark) bis 1987 (7900 Mark)

Wichtige Modellpflegemaßnahmen: ab 1985 verstärkte Steuerketten

Im Dunkeln ist gut munkeln: Im Inneren der gekapselten Scheibenbremsen rostet's meist munter

Honda VT 500 E: Zweizylinder-V-Motor, 50 PS, 204 Kilogramm, 187 km/h

HONDA

XBR 500

Die XBR ist das richtige Motorrad für Leute, die englische Bikes zwar schon immer schön fanden, aber kein Zollwerkzeug haben und eigentlich sowieso eher der Zuverlässigkeit japanischer Motorräder vertrauen. Diese Fangemeinde ist offensichtlich gar nicht mal so klein, denn von der herrlich dumpf klingenden XBR verkaufte Honda von 1985 bis 1990 immerhin über 8000 Stück.

Was ist hier beim Gebrauchtkauf zu beachten? Wenn der Motor schlecht anspringt, einen unruhigen Leerlauf hat und nur ruckelnd hochdreht, sind entweder die Ventile undicht, was bei Laufleistungen ab 30 000 Kilometern durchaus vorkommen kann, oder aber dieser Motor hat einfach noch die alte Motorabstimmung. Honda ließ nämlich seinerzeit die Abstimmung im Rahmen der Garantie ändern: Tausch der 48er Leerlaufdüse gegen eine 52er und der 152er Hauptdüse gegen eine 158er sowie Vergrößerung des Ventilspiels von 0,1 auf 0,15 Millimeter für das Einlaß- und 0,12 auf 0,17 Millimeter für das Auslaßventil. Heute kostet diese Aktion natürlich etwas.

Erkenntnisreich kann ein Blick auf den Öl-Peilstab sein, denn wenn der Verkäufer den Ölstand noch nicht einmal für den Besichtigungstermin in Ordnung gebracht hat, wird er es auch sonst nicht so genau damit genommen haben. Bei der XBR ein besonderes Problem, denn der Peilstab sitzt unter dem verschraubten Seitendeckel, eine umständliche und lästige Konstruktion.

Wenn der Anlasser häßliche Geräusche macht, kündigt er das nahende Ende des Startergetriebes an, eine Kinderkrankheit der ersten beiden Baujahre.

Die ersten XBR 500 (die Fahrgestellnummer beginnt hier nach PC 15 mit einer 50, 51, 60 oder 61) können durch den Tausch der Nockenwelle, der Vergaserbedüsung und des Ritzels entdrosselt werden. Ab 1988, die Fahrgestellnummer beginnt mit PC 15-53, 63, 71 oder 81, ist neben Wechsel des Ritzels und der Bedüsung nur der Tausch des Ansaugstutzens nötig.

Für Freunde des klassischen Designs gab es in den Jahren 1989 und 1990 die XBR 500 S mit stilechten Drahtspeichenrädern. Noch klassischer war schließlich die GB 500 Clubman mit Ausstattungsdetails wie Höckersitzbank, einer Zwei-in-eins-Auspuffanlage und viel Chrom, die nach der Einstellung der XBR 500 für kurze Zeit angeboten wurde. Das kleine Kontingent von Honda Deutschland war jedoch schnell vergriffen und so sind die meisten der angebotenen Clubman grau importierter Herkunft.

Das Angebot gebrauchter XBR 500 ist relativ groß, in Deutschland sind noch rund 7000 Stück zugelassen.

HONDA XBR 500

Motor: Luftgekühlter Einzylinder-Viertaktmotor, 44 PS (32 kW) bei 7000/min, 45 Nm bei 6000/min, Fünfganggetriebe, Kettenantrieb

Fahrwerk: Einrohrrahmen aus Stahl, vorn Scheiben-, hinten Trommelbremse, Reifengröße vorn 100/90 S 18, hinten 110/90 S 18

Gewicht: 182 kg mit 20 Litern Normal vollgetankt

Sitzhöhe: 785 Millimeter

Höchstgeschwindigkeit: 174 km/h

Beschleunigung 0 – 100 km/h: 6,6 sek

Verbrauch: 4,7 Liter/100 km

Leistungsvarianten: 27,44 PS

Bauzeit (Neupreise): 1985 (5700 Mark) bis 1990 (6700 Mark)

Wichtige Modellpflegemaßnahmen: keine

Klasse klassisch: Wie fast alles an der XBR sind auch die Instrumente nostalgisch angehaucht

Honda XBR 500: Einzylindermotor, 44 PS, 182 Kilogramm, 174 km/h

HONDA

XL 500 R

Das waren Zeiten, als eine Enduro noch wirklich dazu taugte, auch einmal schweres Gelände unter die Räder zu nehmen. Die XL 500 R gehört zu dieser heute nahezu ausgestorbenen Gattung. Im Gegensatz zu den meisten heutigen Enduros läßt es sich mit ihr dank langer Federwege und geringem Gewicht locker durch die Gegend hopsen.

Zwei Voraussetzungen sollte der XL-Aspirant aber erfüllen, damit er nicht zum Transpiranten wird: Erstens sollte er der Meinung sein, daß ein E-Starter an einem Einzylinder vollkommen überflüssig ist (denn er hat keine andere Wahl), und zweitens sollte er nicht unbedingt kleinwüchsig sein, denn die XL droht mit einer Sitzhöhe von 91 Zentimetern. Außerdem gehört eine gewisse Furchtlosigkeit zum Geschäft – die Trommelbremsen gehören nicht gerade zu den harten Verzögerern.

Die Besichtigung einer gebrauchten XL 500 R beginnt mit der Unterseite des Motorschutzblechs – heftige Kratzspuren darauf lassen auf exzessiven Gelände-Einsatz und damit eventuellen Verschleiß einiger Fahrwerkskomponenten schließen. Also das Motorrad auf den vorausschauend mitgebrachten Getränkekasten wuchten (einen Hauptständer hat die XL nicht) und penibel Lenkkopf- und Schwingenlager prüfen. Dann den Motor ankicken, nach zwei bis drei beherzten Tritten sollte er kommen. Gewußt wie: Zündung aus, Dekompressionshebel ziehen, Gas auf und mehrmals treten. Dann wird's ernst: Kolben über den oberen Totpunkt fußeln, Sprithahn auf, Choke rein, Zündung an, Gas zu – und Tritt.

Wenn's dann bei laufendem Motor rasselt, ist vermutlich die Steuerkette hinüber und wenn's klappert, der Zylinder ausgelutscht.

Nach der obligatorischen Probefahrt folgt ein kritischer Blick auf den Zylinderkopfbereich, denn hier nerven fast alle XL-Motoren mit Undichtigkeiten. Besonders die Modelle bis 1984 machten hier Kummer, da die 27 PS für Deutschland über einen zugestopften Krümmer erzielt wurden – der Motor wurde im Kopfbereich zu heiß. Ist die Zylinderkopfdichtung undicht, bekommt man das später mit einer verbesserten fünflagigen Dichtung vom Honda-Händler in den Griff. Komplizierter kann es werden, wenn die Ventildeckel-Dichtung näßt, da dann entweder die Dichtflächen nicht mehr plan sind oder die unterdimensionierten Gewinde im Zylinder nicht mehr richtig tragen.

Im ersten Fall hilft planen lassen, im zweiten Fall der Einsatz von Massiv-Gewindebuchsen. Keinesfalls sollte der Pseudo-Insidertrick zum Einsatz kommen, die obere Motorhalterung am Ventildeckel abzusägen – die Gefahr eines Rahmenbruchs wird so zu groß, da der Motor schließlich eine mittragende Funktion im Rahmen erfüllt.

Eine Kontrolle des Ölstands bei der Besichtigung hat noch nie geschadet, bekommt man so doch auch einen Eindruck von der Sorgfalt des Vorbesitzers. Ist der Ölstand am Peilstab jedoch um sieben Millimeter höher als die MAX-Markierung, ist dies ausnahmsweise keine Schlamperei des Vorbesitzers, sondern vielmehr eine empfohlene Maßnahme von Honda Deutschland, um das Motorleben zu verlängern. Wer sieben Millimeter schlecht schätzen kann: Der Peilstab der Honda FT 500 paßt auch – und dessen MAX-Markierung liegt genau diese sieben Millimeter höher.

HONDA XL 500 R

Motor: Luftgekühlter Einzylinder-Viertaktmotor, 27 PS (20 kW) bei 5500/min, 39 Nm bei 4000/min, Fünfganggetriebe, Kettenantrieb

Fahrwerk: Einrohrrahmen aus Stahl, vorn und hinten Trommelbremse, Reifengröße vorn 3.00-21, hinten 4.60-17

Gewicht: 152 kg mit 10 Litern Super verbleit vollgetankt

Sitzhöhe: 910 Millimeter

Höchstgeschwindigkeit: 134 km/h

Beschleunigung 0 – 100 km/h: 7,6 sek

Verbrauch: 5,1 Liter/100 km

Leistungsvarianten: keine

Bauzeit (Neupreise): 1982 (5600 Mark) bis 1985 (5400 Mark)

Wichtige Modellpflegemaßnahmen: 1985 Drosselung über Nockenwelle statt über Krümmer

Für ein längeres Motorleben: Honda empfiehlt, den Ölstand sieben Millimeter höher zu halten

Honda XL 500 R: Einzylindermotor, 27 PS, 152 Kilogramm, 134 km/h

HONDA

CBX 550 F

Vierzylinder gelten seit der legendären CB 750 Four als ausgemachte Honda-Spezialität und als ausgesprochen zuverlässig und sportlich. Die Honda CBX 550 F sollte da keine Ausnahme machen. Das 1982 vorgestellte Modell bot vier Ventile pro Zylinder (daher auch das X in der Typenbezeichnung, das Honda jedem Vierventiler verpaßte), eine effektive und zudem schön anzusehende Abgasführung (die Krümmer sind so verschachtelt, um jedem Rohr die gleiche Länge bis zum Sammler zu gewährleisten) und mit 209 Kilogramm vollgetankt ein niedriges Eigengewicht. Ergebnis: Die CBX 550 F ist ein äußerst spritziges, handliches und leicht zu beherrschendes Motorrad mit guten Bremsen. Da sie zudem noch eine vergleichsweise niedrige Sitzhöhe aufweist, ist sie auch bei Frauen sehr beliebt. Und Schraubernaturen wiederum erfreut, daß die Ventile über Schlepphebel betätigt werden, das Ventilspiel also per Schräubchen und somit von jedem halbwegs begabten Schrauber selbst eingestellt werden kann.

Zum Ausbau des Vorderrads hingegen bedarf es höherer Schrauberweihen und eines stattlichen Vorrats an saftigen Flüchen – CBX-Fahrer sollten unterwegs besser keine Reifenpanne haben. Wer's nicht selber kann, hat verspielt, denn mit dem Umgang mit gekapselten Scheibenbremsen kennt sich wohl kaum ein Straßendienst aus. Kurze Beschreibung also der nötigen Handgriffe zum Ausbau des Vorderrads: Abdeckkränze lösen und irgendwie an den Standrohren festbinden, Muttern der Klemmfäuste und Achse lösen, Rad nach vorn schieben, Anti-Dive-System demontieren, Befestigungsschrauben der Bremsscheibe und des Bremssattels lösen, Teile abnehmen und schon – geschafft. Eine Katastrophe.

Ganz und gar nicht katastrophal ist dagegen die Haltbarkeit des CBX-Motors. Typische gravierende Schwächen gibt es nicht bei dieser Konstruktion. Lediglich die Steuerkette gibt manchmal merkwürdige Geräusche von sich, selbst der Austausch komplett mit Spanner hilft nicht immer dauerhaft.

Die Auspuffanlage ist zwar schön anzusehen, leider aber zu einem Stück verschweißt. Bei Durchrostungen oder nach einem Sturz muß die Anlage also komplett ausgewechselt werden.

Die Entdrosselung einer 50 PS-Version kann man sich getrost abschminken, denn zum Freilassen der versteckten zehn PS müssen beide Nockenwellen und die vier Vergaser ausgetauscht werden – allein die Materialkosten übersteigen den Zeitwert der meisten Maschinen.

HONDA CBX 550 F

Motor: Luftgekühlter Vierzylinder-Viertaktmotor, 60 PS (44 kW) bei 10 000/min, 48 Nm bei 8000/min, Sechsganggetriebe, Kettenantrieb
Fahrwerk: Doppelschleifenrahmen aus Stahl, vorn gekapselte Doppelscheibenbremse, hinten gekapselte Scheibenbremse, Reifengröße vorn 3.60 H 18, hinten 4.10 H 18
Gewicht: 209 kg mit 17 Litern Normal vollgetankt
Sitzhöhe: 740 Millimeter
Höchstgeschwindigkeit: 191 km/h
Beschleunigung 0 – 100 km/h: 4,4 sek
Verbrauch: 6,7 Liter/100 km
Leistungsvarianten: 50, 60 PS
Bauzeit (Neupreise): 1982 (7100 Mark) bis 1985 (7500 Mark)
Wichtige Modellpflegemaßnahmen: ab 1983 CBX 550 F2 mit rahmenfester Halbverkleidung.

Seid umschlungen, Krümmer: Die Abgasführung ist extravagant, die Doppelscheibenbremse vorn gekapselt

Honda CBX 550 F: Vierzylindermotor, 60 PS, 209 Kilogramm, 191 km/h

HONDA

CBR 600 F

Die großflächige Verkleidung der CBR-Baureihe ist ganz sicher Geschmackssache – nicht jeder mag es, wenn man bei einem Motorrad den Motor nicht sieht.

Ganz sicher ist es aber jedermanns Fall, wenn ein Motor so haltbar ist, daß er scheinbar nie kaputtgeht. Das Triebwerk der CBR 600 F gehört zu dieser Sorte. Bei dem Drehzahlniveau eigentlich erstaunlich, denn die erste CBR 600 F, die PC 19, entwickelte ihre maximale Leistung von 85 PS erst bei stolzen 11 000/min, die neuere, die PC 25, ihre mittlerweile 100 PS sogar erst bei 12 000/min. Doch auch langanhaltende Drehzahlorgien können diesem Motor mechanisch nichts anhaben. Das einzige, worauf der Gebrauchtinteressent achten sollte: Das Rasseln, das der noch kalte Motor meist von sich gibt, sollte nach wenigen Sekunden verschwunden sein. Sonst ist nämlich mit großer Wahrscheinlichkeit der hydraulische Spanner der Steuerkette hinüber.

Da an der Honda CBR 600 F so auffallend viel Kunststoff verbaut ist, hier mal ein allgemeiner Tip: Die Kunststoffteile sollten generell nicht mit Kaltreiniger oder ähnlichen aggressiven Mitteln behandelt werden. Solche Stoffe entziehen nämlich dem Kunststoff die sogenannten Weichmacher, mit der Folge, daß das Material versprödet und so deutlich riß- und bruchempfindlicher wird.

Welche der zahlreichen gebraucht angebotenen CBR ist nun die Richtige? Die PC 19 (1987 bis 1988) und die PC 23 (1989) hatten noch eine wesentlich tourenmäßigere Sitzposition als die PC 25, die ab 1990 schon deutlich sportlicher daherkam. Auch für Selbstschrauber sind die beiden ersten Modelle besser, da hier die Ventilbetätigung noch über Schlepphebel erfolgte, das Ventilspiel also durch Einstellschrauben korrigiert wird. Bei der PC 25 müssen dagegen zum nötigen Austausch der Distanzplättchen die Nockenwellen raus. Auch die Drosselung beziehungsweise Entdrosselung ist bei den ersten Modellen etwas einfacher und damit billiger, denn hier sind lediglich die Ansaugstutzen leistungsbestimmend – bei der PC 25 müssen zusätzlich noch die Vergaserdüsen gewechselt werden.

Für den sportlichen Fahrer aber ist die PC 25 mit ihrem besseren Fahrwerk und dem drehfreudigeren Triebwerk die eindeutig bessere Wahl.

Wer es sich leisten kann, sollte aber gleich zur PC 31 greifen, die 1995 in den Handel kam. Durch umfangreiche Modellpflegemaßnahmen (die Liste ist fast so lang wie ein Telefonbuch) gelang es Honda, aus der schon guten CBR 600 F eine noch bessere zu machen: Der Motor bekam über den ganzen Drehzahlbereich mehr Dampf und die Bremsen und das Fahrwerk wurden noch einen Tick besser.

Auch wenn es irgendwie individuell erscheinen mag, ein Motorrad zu fahren, bei dem man den Motor nicht sieht, ist die Honda CBR 600 F ganz sicher kein Individualisten-Fahrzeug – in Deutschland fahren nämlich insgesamt rund 30 000 Stück davon herum.

HONDA CBR 600 F

Motor: Wassergekühlter-Vierzylinder-Viertaktmotor, 100 PS (74 KW) bei 12 000/min, 63 Nm bei 9500/min, Sechsganggetriebe, Kettenantrieb
Fahrwerk: Brückenrahmen aus Stahl, vorn Doppelscheiben-, hinten Scheibenbremse, Reifengröße vorn 120/60 VR 17, hinten 160/60 VR 17
Gewicht: 203 kg mit 16 Litern Normal vollgetankt
Sitzhöhe: 785 Millimeter
Höchstgeschwindigkeit: 227 km/h
Beschleunigung 0 – 100 km/h: 3,5 s
Verbrauch: 6,8 Liter/100 km
Leistungsvarianten: 27, 34, 50, 98, 100, 110 PS
Bauzeit (Neupreise): 1987 (10 200 Mark) bis heute (2001 17 990 Mark)
Wichtige Modellpflegemaßnahmen: 1987 (Typ PC 19) mit 85 PS. 1989 (Typ PC 23) mit 93 PS. 1990 (Typ PC 25) mit 100 PS, komplett neuem Motor und sportlicherer Sitzposition. 1995 (Typ PC 31) mit komplett überarbeitetem Motor, besseren Bremsen und verstärktem Fahrwerk. 1999 (Typ PC 35): 190 kg, offen 110 PS. 2001 Einspritzung und G-Kat.
Die angegebenen technischen Daten beziehen sich auf das Modell von 1990 bis 1994 (Typ PC 25).

Multitalent:
Die CBR 600 F taugt nicht nur zum Touren, sondern fühlt sich auch auf der Rennstrecke wohl

Honda CBR 600 F (1991):
Vierzylindermotor,
100 PS,
203 Kilogramm,
227 km/h

HONDA

VT 600 C Shadow

Sie ist eine Meisterin der Täuschung, die Honda VT 600 C Shadow. Der Rahmen zum Beispiel sieht aus wie ein bockelharter Starrahmen. Das wäre zwar gut für's beinharte Image des Fahrers, aber schlecht für dessen Wirbelsäule, und so verfügt die Shadow durchaus über ein Zentralfederbein, nur eben gut versteckt. Die großzügig verrippten Zylinder sehen nach Luftkühlung aus, stimmt aber auch nicht, denn der V-Motor ist wassergekühlt. Die Liste geht noch weiter: Die großflächigen Knotenbleche vorn am Rahmen entpuppen sich als schnöde Plastikdeckel, die beiden einzelnen Auspuffrohre sind gar nicht so unabhängig voneinander ... aber lassen wir das, schließlich ist die VT 600 C ja sehr schön geworden, und das ist für einen japanischen Chopper auch nicht gerade selbstverständlich.

Die Shadow ist eine hemmungslose Kopie des amerikanischen Originals Harley-Davidson. Sogar so unpraktische Details wie das links über dem Getriebe sitzende Zündschloß und den unter dem Tank zu ertastenden Choke wurden gleich mit abgekupfert. Doch dafür hat die Honda ihrem Vorbild einiges voraus, denn die Bremsen sind deutlich besser und der Motor zieht kräftiger durch.

Durch die ausgeprägte Chopper-Geometrie (langer Radstand, flache Gabel, dicker Hinterradreifen) vermittelt die Shadow ihrem Fahrer sehr gut dieses behäbige, beruhigende Fahrgefühl, das von einem Chopper eben erwartet wird. Aber wirklich nur dem Fahrer, denn zum Transport eines Beifahrers taugt die VT 600 C überhaupt nicht. Und wer einmal nicht behäbig und beruhigt durch die Lande tuckern möchte, kann es mit der VT auch einmal etwas flotter angehen lassen. Allerdings nur in gewissen Grenzen, denn in Rechtskurven setzt schon recht früh der vordere Auspuffkrümmer auf.

Das Triebwerk der Shadow ist ein alter Bekannter, denn in seinen Grundzügen stammt es aus der Transalp. Allerdings wurden dem Motor durch eine andere Kurbelwelle standesgemäße Vibrationen eingehaucht, die zwar niemals lästig oder gar materialmordend wirken, aber eben spurbar sind. Dennoch wirkt der Motorlauf deutlich samtiger als der einer Harley.

Da schon die Transalp bekannt zuverlässig ist, ja nahezu als unzerstörbar gilt, kann natürlich auch die VT 600 C mit hohen Laufleistungen glänzen. Auch die Verarbeitung ist gut, so daß der Gebrauchtkäufer bei der Besichtigung kaum etwas zu tun bekommt.

1991 mußte die offene Shadow wegen verschärfter Geräuschbestimmungen zwei ihrer 41 Pferdchen lassen, doch in der Praxis ist dieser Leistungsunterschied nicht zu spüren. Selbst die auf 34 oder gar 27 PS gedrosselte Version zieht so kräftig aus dem Keller, daß es schwerfällt, zu erraten, welche Version gerade gefahren wird. Auch die Drosselung beziehungsweise Entdrosselung ist gelungen: Da nur die beiden Ansaugstutzen getauscht werden müssen, ist dieser Akt einfach und kostengünstig.

HONDA VT 600 C Shadow

Motor: Wassergekühlter Zweizylinder-Viertakt-V-Motor, 41 PS (30 kW) bei 6500/min, 51 Nm bei 3500/min, Vierganggetriebe, Kettenantrieb

Fahrwerk: Doppelschleifenrahmen aus Stahl, vorn Scheiben-, hinten Trommelbremse, Reifengröße vorn 100/90-19, hinten 170/80-15

Gewicht: 207 kg mit 9 Litern Normal vollgetankt

Sitzhöhe: 690 Millimeter

Höchstgeschwindigkeit: 143 km/h

Beschleunigung 0 – 100 km/h: 7,4 sek

Verbrauch: 5,7 Liter/100 km

Leistungsvarianten: 27, 34, 39, 41 PS

Bauzeit (Neupreise): 1988 (9600 Mark) bis 2000 (11 860 Mark)

Wichtige Modellpflegemaßnahmen: 1991 offen 39 PS, 1993 11-Liter-Tank

Die angegebenen technischen Daten beziehen sich auf das Modell von 1988 bis 1990 (Typ PC 21).

Von Harley abgekupfert: Sogar die Plazierung von Choke und Zündschloß ist ähnlich unpraktisch

Honda VT 600 C Shadow: Zweizylinder-V-Motor, 41 PS, 207 Kilogramm, 143 km/h

HONDA

XL 600 V Transalp

Das Gute vorne weg: Die Transalp – wohl kein Mensch nennt sie XL 600 V – ermöglicht eine bequeme Sitzposition für Fahrer und Beifahrer, verbraucht relativ wenig und läuft nervenschonend leise. Und jetzt das Beste gleich hinterher: Die Transalp ist scheinbar nicht kaputtzukriegen. Sehr ungewöhnlich für ein Motorrad der Mittelklasse, aber der Motor steckt tatsächlich Laufleistungen auch über 100 000 Kilometer locker weg. Mal hier ein Birnchen, mal dort ein Gaszug gewechselt, das war's. Die Transalp ist der maschinengewordene Traum aller Motorradfahrer, die das Schrauben hassen und einfach nur problemlos fahren möchten.

Und wo? Auf der Autobahn wird die Fuhre jedenfalls ab 130 km/h etwas unruhig, und für exzessiven Gelände-Einsatz ist sie auch nicht gebaut, dafür sind schon allein die Federwege zu kurz und der Motorschutz zu sehr aus Plastik – da gehört sie also eigentlich nicht hin. Aber, wie der Name ja auch schon vage andeutet, in den Alpen fühlt sich die Transalp richtig wohl, denn auf kurvigen engen Sträßchen ist sie in ihrem Element. Die hohe entspannte Sitzposition, die großen Räder und das recht geringe Fahrzeuggewicht machen es möglich.

Einige wenige Kritikpunkte finden sich an diesem Motorrad nach längerem Nachdenken dann aber doch noch. Der wichtigste ist, daß die beiden kleinen schwarzen Kästchen, die in ihrem Inneren die für die Zündung unumgängliche Elektronik beherbergen, ganz knapp unter der Sitzbank montiert sind. Zumindest bis Modelljahr 1994. So reitet der Fahrer ständig darauf herum und zerstört so im Lauf der Zeit deren Stecker oder sogar die inneren Lötpunkte. Die Black Boxes gibt es aber, selbst wenn nur eine kaputt ist, leider nur im Doppelpack.

Der seit 1989 von Honda als Sonderausstattung angebotene Hauptständer erweist sich naturgemäß zwar als sehr nützlich, wenn die Transalp erst einmal oben steht. Dafür aber muß der Fahrer gut austrainiert sein, denn die Hebelverhältnisse sind so ungünstig, daß das Aufbocken zum wahren Kraftakt wird. Und schließlich war der Seitenständer, der bis einschließlich 1988 verbaut wurde, nach guter alter Väter Sitte mit einer Feder versehen, die den Ständer beim Aufrichten der Maschine selbsttätig einklappen ließ. Auf diese Weise wurden etliche leichtfertige Fahrer mit ihrer Transalp zu Boden gezwungen. Mit dem geänderten Mechanismus ab 1989, bei dem der Ständer draußen blieb, dafür aber der Zündstrom bis zum Einklappen unterbrochen wurde, konnte dies nicht mehr passieren.

So braucht der Gebrauchtkäufer beim Besichtigungstermin eigentlich nur einmal kurz unter die Sitzbank zu lugen, ob die beiden schwarzen Kästchen schon irgendwie angeschabt aussehen, kann sich den Zustand des Lacks ausgiebig betrachten und Rad- und Lenkkopflager prüfen – mehr gibt's nicht zu tun. Und da sich nur mit viel »Glück« ein anderer Schaden finden lassen wird, gibt es auch kaum eine Möglichkeit, den Preis zu drücken. Das wissen natürlich auch die Transalp-Besitzer – das Preislevel ist daher recht hoch.

HONDA XL 600 V Transalp

Motor: Wassergekühlter Zweizylinder-Viertakt-V-Motor, 50 PS (37 kW) bei 8000/min, 52 Nm bei 6000/min, Sechsganggetriebe, Kettenantrieb
Fahrwerk: Einschleifenrahmen aus Stahl, vorn Scheiben-, hinten Trommel-, ab 1991 Scheibenbremse, Reifengröße vorn 90/90 S 21, hinten 130/80 S 17
Gewicht: 205 kg mit 18 Litern Normal vollgetankt
Sitzhöhe: 850 Millimeter
Höchstgeschwindigkeit: 171 km/h
Beschleunigung 0 – 100 km/h: 5,1 sek
Verbrauch: 5,0 Liter/100 km
Leistungsvarianten: 27, 34, 50 PS
Bauzeit (Neupreise): 1987 (8 500 Mark) bis 1999 (12 900 Mark)
Wichtige Modellpflegemaßnahmen: 1989 verbessertes Getriebe, geändertes Ventilspiel (von 0,1 mm für Einlaß und Auslaß auf 0,15 und 0,2 mm), neues Federbein, höhere Verkleidungsscheibe, Seitenständer mit Zündunterbrecher. 1991 Scheiben- statt Trommelbremse hinten. 1994 größere Verkleidung, bessere Vorderradbremse. 2000 Ablösung durch XL 650 V.

Pfiffige Idee: So gut erreichbar sind die Sicherungen beim Motorrad selten

Honda XL 600 V Transalp: Zweizylinder-V-Motor, 50 PS, 205 Kilogramm, 171 km/h

HONDA

NTV 650

Ein aufregendes und faszinierendes Motorrad ist die NTV 650 ja nicht gerade, denn das Erscheinungsbild ist schon ziemlich bieder. Dafür überzeugt aber der Motor mit einer überragenden Haltbarkeit – problemlose Laufleistungen um die 100 000 Kilometer liegen immer drin. Diese Ausgereiftheit darf man allerdings auch von einem Motor erwarten, der in seinen Grundzügen bei der Vorstellung der NTV 1988 schon fünf Jahre alt war, denn der wassergekühlte V2 stammte direkt von der von 1983 bis 1987 gebauten Honda VT 500 E ab.

Im ersten Jahr litt die NTV 650 noch ein wenig unter Fahrwerksschwächen: Das Zentralfederbein hatte eine zu harte Grundabstimmung und ließ die NTV auf schlechten Straßen hüpfen. Die Gabel dagegen war zu weich und schlug bei kräftigen Bremsmanövern durch. Honda reagierte postwendend und rüstete das Modelljahr 1989 mit einem neuen Federbein aus. Leider läßt sich das 1989er Federbein nicht in eine 1988er NTV einbauen, da das neuere Federbein länger ist – Tauschwillige müssen also auf Angebote aus dem Zubehör zurückgreifen. Die Gabel erhielt 1989 längere Standrohre und progressiv gewickelte Federn. Durch diese Maßnahmen hatte sich das Fahrverhalten der NTV zwar deutlich verbessert, gewöhnungsbedürftig ist das Fahrwerk der NTV aber auch heute noch. Zum einen, weil die NTV recht ausgeprägt in Kurven hineinfällt. Und zum anderen wegen der Sitzposition: unterhalb der Gürtellinie sportlich, da die Beine recht stark angewinkelt werden müssen und oberhalb tourenmäßig, da der Oberkörper aufrecht sitzt.

Seit 1990 leistete die offene Version nicht mehr 60, sondern nur noch 57, seit 1995 sogar nur noch 53 PS. Spätestens also ab diesem Baujahr lohnt eine Entdrosselung wohl kaum noch. Obwohl: Teuer wär's nicht, da die Leistung bei der NTV nur durch verschiedene Innen-Durchmesser der Ansaugstutzen bestimmt wird.

Übrigens: Wer in einer Kleinanzeige von einer Sport-NTV liest: Das ist dann die Honda Huwk, das grau importierte Pendant zur deutschen NTV. Besonderes Kennzeichen: Kettenantrieb. Und wer über eine NT 650 V stolpert: Das ist die NTV-Nachfolgerin, die Deauville.

HONDA NTV 650

Motor: Wassergekühlter Zweizylinder-Viertakt-V-Motor, 50 PS (37 kW) bei 7500/min, 55 Nm bei 3000/min, Fünfganggetriebe, Kardanantrieb

Fahrwerk: Brückenrahmen aus Stahl, vorn und hinten Scheibenbremse, Reifengröße vorn 110/80 H 17, hinten 150/70 H 17

Gewicht: 212 kg mit 19 Litern Normal vollgetankt

Sitzhöhe: 780 Millimeter

Höchstgeschwindigkeit: 172 km/h

Beschleunigung 0-100 km/h: 6,3 sek

Verbrauch: 6,2 Liter/100 km

Leistungsvarianten: 27, 50, 53, 57, 60 PS

Bauzeit (Neupreise): 1988 (9100 Mark) bis 1997 (10 800 Mark)

Wichtige Modellpflegemaßnahmen: 1989 verbesserte Gabel, neues Federbein, geändertes Getriebe, besser gepolsterte Sitzbank. Seit 1990 offen 57, seit 1995 offen nur noch 53 PS. Seit 1993 auch mit 34 PS lieferbar.

Grauer Panther: Die offiziell nicht importierte Hawk hat einen Kettenantrieb

Honda NTV 650: Zweizylinder-V-Motor, 50 PS, 212 Kilogramm, 172 km/h

HONDA

NX 650 Dominator

Da hatte Honda den Mund ganz schön voll genommen: Wer ein Motorrad »Dominator«, also »Beherrscher« nennt, muß eigentlich wissen, was er tut. Vor allem aber, was er will, denn wen oder was sollte die NX 650 denn nun beherrschen?

Zunächst sah es so aus, als sollte die geländegängige Konkurrenz aufs Korn genommen werden, denn die Sitzposition des Fahrers war ziemlich Moto-Cross-ähnlich.

Doch für ernsthafte Gelände-Bolzerei war schon die erste NX etwas schwer, außerdem setzte sich das tiefliegende Schutzblech zu schnell mit Dreck zu, war die Sitzhöhe zu niedrig und machte das Federbein zu früh schlapp.

Also Herrscherin der Landstraße? Schon eher, denn das Fahrwerk brillierte mit einer sehr guten Handlichkeit und einem hervorragenden Geradeauslauf. Doch zum ernsthaften Touren war die Sitzposition eben schon wieder etwas zu crossmäßig.

HONDA NX 650 Dominator

Motor: Luftgekühlter Einzylinder-Viertaktmotor, 45 PS (33 kW) bei 6000/min, 55 Nm bei 5000/min, Fünfganggetriebe, Kettenantrieb

Fahrwerk: Einschleifenrahmen aus Stahl, vorn und hinten Scheibenbremse, Reifengröße vorn 90/90 S 21, hinten 120/90 S 17

Gewicht: 176 kg mit 13 Litern Normal vollgetankt

Sitzhöhe: 865 Millimeter

Höchstgeschwindigkeit: 149 km/h

Beschleunigung 0 – 100 km/h: 6,8 sek

Verbrauch: 5,3 Liter/100 km

Leistungsvarianten: 27, 34, 45 PS

Bauzeit (Neupreise): 1988 (8700 Mark) bis 2000 (10 400 Mark)

Wichtige Modellpflegemaßnahmen: 1990 Dämpfer-Verstellung entfällt. 1991 44 PS. 1992 16-Liter-Tank, geänderte Verkleidung und Sitzbank, komfortablere Fahrwerksabstimmung. 1995 (Typ RD 08) strafere Federelemente, versteifter Rahmen. 1996 43 PS, Edelstahl-Auspuff, schlankere Verkleidung.

Die angegebenen technischen Daten beziehen sich auf das Modell von 1988 bis 1990 (Typ RD 02).

Also dachte Honda wohl, 1992 Nägel mit Köpfen zu machen, jetzt sollte die NX 650 endgültig die Herrscherin der Landstraßenfraktion werden. Der 16-Liter-Tank sollte für angemessene Reichweiten sorgen, die Verkleidung für besseren Windschutz und die komfortablere Fahrwerksabstimmung sowie die geänderte Sitzbank sollten längere Sitzungen ermöglichen – die Dominator entwickelte sich zum Reisemotorrad. Aber nur bis 1995, denn für dieses Jahr bekam sie wieder straffere Federelemente. Letztendlich also schwierig zu sagen, was oder wen die Dominator dominieren möchte – vielleicht weiß selbst Honda das auch nicht so genau.

Zumindest so viel steht aber fest: Die NX 650 ist in jedem Fall eine quirlige Spaßenduro. Und noch etwas ist sicher: Die Mechanik des spritzigen Einzylinders ist standfest, typische Macken sind nicht bekannt. Nur machen auch diesem Motor, wie auch manchen Konkurrenz-Modellen, die neueren Geräusch- und Abgasvorschriften leichte Probleme. Daß die NX 650 im Lauf der Jahre aus diesem Grund von 45 auf 43 PS erschlafft ist, merkt im Fahrbetrieb kaum jemand. Deutlich zu merken ist dagegen, daß die neuere NX beim scharfen Bremsen gern unvermittelt ausgeht und der Leerlauf häufig etwas unrund ist. Zur Unterdrückung dieser Symptome hilft der Austausch der 48er Leerlaufdüse gegen ein 52er Pendant.

Ballert die NX 650 dagegen beim Gaswegnehmen und hat einen sägenden Leerlauf, sollten die Ventile etwas großzügiger eingestellt werden. Nach Meinung einiger Werkstätten hat Honda nämlich zur Reduzierung der mechanischen Geräusche das Ventilspiel der Dominator extrem knapp vorgegeben: Statt der vorgeschriebenen 0,10 Millimeter für den Einlaß und 0,12 Millimeter für den Auslaß dürften es durchaus 0,13 bis 0,14 Millimeter sein, meinen die Mechaniker. Und da bei der NX 650 das Ventilspiel über Einstellschrauben justiert wird, ist dieser Akt von einigermaßen erfahrenen Selbstschraubern relativ leicht zu beherrschen. Vielleicht kommt daher der Name »Dominator«? Wahrscheinlich bleibt dies noch lange eins der letzten ungelösten Rätsel unserer Zeit.

**Nicht ihre Stärke:
Die Dominator beherrscht
weniger die Einsätze im
Gelände, sondern taugt
eher für die Landstraße**

**Honda NX 650 Dominator:
Einzylindermotor, 45 PS,
176 Kilogramm, 149 km/h**

HONDA

CB 750 Four

Auf den ersten Blick wirkt es wohl erstaunlich, daß die selige CB 750 in diesem Buch über die 130 beliebtesten Gebraucht-Motorräder zu finden ist – schließlich hat sie ja schon etliche Jährchen auf dem Buckel. Vielleicht ist es aber längst nicht mehr so erstaunlich, wenn man weiß, daß Honda von den verschiedenen CB 750-Varianten in Deutschland rund 25 000 Stück verkaufen konnte – und davon haben bis heute relativ viele überlebt, schließlich war die CB 750 fast von Anfang an ein Sammlerstück.

Am gesuchtesten und teuersten sind heute natürlich die allerersten Modelle von 1969, die Typbezeichnung lautete CB 750 K0 (gesprochen K Null). Hiervon gibt es allerdings hierzulande kaum noch eine. Erst aus der Produktion von 1970 und 1971 kamen größere Stückzahlen nach Deutschland – die Modelle hießen jetzt CB 750 K1.

Aber nicht jeder möchte eine CB 750 lediglich aus Sammler-Trieb besitzen, schließlich gibt es ja auch jede Menge Leute, die die alte CB 750 Four einfach nur schön finden.

Und diesen Leuten kann geholfen werden, denn glücklicherweise wurde die klassische Grundform bis 1976, also bis zur K6 beibehalten. Übrigens: Die Versionen K3 bis K5 wurden offiziell nicht nach Deutschland importiert. Erst mit der K7, der letzten K-Variante, verschwand das nostalgische Aussehen: Eine plumpere Auspuffanlage und große Blinker störten jetzt das schöne Bild.

Im Prinzip wurden im Lauf der Jahre an der CB 750 Four nur Detailänderungen vorgenomen. So sind auch die wesentlichen Schwachstellen an den Motoren und Fahrwerken der verschiedenen Baujahre die gleichen. Sofern man hier überhaupt ernsthaft von Schwachstellen sprechen kann, da das Triebwerk für eine Neuentwicklung erstaunlich ausgereift war.

Tatsächlich sind Laufleistungen von 100 000 Kilometern und mehr möglich – und das ohne Motorüberholung, versteht sich. Feinfühlige Naturen werden zwar durch die grobschlächtigen Lebensäußerungen des Motors irritiert sein – es rumpelt und klappert förmlich schon ab Werk –, doch bieten diese Geräusche im Normalfall keinen Anlaß, den Motor zwecks Reparatur zu zerlegen.

Bei höheren Laufleistungen ist allerdings eine häufigere Kontrolle des Ölstands angebracht, da die Motoren dann meist zu verstärktem Öldurst neigen, ein Liter auf 1000 Kilometer ist da eher noch harmlos.

Doch nicht nur zu Öldurst neigt ein älterer Motor, sondern auch zum Verschwappen, denn die Kopfdichtung der CB 750-Triebwerke ölt eigentlich immer. Manche behaupten, das läge daran, daß nach dem Austausch der Dichtung und einigen tausend Kilometern Fahrstrecke das vorgeschriebene Nachziehen der Schrauben sehr gern »vergessen« wird, denn hierfür muß der Motor ausgebaut werden. Andere wiederum schwören Stein und Bein, daß dem lästigen Schwitzen sowieso nur mit dem Planen der Dichtflächen beizukommen wäre. Tatsache ist jedenfalls, daß hier so mancher Amateur-Schrauber seines eigenen Peches Schmied ist.

Tatsache ist auch, daß der Probefahrer nicht über den plötzlichen Rückschritt in der Fahrwerkstechnik erschrecken darf, denn heute gibt es wirklich stabilere Rahmen und bessere Bremsen. Aber keine schöneren Motorräder.

HONDA CB 750 Four

Motor: Luftgekühlter Vierzylinder-Viertaktmotor, 67 PS (49 kW) bei 8000/min, 60 Nm bei 7000/min, Fünfganggetriebe, Kettenantrieb

Fahrwerk: Doppelschleifenrahmen aus Stahl, vorn Scheiben-, hinten Trommelbremse, Reifengröße vorn 3.25-19, hinten 4.00-18

Gewicht: 255 kg mit 18 Litern Super verbleit vollgetankt

Sitzhöhe: 770 Millimeter

Höchstgeschwindigkeit: 194 km/h

Beschleunigung 0 – 100 km/h: 6,5 sek

Verbrauch: 7,2 Liter/100 km

Leistungsvarianten: keine

Bauzeit (Neupreise): 1969 (6500 Mark) bis 1977 (6900 Mark)

Wichtige Modellpflegemaßnahmen: 1972 bis 1976 (CB 750 K2) 19-Liter-Tank, 3.75er Reifen vorn, neue Instrumente. 1976 (CB 750 K6) 63 PS, 17-Liter-Tank. 1977 (CB 750 K7) 19-Liter-Tank, Bereifung vorn 3.50 H 19, hinten 4.50 H 17, große Blinker, neue Schalldämpfer.

Die angegebenen technischen Daten beziehen sich auf das Modell CB 750 K1 von 1970 bis 1971.

Transpirant: Aus der Zylinderkopfdichtung schwitzt eigentlich jede Four

Honda CB 750 Four (K1):
Vierzylindermotor, 67 PS,
255 Kilogramm, 194 km/h

HONDA

CB 750 K(Z) + F

Gar nicht so einfach, die alten Dreiviertel-Liter-Modelle von Honda lediglich anhand der Typenbezeichnungen auseinanderzuhalten. Also erst mal ein kleiner Grundkurs. Von 1969 bis 1977 gab es die 750er mit einer obenliegenden Nockenwelle, offiziell CB 750 K genannt und durchnumeriert von K0 bis K7. 1974 erschien zwischendurch die sportlichere CB 750 F1 und 1976 die CB 750 F2, beide mit einer Vier-in-eins-Anlage ausgestattet. 1978 erfolgte ein gravierender Schnitt in der Motoren-Bauweise, jetzt waren zwei obenliegende Nockenwellen angesagt. Da sich Honda scheinbar aber nicht von den liebgewonnenen Modellbezeichnungen trennen konnte, hieß die Neue wiederum CB 750 K, übrigens zur besseren Unterscheidung meist als CB 750 K(Z) bezeichnet. Das Modell mit dem typischen Bol d'Or-Design ab 1980 erhielt die Bezeichnung CB 750 F. Und um die Verwirrung komplett zu machen, nannte Honda die halbverkleidete Version ab 1982 wieder, wie die 1976er Version, CB 750 F2. Aber wenn man's mal kapiert hat, ist eigentlich ganz leicht. Oder etwa nicht? Im Gegensatz zu ihrer älteren Schwester mit der vereinsamten Nockenwelle gehört die CB 750 K(Z) (noch) nicht zu den Sammlerobjekten auf dem Gebrauchtmarkt, die Preise sind also dementsprechend niedriger.

Die wenigen typischen Schwächen dieses Triebwerks sind allen drei Varianten (K(Z), F und F2) gemeinsam und schnell aufgezählt. An erster Stelle steht hier der anfällige Rotor der Lichtmaschine, der zum einen schon mimosenhaft auf Umkipper auf den entsprechenden Motordeckel reagiert, zum anderen aber auch gern von ganz allein seinen Geist aufgibt. Bei einer längeren Probefahrt läßt dann der Saft nach, zum Beispiel wird das Fahrlicht dunkler. Das Neuteil ist sehr teuer, deutlich billiger wird's, wenn man beim Gebrauchtteile-Händler einkauft oder den Rotor in einer Elektromotoren-Wicklerei instand setzen läßt. An zweiter Stelle steht der Kupplungskorb, der bei laufendem Motor im Leerlauf häßlich klackernde Geräusche von sich gibt. Macht aber nichts, denn dieses Geräusch ist bei fast allen Gebrauchten CB 750 K(Z) oder F mit Laufleistungen ab 30 000 Kilometern zu hören und hat keinerlei schädliche Auswirkungen. Schädlich aber, zumindest für die Ohren der Nachbarn, ist, daß die Auspuffanlage eine ausgeprägte Neigung zur Selbstzerstörung zeigt. Nicht nur, daß die Töpfe äußerlich rosten, auch die Innereien zerbröseln schon nach kurzer Zeit.

Die mechanische Standfestigkeit des Motors selbst dagegen ist ohne Tadel. Zwar steigt im Lauf der Zeit der Ölverbrauch auf über einen Liter auf 1000 Kilometer, aber meist genügt schon der Austausch der Ventilschaftdichtungen, um dem Triebwerk maßvolleren Umgang mit dem teuren Schmierstoff anzuerziehen. Auch die beiden Steuerketten strecken irgendwann einmal die Glieder, zu hören an einem penetranten Rasseln – doch wenn das alles ist ... es ist. In Deutschland kurven sogar einige »Doppelnöckler« herum, die sich hart auf die 300 000-Kilometer-Grenze zu bewegen – und das ohne Motorüberholung. Deutlich schwieriger also, die Historie der 750er Bezeichnungen von Honda zu verinnerlichen als eine gebrauchte CB 750 K(Z) oder F zu besichtigen.

HONDA CB 750 F

Motor: Luftgekühlter Vierzylinder-Viertaktmotor, 79 PS (58 kW) bei 9000/min, 64 Nm bei 8000/min, Fünfganggetriebe, Kettenantrieb

Fahrwerk: Doppelschleifenrahmen aus Stahl, vorn Doppelscheiben-, hinten Scheibenbremse, Reifengröße vorn 3.25 H 19, hinten 4.00 H 18

Gewicht: 253 kg mit 20 Litern Normal bleifrei vollgetankt

Sitzhöhe: 780 Millimeter

Höchstgeschwindigkeit: 204 km/h

Beschleunigung 0 – 100 km/h: 4,6 sek

Verbrauch: 7,0 Liter/100 km

Leistungsvarianten: keine

Bauzeit (Neupreise): 1980 (8100 Mark) bis 1983 (8800 Mark)

Wichtige Modellpflegemaßnahmen: 1978 CB 750 K (Typ RC 01, Neupreis 7900 Mark) mit zwei obenliegenden Nockenwellen und 77 PS als Ablösung für die CB 750 K7. 1980 CB 750 F (Typ RC 04) mit 79 PS, Vier-in-zwei-Auspuffanlage und Scheiben- statt Trommelbremse hinten. 1982 CB 750 F2 mit Halbschalenverkleidung (Neupreis 9700 Mark). 1984 Ablösung der Baureihe durch die CBX 750 F.

Die angegebenen technischen Daten beziehen sich auf das Modell CB 750 F von 1980 bis 1983 (Typ RC 04).

Zäher Geselle: Der Motor mit den beiden obenliegenden Nockenwellen ist kaum kaputtzukriegen

Honda CB 750 F: Vierzylindermotor, 79 PS, 253 Kilogramm, 204 km/h

HONDA

CB 750 Seven Fifty

Damals, in den späten sechziger und frühen siebziger Jahren, stand der Modellname CB 750 noch für gewaltige Motorleistung und hohe Endgeschwindigkeit – für Faszination eben.

So gesehen kann die heutige CB 750, die Seven Fifty, ganz und gar nicht mithalten, denn sie ist ein vollkommen unspektakuläres Motorrad. Der Motor läuft schön rund, zieht auch schön aus niedrigen Drehzahlen – und ist so eher ein Kaltblut als ein Giftzahn, denn durch die äußerst homogene Leistungsentfaltung wirkt er immer ein wenig langsamer, als er eigentlich ist. Das Fahrwerk ist ausgesprochen gutmütig, die Bremsen funktionieren prima, die Sitzposition ist bequem – gibt's denn da gar kein Haar in der Suppe? Zumindest kein dickes. Lediglich das Getriebe muckt manchmal auf, da sich entweder der erste Gang nicht einlegen läßt oder der Leerlauf sich versteckt hält – nichts Gefährliches, sondern nur ein serienmäßiger Schönheitsfehler. Und so nennen manche dieses Motorrad gutmütig und manche eben nur langweilig.

Auf jeden Fall: Langweilen wird sich der Schrauber mit der Seven Fifty, denn der Motor ist ausgesprochen standfest, auch die Verarbeitung des restlichen Motorrads ist sehr gut. Noch nicht einmal die Ventile darf er hin und wieder einstellen, denn diese werden über Hydrostößel betätigt, stellen sich also quasi selber ein.

Das kennen wir doch schon irgendwo her? Richtig, der Motor der Seven Fifty stammt in seinen Grundzügen aus der CBX 750 F (gebaut von 1984 bis 1986). Da der Motor der CBX seinerzeit aber ein ungestümer Drehquirl mit 91 PS war, modifizierte ihn Honda mittels Änderungen am Zylinderkopf, an den Vergasern und an der Auspuffanlage zu dem jetzigen Vernunft-Objekt mit 74 PS.

Die nachträgliche Drosselung oder Entdrosselung der Seven Fifty ist da deutlich leichter, denn es müssen lediglich die vier Ansaugstutzen, die Hauptdüsen sowie die Düsennadeln gewechselt werden. Übrigens, festzustellen, ob es sich bei bei dem Objekt der Begierde um ein ursprünglich mit 27, 34, 50 oder 74 PS ausgeliefertes Exemplar handelt, ist relativ leicht: Die 27- (ab 1995 34-)PS-Variante trägt die Bezeichnung VE 66 L, die 50-PS-Version VE 66 J und die Offene VE 66 H auf ihren Vergasern.

Obwohl die CB 750 Seven Fifty im Prinzip von ihrer Gutmütigkeit her ein ideales Einsteiger-Motorrad ist: 34 oder gar nur 27 PS tun sich mit den für diese Leistung recht stolzen 233 Kilogramm Lebendgewicht ziemlich schwer, eine gleichstarke Suzuki GS 500 E oder Honda CB 500 hat da wegen ihres Gewichtsvorteils einfach die Nase vorn.

Die Stärken ihres größeren Hubraums kann die Seven Fifty erst ab der 50-PS-Version präsentieren. Aber dafür läßt sie sich nach den zwei Stufenführerscheinjahren ja auch leicht und billig aufrüsten.

Und das ist, typisch CB 750 Seven Fifty, eben ziemlich vernünftig.

HONDA CB 750 Seven Fifty

Motor: Luftgekühlter Vierzylinder-Viertaktmotor, 74 PS (55 kW) bei 8500/min, 64 Nm bei 7500/min, Fünfganggetriebe, Kettenantrieb

Fahrwerk: Doppelschleifenrahmen aus Stahl, vorn Doppelscheiben-, hinten Scheibenbremse, Reifengröße vorn 120/70 VR 17, hinten 150/70 VR 17

Gewicht: 233 kg mit 20 Litern Normal vollgetankt

Sitzhöhe: 780 Millimeter

Höchstgeschwindigkeit: 210 km/h

Beschleunigung 0 – 100 km/h: 4,3 sek

Verbrauch: 7,9 Liter/100 km

Leistungsvarianten: 27, 34, 50, 73, 74 PS

Bauzeit (Neupreise): 1992 (10 900 Mark) bis heute (2001 13 500 Mark)

Wichtige Modellpflegemaßnahmen: keine

**Anfängertauglich:
Die Bremsen sind gut
dosierbar und nicht giftig**

**Honda CB 750 Seven Fifty:
Vierzylindermotor, 74 PS,
233 Kilogramm, 210 km/h**

HONDA

CBX 750 F

Irgendwann mußte Honda sich bei den 750er-Vierzylindern ja mal was Neues einfallen lassen, denn die CB 750 Four war von der Konstruktion her schon uralt, und die Konkurrenz baute emsig leistungsstärkere 750er. Also machte Honda 1984 einen Strich und brachte die Neukonstruktion CBX 750 F auf den Markt.

Wenn dieses Motorrad auch ganz harmlos nach einem Tourer aussieht: Es ist keiner. Der Fahrer muß die Beine stark anwinkeln, und der Beifahrer sitzt sowieso unbequem. Außerdem will der Motor, damit es vorwärts geht, kräftig gedreht werden – erst ab 8000/min geht's richtig ab.

Sportliche Fahrer müssen verstärkt darauf achten, daß bei den ersten Modellen der Ölstand stets an der MAX-Markierung des Peilstabs gehalten wird, denn hier betrug die Ölmenge im Motor nur 3,6 Liter. Wer nicht aufpaßt, kann sich üble Motorschäden einhandeln.

Später ließ Honda die Vertragshändler einen geänderten Nockenwellendeckel, einen zusätzlichen Ausgleichsbehälter und einen verkürzten Ölpeilstab nachrüsten – ab jetzt wurden 4,5 Liter in den Motor gekippt. Wenn ein Motorrad seinerzeit nicht in den Genuß dieser Nachrüstung gekommen ist (zu erkennen an dem fehlenden Entlüftungsbehälter über dem rechten Ansaugstutzen), reicht bei ruhigerer Fahrweise die Nachrüstung auf den verkürzten Peilstab. Diese Änderungen flossen übrigens ab der Motornummer RC 17 E-2 010 847 in die Serie ein. Und noch was Öliges: Frischgebackene Besitzer einer CBX dürfen beim Ölwechsel nicht vergessen, daß die Rahmen-Unterzüge Bestandteil des Ölkreislaufs sind. Beim Ölwechsel muß also auch diese Ablaßschraube geöffnet werden, immerhin verbergen sich hier auch noch einmal 0,8 Liter des gebrauchten Safts.

Dafür spart der CBX-Besitzer bei der Ventilspiel-Kontrolle wieder Zeit ein, denn dieser Akt entfällt ersatzlos: Die CBX hat wartungsfreie Hydrostößel, das Ventilspiel stellt sich hier also immer selber ein.

Bei der Besichtigung einer Gebrauchten sollte der Interessent den Kunststoffteilen ein besonderes Augenmerk schenken, denn die feinen Vibrationen des Motors machen besonders den vorderen Blinkerhaltern und den Befestigungslaschen des Motorspoilers zu schaffen. Außerdem reißen die Stehbolzen der Auspuffkrümmer gern ab. Wer davon betroffen ist, sollte diese gleich durch die verstärkten Exemplare mit der Ersatzteil-Nummer 90035-MJ0-920 ersetzen.

Bei der Probefahrt sollte sich der Interessent nicht erschrecken, wenn der Lenker bei Geschwindigkeiten zwischen 60 und 80 km/h zu flattern beginnt, das ist bei der CBX leider völlig normal. Bei einigen Exemplaren genügt es zur Beseitigung dieses Übels schon, das Vorderrad durch einen vollen Tank und einen Tankrucksack zu belasten. Bei anderen müssen Präzisions-Lenkkopflager eingebaut werden, und bei ganz hartnäckigen Fällen hilft der Einbau des Vorderrads einer Honda VF 1000 F2 mit 18 Zoll Durchmesser – allerdings ist dann eine teure Einzelabnahme erforderlich.

Wenn das Motorrad dagegen bei höheren Geschwindigkeiten pendelt, ist vielleicht das festgebackene untere Federbeinlager schuld, eine recht häufige Macke der CBX. Und das serienmäßige Federbein ist auch schon oft nach 20 000 Kilometern verschlissen. Ebenso wie die Kupplung, denn die übernahm Honda noch von der seligen CB 750 Four – und hatte scheinbar ganz vergessen, daß die schließlich lediglich mit 67 PS fertigwerden mußte.

HONDA CBX 750 F

Motor: Luftgekühlter Vierzylinder-Viertaktmotor, 91 PS (67 kW) bei 9500/min, 70 Nm bei 8500/min, Sechsganggetriebe, Kettenantrieb

Fahrwerk: Doppelschleifenrahmen aus Stahl, vorn Doppelscheiben-, hinten Scheibenbremse, Reifengröße vorn 110/90 V 16, hinten 130/80 V 18

Gewicht: 241 kg mit 22 Litern Normal vollgetankt

Sitzhöhe: 795 Millimeter

Höchstgeschwindigkeit: 211 km/h

Beschleunigung 0 – 100 km/h: 4,3 sek

Verbrauch: 7,0 Liter/100 km

Leistungsvarianten: keine

Bauzeit (Neupreise): 1984 (10 100 Mark) bis 1986 (10 100 Mark)

Wichtige Modellpflegemaßnahmen: ab Motornummer RC 17 E-2 010 847 erhöhte Füllmenge Motoröl.

Beliebte Macke: Häufig backt das untere Federbeinauge fest und verschlechtert das Fahrverhalten

Honda CBX 750 F: Vierzylindermotor, 91 PS, 241 Kilogramm, 211 km/h

HONDA

VFR 750 F

Wenn die Firmenbosse von Honda heute auf ihre vergangenen 750er Modelle zurückblicken, werden sie ein lachendes und ein weinendes Auge haben. Während nämlich die Geschäfte mit den Reihenvierzylindern blendend und ohne Probleme liefen, machte die 1983 eingeführte VF 750 F mit ihren kapitalen Motorschäden den Managern echte Kopfschmerzen. Kein guter Start für den Honda V-Motor also. Denoch wagte Honda 1986 mit der VFR 750 F einen neuen Vorstoß. Der Motor hatte mit seinem Vorgänger im Prinzip nur die Anordnung der Zylinder gemeinsam, ansonsten war er eine komplette Neukonstruktion. Vorbei die Zeiten, in denen sich Steuerketten längten und deren Spanner verschlissen – in der VFR werden die insgesamt vier Nockenwellen aufwendig über gegeneinander verspannte Zahnräder angetrieben. Die Nockenwellen wiederum betätigen je vier Ventile über Schlepphebel, das heißt, bei den ersten Modellen kann der ambitionierte Schrauber das Ventilspiel noch verhältnismäßig leicht selbst einstellen.

HONDA VFR 750 F

Motor: Wassergekühlter Vierzylinder-Viertakt-V-Motor, 100 PS (74 kW) bei 10 500/min, 74 Nm bei 9000/min, Sechsganggetriebe, Kettenantrieb
Fahrwerk: Brückenrahmen aus Leichtmetall, vorn Doppelscheiben-, hinten Scheibenbremse, Reifengröße vorn 110/80 V 17, hinten 140/80 V 17
Gewicht: 226 kg mit 20 Litern Normal vollgetankt
Sitzhöhe: 795 Millimeter
Höchstgeschwindigkeit: 216 km/h
Beschleunigung 0 – 100 km/h: 4,1 sek
Verbrauch: 6,8 Liter/100 km
Leistungsvarianten: 98, 100 PS
Bauzeit (Neupreise): 1986 (12 200 Mark) bis 1997 (19 200 Mark)
Wichtige Modellpflegemaßnahmen: 1988 vorn und hinten 17-Zoll-Räder, 140er Reifen hinten. 1990 (Typ RC 36) Ventilbetätigung über Tassenstößel, Einarmschwinge, 170er Reifen hinten. 1994 geändertes Design und zehn Kilogramm weniger Gewicht. 1998 Ablösung durch VFR mit 800 cm³.

Die angegebenen technischen Daten beziehen sich auf das Modell von 1986 bis 1989 (Typ RC 24).

Ab 1988 erhielt die RC 24, in der sich bis dahin vorn ein 16-Zoll- und hinten ein 18-Zoll-Rad drehte, vorn und hinten 17-Zoll-Räder. Vorher nämlich stellte sich die VFR beim Bremsen in Kurven häßlich auf. Außerdem bekam der Motor mehr Kraft im mittleren Drehzahlbereich.

1990 erhielt die VFR 750 F nicht nur die Einarmschwinge der RC 30, der supersportlichen und superteuren Superbike-Basis VFR 750 R, sondern auch die neue interne Typbezeichnung RC 36. Durch diese Schwinge und die wegklappbare Vier-in-eins-Auspuffanlage war das Hinterrad jetzt kinderleicht auszubauen. Durch die deutlich breitere Bereifung ist die RC 36 allerdings gewöhnungsbedürftiger zu fahren als die RC 24. Auch die Sitzposition ist auf der RC 36 sportlicher, oder mit anderen Worten, auf Dauer unbequemer. Und ab diesem Modell ist auch die Einstellung des Ventilspiels ein größerer Akt. Jetzt müssen nämlich hierfür Einstellplättchen ausgetauscht werden, und hierfür müssen die Nockenwellen raus. Die RC 36 ist also höchstens für Sportfahrer die bessere Wahl. Sportliche Tourenfahrer sind mit der älteren RC 24 wohl besser bedient.

1994 wurde der mittlerweile mit 244 Kilogramm leicht angefettete Sportler auf 239 Kilogramm heruntergefastet und erhielt ein flotteres Design mit Ferrari-mäßigen Lüftungsschlitzen an den Seiten.

Die Besichtigung einer VFR 750 F kann prinzipiell sehr kurz ausfallen, da der Motor extrem langlebig ist – es sind keine typischen Schwächen bekannt. Dennoch tut auf Dauer exzessiver Rennstreckeneinsatz wohl keinem Motorrad gut, doch auch hierfür wird die VFR von vielen Besitzern gern genutzt. Also kann ein Blick auf die Unterseite des Vehikels nichts schaden, ob sich hier zahlreiche angeschliffene Fahrwerks-Teile finden.

Montierte Zubehör-Auspufftöpfe und andere Reifen sollten in den Papieren eingetragen sein, um späterem TÜV-Ärger aus dem Weg zu gehen. Und Vorsicht: Es gibt etliche Anbieter von Zubehör-Verkleidungen – aber nicht jede dieser GfK-Hüllen paßt wie angegossen.

**Nie mehr Ärger mit Steuerketten:
Bei der VFR funktioniert der Nockenwellen-
antrieb über Zahnräder**

Honda VFR 750 F (1986): Vierzylindermotor,
100 PS, 226 Kilogramm, 216 km/h

HONDA

XRV 750 Africa Twin

Wenn es so etwas wie eine perfekte Reise-Enduro gibt, dann ist es zweifelsohne die XRV 750 Africa Twin.

Nicht nur, daß sie bisher sämtliche Vergleichstests in MOTORRAD gewann, auch der Motor gilt als ausgesprochen standfest und hat keinerlei technische Macken.

Auf den ultimativen Leistungsschub muß man bei der XRV zwar vergeblich warten, dafür aber schnurrt das Triebwerk zwischen 3000 und 8000/min ohne Leistungsloch vollkommen gleichmäßig vor sich hin. Das Fahrwerk ist ebenso handlich wie spurstabil. Die Bremsen lassen sich hervorragend dosieren und leiden auch nach scharfen Belastungen nicht unter Ermüdungsers cheinungen.

Selbst für den seltenen Fall, daß jemand auf die Idee kommt, sich mit dem fast 240 Kilogramm schweren Brocken in unbefestigtes Terrain zu wagen, ist die Honda bestens gerüstet: Der massive Motorschutz umschließt den Motor fast komplett, und seit 1992 findet sich sogar ein sogenannter Tripmaster an Bord, der dem Fahrer (allerdings erst nach sorgfältigem Studium der Bedienungsanleitung) mit seinen zwei Tages-Kilometerzählern, zwei Stoppuhren und einer Zeituhr einen Hauch von Rallye-Atmosphäre vermittelt.

Aber normalerweise wird kein Mensch versuchen, mit diesem Trumm durch endlose Sandwüsten zu jagen, denn auf der Landstraße macht die Africa Twin eine deutlich bessere Figur. Hier wird sie zum ultimativen Superbike-Schreck, nicht zuletzt wegen der schier endlosen Schräglagenfreiheit. Nur absolut unerschrockene Fahrer schaffen es, die XRV kurz vor dem Wegschmieren der Reifen auf den Motorschutz aufzusetzen.

Der Windschutz ist für eine Enduro gar nicht schlecht, die Reichweite ist durch den großen Tank dagegen fast schon sensationell – bei verhaltener Fahrweise reicht der Sprit im Monsterfaß für über 400 Kilometer Fahrstrecke.

Nur wird das – und hier haben wir endlich mal eine kleine Schwäche – die Besatzung ohne Pause wohl kaum aushalten können, da die Sitzbank für zwei Personen etwas zu hart und etwas zu kurz ausgefallen ist.

Doch halt, bei den 1996er Modellen wurde auch dieses Manko beseitigt.

Wer die Wahl (und das nötige Geld) hat, sollte zum deutlich überarbeiteten Modell ab 1993 greifen, denn die hier durchgeführten Modellpflegemaßnahmen trieben der XRV 750 den bis dato einzigen Minuspunkt aus: das Hereinkippen in Kurven, bedingt durch den hohen Schwerpunkt.

Der überarbeitete Rahmen erlaubt dessen Senkung, seitdem ist es damit vorbei. Und nicht nur der Schwerpunkt sank, sondern auch die Sitzhöhe – auf die nunmehr 865 Millimeter können sich auch kleiner gewachsene Menschen wagen.

Noch nicht einmal die »falsche« Leistungs-Variante kann vom Kauf einer gebrauchten Africa Twin abschrecken, da die Drosselung beziehungsweise Entdrosselung lediglich über den Tausch der Ansaugstutzen erfolgt.

So stellt sich die XRV 750 letztendlich im wahrsten Sinne des Wortes ohne Ecken und Kanten dar. Ist das nun perfekt oder einfach nur langweilig? Das muß wohl jeder für sich selbst entscheiden.

HONDA VRX 750 Africa Twin

Motor: Wassergekühlter Zweizylinder-Viertakt-V-Motor, 58 PS (43 kW) bei 7500/min, 61 Nm bei 5500/min, Fünfganggetriebe, Kettenantrieb

Fahrwerk: Doppelschleifenrahmen aus Stahl, vorn Doppelscheiben-, hinten Scheibenbremse, Reifengröße vorn 90/90-21, hinten 130/90-17

Gewicht: 237 kg mit 24 Litern Normal vollgetankt

Sitzhöhe: 880 Millimeter

Höchstgeschwindigkeit: 170 km/h

Beschleunigung 0 – 100 km/h: 5,6 sek

Verbrauch: 6,2 Liter/100 km

Leistungsvarianten: 50, 58, 61 PS

Bauzeit (Neupreise): 1990 (13 100 Mark) bis 2000 (16 600 Mark)

Wichtige Modellpflegemaßnahmen: 1992 Tripmaster. 1993 (Typ RD 07) offen 62 PS, neuer Rahmen, niedrigere Sitzhöhe (865 Millimeter), Reifengröße hinten 140/80-17, größerer Schalldämpfer.

Die angegebenen technischen Daten beziehen sich auf das Modell von 1990 bis 1992 (Typ RD 04).

Bestens gerüstet: Der massive Motorschutz der Africa Twin ist vorbildlich

Honda XRV 750 Africa Twin:
Zweizylinder-V-Motor, 58 PS, 237 Kilogramm, 170 km/h

HONDA

CB 900 F Bol d'Or

Preisfrage: Woran erkennt man den Fortschritt am Motorradbau in den letzten 15 Jahren am deutlichsten? Klarer Fall: Am Fahrwerk. Bis Ende der siebziger Jahre waren die Motoren deutlich schneller als die Rahmen. So auch bei der Bol d'Or, als sie 1979 auf den Markt kam. Zum Hochgeschwindigkeitspendeln kamen hier serienmäßig auch noch unangenehme Vibrationen hinzu. Honda versuchte über die Jahre, diese beiden Probleme durch verschiedenste Modellpflegemaßnahmen in den Griff zu bekommen, doch leider ohne Erfolg. Erst 1982 gelang es, durch eine Gummilagerung des Motors zumindest die Vibrationen vom Fahrer fernzuhalten – aber die Fahrwerksschwächen blieben. Auch die ab 1981 angebotene CB 900 F2 mit Halbverkleidung und Beinschutz wackelte, lief aber 15 km/h langsamer – da fiel das nicht so auf.

Letztendlich hilft also nur ein Umbau, um dem Fahrwerk eine zeitgemäße Stabilität zu verleihen: Gabelfedern, Stoßdämpfer und Lenkkopflager sollten durch modernere Produkte ersetzt werden. Oder man fährt eben nicht so schnell, denn auch der Verbrauch ist nicht mehr zeitgemäß: Über zehn Liter Benzin wandern bei Vollgas durch die Vergaser, und nebenher verbrennt der Motor häufig auch gleich noch zwei Liter Öl mit. Bei der Besichtigung einer Bol d'Or darf der Interessent nicht erschrecken, denn es werden etliche fürchterlich umgebaute Exemplare angeboten. In diesem Fall sollten all diese Umbaumaßnahmen in den Papieren vermerkt sein, um späteren Ärger mit dem TÜV zu vermeiden.

Beim prüfenden Gang um das Motorrad sollte eine an- oder durchgerostete Auspuffanlage ins Auge fallen, die ist nämlich sehr teuer. Außerdem sollten besser keine Sturzspuren am Lichtmaschinendeckel zu sehen sein, denn sonst könnte sich die Lichtmaschine im Inneren bald ihre Wicklungen durchscheuern – die CB ist hier sehr empfindlich. Und richtig teuer wird's, wenn die Zylinderkopfdichtung hinüber ist, zum Ausbau des Zylinderkopfs muß nämlich gleich der ganze Motor raus.

Jetzt zum Anlassen: Wenn der Motor nur zögerlich mit einem Zylinder nach dem anderen anspringt, hat das Motorrad wahrscheinlich einfach nur lange gestanden, Startschwierigkeiten sind dann normal. Wenn es allerdings bei der Betätigung des Anlassers rasselt, haben sich wahrscheinlich nur die Schrauben des Anlasser-Freilaufkörpers gelöst. Das kommt bei der Bol d'Or häufig vor, ist aber billig zu reparieren, da die Schrauben nur wieder eingeklebt werden müssen. Schlimmer ist's, wenn der Motor laut rasselt, dann sind vielleicht die beiden Steuerketten schon übermäßig gelängt oder haben im Extremfall schon das Motorgehäuse angesägt. In so einem Fall dürften die Reparaturkosten wohl den Zeitwert des Motorrads übersteigen.

Für die Probefahrt ist es günstig, wenn ein Bekannter hinterherfährt, um auf die ordnungsgemäße Funktion der Ventilführung und -Schaftdichtungen zu achten. Treten nämlich beim Gaswegnehmen blaue Qualmfahnen aus dem Auspuff, stimmt mit diesen Führungen oder Dichtungen etwas nicht, und dann wird's wieder teuer, da, wir erinnern uns, zum Ausbau des Zylinderkopfs der Motor raus muß. Der Einstieg in das Bol d'Or-Leben ist dafür relativ preisgünstig, denn abgewrackte Exemplare gibt es schon sehr günstig. Gepflegte Exemplare im Originalzustand allerdings ziehen schon so nach und nach im Preis an.

HONDA CB 900 F Bol d'Or

Motor: Luftgekühlter Vierzylinder-Viertaktmotor, 95 PS (70 kW) bei 9000/min, 77 Nm bei 8000/min, Fünfganggetriebe, Kettenantrieb

Fahrwerk: Doppelschleifenrahmen aus Stahl, vorn Doppelscheiben-, hinten Scheibenbremse, Reifengröße vorn 3.25 V 19, hinten 4.00 V 18

Gewicht: 260 kg mit 20 Litern Super verbleit vollgetankt

Sitzhöhe: 815 Millimeter

Höchstgeschwindigkeit: 210 km/h

Beschleunigung 0 - 100 km/h: 4,1 sek

Verbrauch: 8,1 Liter/100 km

Leistungsvarianten: keine

Bauzeit (Neupreise): 1979 (9200 Mark) bis 1983 (10 500 Mark)

Wichtige Modellpflegemaßnahmen: 1981 stärkere Gabel, bessere Bremsen. F2 mit Halbschalenverkleidung (Typ SC 09) kommt auf den Markt. 1982 noch stärkere Gabel und breitere Felgen, Motor in Gummi gelagert.

Die angegebenen technischen Daten beziehen sich auf das unverkleidete Modell (Typ SC 01).

Tempofresser: Die verkleidete CB 900 F2 war 15 km/h langsamer als die unverkleidete Version

Honda CB 900 F Bol d'Or: Vierzylindermotor, 95 PS, 260 Kilogramm, 210 km/h

HONDA

CBR 900 RR

Ein Kampfgewicht von nur 206 Kilogramm vollgetankt, offen 125 PS – das sind Zahlen, nach denen sich jeder Sportfahrer die Finger leckt. Die Fire Blade, was sinnigerweise »Feuerklinge« heißt, ist ein Heizgerät, keine Frage. Die Sitzposition ist ausgeprägt sportlich: Der Fahrer sitzt stark nach vorn gebeugt, die Beine müssen kräftig angewinkelt und durch den breiten Tank weit gespreizt werden. Auch das Fahrverhalten ist etwas gewöhnungsbedürftig, denn diese Honda steigt in allen Lebenslagen. Klar, sie hebt das Vorderrad beim starken Beschleunigen, der Motor ist eben einfach eine Wucht. Aber auch den Hintern lupft sie beim heftigen Verzögern schnell, denn die Vorderradbremse mit den Vierkolben-Bremssätteln arbeitet ebenso ausgezeichnet wie der Radstand kurz ist.

Wer bei der Besichtigung überprüfen möchte, ob die CBR über Rennstrecken geprügelt wurde, soll sich einmal den aus der Verkleidung hervorstehenden Lichtmaschinendeckel genau von unten ansehen – Profis setzen die CBR in extremer Schräglage hier auf.

Rennstrecke heißt wiederum viel Drehzahl, aber selbst Dauerstreß kann diesem Motor kaum etwas anhaben, denn das hochdrehende Triebwerk ist äußerst standfest. Das Fazit des 50 000-Kilometer-Langstreckentests von MOTORRAD nach dem Zerlegen des Motors: Einige Innereien des Motors sahen benutzt aus. Mehr nicht, der Motor hätte tatsächlich einfach wieder zusammengebaut werden können.

Etwas Aufmerksamkeit muß dagegen bei der Besichtigung der Verkleidung geschenkt werden, denn die vibriert im Bereich der Blinkerhalterung gern durch.

Auch die Übereinstimmung des Motorrads mit den Eintragungen im Fahrzeugschein sollte geprüft werden, denn die Fire Blade wird gern umgebaut. Beliebt ist insbesondere alles, was leicht ist und nach Rennsport aussieht. Ein sinnvoller Anbau dagegen, ausnahmsweise nicht eintragungspflichtig, ist zum Beispiel ein Kettenschutz mit integriertem Spritzschutz des Federbeins, das sonst ungeschützt im vom Hinterrad aufgewirbelten Schmutz steht. Überhaupt, es gibt alles und jedes für die CBR 900 RR aus Kohlefaser, um hier und dort für viel Geld das Motorrad einige wenige Gramm leichter zu machen. Dagegen sind vergleichsweise einfach gleich knapp eineinhalb Kilogramm gespart, wenn der Serien-Auspufftopf (3,9 Kilogramm) gegen den sauber verarbeiteten Topf von Moriwaki (2,5 Kilogramm) getauscht wird. Und da wir schon gerade bei Tips sind: Als beste Reifen für die Fire Blade haben sich bisher die Paarungen Dunlop D 204 Sportmax II und Metzeler ME Z 1 erwiesen.

Die CBR 900 RR war bis 1994 wahlweise auch mit 50 PS lieferbar, bei diesen Versionen beginnt die Fahrzeug-Identifizierungs-Nummer mit SC 2-3. Doch Vorsicht, diese Version zu entdrosseln ist sehr teuer, da hier neben den vier Ansaugstutzen zusätzlich auch die Zündeinheit gewechselt werden muß.

Übrigens, wird an die CBR 900 RR statt der tief angebrachten Lenkerstummel ein höherer Superbike-Lenker montiert, wird die CBR sogar richtiggehend tourentauglich. Nur einen Nachteil hat diese Aktion: Der vorher gute Überblick des Beifahrers auf dem Hochsitz hinten geht verloren.

HONDA CBR 900 RR

Motor: Wassergekühlter Vierzylinder-Viertaktmotor, 100 PS (74 kW) bei 10 000/min, 80 Nm bei 7000/min, Sechsganggetriebe, Kettenantrieb

Fahrwerk: Brückenrahmen aus Leichtmetall, vorn Doppelscheiben-, hinten Scheibenbremse, Reifengröße vorn 130/70 ZR 16, hinten 180/55 ZR 17

Gewicht: 206 kg mit 18 Litern Normal vollgetankt

Sitzhöhe: 790 Millimeter

Höchstgeschwindigkeit: 233 km/h

Beschleunigung 0 – 100 km/h: 3,5 sek

Verbrauch: 5,4 Liter/100 km

Leistungsvarianten: 50, 98, 100 PS

Bauzeit (Neupreise): 1992 (19 600 Mark) bis heute (2001 23 600 Mark)

Wichtige Modellpflegemaßnahmen: 1996 mehr Durchzug aus mittleren Drehzahlen, offen 128 statt 125 PS, Kupplung und Getriebe verstärkt, entspanntere Sitzposition, neue Zündanlage. 1998 erneut entschärfte Sitzposition, standfestere Bremsanlage, Gewicht auf 202 kg geschrumpft. 1999 komplett überarbeitet.

Leichtbau auch im Detail:
Selbst am Choke- Mechanismus wurde gespart

Honda CBR 900 RR: Vierzylindermotor, 100 PS,
206 Kilogramm, 233 km/h

HONDA

CBR 1000 F

Die CBR 1000 F war der Vorreiter der komplett verschalten Motorräder. Natürlich hatten sich die Konstrukteure bei dieser Bauform auch etwas gedacht: Es sollten aerodynamische Erkenntnisse in den Motorradbau einfließen – hohe Endgeschwindigkeit bei niedrigem Verbrauch war das Ziel. Während ersteres mit 237 km/h (bei langliegendem Fahrer) auch erreicht wurde, bewegte sich der Verbrauch mit fast acht Litern im Schnitt nicht auf dem gewünscht niedrigem Niveau.

Immerhin, eins hat Honda mit der CBR 1000 F geschafft: Sie ist ein Allroundtalent. Dieses Motorrad taugt gleichermaßen für schnelle Runden auf der Rennstrecke wie auch für die vollbepackte Tour zu zweit. Und wer wegen der Schrauberei Angst vor dem vielem Kunststoff hat, sei beruhigt, denn die wichtigsten Punkte am Motor sind nach der Demontage von Inspektionsdeckeln leicht zu erreichen.

Wenn das Geld reicht, sollte sich der CBR 1000-Interessent die neuere Variante SC 24 (ab 1989) zulegen, denn gegenüber der Vorgängerin SC 21 ist sie tatsächlich das gelungenere Motorrad: Ihr Fahrwerk ist besser, die Verkleidungsscheibe höher und es darf mehr zugeladen werden. Außerdem schützen kleine, verdeckt angebrachte Sturzbügel und Protektoren die Motorgehäusedeckel bei einem Umfaller. Und wer noch mehr Geld flüssig hat, greife gleich zur CBR ab Baujahr 1993. Die hat nämlich das Verbund-Bremssystem Dual CBS, bei dem sowohl bei Betätigung der Hand- als auch der Fußbremse jeweils gleichzeitig Vorder- und Hinterrad gebremst werden – ein echtes Sicherheitsplus, das in der Praxis sehr gut funktioniert.

Der Motor aller Varianten erwies sich im Lauf der Jahre als sehr standfester Geselle, Laufleistungen um die 100 000 Kilometer sind meist problemlos möglich. Einzige kleine Macke: Besonders die CBR 1000 F des ersten Baujahres litt unter ihrem Steuerkettenspanner. Das hydraulisch betätigte Teil entleerte sich nämlich nach dem Abstellen des Motors, und hatte dann beim Start noch nicht direkt den passenden Öldruck parat – Folge: Die Steuerkette rasselte. Seit 1988 setzt Honda Spanner mit geringeren Toleranzen und eine neue Ölführung ein.

Diese Teile lassen sich übrigens auch am 1987er Modell nachrüsten, die Bestell-Nummern sind 14541-MM5-010 und 14542-MM5-000. Wenn der Motor bei der Besichtigung nach dem Anlassen solche rasselnden Geräusche macht, ist das aber immer noch kein Grund zur Beunruhigung. Es ist erst dann etwas defekt, wenn das Geräusch auch nach fünf Sekunden noch nicht verschwunden ist.

Da die Scheibe der SC 24 zwar höher als die der SC 21, aber immer noch nicht hoch genug ist, rüsten viele Besitzer auf Spoilerscheiben aus dem Zubehör um. Hier sollte der Interessent darauf achten, daß dieses Zubehörteil ordnungsgemäß in die Papiere eingetragen ist oder eine Allgemeine Betriebserlaubnis dafür vorliegt.

HONDA CBR 1000 F

Motor: Wassergekühlter Vierzylinder-Viertaktmotor, 100 PS (74 kW) bei 9000/min, 87 Nm bei 6500/min, Sechsganggetriebe, Kettenantrieb
Fahrwerk: Brückenrahmen aus Stahl, vorn Doppelscheiben-, hinten Scheibenbremse, Reifengröße vorn 110/80 V 17, hinten 140/80 V 17
Gewicht: 262 kg mit 21 Litern Normal vollgetankt
Sitzhöhe: 800 Millimeter
Höchstgeschwindigkeit: 237 km/h
Beschleunigung 0 - 100 km/h: 3,9 sek
Verbrauch: 7,9 Liter/100 km
Leistungsvarianten: 98, 100 PS
Bauzeit (Neupreise): 1987 (13 800 Mark) bis 2000 (18 000 Mark)
Wichtige Modellpflegemaßnahmen: 1989 (Typ SC 24) höhere Verkleidungsscheibe, 15 Kilogramm mehr Zuladung, 170er Hinterradreifen. Seit 1993 mit Verbund-Bremssystem Dual CBS.

Die angegebenen technischen Daten beziehen sich auf das Modell von 1987 bis 1988 (Typ SC 21).

Unter der Kunststoffhülle: nicht
schön, aber zweckmäßig und solide

Honda CBR 1000 F:
Vierzylindermotor, 100 PS,
262 Kilogramm, 237 km/h

HONDA

CBX 1000

Bisher konnten sich Triebwerke mit sechs Zylindern in Serie im Motorradbau nicht so recht durchsetzen – zu breit, zu schwer, zu durstig. Immerhin, den Versuch, den Honda mit der CBX 1000 (und Kawasaki mit der Z 1300) im Jahr 1979 startete, war es wert. Was Honda technisch da auf die Beine gestellt hatte, war seinerzeit durchaus beeindruckend. Sechs Zylinder mit je vier Ventilen förderten 105 PS zutage. Somit war die CBX das einzige Großserien-Motorrad, das offiziell mit mehr als 100 PS nach Deutschland geliefert wurde. Zumindest bis Anfang 1999, da entfiel nämlich im Zuge der EU-Harmonisierung die freiwillige Selbstbeschränkung der Importeure auf 100 PS.

Was vielleicht nicht jeder weiß: Die Honda CBX 1000 höchstpersönlich war es, die 1980 diese Selbstbeschränkung erst auf den Plan rief. Der Motor war dem grottenschlechten Fahrwerk der ersten Serie dermaßen haushoch überlegen – auf dieser labilen Fahrwerksbasis durfte einfach kein Wettrüsten beginnen.

Erst das überarbeitete Nachfolgemodell, die CBX Pro-Link (Typ SC 06), weckte erste Hoffnungen, daß es einmal Fahrwerke geben würde, die 100 PS oder sogar noch mehr verkraften würden. Die notwendigen Verbesserungen fielen umfangreicher aus, als man es der nunmehr verkleideten 1000er von außen ansah. So wuchs der Durchmesser der Standrohre von 35 auf 39 Millimeter. Die beiden Federbeine hinten wichen einem Zentralfederbein, das über eine Hebelumlenkung, dem Pro-Link-System, mit der nun steiferen Schwinge verbunden war. Der Durchmesser der Bremsscheiben stieg von 272 auf 296 Millimeter, die Einkolbensättel wichen Doppelkolbenzangen – die erhoffte Folge: Die Pro-Link bremst viel besser als die olle CB 1. Das nüchterne Fazit: Eine serienmäßige CB 1 taugt eher zum Sammeln, die Pro-Link auch zum Fahren. Die aufwendige Abhilfe: eine steifere Schwinge aus dem Zubehör, Gabel und Bremse der Pro-Link und die Bereifung Metzeler ME 33/55 montieren – dann läuft's schon viel besser. Aber Eintragung in die Fahrzeugpapiere nicht vergessen.

Der Motor beider Varianten gilt als standfest. Einzige Schwachstelle ist die Lichtmaschine. Ihr inneres Kugellager hält häufig nur 15 000 Kilometer und sorgt dann für teure Folgeschäden. Bei höherer Laufleistung verabschiedet sich oft der Stator. Und schließlich zählen auch der Rotor und der Regler der CBX nicht zu den langlebigsten Komponenten. Wenigstens diesem Ausfall kann man anhand des serienmäßigen Voltmeters schnell auf die Schliche kommen.

Das Niveau der Ersatzteilpreise ist hoch, und naturgemäß ist vieles im Fall einer Reparatur gleich sechsmal nötig – billig ist der Unterhalt einer CBX 1000 also nicht. Eine Tatsache, die durch den immensen Spritverbrauch, der sich meist zwischen sieben und zehn Litern bewegt, erhärtet wird. Aber exklusiv, das ist sie auf jeden Fall, die CBX.

HONDA CBX 1000

Motor: Luftgekühlter Sechszylinder-Viertaktmotor, 105 PS (77 kW) bei 9000/min, 84 Nm bei 8000/min, Fünfganggetriebe, Kettenantrieb

Fahrwerk: Rückgratrahmen aus Stahl, vorn Doppelscheiben-, hinten Scheibenbremse, Reifengröße vorn 3.50 V 19, hinten 4.25 V 18

Gewicht: 274 kg mit 24 Litern Super verbleit vollgetankt

Sitzhöhe: 780 Millimeter

Höchstgeschwindigkeit: 219 km/h

Beschleunigung 0 – 100 km/h: 3,9 sek

Verbrauch: 10,3 Liter/100 km

Leistungsvarianten: keine

Bauzeit (Neupreise): 1979 (10 000 Mark) bis 1983 (14 200 Mark)

Wichtige Modellpflegemaßnahmen: 1981 CBX Pro-Link mit deutlich verbessertem Fahrwerk, 100 PS und Verkleidung.

Die angegebenen technischen Daten beziehen sich auf das Modell CB 1, Modelljahr 1979 und 1980.

Darf's ein bißchen mehr sein? Da vieles gleich sechsfach angeschafft werden muß, ist der Unterhalt einer CBX (hier einer Pro-Link) kein billiges Vergnügen

Honda CBX 1000: Sechszylindermotor, 105 PS, 274 Kilogramm, 219 km/h

HONDA

ST 1100

Die Ähnlichkeiten der Honda ST 1100 Pan European mit einem Auto sind wirklich frappierend: Die glattflächige Verkleidung gleicht schon fast eher einer Karosserie, daher ist auch der Windschutz nahezu perfekt. Der drehmomentstarke Motor läuft unauffällig leise und vibrationsarm und weist ebenfalls Konstruktionsanleihen aus dem Pkw-Bereich auf. So werden zum Beispiel die Nockenwellen über Zahnriemen angetrieben – Zylinder und die obere Motorgehäusehälfte sind aus einem Guß hergestellt. Seit 1992 wird sogar eine Antischlupf-Regelung angeboten, das Hinterrad kann beim Anfahren nicht durchdrehen, auch ein Ausstattungsmerkmal, das sich sonst nur bei Autos findet. Vor allem aber in punkto Langlebigkeit eifert die Touren-1100er den Auto-Kollegen nach. So überstand die Pan European einen 100 000-Kilometer-Langstreckentest von MOTORRAD mit Bravour: Außer einem Rad- und einem Lenkkopflager und einem Tachoantrieb ging während der Marathon-Distanz einfach nichts kaputt. Auch nach dem Zerlegen des Motors zeigten sich die Innereien von ihrer besten Seite, denn kein einziges Bauteil war über die Verschleißgrenze hinaus aufgebraucht. Kein Wunder also, daß an dieser Stelle keine Tips zu den typischen Macken einer ST 1100 gegeben werden – es gibt einfach keine.

Die ST überzeugt im Alltag mit pfiffigen Detaillösungen: Nach Abnahme der serienmäßigen Koffer verschwinden deren Halter unsichtbar unter einer Klappe. Der (aufpreispflichtige) Tankrucksack kann beim Tanken draufbleiben. Schutzbügel hinter der Verkleidung behüten bei einem Umfaller nicht nur den Motor, sondern bewahren sogar die Griff-Armaturen vor Ärgerem. Und es ist nicht nur eine Leuchtweitenregulierung vorhanden, um die Lichteinstellung verschiedenen Beladungsverhältnissen anzupassen, sondern man kommt sogar zum Verstellen auch noch ausgesprochen gut dran. Allerdings haben die neuen Modelle dieses praktische Detail nicht mehr.

Aber nicht nur zum Touren ist die ST 1100 gut und praktisch – die Reichweite beträgt stolze 430 Kilometer –, die schwere Honda taugt auch erstaunlich gut dazu, trotz ihres vergleichsweise hohen Eigengewichts sehr flott gefahren zu werden. Tatsache: Die Dicke ist richtig handlich.

Hilfestellung bei der dann nötigen Verzögerung gab ab 1992 das gegen Aufpreis lieferbare ABS, das allerdings noch nicht ganz perfekt funktionierte. Das CBS-ABS dagegen, das seit 1995 zur Serien-Ausstattung gehört, funktioniert hervorragend: Hand- und Fußbremse wirken jeweils auf beide Räder (das ist das CBS), und ein Blockieren der Räder wird verhindert (das ist das ABS).

Fazit: Wer einen wartungsarmen und soliden Tourer mit Tendenz zum Allrounder sucht und mit dem Aussehen leben kann, wird nur schwer etwas besseres als die ST 1100 finden. Vorausgesetzt, er kann das nötige Kleingeld auftreiben, denn billig sind gebrauchte Pan European nicht. Solidität hat ihren Preis. Aber das ist bei Autos ja auch nicht anders.

HONDA ST 1100

Motor: Wassergekühlter Vierzylinder-Viertakt-V-Motor, 100 PS (74 kW) bei 7500/min, 111 Nm bei 6000/min, Fünfganggetriebe, Kardanantrieb

Fahrwerk: Doppelschleifenrahmen aus Stahl, vorn Doppelscheiben-, hinten Scheibenbremse, Reifengröße vorn 110/80 V 18, hinten 160/70 V 17

Gewicht: 312 kg mit 28 Litern Normal vollgetankt

Sitzhöhe: 800 Millimeter

Höchstgeschwindigkeit: 213 km/h

Beschleunigung 0 – 100 km/h: 4,1 sek

Verbrauch: 6,5 Liter/100 km

Leistungsvarianten: 98, 100 PS

Bauzeit (Neupreise): 1990 (20 900 Mark) bis 2000 (27 600 Mark)

Wichtige Modellpflegemaßnahmen: ab 1992 mit ABS und Antischlupf-Regelung (TCS) lieferbar, ab 1995 mit CBS-ABS und TCS.

Getrieberäder nach dem Langstreckentest:
100 000 Kilometer und kein bißchen greise

Honda ST 1100: Vierzylinder-V-Motor, 100 PS,
312 Kilogramm, 213 km/h

HONDA

GL 1500

Sie suchen ein Luxusauto? Ein Mercedes ist Ihnen aber zu spießig, ein BMW zu sportlich, ein dicker Audi zu allradig und ein Jaguar zu britisch? Dann versuchen Sie es doch einmal mit der sechszylindrigen Honda Gold Wing.

Sie lachen? Die Ausstattung dieses monströsen Dampfers steht der eines Automobils jedenfalls kaum nach: Tempomat, opulente Musikanlage, Heckspoiler mit integrierter Bremsleuchte, sogar ein Rückwärtsgang – alles vorhanden. Und noch mehr. Oder kennen Sie ein Auto, dessen Abstellflächen für die werten Füße des Beifahrers in der Höhe verstellbar sind? Na also. Die Gold Wing hat so was jedenfalls.

Auch der Motor des zweirädrigen Luxusliners überzeugt unter Komfort-Gesichtspunkten voll. Das für ein Motorrad enorme Drehmoment von 150 Nm sorgt für Kraft in allen Lebenslagen, der nahezu vibrationsfrei nocharenende Motor gibt sich bei seinen Lebensäußerungen auffallend zurückhaltend (sonst würde man ja auch nicht der Musik aus den Bordlautsprechern lauschen können), und schließlich ist auch die Lebensdauer des wassergekühlten Boxermotors einem Fahrzeug der Oberklasse angemessen: Bei regelmäßiger Wartung gibt's nichts, aber wirklich auch gar nichts zu meckern. Die beiden ersten Baujahre verärgerten ihre Besitzer zwar noch mit maroden Lichtmaschinen – durchgebrutzelte Batterien waren die Folge –, aber diese Kinderkrankheit gehört schon lange der Vergangenheit an.

Geblieben ist die unangenehme Tatsache, daß ein Ausbau des Hinterrads zur zeitraubenden Globalschrauberei ausartet. Unbedarfte Reifenhändler sollen sich allein schon mit dem Aus- und Einbau des Rades viele Stunden beschäftigt haben.

Die meisten der Gold Wing, die auf deutschen Straßen gleiten, sind Grau-Importe. Einfacher Grund: Mit der in der Höhe und damit ihrer Wirksamkeit deutlich beschnittenen deutschen Windschutzscheibe kann sich kaum ein Interessent anfreunden. Ebensowenig mit dem deutschen Aktenköfferchen, das nur mit viel Wohlwollen Topcase genannt werden darf. In der amerikanischen Version ist dies ein imposantes Gefäß mit kuscheliger Rückenlehne für die anlehnungsbedürftige Sozia.

Immerhin: Die neueren deutschen Gold Wing dürfen hinten jetzt auch voluminös sein, aber mit vorn hoch ist immer noch Fehlanzeige.

Da es in Amerika die schwer nachvollziehbare 98-PS-Klasse nicht gibt, stellt sich bei manchen Grau-Importen die Frage nach einer Drosselung von 100 auf 98 PS. Das ist zum Glück überhaupt kein Problem, denn dazu bedarf es nur einer modifizierten Luftfilter-Gehäusedichtung, die gerade mal zwei Schachteln Zigaretten kostet. Ein Lacher im Vergleich zu den Gebrauchtpreisen gut ausgestatteter grauer Gold Wing.

Einzige Nachteile dieser »Fulldresser«, wie die tonnenschweren Ausstattungswunder in Winger-Kreisen gern genannt werden: Solche Fahrzeuge werden von manchen Motorradfahrern einfach nicht ernst genommen. Und es regnet immer noch von oben rein.

HONDA GL 1500

Motor: Wassergekühlter Sechszylinder-Viertakt-Boxermotor, 100 PS (74 kW) bei 5200/min, 150 Nm bei 4000/min, Fünfganggetriebe, Kardanantrieb

Fahrwerk: Doppelschleifenrahmen aus Stahl, Doppelscheibenbremse vorn, Scheibenbremse hinten, Reifengröße vorn 130/70 H 18, hinten 160/80 H 16

Gewicht: 358 kg mit 24 Litern Normal vollgetankt

Sitzhöhe: 770 Millimeter

Höchstgeschwindigkeit: 184 km/h

Beschleunigung 0 – 100 km/h: 4,9 sek

Verbrauch: 6,5 Liter/100 km

Leistungsvarianten: 98 PS

Bauzeit (Neupreise): 1988 (22 800 Mark) bis 2000 (33 900 Mark)

Wichtige Modellpflegemaßnahmen: keine
2001 Ablösung durch GL 1800

Unterhaltungszentrale: Allein zur Bedienung der Stereo-Anlage braucht man eine mehrstündige Einweisung

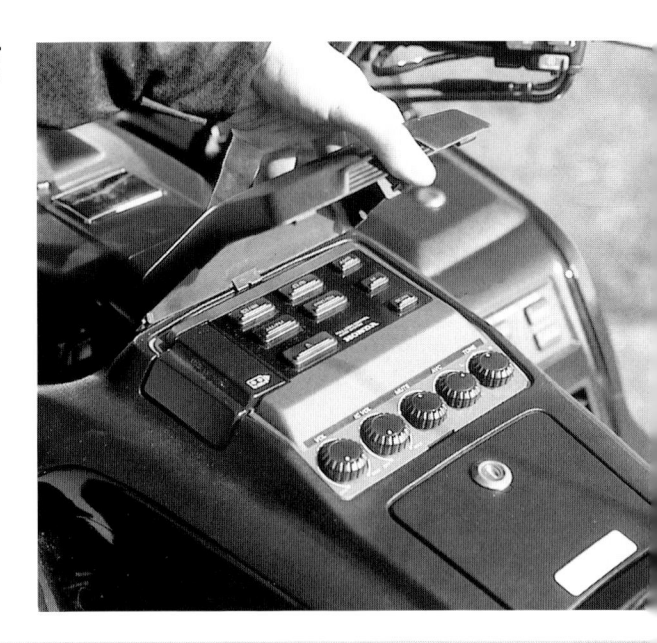

Honda GL 1500: Sechszylindermotor, 100 PS, 358 Kilogramm, 184 km/h

KAWASAKI

EL 250

Im Ausland hieß sie noch »Eliminator«, was übersetzt »Auslöscher« bedeutet. Wen oder was aber sollte die 250er wohl auslöschen? Dazu fiel wohl auch den Marketingstrategen von Kawasaki Deutschland nichts Sinnvolles ein, und so blieben von der martialischen Bezeichnung lediglich die beiden ersten Buchstaben übrig – EL 250.

Die kleine EL ist ein durch und durch merkwürdiges Motorrad. Obwohl sie ein bißchen wie ein Chopper beziehungsweise wie ein Cruiser aussieht, ist mit gemächlichem Dahingleiten auf der EL 250 Fehlanzeige.

Zum einen ist die Sitzposition ganz und gar nicht choppermäßig, sondern völlig normal, und zum anderen ist der Motor nun wirklich kein Drehmomentwunder. Dieses Triebwerk schreit förmlich nach hohen Drehzahlen. Die Maximalleistung wird erst bei weit über 10 000/min erreicht, auf langen Bergab-Passagen mit der 33-PS-Version stünden sogar zeitweise 13 000 Umdrehungen auf dem Drehzahlmesser. Stünden, denn obwohl in diesem Zusammenhang ein Drehzahlmesser ein überaus nützliches Instrument wäre, verzichtete Kawasaki leider auf den Einbau eines solchen – ein Zugeständnis an die übliche Chopper-Mode.

Zum zügigen Beschleunigen muß natürlich heftig im Getriebe gerührt werden, glücklicherweise funktioniert dies aber leicht und exakt. Der sechste Gang allerdings macht nur in der 33-PS-Version annähernd einen Sinn.

Schon mit 27 PS ist die Fuhre im Fünften fast immer schneller als im sechsten Gang, bei der 17-PS-Variante wirkt sich dies natürlich noch drastischer aus.

Drastisch ist auch die Drosselung auf 17 PS ausgefallen, denn durch die Lochblenden in den Ansaugstutzen mit lächerlichen 18 Millimetern Durchlaß wirkt der Motor ausgesprochen zugestopft.

Von der ursprünglichen Spritzigkeit des Triebwerks ist nichts mehr zu spüren, schlimmer noch, der Motor verschluckt sich sogar regelmäßig beim plötzlichen Gasgeben. Glücklicherweise sind diese Blenden schnell entfernt – aber eintragen lassen. Um von 27 PS auf 33 PS zu kommen, wird's dagegen etwas teurer, denn dazu braucht's andere Gasschieber.

Daß die EL 250 sehr gern als Fahrschulmaschine eingesetzt wird, liegt durchaus nicht nur an ihrer niedrigen Sitzhöhe, sondern auch an ihrer Zuverlässigkeit, denn trotz der ewig hohen Drehzahlen sind dem kleinen Feuerzeug mechanische Schwächen fremd. Auch die Verarbeitung bietet keinen Anlaß zu Klagen. Die werden höchstens vom Beifahrer laut, wenn er auf dem winzigen Sitzbrötchen länger als 20 Kilometer ausharren muß – die EL ist wirklich nur ein Motorrad für Solisten.

Auch der Fahrer selbst wird allerdings froh sein, daß die Tankkapazität mit elf Litern sehr knapp ausgefallen ist, da die Federung mit spartanischer Härte das Sitzfleisch martert. Bei dem recht großen Durst der 250er (im Schnitt fast sechs Liter auf hundert Kilometer) ist so mindestens alle 180 Kilometer eine Pause zum Tanken und Regenerieren fällig. Wäre das nicht eine Idee für Kawasaki gewesen, den Namen Eliminator zu erklären? Pause gemacht – und ausgelöscht ist der Schmerz.

KAWASAKI EL 250

Motor: Wassergekühlter Zweizylinder-Viertaktmotor, 27 PS (20 kW) bei 11 800/min, 18 Nm bei 9800/min, Sechsganggetriebe, Kettenantrieb
Fahrwerk: Doppelschleifenrahmen aus Stahl, vorn Scheiben-, hinten Trommelbremse, Reifengröße vorn 100/90 S 17, hinten 140/90 S 15
Gewicht: 159 kg mit 11 Litern Normal vollgetankt
Sitzhöhe: 715 Millimeter
Höchstgeschwindigkeit: 131 km/h
Beschleunigung 0 – 100 km/h: 10,6 sek
Verbrauch: 5,8 Liter/100 km
Leistungsvarianten: 17, 27, 33 PS (ab 1996 ausschließlich 30 PS)
Bauzeit (Neupreise): 1988 (5600 Mark) bis heute (2001 8220 Mark)
Wichtige Modellpflegemaßnahmen: Seit 1990 (Typ EL 250 B, Ausführung D) Drahtspeichenräder. 1993 Vergaser-Vorwärmung. 1992 bis 1995 wahlweise EL 250 E (Typ EL 250 B, Ausführung E) mit Gußfelgen, Cockpit-Verkleidung und Motorspoiler. 1996 EL 252 (Typ EL 250 B, Ausführung F) mit leicht erhöhtem Hubraum, ausschließlich mit 30 PS.

Schmerzlich vermißt: Ein Drehzahlmesser wäre bei diesem hochdrehenden Motor sehr sinnvoll

Kawasaki EL 250: Zweizylindermotor, 27 PS, 159 Kilogramm, 131 km/h

KAWASAKI

KLR 250

Die KLR 250 ist für diese Hubraumklasse geradezu überschwenglich mit High-Tech versehen: Zwei Nockenwellen, Wasserkühlung, zwei Ausgleichswellen und Sechsganggetriebe sind nicht gerade Klassenstandard. Auch die Ausstattung liegt über dem üblichen Niveau, denn eine Wassertemperatur-Anzeige und der Rechteck-Scheinwerfer mit hervorragendem H4-Licht sind nicht selbstverständlich. Und das Fahrwerk erst: Die langen Federwege, die gut abgestimmten Federelemente und nicht zuletzt die gelungene Sitzposition machen es auch Anfängern leicht, das Fahren im Gelände zu genießen. Ein Motorrad ganz ohne Tadel also? Das nun auch wieder nicht.

Daß ein E-Starter fehlt, ist für eine Enduro ja noch standesgemäß. Daß der Kickstarter aber so angebracht wurde, daß man sich beim Ankicken meist heftig den Spann stößt, ist nicht ganz einsichtig. Auch daß bei den ersten Modellen die Sozius-Fußrasten noch an der Schwinge befestigt waren und so den Beifahrer zu ungewollter Bein-Gymnastik zwangen, ist sicher nicht lobenswert. Zwar wanderten die Rasten 1987 dahin, wo sie hingehören, an den Rahmen nämlich, aber die Sitzposition für den Beifahrer ist sowieso nicht die bequemste – die Sitzbank ist zu kurz. Auch die Bremse ist eigentlich nicht für den Zwei-Personen-Betrieb konzipiert.

Und wie ist es um die Standfestigkeit des kleinen Motors bestellt? Im Prinzip gut, aber es hängt viel von der Sorgfalt des Vorbesitzers ab. So ist die Ölfüllmenge des Motors mit zwei Litern nicht sehr üppig ausgefallen – häufige Ölstand-Kontrolle tut also not, um Motorschäden durch mangelnde Schmierung vorzubeugen. Erschwerend kommt hinzu, daß die KLR 250 auch noch häufig recht viel Öl verbraucht. Und dann ist da leider noch die voreilige Wassertemparatur-Anzeige, die dem Fahrer viel zu früh »Motor warm, Gashahn auf« signalisiert. Wer darauf ständig hereinfällt, muß schon ab Kilometerständen von 10 000 mit Schäden am Zylinderkopf rechnen. Realistisch ist der Motor nach fünf bis zehn Kilometern warm, während der ersten Kaltkilometer sollte nicht über 5000/min gedreht werden. Unter Beachtung dieser Regeln ist der Motor aber ein zuverlässiger und durchaus haltbarer Geselle.

Der Gebrauchtkäufer muß noch wissen, daß der Auspufftopf gern und früh rostet. Und daß es nicht unbedingt bei der 17-PS-Leistungsvariante bleiben muß, die zwar durch Kraft aus dem Keller gefällt, aber auf Dauer doch etwas zäh wirkt. Ganz anders geht die offene, die 26-PS-Version zur Sache, die ab 6000/min noch einmal richtig zulegt. Die Entdrosselung ist sehr leicht: einfach beim Kawasaki-Händler das Teil mit der Nummer 16126-1163 bestellen. Hinter dieser Zahl verbirgt sich nämlich ein Gasschieber. Die Werkstatt braucht für dessen Austausch rund eine halbe Stunde.

Die KLR 250 ist also das Richtige für Leute, die eine etwas andere Enduro fahren möchten – kleiner Hubraum, aber technikverspielt und in der offenen Version drehzahlgierig. Nur zu klein sollte der Fahrer nicht sein: Wegen der Sitzhöhe von 855 Millimetern sind 1,70 Meter sind das Mindestmaß.

KAWASAKI KLR 250

Motor: Wassergekühlter Einzylinder-Viertaktmotor, 17 PS (13 kW) bei 9000/min, 19 Nm bei 4000/min, Sechsganggetriebe, Kettenantrieb

Fahrwerk: Einrohrrahmen aus Stahl, vorn Scheiben-, hinten Trommelbremse, Reifengröße vorn 3.00-21, hinten 4.60-17

Gewicht: 141 kg mit 11 Litern Normal vollgetankt

Sitzhöhe: 855 Millimeter

Höchstgeschwindigkeit: 115 km/h

Beschleunigung 0 – 100 km/h: 14,9 sek

Verbrauch: 4,1 Liter/100 km

Leistungsvarianten: 17, 26 (ab 1990 23) PS

Bauzeit (Neupreise): 1984 (5500 Mark) bis 1992 (6800 Mark)

Wichtige Modellpflegemaßnahmen: 1985 verstärkter Kickstarter-Mechanismus, 1986 Kupplungsdeckel mit Öl-Überdruckventil, 1987 Soziusrasten rahmenfest.

Müdes Scheibchen: Spätestens im Zwei-Personen-Betrieb ist die Bremse überfordert

Kawasaki KLR 250: Einzylindermotor, 17 PS, 141 Kilogramm, 115 km/h

KAWASAKI

GPZ 305

Ganz klar, die GPZ 305 ist ein nahezu ideales Anfängermotorrad: Durch die niedrige Sitzhöhe und das geringe Gewicht ist das Motorrad auch für Ungeübte leicht beherrschbar. Übrigens der Hauptgrund, warum die kleine GPZ sehr gern von Fahrschulen als Übungs-Muli eingesetzt wurde und wird. Außerdem ist der Motor vergleichsweise einfach aufgebaut und erlaubt so dem technisch Unerfahrenen erste Gehversuche in die Schrauberwelt. Und schließlich sind die Unterhaltskosten für dieses Gefährt sehr niedrig, denn die GPZ ist ein echtes Sparmobil: Es ist nahezu unmöglich, Verbräuche über vier Liter zu erzwingen. Wieso dann also nur nahezu ideal? Ganz einfach: Weil der Motor heftig gedreht werden will, um seine Leistung voll zu entfalten – die 27 PS werden erst bei 10 000/min freigesetzt, und das ist nicht jedermanns Sache.

Die technischen Macken der quirligen GPZ sind schnell aufgezählt. So ist die Auspuffanlage ziemlich rostanfällig – besonders ärgerlich und teuer, da Krümmer und Auspufftopf miteinander verschweißt sind und so auch nur in ihrer Einheit getauscht werden können. Bei der Besichtigung einer Gebrauchten sollte der Interessent aber nicht nur auf den äußerlichen Zustand der Töpfe achten. Auch innen tut sich was, denn gern schütteln sich die Innenrohre der doppelwandigen Krümmer los – bei der Probefahrt ist das deutlich zu hören.

Ebenso mißtrauisch sollte ein rasselndes Geräusch bei laufendem Motor machen, denn dann besteht die Gefahr, daß mit der Steuerkette oder ihrem Spanner-Mechanismus etwas im argen liegt – auch ein häufiger Schaden.

Weiterhin verärgert die GPZ 305 ihre Besitzer relativ häufig mit kollabierten Zündboxen, doch das würde der Gebrauchtkäufer nun wirklich sehr leicht merken: Das Motorrad läuft dann nämlich einfach nicht mehr. Ein prüfender Blick noch auf die Zylinderkopfdichtung, aus der es häufig ölt, und schon ist die Besichtigung fast fertig. Bleibt nur noch der Kilometerstand: Durch die Drehzahlschinderei drohen nämlich viele Motoren ihr Leben schon bei Kilometerständen um die 40 000 auszuhauchen. Der Choke, der den Motor nach dem Kaltstart in ungesunde Drehzahl-Regionen jubelt, trägt das Seinige noch dazu bei.

Ab 1984 wurde die GPZ 305 statt des Kettenantriebs mit einem Zahnriemen-Antrieb ausgeliefert. Eine Lösung, die sich zwar als durchaus standfest erwiesen hat, aber länger als 40 000 Kilometer hält der Riemen nun auch wieder nicht.

1986 schließlich verbesserte Kawasaki die Sicherung der vorderen Riemenscheibe, denn hier hatte es einige unliebsame Zwischenfälle mit gelösten Scheiben gegeben, die ihren Weg ins Freie durch den linken Gehäusedeckel suchten – und leider auch fanden.

Wem die serienmäßigen 27 PS zu wenig sind, kann die GPZ durch Austausch der Vergaserschieber auf 34 PS entfesseln, der Spritverbrauch auch der offenen Version bleibt erfreulicherweise auf dem niedrigen Niveau. Andersherum sind auch 17 PS möglich, hierfür müssen nur zwei querschnittsverengende Dichtungen vor die Ansaugstutzen und neue Vergaser-Hauptdüsen montiert werden.

KAWASAKI GPZ 305 Belt Drive

Motor: Luftgekühlter Zweizylinder-Viertaktmotor, 27 PS (20 kW) bei 10 000/min, 24 Nm bei 7500/min, Sechsganggetriebe, Zahnriemenantrieb

Fahrwerk: Doppelschleifenrahmen aus Stahl, vorn Doppelscheiben-, hinten Trommelbremse, Reifengröße vorn 90/90 S 18, hinten 110/80 S 18

Gewicht: 164 kg mit 17 Litern Normal vollgetankt

Sitzhöhe: 800 Millimeter

Höchstgeschwindigkeit: 140 km/h

Beschleunigung 0 – 100 km/h: 8,8 sek

Verbrauch: 3,8 Liter/100 km

Leistungsvarianten: 17, 27, 34 PS

Bauzeit (Neupreise): 1983 (4900 Mark) bis 1990 (6100 Mark)

Wichtige Modellpflegemaßnahmen: ab 1984 Riemenantrieb (Belt Drive), ab 1986 vordere Riemenscheibe besser gesichert.

Am Riemen gerissen: seit 1984 Antrieb über Belt Drive

Kawasaki GPZ 305: Zweizylindermotor, 27 PS, 164 Kilogramm, 140 km/h

KAWASAKI

Z 440 + Z 440 LTD

Normalerweise wurden in den achtziger Jahren, wenn ein Hersteller einer Straßenversion eine softchopprige Variante folgen ließ, von der Straßenversion deutlich mehr Exemplare verkauft. Bei der Z 440 lag der Fall völlig anders: Der 1980 wenige Wochen nach der Z 440 vorgestellte Softchopper Z 440 LTD avancierte aus dem Stand zum Verkaufsrenner und verkaufte sich mit rund 7500 Stück dreimal so oft wie sein Normalo-Kollege. Vielleicht lag's einfach dran, daß die LTD kein gewöhnlicher Softchopper nach dem Strickmuster »Tropfentank, Hochlenker, Stufensitzbank – fertig« ist, sondern durch eine geänderte Fahrwerksgeometrie, zum Beispiel mit einer flacher angestellten Gabel, tatsächlich wie ein Chopper aussah – zumindest nach damaligen Gesichtspunkten.

Sei's drum, das Triebwerk beider Varianten ist identisch, und so sind auch die Macken und damit die Punkte bei der Besichtigung die gleichen. Punkt eins: Die 440er vibrieren wie der Teufel. Die beiden im Motor verbauten Ausgleichswellen mindern zwar die gröbsten Schütteleien der beiden gleichzeitig auf- und abgehenden Kolben, doch von vollständiger Beseitigung der Vibrationen kann überhaupt nicht die Rede sein. Das hat nicht nur zur Folge, daß dem Fahrer auf langen Strecken grundsätzlich die Gliedmaßen einschlafen. Auch die Glühlampen im Scheinwerfer verabschieden sich reihenweise, die Instrumente fallen aus und Auspuffrohre reißen ein. Sorgfältige Vorbesitzer werden hier durch reichliche Verwendung von Moosgummi-Schichten unter vibrationsgefährdete Teile schon vorgesorgt haben, sonst steht diese Arbeit dem frischgebackenen Besitzer eben noch bevor. Da bei der Z 440 übrigens der Tacho wirklich häufig zerschüttelt wird, sollte bei diesem Motorrad im Kaufvertrag nicht der Tachostand, sondern ausdrücklich die Kilometerleistung aufgeführt sein – sicher ist sicher.

Ein ganz typischer Schaden sind eingerissene Vergasermembranen. Bei der Probefahrt deutlich zu merken, denn die Z 440 leidet in diesem Fall unter spürbar geringerer Leistung im oberen Drehzahlbereich und schlechter Gasannahme. Und da wir gerade bei der Probefahrt sind: Es ist empfehlenswert, eine zweite Person mitzubringen. In diesem Fall sollte sie bei der Probefahrt hinterherfahren (das darf ja ruhig auch im Auto sein) und aufmerksam den Auspuff beobachten. Tritt hier beim Gaswegnehmen mit eingelegtem Gang, im sogenannten Schiebebetrieb, blauer Qualm aus, handelt es sich um verbranntes Öl, das seinen Weg in die Brennräume durch defekte Ventilschaftdichtungen findet. Diese zu ersetzen, erfordert entweder schon fortgeschrittene Schrauberkenntnisse oder eine ganze Menge Kleingeld für die Werkstatt.

Mittlerweile wird es wohl kaum noch angebaute Original-Federbeine geben, denn die erwiesen sich nicht nur schon im Neuzustand als überfordert, sondern auch als nicht gerade langlebig – die Austausch-Empfehlung lautet Koni.

Die ersten Kolben halten, je nach Fahrweise des beziehungsweise der Vorbesitzer, zwischen 35 000 und 50 000 Kilometer, danach müssen Übermaßkolben einkalkuliert werden. Meist macht sich in dieser Phase der Motor aber auch schon durch lautes Klappern bemerkbar.

Ab 1982 verwendete Kawasaki bei der LTD als Hinterrad-Antrieb einen Zahnriemen, der sich, anfänglichen Zweifeln zum Trotz, mit Laufleistungen um 40 000 Kilometer als sehr standfest erwies.

KAWASAKI Z 440 LTD

Motor: Luftgekühlter Zweizylinder-Viertaktmotor, 27 PS (20 kW) bei 7000/min, 32 Nm bei 3000/min, Sechsganggetriebe, Kettenantrieb

Fahrwerk: Doppelschleifenrahmen aus Stahl, vorn Scheiben-, hinten Trommelbremse, Reifengröße vorn 3.25 S 19, hinten 130/90 S 16

Gewicht: 184 kg mit 11,5 Litern Normal vollgetankt

Sitzhöhe: 750 Millimeter

Höchstgeschwindigkeit: 125 km/h

Beschleunigung 0 – 100 km/h: 10,7 sek

Verbrauch: 5,3 Liter/100 km

Leistungsvarianten: 27, 36 PS

Bauzeit (Neupreise): 1980 (5000 Mark) bis 1984 (5400 Mark)

Wichtige Modellpflegemaßnahmen: 1981 kontaktlose Zündanlage, 1982 Zahnriemenantrieb (»Belt Drive«).

**Straßenmädchen:
die zivile Variante der LTD**

Kawasaki Z 440 LTD:
Zweizylindermotor, 27 PS,
184 Kilogramm, 125 km/h

KAWASAKI

EN 500

Chopper gelten allgemeinhin als Fortbewegungsmittel, die zwar wunderbar dazu taugen, behäbig durch die Lande zu gleiten, doch sportliche Ambitionen des Fahrers werden meist schon im Keim erstickt. Unter diesen Voraussetzungen stellt sich wirklich die Frage: Ist die EN 500 nun ein Chopper oder ist sie's nicht? Sie sieht zwar ganz danach aus, doch einiges spricht auch wieder entschieden dagegen. Schon bei der technischen Ausstattung angefangen, denn Wasserkühlung und Sechsganggetriebe sind bei einem Chopper sehr ungewöhnlich. Auch daß das Fahrwerk handlich und der Motor drehfreudig ist, kann für einen Chopper auch nicht als normal gelten. Und vollkommen verwirrend schließlich ist es, daß der Soziusplatz tatsächlich als eine vollwertige Mitfahrgelegenheit genutzt werden kann (es vibriert nur etwas in den Fußrasten) und daß die Schräglagenfreiheit vergleichsweise groß und die Wirkungsweise der Federelemente vergleichsweise gut ist. Kann die EN 500 also noch ein Chopper sein?

Im Prinzip ja. Schließlich ist der Radstand für diese Hubraumklasse mit 1555 Millimetern ziemlich lang, der Tank mit nur elf Litern Inhalt und damit auch die erzielbare Reichweite unvernünftig klein, ein Drehzahlmesser nicht vorhanden und der stark gekröpfte Lenker recht unbequem – doch, das wiederum riecht ganz nach Chopper.

So sieht es fast so aus, als habe Kawasaki 1990 mit der Implantation des nur leicht geänderten Triebwerks der GPZ 500 S in ein Chopper-Fahrwerk eine neue Fahrzeuggattung erfunden – den Sport-Chopper nämlich. Der Motor macht zwar das beliebte Chopper-Spiel »Gasgeben aus niedrigen Drehzahlen« durchaus gutmütig mit, entwickelt aber in hohen Drehzahlregionen deutlich mehr Lebensfreude. Erst seit der gründlichen Überarbeitung für das Modelljahr 1996, wo unter anderem auch die Leistungscharakteristik des Motors dank anderer Nockenwellen, kleinerer Vergaser, einer niedrigeren Verdichtung und einer geänderten Auspuffanlage nicht verschont blieb, ist der kleine Sport-Chopper etwas zahmer geworden.

Logisch, daß der Motor der EN 500 nicht kaputtgehen will, schließlich kämpfen ja die engen Verwandten GPZ und KLE auch nicht mit irgendwelchen Erbkrankheiten. Auch an der Verarbeitung der EN gibt's im allgemeinen nichts zu meckern.

Höchstens an der Bedienungsfreundlichkeit, denn daß für die Blinkerbetätigung nur ein fummeliger Schiebeschalter vorgesehen ist, daß der Choke direkt am Vergaser befingert werden muß und daß das Zündschloß schlecht zu erreichen ist, ist für einen Chopper ja vielleicht schon normal.

Aber für einen Sportchopper doch nicht. Und sollte der nicht wenigstens einen Drehzahlmesser haben? Und eine Zentralverriegelung über das Zündschloß statt der altmodischen Sicherung seitlich am Lenkkopf? Vielleicht ist die EN 500 eben doch ein gewöhnlicher Chopper. Oder wenigsten fast.

KAWASAKI EN 500

Motor: Wassergekühlter Zweizylinder-Viertaktmotor, 27 PS (20 kW) bei 8000/min, 39 Nm bei 2800/min, Sechsganggetriebe, Zahnriemen-Antrieb

Fahrwerk: Doppelschleifenrahmen aus Stahl, vorn Scheiben-, hinten Trommelbremse, Reifengröße vorn 100/90 S 19, hinten 140/90 S 15

Gewicht: 200 kg mit 11 Litern Normal vollgetankt

Sitzhöhe: 750 Millimeter

Höchstgeschwindigkeit: 122 km/h

Beschleunigung 0 – 100 km/h: 10,6 sek

Verbrauch: 5,4 Liter/100 km

Leistungsvarianten: 27, 34, 46 PS

Bauzeit (Neupreise): 1990 (9000 Mark) bis heute (2001 10 600 Mark)

Wichtige Modellpflegemaßnahmen: 1994 Drahtspeichenräder. 1996 Kettenantrieb, geändertes Design, neuer Rahmen mit flacherer Gabel, niedrigere Sitzhöhe (715 Millimeter), geänderte Motorabstimmung.

Die angegebenen technischen Daten beziehen sich auf das Modell von 1990 bis 1995.

Glänzender Sportler: Das Treibwerk stammt ursprünglich aus der sportlichen GPZ 500 S – und verhält sich auch so

Kawasaki EN 500: Zweizylindermotor, 27 PS, 200 Kilogramm, 122 km/h

KAWASAKI

ER-5 Twister

Man muß schon einen ganz besonderen Geschmack haben, um die Kawasaki ER-5 Twister als ein aufregendes Motorrad zu empfinden. Das Design ist doch eher bieder, genau wie das ihrer Klassenkonkurrenz Suzuki GS 500 E und Honda CB 500. Auch die Herkunft des Beinamens Twister, was vielversprechend Wirbelsturm heißt, läßt sich nicht ohne weiteres nachvollziehen. Denn den Charakter eines Sturms hat der altbekannte Motor, der in ganz ähnlicher Form schon über 150 000mal in den GPZs, ENs und KLEs dieser Welt verbaut wurde, sicher nicht.

Doch genug der Unkerei, schließlich ist die ER-5 ja beileibe kein schlechtes Motorrad. Der Motor brennt in den höheren Drehzahlregionen zwar kein Feuerwerk ab, schiebt dafür aber angenehm kräftig aus dem Drehzahlkeller. Das Getriebe ist nahezu mustergültig: kaum Schaltgeräusche, butterweich und doch sicher flutschende Gänge und kaum Lastwechselreaktionen – so soll es sein. Die Sitzposition für Fahrer und Beifahrer ist sehr bequem, allerdings sackt die Fuhre im Zweipersonen-Betrieb so weit ab, daß bei hohen Kurvengeschwindigkeiten auf einmal nicht mehr nur die Schräglagenfühler der Fußrasten, sondern gemeinerweise auch Hauptständer und Auspuffsammler hart über den Asphalt kratzen. Doch zur Beruhigung: Bis ein Anfänger, und für die ist die ER-5 ja hauptsächlich gedacht, so schnell unterwegs ist, braucht's schon eine ganze Menge Fahrpraxis. Auch bis zu der Erkenntnis, daß die Gabelstandrohre ruhig ein wenig dicker sein könnten, damit sich die Gabel beim scharfen Bremsen nicht so verwindet, muß man erst Mal eine ganze Menge Bremstrainings absolviert haben.

Was kann ein vom Kaufpreis so günstiges Motorrad in puncto Haltbarkeit bieten? Bricht der Motor nach 50 000 Kilometern zusammen? Ganz sicher nicht, der Langstreckentest von MOTORRAD brachte sehr erfreuliche Ergebnisse. Zwar hatte sich bei der abschließenden Kompressionsmessung bei einem Zylinder ein Druckverlust von einem bar bemerkbar gemacht, der wohl auch für den Leistungsverlust von rund zwei PS gegenüber der Eingangsmessung verantwortlich war, doch waren nicht etwa in den Zylindern schlabbernde Kolben die Übeltäter. Nur ein vorwitziges Einlaßventilchen dichtete nicht mehr einwandfrei ab. Das war auch schon alles. Ansonsten zeigten sich die Innereien des Motors nach dem Zerlegen zwar in gebrauchtem, aber noch durchaus maßhaltigen und damit weiterverwendbaren Zustand.

Weitere Erkenntnisse, die auf den 50 000 Kilometern gesammelt werden konnten: Der Spritverbrauch betrug durchschnittlich 5,6 Liter, konnte bei strammer Autobahnfahrt aber auch schon mal rund acht Liter betragen. Als beste Reifen für die ER-5 erwiesen sich die Bridgestone-Paarungen BT 35 und 45 oder die Metzeler-Reifen ME 1. Und: Die ER-5 Twister macht eine gute Figur, egal, ob auf Reisen oder im Kurzstreckenbetrieb. Nur besonders aufregend sieht sie eben nicht aus.

KAWASAKI ER-5 Twister

Motor: Wassergekühlter Zweizylinder-Viertaktmotor, 50 PS (37 kW) bei 9000/min, 45 Nm bei 7200/min, Sechsganggetriebe, Kettenantrieb

Fahrwerk: Doppelschleifenrahmen aus Stahl, vorn Scheiben-, hinten Trommelbremse, Reifengröße vorn 110/70 H 17, hinten 130/60 H 17

Gewicht: 195 kg mit 16 Litern Normal vollgetankt

Sitzhöhe: 780 Millimeter

Höchstgeschwindigkeit: 178 km/h

Beschleunigung 0 – 100 km/h: 5,3 sek

Verbrauch: 5,6 Liter/100 km

Leistungsvarianten: 34 und 50 PS

Bauzeit (Neupreise): 1996 (8490 Mark) bis heute (2001 9000 Mark)

Wichtige Modellpflegemaßnahmen: 1997 tauschte Kawasaki kostenlos die manchmal undichten Tanks der ersten Serie aus.

Alter Bekannter: Dieser Motor werkelt in ganz ähnlicher Form in der GPZ, EN und KLE von Kawasaki

Kawasaki ER-5 Twister: Zweizylindermotor, 50 PS, 195 Kilogramm, 178 km/h

KAWASAKI

GPZ 500 S

Die GPZ 500 S ist einer der Bestseller aus dem Haus Kawasaki und auf dem Gebrauchtmarkt dementsprechend häufig zu finden. Die Gründe für ihre Beliebtheit liegen auf der Hand: Das Fahrwerk ist hervorragend, der Motor standfest, der Verbrauch gering und die Sitzhöhe niedrig. Und da der Motor auf einfache Art und Weise (durch Austausch der Vergaserdeckel und/oder Schieber) gleich wahlweise auf vier verschiedene Leistungen gebracht werden kann, wird dieses Motorrad auch nicht so schnell langweilig, sondern kann quasi mit den Fahrkünsten mitwachsen.

Das Fahrverhalten der GPZ 500 S ist auf jeden Fall sowohl für Einsteiger als auch durchaus für sportliche Einlagen geeignet.

Wer allerdings eine typisch rumpelnde Zweizylinder-Charakteristik sucht, wird von der GPZ eher enttäuscht sein, denn dank einer wirkungsvollen Ausgleichswelle sind Vibrationen nur unterhalb 3000/min zu spüren. Darüber dreht der gedrosselte Motor geschmeidig, die offene Version sogar sehr giftig hoch.

KAWASAKI GPZ 500 S

Motor: Wassergekühlter Zweizylinder-Viertaktmotor, 60 PS (44 kW) bei 9800/min, 46 Nm bei 8500/min, Sechsganggetriebe, Kettenantrieb

Fahrwerk: Doppelschleifenrahmen aus Stahl, vorn Scheiben-, hinten Trommelbremse, Reifengröße vorn 100/90 H 16, hinten 120/90 H 16

Gewicht: 196 kg mit 18 Litern Normal vollgetankt

Sitzhöhe: 770 Millimeter

Höchstgeschwindigkeit: 195 km/h

Beschleunigung 0 – 100 km/h: 5,0 sek

Verbrauch: 5,2 Liter/100 km

Leistungsvarianten: 27, 34, 50, 60 PS

Bauzeit (Neupreise): 1987 (8300 Mark) bis heute (2001 10 300 Mark)

Wichtige Modellpflegemaßnahmen: 1988 Doppelscheibenbremse vorn. 1994 (Typ EX 500 D) 17-Zoll-Räder, Scheibenbremse hinten, sportlicher geformte Verkleidung.

Die angegebenen technischen Daten beziehen sich auf das Modell von 1987 bis 1993.

Ebenfalls enttäuscht wird der Beifahrer sein, denn die Fußrasten für den Sozius sind dermaßen hoch angebracht, daß selbst kleine Menschen hinten unbequem sitzen. Wenigstens taugt dieser Platz bei der Urlaubsreise als Gepäck-Abteil, da sich unter dem Heck ausklappbare Gepäckhaken befinden – Kawasaki weiß schon, warum. Der Fahrer hingegen fühlt sich, eine Körpergröße zwischen 1,60 und 1,90 Meter vorausgesetzt, auf seinem Platz durchaus wohl.

Von der Bremsanlage her ist zunächst das Modell ab 1988 empfehlenswerter als das alte, da vorher die einzelne Bremsscheibe im Vorderrad deutliche Ermüdungserscheinungen nach einigen scharfen Bremsungen zeigte. Noch besser sind allerdings die Bremsen im Modell ab 1994, da hier die giftige, schnell zum Blockieren neigende Trommelbremse durch eine Scheibenbremse ersetzt wurde.

Auch von der Radgröße her ist das neuere Modell die bessere Wahl, da die nunmehr 17-zölligen Räder das Motorrad beim Bremsen in Kurven längst nicht mehr so stark aufstellen wie die 16-Zöller. Auch fährt sich die GPZ mit den kleinen Rädern bei langsamen Geschwindigkeiten etwas kippeliger – allerdings kann man sich durchaus auch an die kleinen Räder gewöhnen.

Bei der Besichtigung sollte der Interessent die rostanfällige Auspuffanlage im Auge halten und die Verkleidung genau untersuchen. Hier brechen nämlich besonders gern die Befestigungspunkte der Seitendeckel ab. Außerdem kann die Verkleidung durch die feinen Vibrationen eingerissen sein oder der tiefliegende Bugspoiler durch harten Kontakt mit einer Bordsteinkante beschädigt sein.

Noch ein Tip: Die serienmäßigen Ausleger der Spiegel sind extrem kurz – meist sieht der Fahrer hier drin außer den eigenen Armen überhaupt nichts. Hier hilft entweder die Montage der Spiegel der Kawasaki GPX 600 R (aber Halteplatte des rechten Spiegel links montieren und umgekehrt) oder das Anschrauben der etwas klobigeren Spiegel der Kawasaki GPZ 900 R.

PS-Baukasten: Die Leistung wird durch verschiedene Kombinationen von Gasschiebern und Vergaserdeckeln bestimmt

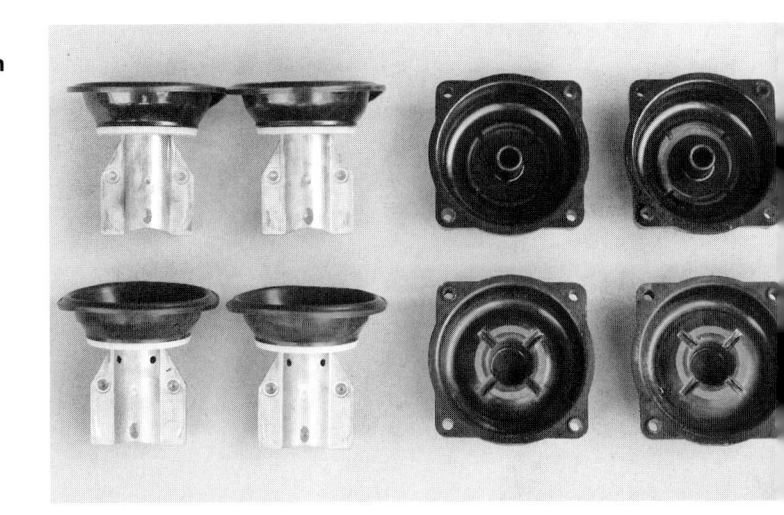

Kawasaki GPZ 500 S:
Zweizylindermotor, 60 PS,
196 Kilogramm, 195 km/h

KAWASAKI

KLE 500

Die Mode entstand in Frankreich. Dort war es nämlich auf einmal in, die hochbeinigen Enduros tieferzulegen und breite Felgen mit Straßenreifen und hochwertigen Bremsanlagen zu montieren – fertig war das Funbike. Ein Gerät, mit dem sich fortan zwar Ausflüge in die örtliche Kiesgrube verboten, das sich nun aber trefflich eignete, auf winkligen Landstraßen ahnungslosen Superbikern aufzulauern, um ihnen daraufhin fürchterlich um die Ohren zu fahren.

Diese Welle, die so langsam auch nach Deutschland schwappte, wollte Kawasaki sich natürlich nicht entgehen lassen und bot ab 1991 die KLE 500 an. Der Motor stammte aus der überaus erfolgreichen GPZ 500 S, wurde allerdings mittels zahmerer Nockenwellen auf 50 PS begrenzt.

Geänderte Gasschieber schnürten weitere 23 PS ab, doch diese Drosselung ging zunächst völlig in die Hose, da des Guten etwas zuviel getan wurde – nur 20 statt der angestrebten 27 PS blieben übrig. Damit wollte nun beim besten Willen kein Fun aufkommen. So tauschte Kawasaki kurze Zeit später die Gasschieber auf Garantie.

Bei der seit 1993 lieferbaren 34-PS-KLE dagegen gelang die Drosselung auf Anhieb. Schade nur, daß sich sämtliche Varianten unrühmlich mit unbändigem Durst hervortun: Bei Vollgas rinnen bis zu zwölf Liter Sprit durch die Vergaser.

Der sechste Gang ist ausgesprochen lang übersetzt, der rote Bereich des Drehzahlmessers, der bei 11 000/min beginnt, wird auch nicht annähernd erreicht – kein Wunder, schließlich müsste die 500er dann auch schon 213 km/h schnell sein. Doch immerhin, echte 165 km/h sind auch nicht von Pappe.

Aber was soll's, Raserei ist sowieso nicht ihre Stärke, denn Fun kommt mit der KLE nicht auf der Autobahn und nicht im Gelände, sondern auf Landstraßen mit engen Wechselkurven und Spitzkehren auf – hier ist sie in ihrem Element.

Die Fahrwerksabstimmung und die Sitzposition ist komfortabel ausgefallen, sogar ein Beifahrer findet einen bequemen Platz vor. Nur ist im Zwei-Personen-Betrieb die Bremse mit ihrer einzelnen Scheibe hoffnungslos überfordert.

Der Motor ist sehr solide, die hohen Drehzahlen, die er ständig über sich ergehen lassen muß, damit es zügig vorangeht, können ihm kaum etwas anhaben. Im Klartext: Laufleistungen von 50 000 Kilometern müssen noch lange kein Kaufhindernis sein. Wenn der Motor rasselt, ist wahrscheinlich die Feder des Steuerkettenspanners ausgeleiert, was relativ häufig vorkommt. Seltener brechen die Stehbolzen des Krümmers ab, der Kaufinteressent kann diesen Defekt aber relativ leicht am zischelnden, in fortgeschrittenen Fällen knatternden Geräusch aus diesem Bereich erkennen.

Um die Herstellungskosten seinerzeit niedrig zu halten, spendierte Kawasaki der KLE nicht gerade aufwendige Federelemente, so läßt sich die Gabel gar nicht und das Federbein nur in der Federbasis verstellen. Leider ist aber auch die Lebenserwartung dieses Bauteils nicht die höchste, denn nach 20 000 Kilometern ist meist die Dämpfung am Ende – die KLE springt und bockt dann auf holprigen Strecken. Und dann macht's nun wirklich keinen Fun.

KAWASAKI KLE 500

Motor: Wassergekühlter Zweizylinder-Viertaktmotor, 50 PS (37 kW) bei 8500/min, 45 Nm bei 6500/min, Sechsganggetriebe, Kettenantrieb

Fahrwerk: Doppelschleifenrahmen aus Stahl, vorn und hinten Scheibenbremse, Reifengröße vorn 90/90-21, hinten 130/80-17

Gewicht: 198 kg mit 15 Litern Normal vollgetankt

Sitzhöhe: 840 Millimeter

Höchstgeschwindigkeit: 165 km/h

Beschleunigung 0 – 100 km/h: 6,1 sek

Verbrauch: 7,3 Liter/100 km

Leistungsvarianten: 27, 34, 48, 50 PS

Bauzeit (Neupreise): 1991 (8800 Mark) bis heute (2001 10 600 Mark)

Wichtige Modellpflegemaßnahmen: 1996 offen 48 PS

Fun, fun, fun: Die KLE ist bestens dazu geeignet, Blödsinn zu veranstalten

Kawasaki KLE 500:
Zweizylindermotor, 50 PS,
198 Kilogramm, 165 km/h

KAWASAKI

GPZ 550

Die GPZ 550 war jahrelang ein Erfolgsmodell im Kawasaki-Programm, und ein problemloses dazu, schließlich wurde der Motor über all die Zeit unverändert weitergebaut. Nur immer mehr Leistung wurde ihm eingehaucht: Die erste GPZ von 1981 hatte noch 58, die von 1982 schon 62 und die letzte ab 1984 schließlich 65 PS – und das bei einer respektablen Drehzahl von 10 5000/min. Das agile Triebwerk verhält sich wie ein kleiner Renmotor, so, wie er ab 7500/min hochorgelt. Aber gehen so hohe Drehzahlen nicht zu Lasten der Haltbarkeit? Scheinbar nicht, denn zum einen braucht der Motor gar nicht dauernd so geprügelt werden, da er auch untenherum, natürlich in Maßen, so etwas wie Durchzugsstärke aufweist. Und zum anderen erwies sich das Triebwerk im Lauf der Jahre als durchaus hart im Nehmen: Laufleistungen bis zu 100 000 Kilometer ohne große Reparaturen sind durchaus möglich. Ebenso erfreut die nahezu perfekte Abstimmung und Bedienbarkeit des Sechsgang-Getriebes.

Was dagegen nicht so erfreulich ist: Das Fahrwerk ist eben schon ein älteres Kaliber und reagiert dementsprechend empfindlich auf Längsrillen – besonders mit abgefahrenen Reifen ist dieser häßliche Effekt deutlich spürbar. Außerdem neigt es zum Pendeln bei Geschwindigkeiten ab 160 km/h. Apropos Fahrwerk: Die Gabel der GPZ 550 läßt sich zwar mit Luft befüllen, um sie verschiedenen Beladungszuständen anzupassen, doch ganz ohne Luft-Unterstützung hat die Gabel die besten Federungs- und Dämpfungseigenschaften. Außerdem verkürzt die Luftbefüllung durch den höheren Innendruck der Gabel das Leben der Dichtringe.

Licht und Schatten: Die Sitzposition ist für den Beifahrer zwar nicht besonders bequem, dafür aber für Fahrerinnen besonders – die GPZ 550 ist durch ihre niedrige Sitzhöhe und die recht schmale Sitzbank besonders gut als Fahrzeug für zierliche Frauen geeignet. Und nochmal Licht und Schatten: Die Ventile verstellen sich zwar üblicherweise innerhalb von 10 000 Kilometern nicht, dafür ist die irgendwann einmal nötige Einstellung des Ventilspiels mittels Distanzscheibchen (»Shims«) nichts für Schrauber-Anfänger. Ein Tip für die, die's können: Um die recht hohen mechanischen Geräusche des Motors zu minimieren, sollte das Spiel auf die unteren Toleranzwerte gebracht werden (Einlaß 0,1, Auslaß 0,15 Millimeter).

Doch nun zur Besichtigung: Hin und wieder ölen die kleinen GPZ-Motoren aus dem Bereich des Zylinderkopfs, hier also genau hinschauen. Und macht der Motor ein rasselndes Geräusch, ist wahrscheinlich der Steuerkettenspanner hinüber. Das war's auch schon.

Und so sollten sich, trotz der oben genannten Ärgerlichkeiten und den Tatsachen, daß die Rückspiegel zu kurz sind und die LCD-Anzeige der Tankuhr ungenau ist, Interessenten nicht von der GPZ 550 abwenden, denn es kommt ein nicht unerheblicher Vorteil der 550er hinzu: Anschaffungs- und Unterhaltskosten sind recht niedrig.

KAWASAKI GPZ 550

Motor: Luftgekühlter Vierzylinder-Viertaktmotor, 65 PS (48 kW) bei 10 500/min, 48 Nm bei 8500/min, Sechsganggetriebe, Kettenantrieb

Fahrwerk: Doppelschleifenrahmen aus Stahl, vorn Doppelscheiben-, hinten Scheibenbremse, Reifengröße vorn 100/90 H 18, hinten 120/80 H 18

Gewicht: 204 kg mit 18 Litern Normal vollgetankt

Sitzhöhe: 780 Millimeter

Höchstgeschwindigkeit: 187 km/h

Beschleunigung 0 – 100 km/h: 4,6 sek

Verbrauch: 6,6 Liter/100 km

Leistungsvarianten: 27, 50, 65 PS

Bauzeit (Neupreise): 1984 (7700 Mark) bis 1990 (8000 Mark)

Wichtige Modellpflegemaßnahmen: ab 1990 nur noch mit 50 PS lieferbar.

Licht und Schatten: Die niedrige Sitzhöhe und die schmale Sitzbank kommen zierlichen Frauen entgegen, aber zu zweit wird's unbequem

Kawasaki GPZ 550: Vierzylindermotor, 65 PS, 204 Kilogramm, 187 km/h

KAWASAKI

Zephyr 550

Kawasaki Deutschland zeigte sich zögerlich. Zwar wurde in Japan schon seit 1989 eine Zephyr mit 400 cm³ verkauft, doch konnte solch ein klassisch anmutendes Motorrad auch hierzulande eine Chance haben? Es konnte. So erschien 1991 dann doch noch eine kleine Zephyr, allerdings mit dem 550er Motor, der bereits in den verschiedenen Z-, GPZ- und GT-Modellen gewerkelt hatte. Und gegenüber der japanischen Variante bekam die deutsche Version statt der Vier-in-zwei- eine Vier-in-eins-Auspuffanlage verpaßt, schließlich war das auch in den achtziger Jahren der letzte Schrei. Der tropfenförmige Tank, der Entenbürzel, die Masse Chrom und die zwei einzelnen Federbeine – klassischer konnte ein Motorrad kaum wirken.

Leider gilt das auch heute noch für einige Eigenschaften der Zephyr 550, denn sie hat sich vor allem zwei unangenehme Eigenschaften mit in die Neuzeit horübergerottet: die schlechten Kaltstartmanieren (der Motor jubelt entweder in ungesund hohe Regionen oder stirbt nach Zurücknehmen des Chokes wieder ab) und die schlechten Federelemente. Die beiden Federbeine müssen nämlich schon bei einem 85-Kilogramm-Fahrer maximal vorgespannt werden, und im Zwei-Personen-Betrieb auf schlechten Straßen ist ein Durchschlagen gar nicht mehr zu vermeiden. Natürlich leidet darunter auch die Bodenfreiheit, und so setzt die Zephyr vollbeladen und bei flotter Fahrweise hart auf dem rechten Krümmer auf. Lange Fahrer werden nicht lange Spaß an der Sitzposition haben, da sie ihre Beine wegen der hohen Rasten recht stark anwinkeln müssen.

Doch jetzt aber genug gemeckert, denn Zephyr 550-Fahrer donnern meist nicht in maximaler Schräglage durch die Lande, sondern gehören eher zu beschaulicheren Genießern. Und zum Genießen taugt die 550er durchaus. Die Drehfreudigkeit, der weiche Lauf, die Sparsamkeit (unter vier Liter sind durchaus möglich) und die Zuverlässigkeit des schon recht betagten Triebwerks können auch heute noch erfreuen. Trotz der hohen Drehzahlen, zu denen zumindest die offene Version mit 50 PS animiert, weil der Motor ab 7000/min so schön faucht, ist die Drehorgel kaum kaputtzukriegen. Übrigens: Wenn die kalte Zephyr den Gebrauchtkäufer mit einem unangenehmen Ticken beunruhigt, kündigt sich meist nicht ein kapitaler Motorschaden an, sondern oftmals ist einfach nur das Ventilspiel zu groß. Kawasaki gibt zwar eine Toleranz von 0,08 bis 0,18 Millimeter an – um aber den Geräuschpegel und auch den mechanischen Verschleiß niedrig zu halten, sollte man sich am kleineren Wert orientieren.

Die Bremsen gehören in dieser Hubraumklasse immer noch zum Feinsten, und die kastenförmige Leichtmetallschwinge ist nicht nur eine Augenweide, sondern erlaubt dank der Exzenter ein schnelles Spannen der Kette. Richtig einfach geht's aber leider nicht, da der Zephyr 550 ein Hauptständer fehlt. Ein Tribut wohl an die Vier-in-eins-Anlage, und damit auch ein Tribut an das klassische Aussehen.

KAWASAKI Zephyr 500

Motor: Luftgekühlter Vierzylinder-Viertaktmotor, 34 PS (25 kW) bei 7700/min, 36 Nm bei 4000/min, Sechsganggetriebe, Kettenantrieb

Fahrwerk: Doppelschleifenrahmen aus Stahl, vorn Doppelscheiben-, hinten Scheibenbremse, Reifengröße vorn 110/80 H 17, hinten 140/70 H 18

Gewicht: 200 kg mit 15 Litern Normal vollgetankt

Sitzhöhe: 770 Millimeter

Höchstgeschwindigkeit: 157 km/h

Beschleunigung 0 – 100 km/h: 6,7 sek

Verbrauch: 5,5 Liter/100 km

Leistungsvarianten: 27, 34, 50 PS

Bauzeit (Neupreise): 1991 (8700 Mark) bis 1999 (9700 Mark)

Wichtige Modellpflegemaßnahmen: keine

Der letzte Schrei: Schon in den achtziger Jahren waren Vier-in-eins-Auspuffanlagen beliebt

Kawasaki Zephyr 550: Vierzylindermotor, 34 PS, 200 Kilogramm, 157 km/h

KAWASAKI

GPZ 600 R

Die GPZ 600 R ist ein echter Fall für Sport-Djangos. Der Motor ist drehfreudig und knurrig: In unteren Drehzahlen läuft er rauh und rasselt noch häßlich, aber mit steigender Drehzahl geht die Lebensäußerung in ein heiseres Fauchen, ab 6000/min schließlich in ein kräftiges Röhren über. Die Charakteristik der Beschleunigung erinnert hierbei eher an einen Zweitakter.

Das Fahrwerk ist handlich, fast schon etwas zu handlich, da die GPZ fast von allein in die Kurven fällt. Zudem ist es knüppelhart abgestimmt, und eine längere Reisetour, vielleicht noch mit einem Beifahrer, schaffen nur beinharte Gemüter. Immerhin, ein Tankrucksack ließe sich befestigen, denn dessen Riemen passen sogar unter dem GPZ-Tank durch. Der Sportfan sollte zudem nicht allzu groß sein, da die Sitzposition extrem geduckt und mit stark angewinkelten Beinen ausgefallen ist. Die Bremsen sind sehr gut, nur stellt sich das Motorrad beim Verzögern in Kurven stark auf. Und Langsamfahren ist wegen dem starken Schieberuckeln auch kein rechtes Vergnügen.

Zunächst wichtig zu wissen: Die GPZ hatte anfangs noch 75 PS und erstarkte 1989 auf 82 PS. Beide Varianten lassen sich auch auf 27 PS drosseln, einfach durch Einbau von Reduzierscheiben in den Ansaugtrakt und anderen Düsennadeln, doch die Leistungsreduzierung als gelungen zu bezeichnen, wäre schlichtweg gelogen. Die sonst recht sparsamen Motoren verbrauchen dann nämlich deutlich mehr Sprit und spotzen erbärmlich, weil jetzt die Abstimmung deutlich zu fett ist.

Trotz des hohen Drehzahlniveaus – die GPZ ab 1989 entwickelt ihre 82 PS schließlich erst bei 11 000/min – hat sich der Motor als erstaunlich standfest erwiesen. Auch den 40 000-Kilometer-Langstreckentest von MOTORRAD überstand sie mit Bravour. Lediglich verschlissene Gasschieber waren zu beklagen, ein Defekt, der an der GPZ 600 R recht häufig auftritt. Kleine Ursache, großes Geld: Wenn bei der Probefahrt das Motorrad im mittleren Drehzahlbereich schlecht Gas annimmt, sind die Schieber vermutlich hinüber. Klopfende Geräusche aus der Zylinderkopfgegend sind noch schlimmer, denn in diesem Fall könnten die Lagerböcke der Nockenwellen verschlissen sein, auch keine Seltenheit bei der GPZ. Da dann der Zylinderkopf komplett getauscht werden müßte, sollte sich der Interessent in diesem Fall lieber nach einem anderen Exemplar umsehen. Ebenfalls bedenklich ist ein unrunder Leerlauf. Im schlimmsten Fall sind dann nämlich die Ventilsitze eingeschlagen, ein Schaden, der besonders bei den ersten GPZ gern und häufig auftrat, da hier das Material der Ventilsitze nicht gerade vom Feinsten war. Bleiben als letzte Schwachstelle noch rubbelnde Bremsscheiben, ebenfalls häufig an gebrauchten GPZ aufzuspüren. Neue Originalscheiben sind teuer, und die Scheiben planen lassen hilft nur kurzzeitig. In diesem Fall sollte der Kauf von schwimmend gelagerten Bremsscheiben aus dem Zubehör ins Auge gefaßt werden – die bremsen noch besser, halten länger und sind billiger.

KAWASAKI GPZ 600 R

Motor: Wassergekühlter Vierzylinder-Viertaktmotor, 75 PS (55 kW) bei 10 500/min, 52 Nm bei 9000/min, Sechsganggetriebe, Kettenantrieb

Fahrwerk: Doppelschleifenrahmen aus Stahl, vorn Doppelscheiben-, hinten Scheibenbremse, Reifengröße vorn 110/90 V 16, hinten 130/90 V 16

Gewicht: 217 kg mit 18 Litern Normal vollgetankt

Sitzhöhe: 770 Millimeter

Höchstgeschwindigkeit: 215 km/h

Beschleunigung 0 – 100 km/h: 4,3 sek

Verbrauch: 7,2 Liter/100 km

Leistungsvarianten: 27, 50, 75, ab 1989 82 PS

Bauzeit (Neupreise): 1985 (9700 Mark) bis 1990 (bis 10 600 Mark)

Wichtige Modellpflegemaßnahmen: ab 1989 mit 82 PS

Die angegebenen technischen Daten beziehen sich auf das Modell von 1985 bis 1988.

Ein langer Weg: Zum Ventile einstellen ist ein Haufen Teile zu demontieren

Kawasaki GPZ 600 R: Vierzylindermotor, 75 PS, 217 Kilogramm, 215 km/h

KAWASAKI

KLR 600

Die KLR 600 war 1984 ein echtes High-Tech-Angebot: Wasserkühlung, zwei Nockenwellen und zwei Ausgleichswellen zur Minderung der Einzylinder-typischen Vibrationen, das Ganze noch verpackt in das Design der Kawasaki-Werkscrosser – das Konzept wirkte vielsprechend.

Obwohl sich die KLR durch einen ausgeklügelten Dekompressions-Mechanismus, der bei Drehzahlen unter 1000/min ein Auslaßventil öffnet, vergleichsweise leicht ankicken ließ, schob Kawasaki 1985 die KLR 600 E mit Elektro-Starter nach. Cross-Fetischisten verpönten diesen Schritt, schließlich wog die elektrogestartete KLR jetzt acht Kilogramm mehr. Und als 1987 die plastikverschalte und 180 Kilogramm schwere KLR 650 die 600er ablösen sollte, war Kawasaki wahrscheinlich selbst über die weiterhin starke Nachfrage nach der viel leichteren KLR 600 erstaunt. So kam die 600er von 1988 bis 1990 eben noch einmal in den Handel, jetzt aber erheblich überarbeitet.

Für diese Überarbeitung gab es aber auch eine Menge Gründe, und damit sind wir schon bei der Besichtigung einer Gebrauchten. Zwei Liter Füllmenge Motoröl sind schon nicht gerade viel. Da sich die KLR aber auch noch als mächtiger Ölverbraucher herausstellte, sind sehr häufige Ölstands-Kontrollen für ein langes Motorleben unerläßlich, um Motorschäden durch Ölmangel vorzubeugen. Kawasaki änderte zwar für 1988 die Kolbenringe, um dem immensen Öldurst einen Riegel vorzuschieben, doch durchschlagend wirkte diese Modellpflege nicht. Besonders gefährlich: Steht der Ölstand im Schauglas auf MIN, ist tatsächlich nur noch die Hälfte des Öls vorhanden – das macht kein Motor lange mit.

Auch ansonsten ist es mit dem langen Motorleben nicht immer weit her: Zum einen erwiesen sich Steuerkette und -spanner als recht schlappe Gesellen, mit der Folge, daß die Steuerkette irgendwann einmal übersprang – besonders gern beim Anlassen. Ein fataler Schaden, denn verbogene Ventile sind dann vorprogrammiert. Also bei der Probefahrt gut hingehört, denn dieser Schaden tritt nicht von jetzt auf gleich auf, sondern kündigt sich schon vorher durch ein lautes rasselndes Geräusch an. In dem Fall heißt es wohl besser: Finger weg von dieser Maschine. Ab 1988 setzte Kawasaki einen verstärkten Spanner ein, der auch in den älteren Baujahren nachgerüstet werden kann – erkennbar außen an einer Zwölfer- statt der alten Zehner-Schraube.

Die Mängelliste ist noch nicht zu Ende: Der Gummidämpfer am Antriebsrad der Ausgleichswellen löste sich gern in seine Bestandteile auf und setzte so nach und nach das Ölfilter zu. Die Elektrik ist extrem nässeempfindlich, der Zündunterbrecher am Seitenständer anfällig und die Auspuffanlage rostet gern.

Und noch etwas: Große Einzylinder wollen immer behutsam warmgefahren werden, doch die Anzeige der Kühlwasser-Temperatur macht es dem KLR-Fahrer nicht leicht, denn sie täuscht viel zu früh Betriebstemperatur vor. Hier sollte sich der Fahrer also nicht darauf verlassen und der armen Kawasaki noch ein paar Kulanz-Kilometer gewähren. Sie hatte es in ihrem Leben sowieso nicht leicht.

KAWASAKI KLR 600

Motor: Wassergekühlter Einzylinder-Viertaktmotor, 42 PS (31 kW) bei 7000/min, 47 Nm bei 5500/min, Fünfganggetriebe, Kettenantrieb

Fahrwerk: Einrohrrahmen aus Stahl, vorn Scheiben-, hinten Trommelbremse, Reifengröße vorn 3.00 H 21, hinten 5.10 H 17

Gewicht: 155 kg mit 11 Litern Super bleifrei vollgetankt

Sitzhöhe: 890 Millimeter

Höchstgeschwindigkeit: 146 km/h

Beschleunigung 0 – 100 km/h: 6,0 sek

Verbrauch: 6,4 Liter/100 km

Leistungsvarianten: 27, 42 PS

Bauzeit (Neupreise): 1984 (6700 Mark) bis 1986 (7700 Mark) und 1988 (7400 Mark) bis 1990 (7400 Mark)

Wichtige Modellpflegemaßnahmen: ab 1985 wahlweise mit E-Starter lieferbar (Typ KL 600 A, Ausführung B). 1988 verstärkter Steuerkettenspanner, Zündzeitpunkt geändert und verbesserte Kolbenringe.

Ziemlich überflüssige Aktion: Die KLR 600 ist schon serienmäßig wassergekühlt

Kawasaki KLR 600: Einzylindermotor, 42 PS, 155 Kilogramm, 146 km/h

KAWASAKI

ZX-6R

Sie suchen ein reinrassiges Sportgerät? Eins, dessen Motor man drehzahlmäßig auswringen kann wie ein Handtuch und das dabei einen so kehligen Ton entwickelt, daß es einem einfach kalt den Rücken hinunter laufen muß? Dann probieren Sie es doch einmal mit der Kawasaki ZX-6R. Okay, die kleine Drehorgel hat ihre Starallüren. Sie hat ein miserables Warmlaufverhalten, der Windschutz der flachen Scheibe ist besonders für längere Menschen nicht gerade der Hit, und der Spritverbrauch ist auch nicht von schlechten Eltern – unter sieben Liter Normal ist kaum etwas zu machen. Dafür entschädigt die ZX-6R mit ihrem kräftigen Sportlerherz. Der Motor jubelt so gewaltig durch das breite Drehzahlband, daß es schwerfällt zu glauben, daß hier tatsächlich nur 599 Kubikzentimeter am Werk sind. Das Getriebe ist erste Sahne, der Antriebsstrang arbeitet reaktionsfrei und die Bremsen funktionieren erstklassig.

KAWASAKI ZX-6R

Motor: Wassergekühlter Vierzylinder-Viertaktmotor, 100 PS (74 kW) bei 12 500/min, 64 Nm bei 10 000/min, Sechsganggetriebe, Kettenantrieb
Fahrwerk: Brückenrahmen aus Leichtmetall, vorn Doppelscheiben-, hinten Scheibenbremse, Reifengröße vorn 120/60 ZR 17, hinten 160/60 ZR 17
Gewicht: 206 kg mit 18 Litern Normal vollgetankt
Sitzhöhe: 810 Millimeter
Höchstgeschwindigkeit: 241 km/h
Beschleunigung 0 – 100 km/h: 3,6 sek
Verbrauch: 7,0 Liter/100 km
Leistungsvarianten: 98, 100, 108 PS
Bauzeit (Neupreise): 1995 (16 260 Mark) bis heute (2001 17 700 Mark)
Wichtige Modellpflegemaßnahmen: 1996 (Typ ZX 600 F2) Verstärkung an Rahmen und Gabel. 1997 (Typ ZX 600 F3) geänderte Vergaserabstimmung und Zündkurve. 1998 (Typ ZX 600 G1) neuer Rahmen, Standrohrdurchmesser 46 statt bisher 41 Millimeter, Sechskolben-Bremszange (vorher Vierkolben), 170er Hinterrad-Reifen, auf Wunsch mit U-Kat lieferbar (später Serie). 2000 111 statt 108 PS, fünf kg leichter, geänderte Reifendimensionen.

Die angegebenen technischen Daten beziehen sich auf das Modell ZX 600 F1 von 1995.

Zumindest, solange die kleine Ninja, wie sie mit Beinamen heißt, noch keine nennenswerte Laufleistung auf dem Buckel hat. Denn mit zunehmendem Tachostand mehren sich auch die Mängel, deckte ein 50 000-Kilometer-Test von MOTORRAD auf. Die Bremsscheiben begannen zu rubbeln, das Getriebe ließ sich nicht mehr exakt schalten, und der Motor lief gegen Ende der Distanz immer rauher, litt unter Leistungsschwund und hohem Öldurst. Neuralgische Punkte waren außerdem die Gabeldichtringe, die trotz Austausch immer wieder leckten.

Das anschließende Zerlegen des Motors brachte keine Entwarnung. Mehrere Auslaßventile waren undicht (daher der Leistungsschwund), ein Kurbelwellenlager hatte deutliche Laufspuren, und auch sonst zeigte sich an einigen Kleinigkeiten, daß die MOTORRAD-ZX sehr gern am Drehzahl-Limit bewegt wurde.

Trost für den privaten Interessenten: Meist haben die Gebrauchten deutlich weniger Kilometer auf dem Tacho und wurden während ihres Lebens weit weniger geschunden. Dennoch lohnt ein prüfender Klaps mit dem Handballen seitlich gegen den Schalldämpfer (sofern der originale überhaupt noch montiert ist), denn manchmal vibriert sich hier das Innenleben ab. Bei der Probefahrt sollte auf rubbelnde Bremsscheiben geachtet werden, auf eine dichte Gabel und auf einwandfreie Funktion des Zentralfederbeins, das nämlich durch unzureichenden Spritzschutz einer intensiven Dauer-Dreckbehandlung unterzogen wird und so frühzeitig seinen Dienst quittieren kann.

Da Sportfahrer gern fachsimpeln, besonders gern über Reifen, hier noch ein paar Tips zum Mitreden und Ausprobieren: Der Bridgestone BT 50, die Serienbereifung, ist für den Durchschnittsfahrer vollkommen ausreichend. Doch wer läßt sich schon gern als Durchschnittsfahrer bezeichnen? Also: Sportliche Naturen bevorzugen den Metzeler ME-Z1, denn diese Reifenpaarung zeichnet sich durch hohe Zielgenauigkeit in Kurven aller Art, gute Fahrstabilität und sehr gute Haftung bis in den Grenzbereich aus. Und das ist doch das, was Sportfahrer wollen. Genau wie die Kawasaki ZX-6R.

Rubbel-Los: Immer diese Bremsscheiben

Kawasaki ZX-6R: Vierzylindermotor, 98 PS, 206 Kilogramm, 241 km/h

KAWASAKI

ZZ-R 600

Kawasaki und Honda liefern sich seit 1985, als Kawasaki mit der 75 PS starken GPZ 600 R herauskam, ein erbittertes Rennen in der 600er Klasse: Wer baut die Stärkste? Schon 1986 trumpfte Honda mit der 85 PS starken CBR 600 F auf, Kawasaki konnte ein Jahr später mit der 85 PS starken GPX 600 R nur gleichziehen.

1989 machte Honda mit einer überarbeiteten und nunmehr 93 PS starken CBR 600 F wieder einen Riesensatz nach vorn. Doch 1990 endlich gelang es Kawasaki, mit der 98 PS starken ZZ-R 600 einmal die Nase vorn zu haben. Allerdings nur für ein Jahr, denn 1991 überholte Honda bereits wieder mit einer 100 PS kräftigen CBR, 1993 zog Kawasaki nach und mittlerweile leisten heutige offene 600er weit über 100 PS ... verlassen wir diesen Leistungs-Kampfplatz.

Für den Gebrauchtkäufer ist in diesem Zusammenhang nur wichtig zu wissen, daß die ZZ-R 600 ab Modelljahr 1993 gegenüber dem älteren Typ eindeutig die bessere Wahl ist – gelungene Modellpflege macht's möglich. Die alte nervte mit einer bockigen Fahrwerksabstimmung, die sich nur durch den Austausch des Federbeins und der Gabelfedern gegen Teile aus dem Zubehör verbessern ließ, ärgerte mit zwei fürchterlichen Reserve-Anzeigen, die oft schon nach 80 Kilometern ihre nervtötende Flackerei begannen, wies ein schlechtes Kaltstartverhalten und zudem noch ein Leistungsloch bei zirka 6000/min auf. All diese Schwächen sind dem 93er Modell ausgetrieben: Die Fahrwerksabstimmung ist komfortabler geworden, eine Tankuhr zeigt den Spritstand korrekt und nervenschonend an und durch eine geänderte Vergaser-Abstimmung ist sowohl das Startverhalten besser geworden als auch das Leistungsloch in höhere Drehzahlregionen verschwunden, wo es nicht mehr so stört.

Erhalten geblieben ist dagegen die bequeme Sitzposition für 1,75- bis 1,95-Meter-Menschen (für kleinere ist die Sitzbank etwas zu breit) sowie der recht gute Windschutz der Verkleidung. Auch die Drosselung erfolgt auf die gleiche Weise wie beim älteren Modell, nämlich durch geänderte Vergaserfedern und Einbau von Blenden in die Ansaugstutzen.

Ebenso fällt die Gebrauchtkauf-Besichtigung bei beiden Modellen gleich, nämlich kurz aus. Ruckelt das Motorrad bei langsamer Geschwindigkeit bei Lastwechseln (Gas auf, Gas zu, Gas auf), sind wahrscheinlich die Ruckdämpfer im Hinterrad verschlissen, was bei der ZZ-R 600 relativ häufig vorkommt – zum Glück keine allzu kostspielige Reparatur.

Der Krümmer ist nicht nur schlecht gegen Rost geschützt, sondern setzt auch gern an Bordsteinkanten und ähnlichem auf – hier lohnt also ein Blick von ganz unten. Schnarrende Geräusche bei der Probefahrt deuten meist nicht auf den nahenden Motor-Exitus hin, sondern werden meist von einem Kunststoffteil verursacht, das nicht nur Kühlluft auf den Zylinderkopf lenkt, sondern leider auch bei Drehzahlen um die 4000/min zu vibrieren beginnt. Die Haltbarkeit des Motors ist trotz des hohen Drehzahlni-

---

KAWASAKI ZZ-R 600

Motor: Wassergekühlter Vierzylinder-Viertaktmotor, 98 PS (72 kW) bei 11 500/min, 64 Nm bei 9800/min, Sechsganggetriebe, Kettenantrieb

Fahrwerk: Brückenrahmen aus Leichtmetall, vorn Doppelscheiben-, hinten Scheibenbremse, Reifengröße vorn 120/60 VR 17, hinten 160/60 VR 17

Gewicht: 222 kg mit 18 Litern Normal vollgetankt

Sitzhöhe: 770 Millimeter

Höchstgeschwindigkeit: 231 km/h

Beschleunigung 0 – 100 km/h: 3,8 sek

Verbrauch: 7,4 Liter/100 km

Leistungsvarianten: 27, 34, 50, 98 PS (ZX 600 E 100 PS)

Bauzeit (Neupreise): 1990 (13 200 Mark) bis heute (2001 16 200 Mark)

Wichtige Modellpflegemaßnahmen: 1993 (Typ ZX 600 E) Motor komplett überarbeitet (jetzt 100 PS), Fahrwerk komfortabler abgestimmt, Tankuhr statt Warnlampen, SLS (Sekundärluftsystem) zur Abgasnachverbrennung. 1995 einstellbare Gabel, Radialreifen.

Die angegebenen technischen Daten beziehen sich auf das Modell von 1990 bis 1992 (Typ ZX 600 D).

Immer feste drauf: Der Krümmer schrappt als erstes über Bordsteinkanten

veaus sehr hoch, in der Beziehung tun sich alter und neuer Motor nichts. Apropos »alter und neuer Motor«: So toll war die Leistungsteigerung des überarbeiteten Motors nun auch wieder nicht – die alte ZZ-R 600 war nämlich drei km/h schneller als die neue.

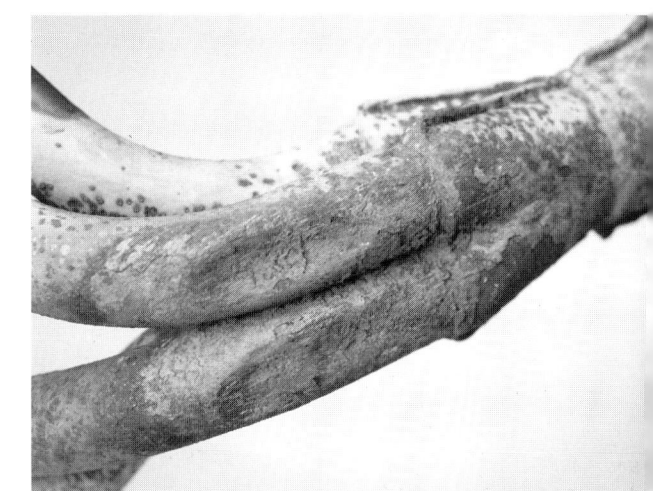

Kawasaki ZZ-R 600: Vierzylindermotor, 98 PS, 222 Kilogramm, 231 km/h

KAWASAKI

KLR 650

Enduros werden immer seltener benutzt, um in der heimischen Kiesgrube zu wühlen. Das hatte Kawasaki schon bei der KLR 600 gemerkt, die von ihren Besitzern häufig als Funbike für die Straße als als Enduro genutzt wurde. Mit der größeren Schwester KLR 650 setzte sich dieser Trend konsequent fort. Die hubraumstärkere KLR glänzte ebenso mit einem hervorragenden Geradeauslauf wie mit einer überragenden Handlichkeit. Einzig die große Sitzhöhe und die langen Federwege erinnerten noch an die mögliche Verwendung im Gelände. Doch auch das sollte sich ändern, denn mit der Einführung des 1989er Modells verringerten sich nun auch diese beiden Werte. Und um deutlich zu zeigen, daß diese Ausführung nun endgültig ein Reise-Motorrad sein sollte, nannten es die Marktstrategen fortan »Weites Land hinter dem fernen Horizont«. Da für diese lange Bezeichnung aber auf der Verkleidung kein Platz war, entschied man sich für die schlichte japanische Übersetzung »Tengai«. So oder so ähnlich muß es wohl gewesen sein.

Die Tengai wurde bis einschließlich 1992 verkauft, dann durch die KLX 650 ersetzt, jedoch 1995 modifiziert und mit dem ursprünglichen Namen KLR 650 wieder ins Programm genommen. So weit zur Modellgeschichte.

Die KLR 650 ist in manchen Punkten eine ungewöhnliche Enduro. Der Motor zieht aus tiefen Drehzahlen ruckfrei hoch, das kennt man sonst von großen Einzylindern nicht in dieser Form. Die Federelemente überleben durchaus 50 000 Kilometer, auch das ist bei Enduros eigentlich nicht normal. Vollkommen normal für große Einzylinder ist dagegen, und da schließt sich die KLR nicht aus, daß nach 40 000 bis 50 000 Kilometern wahrscheinlich bald ein Ausschleifen des Zylinders und der Einbau eines Übermaß-Kolbens fällig wird. Und scheinbar leider ebenso normal für Enduros ist es, daß der Auspufftopf zum Rosten neigt. Womit wir auch schon mitten in der Besichtigung einer Gebrauchten wären.

Sollte es bei der Probefahrt regnen, und das Motorrad läuft nur stotternd oder stellt seinen Dienst gar vollkommen ein, ist das noch kein Grund zur Besorgnis. Der Schalter nämlich, der bei ausgeklapptem Seitenständer die Zündung unterbrechen soll, liegt so ungünstig im Spritzwasser-Bereich, daß er die Zündung bei Nässe auch schon mal vollkommen eigenmächtig unterbricht.

Ist die Kupplung so schlecht dosierbar, daß sich die KLR nur hüpfend anfahren läßt, sollte man sich vom Verkäufer nicht mit der Ausrede abspeisen lassen, daß »nur mal der Kupplungszug erneuert werden muß.« In den meisten Fällen haben sich dann nämlich bereits die Lamellen in den Kupplungskorb eingearbeitet – und ein neuer Kupplungskorb ist bekanntlich deutlich teurer als ein Zug.

Die Vibrationen des Einzylinders sind zwar für den Fahrer kaum spürbar, doch der Rest des Motorrads bekommt die Lebensäußerungen des Motors durchaus zu spüren. So hat die Glühlampe des Scheinwerfers keine lange Lebensdauer, und manchmal bekommt sogar der Tank im Bereich der hinteren Halterung Risse.

KAWASAKI KLR 650

Motor: Wassergekühlter Einzylinder-Viertaktmotor, 48 PS (35 kW) bei 6500/min, 55 Nm bei 5500/min, Fünfganggetriebe, Kettenantrieb

Fahrwerk: Einrohrrahmen aus Stahl, vorn und hinten Scheibenbremse, Reifengröße vorn 90/90-21, hinten 130/80-17

Gewicht: 189 kg mit 23 Litern Normal vollgetankt

Sitzhöhe: 910 Millimeter

Höchstgeschwindigkeit: 154 km/h

Beschleunigung 0 – 100 km/h: 6,2 sek

Verbrauch: 5,5 Liter/100 km

Leistungsvarianten: 27, 34, 42, 48 PS

Bauzeit (Neupreise): 1987 (8600 Mark) bis 1992 (9300 Mark) und 1995 (10 000 Mark) bis heute (2001 9700 Mark)

Wichtige Modellpflegemaßnahmen: 1989 Tengai: rahmenfeste Verkleidung, kürzere Federwege, geringere Sitzhöhe (860 Millimeter). 1995 überarbeiter Motor, 42 PS, neues Design.

Die angegebenen technischen Daten beziehen sich auf das Modell von 1987 bis 1988.

Weites Land hinter dem fernen Horizont? Zu lang, dann doch lieber die japanische Bezeichnung Tengai

Kawasaki KLR 650: Einzylindermotor, 48 PS, 189 Kilogramm, 154 km/h

KAWASAKI

W 650

Wenn Vater und Sohn unterwegs auf eine Kawasaki W 650 stoßen, ist der Generationenkonflikt programmiert. Wer noch, wie der Vater, mit den Motorrädern der siebziger Jahre aufgewachsen ist, findet die Kawasaki W 650 unwiderstehlich. Bei Faltenbälgen, Chromschutzblechen, glitzernden Tankemblemen, Tankkissen und Speichenrädern werden rosarote Erinnerungen an den ersten Motorrad-Urlaub mit der ersten richtigen Freundin wach.

Der Sohn hingegen (es darf auch eine Tochter sein) wird beim Anblick dieses rollenden Denkmals mit der Frage »Was ist das da für eine Röhre seitlich am Zylinder?« den Vater brutal aus den Überlegungen reißen, wie die erste richtige Freundin eigentlich noch mal hieß.

Das Gedächtnis leidet, nicht aber die Fachkenntnis: Es handelt sich hier um eine Königswelle. Diese treibt statt einer Steuerkette die obenliegende Nockenwelle an, die ihrerseits vier Ventile betätigt. Ein aufwendiges System, an der W 650 technisch aber völlig überflüssig. Sieht aber nett aus und ist wartungsarm.

Auch beim Fahren scheiden sich die Geister. Während der Vater eine Ausfahrt mit diesem Neo-Klassiker hinterher mit glänzenden Augen »Ja, das ist Motorrad pur« beschreiben wird, findet Sohnemann im ungünstigsten Fall nur ein Wort: »Langweilig.«

Die tolle Technik der späten 90er Jahre jedenfalls ist an der W 650 nicht zu spüren. Die Bremse vorn ist schlapp, die Trommel hinten sowieso, das Fahrwerk ist ein wenig schwammig und pendelt ab 120 km/h, die Rasten setzen früh auf – eben alles so wie früher. Alles? Nein, nicht alles. Die Haltbarkeit nämlich trägt glücklicherweise dem heutigen technischen Standard Rechnung. Der Motor ist solide.

Die Macken, eher sind es Mäckchen, liegen im Detail. Versteckte Winkel des Rahmens und die Schraubenköpfe zeigen eine Tendenz zum Flugrost. Es klappert während der Probefahrt irgendwo von vorn oben? Höchstwahrscheinlich rumort dort ein Stecker des Kabelbaums, der am Scheinwerfergehäuse anliegt. Unterlegen mit Schaumgummi bringt Ruhe in den Karton. Beim Gaswegnehmen patscht der Motor? Die Schelle des Interferenzrohres (Verbindungsrohr der Auspuffanlage unter dem Motor) ist lose oder die Dichtung defekt. Wie gesagt, nur Kleinigkeiten.

Schade ist da schon eher, daß die W 650 hin und wieder wie eine ganz Alte säuft: Vollgas auf der Autobahn wird mit Verbräuchen nicht unter neuen Liter bestraft. Aber wer bläst mit so einem Motorrad auch schon mit 160 km/h über die Bahn?

Kawasaki W 650

Motor: Luftgekühlter Zweizylinder-Viertaktmotor, 50 PS (37 kW) bei 7000/min, 56 Nm bei 5500/min, Fünfganggetriebe, Kettenantrieb

Fahrwerk: Doppelschleifenrahmen aus Stahl, vorn Scheiben-, hinten Trommelbremse, Reifengröße vorn 100/90 H 19, hinten 130/80 H 18

Gewicht: 215 kg mit 15 Litern Normal vollgetankt

Sitzhöhe: 800 Millimeter

Höchstgeschwindigkeit: 164 km/h

Beschleunigung 0 – 100 km/h: 5,5 sek

Verbrauch: 5,7 Liter/100 km

Leistungsvarianten: 34, 50 PS

Bauzeit (Neupreise): 1999 (12 000 Mark) bis heute (2001 13 000 Mark)

Wichtige Modellpflegemaßnahmen: keine

Wehmut oder was? So sahen früher die Instrumente von fast allen Motorrädern aus. Heute fast nur noch die der W 650

Kawasaki W 650: Zweizylindermotor, 50 PS, 215 Kilogramm, 164 km/h

KAWASAKI

Z 650

Die Z 650 mutet heute vom Design schon recht klassisch an. Kein Wunder, wurde sie doch auch 1977 zusammen mit der seligen Z 1000 präsentiert. Der Motor war seinerzeit zumindest in einem Merkmal technologisch schon weit vorn, denn er konnte in seinem Ventiltrieb bereits untenliegende Shims präsentieren.

Diese die Drehzahlfestigkeit erhöhende Maßnahme, heute gang und gebe, hat nur einen Nachteil: Zum Einstellen des Ventilspiels müssen die Nockenwellen ausgebaut werden – glücklicherweise ist dies bei der Z 650 nur rund alle 30 000 Kilometer fällig.

Wie weit der Motor seiner Zeit voraus war, zeigt sich auch in seiner Standfestigkeit, denn typische Mängel des drehzahlfreudigen Aggregats sind nicht bekannt.

Dafür gibt's aber einige Ärgernisse im Detail. So ist der damalige Stand der Technik dem Fahrwerk und den Bremsen durchaus anzumerken. Das Fahrwerk neigt im Serienzustand bei hohen Geschwindigkeiten zum Pendeln, und die Scheibenbremsen verzögern bei Nässe erst nach einer Schrecksekunde. Außerdem ist die kontaktgesteuerte Zündanlage, die erst 1981 in der Serie durch eine kontaktlose Zündung ersetzt wurde, natürlich auch nicht mehr Stand der Technik. Hier hilft nur der nachträgliche Anbau einer elektronischen Zündung, zum Beispiel von Piranha (Adresse siehe Anhang). So entfällt das ewige Einstellen der Kontakte und das Kaltstartverhalten wird deutlich besser.

Beim Gebrauchtkauf sollte besonders die rostanfällige Auspuffanlage unter die Lupe genommen werden – fast normal bei Japanern dieser Baujahre. Auch sollte der Interessent ruhig einmal mit der Hand seitlich gegen die Töpfe schlagen, denn im fortgeschrittenem Gammel-Stadium liegt der Schalldämpfereinsatz schon lose im Rohr: Beim Schlagen klappert's dann.

Ebenfalls bei Japanern dieser Baujahre fast normal sind Probleme mit der Elektrik. Die Z 650, genauer gesagt ihre Zündspulen, haben Probleme mit Feuchtigkeit, die sich bei Regen in Zündaussetzern äußern. Eine wirkungsvolle Abhilfe ist hier das Abdichten der Zündkabel direkt an den Spulen mit Silikon. Übrigens: Wenn mal eine Zündspule der alten Modelle kaputtgeht, sollte gleich zu einem Exemplar der F-Baureihe (ab 1981) gegriffen werden, denn hier sind die Zündkabel praktischerweise in den Spulenkörper geschraubt statt geklebt.

Falls der Motor im Leerlauf rasselt, ist das bis zu einem gewissen Grad normal, denn der Steuerkette war trotz verschiedener Modellpflegemaßnahmen am Spanner-Mechanismus der hohe Geräuschpegel nicht auszutreiben. Allerdings sollte das Geräusch kurz oberhalb der Leerlauf-Drehzahl verschwinden, sonst ist mit der Steuerkette oder dem Spanner wirklich etwas im argen.

Die klassischen Modelle Z 650 B1 und B2 werden heute schon recht hoch gehandelt, im originalen Spitzenzustand werden auch Spitzenpreise verlangt. Die nachfolgenden Modelle, egal, ob Softchopper SR oder die Modelle mit den Gußrädern, gibt's deutlich preisgünstiger. Immerhin, auch die sehen noch klassisch aus. Und haltbar sind die auch: Bei entsprechender Pflege liegen bei den agilen Vierzylindern bis zu 100 000 Kilometer ohne große Reparaturen drin.

KAWASAKI Z 650 B

Motor: Luftgekühlter Vierzylinder-Viertaktmotor, 66 PS (49 kW) bei 8500/min, 57 Nm bei 7000/min, Fünfganggetriebe, Kettenantrieb

Fahrwerk: Doppelschleifenrahmen aus Stahl, vorn Scheiben-, hinten Trommelbremse, Reifengröße vorn 3.25 H 19, hinten 4.00 H 18

Gewicht: 220 kg mit 17 Litern Normal vollgetankt

Sitzhöhe: 830 Millimeter

Höchstgeschwindigkeit: 192 km/h

Beschleunigung 0 – 100 km/h: 5,2 sek

Verbrauch: 5,5 Liter/100 km

Leistungsvarianten: 50, 66 PS

Bauzeit (Neupreise): 1977 (6500 Mark) bis 1983 (7200 Mark)

Wichtige Modellpflegemaßnahmen: 1978 (Z 650 B2) Doppelscheibenbremse vorn, Drosselung auf 50 PS möglich. Z 650 C2 mit Gußrädern und Scheibenbremse hinten. 1979: Softchopper Z 650 SR mit 65 PS und 16-Zoll-Hinterrad. 1980 nur noch Z 650 SR im Programm. 1981 Einstellung der SR, dafür kommt die Z 650 F2 mit 67 PS, kontaktloser Zündung und wieder Trommelbremse hinten. 1982 Z 650 F3 mit Gleichdruckvergasern.

Die angegebenen technischen Daten gelten für das Modell von 1977 (Typ Z 650 B1).

Z 650 SR: Ist der
Softchopper schöner
als die B?
Reine Geschmacksfrage

Kawasaki Z 650 B:
Vierzylindermotor,
66 PS, 220 Kilogramm,
192 km/h

KAWASAKI

Z 750 GT

Unspektakulärer kann ein Motorrad eigentlich kaum aussehen – ein Café-Racer ist die Z 750 GT also mit Sicherheit nicht. Dafür glänzt sie mit ausgeprägten Tourerqualitäten: Der Kardanantrieb arbeitet ebenso unauffällig wie wartungsarm, von Motorvibrationen ist so gut wie nichts zu spüren, und von typischen Motorschäden war noch nie etwas zu hören – Laufleistungen um die 100 000 Kilometer ohne nennenswerte Schäden sind durchaus normal. Der 24-Liter-Tank erlaubt locker Reichweiten um die 300 Kilometer, und durch die bequeme Sitzposition für Fahrer und Beifahrer ist während dieser Distanz auch keine Pause nötig – vorausgesetzt, die Passagiere sind mit dem nötigen Sitzfleisch gesegnet.

Andererseits, wo Licht ist, ist bekanntermaßen auch Schatten, so auch bei der Z 750 GT. Wer vergißt, daß die GT ein Tourer ist und mit ihr kräftig durch die Kurven pfeift, wird sich beim erstenmal wahrscheinlich über den in Linkskurven sehr hart aufsetzenden Seitenständer erschrecken – nicht ganz ungefährlich. Aber, wie gesagt, die GT ist ja ein Tourer, also Tankrucksack drauf und los. Ärgerlich nun aber, daß beim Einschlagen des Lenkers nach links die Hupe ertönt und beim Einschlagen nach rechts der Anlasser betätigt wird, da der Rucksack auf die jeweiligen Knöpfe drückt. Ebenso ärgerlich, daß die LCD-Anzeige oft schon nach 80 Kilometern zum Tanken mahnt und diese Forderung auch noch mit einer lästig blinkenden Reserveleuchte bekräftigt – obwohl der Sprit noch für über 200 Kilometer reicht. Außerdem leidet die Z 750 GT unter einer alten Kawasaki-Krankheit: Der Choke läßt sich schwer dosieren. Bei voll gezogener Kaltstarthilfe jubelt der kalte Motor in ungesund hohe Drehzahlen, und wer daraufhin den schlecht erreichbaren Knopf vor Schreck ein Stückchen zu weit wieder hereindrückt, darf den nun schlagartig abgestorbenen Motor neu starten – hier ist also Fingerspitzengefühl angesagt.

Wer sich für eine gebrauchte Z 750 GT entschieden hat, muß keine langwierigen Studien von Modellpflege-Maßnahmen unternehmen, denn außer Design-Änderungen tat sich während der Produktionszeit überhaupt nichts, die ersten Baujahre sind technisch also genauso gut wie die letzten. Wer's dennoch genau wissen möchte: Die erste Z 750 GT von 1982, interne Bezeichnung KZ 750 E, Ausführung P1, war in Gold lackiert, Motor, Gabel und Auspuff waren schwarz. Die P2 von 1983 hatte eine weinrote, die P3 von 1984 eine silberne Lackierung. Die bis 1989 erhältliche P4 war wieder weinrot und hatte außerdem eine verchromte Auspuffanlage.

Ein besonderes Augenmerk sollte nur dem rostgefährdeten Rahmen, besonders den Schweißnähten, gewidmet werden. Ein starkes Rasseln während der Probefahrt deutet auf Verschleiß im Bereich der Steuerkette, genauer gesagt bei deren Spanner, hin.

Findet die Probefahrt bei Regen statt und das Motorrad wehrt sich mit Zündaussetzern gegen hohe Drehzahlen, ist der Fall auch ziemlich klar: defekter Seitenständerschalter. Dieses an sich sinnvolle Teil, das den Zündstrom bei ausgeklapptem Seitenständer unterbricht, liegt nämlich dermaßen im Spritzwasser – das hält kein Schalter auf Dauer aus.

KAWASAKI Z 750 GT

Motor: Luftgekühlter Vierzylinder-Viertaktmotor, 78 PS (57 kW) bei 9500/min, 63 Nm bei 7500/min, Fünfganggetriebe, Kardanantrieb

Fahrwerk: Doppelschleifenrahmen aus Stahl, vorn Doppelscheiben-, hinten Scheibenbremse, Reifengröße vorn 100/90 H 19, hinten 120/90 H 18

Gewicht: 243 kg mit 24 Litern Normal volltankt

Sitzhöhe: 800 Millimeter

Höchstgeschwindigkeit: 198 km/h

Beschleunigung 0 – 100 km/h: 4,6 sek

Verbrauch: 7,2 Liter/100 km

Leistungsvarianten: 49, 78 PS

Bauzeit (Neupreise): 1982 (8300 Mark) bis 1989 (9200 Mark)

Wichtige Modellpflegemaßnahmen: keine

Silicon Valley: LCD-Mäusekino, Drehzahlmesser zum Voltmeter umschaltbar – der Elektronikwahn der achtziger Jahre

Kawasaki Z 750 GT: Vierzylindermotor, 78 PS, 243 Kilogramm, 198 km/h

KAWASAKI

Zephyr 750

Irgendwann kommt alles wieder. Was schon seit Ewigkeiten für Bekleidungsmoden gilt, scheint auch für Motorräder richtig zu sein, denn das nostalgische Design der Zephyr 750 war schamlos von der legendären Z 900 abgekupfert. Die Motoren-Entwickler dagegen konnten bis zur Markteinführung 1991 ihren Resturlaub nehmen, schließlich gab es ja bereits ein geeignetes und bewährtes 750er Triebwerk, das von 1976 bis 1989 in verschiedenen Z 750-Varianten seinen Dienst verrichtete. Also neue rundliche Motordeckel und noch ein paar hochwertige Zutaten wie sehr gute Bremsen und eine Aluminium-Schwinge mit Exzenter-Verstellung montiert – fertig war der Neoklassiker.

Da der Motor der Z 750 nahezu unverändert übernommen wurde, ärgert leider auch die Zephyr mit einem schlechten Warmlaufverhalten und einem hohen Spritverbrauch. Der Motor stollert etliche Kilometer vor sich hin, bevor er richtig Gas annimmt. Und wer die 750er hart rannimmt, erzielt Spitzenverbräuche über zehn Liter und muß so schon nach rund 160 Kilometern auf Reserve schalten. Besonders lange Fahrer sind aber über die dann bald fällige Tankpause gar nicht so unglücklich, da die Sitzbank zu weich ist, sich also schnell durchsitzt, und die Fußrasten etwas zu hoch und zu weit hinten angebracht sind. Übrigens: Kawasaki empfiehlt zwar, »Normal« zu tanken, doch fangen mit diesem Sprit einige Exemplare bei Drehzahlen um die 4000/min unter Last kräftig zu klingeln an. Hier hilft dann leider nur der Umstieg auf Super bleifrei. Seit 1993 setzt Kawasaki ein geändertes Zündsteuergerät ein, mit dem das Klingeln nicht mehr auftritt.

Dank der kurzen Übersetzung erzielt die Zephyr 750 zwar gute Werte bei Durchzug und Beschleunigung, nervt dafür aber auf der Autobahn mit hohen Dauer-Drehzahlen – schon bei 120 km/h stehen 6000/min auf dem Drehzahlmesser. Das Fahrwerk der Zephyr ist sehr handlich, aber zu weich abgestimmt, denn schon bei mittelstarken Bremsmanövern geht die Gabel auf Block, auch die Federbeine schlagen hin und wieder durch.

So, jetzt aber zur Besichtigung. Bei der Probefahrt sollte der Zephyr-Interessent ein sensibles Ohr auf den Motor richten. Wenn es nämlich, besonders bei kaltem Motor, verdächtig rumpelt, kann die Primärkette gelängt sein (wie zum Beispiel beim 50 000-Kilometer-Test von MOTORRAD geschehen) – und diese Reparatur ist recht teuer. Wenn dagegen die Zephyr verdächtig wackelt, ist vielleicht nur eine Ausdistanzierung der Schwinge nötig, beim MOTORRAD-Exemplar hatte die Schwinge nach Ablauf des Tests satte sieben Millimeter seitliches Spiel. Und sehen die Oberflächen von Tank, Heckbürzel und den Seitendeckeln verdächtig matt aus, ist das zumindest für die ersten Baujahre normal, denn der Lack erwies sich als sehr kratzempfindlich.

Mehr ist im Normalfall beim Gebrauchtkauf einer Zephyr 750 nicht zu beachten, der Motor ist standfest und die Verarbeitung ansonsten gut. Alles kommt wieder. Zum Glück aber nicht die schlechten Fahrwerke und Bremsen der siebziger Jahre.

KAWASAKI Zephyr 750

Motor: Luftgekühlter Vierzylinder-Viertaktmotor, 72 PS (53 kW) bei 9500/min, 59 Nm bei 7300/min, Fünfganggetriebe, Kettenantrieb

Fahrwerk: Doppelschleifenrahmen aus Stahl, vorn Doppelscheiben-, hinten Scheibenbremse, Reifengröße vorn 120/70-17, hinten 150/70-17

Gewicht: 220 kg mit 17 Litern Normal vollgetankt

Sitzhöhe: 780 Millimeter

Höchstgeschwindigkeit: 194 km/h

Beschleunigung 0 – 100 km/h: 4,1 sek

Verbrauch: 7,1 Liter/100 km

Leistungsvarianten: 34, 50, 72 PS

Bauzeit (Neupreise): 1991 (10 000 Mark) bis 1999 (12 600 Mark)

Wichtige Modellpflegemaßnahmen:
1993 neues Zündsteuergerät. 1995 (Typ ZR 750 D, vorher ZR 750 C) 76 PS. 1996 Drahtspeichenräder und Zweifarben-Lackierung.

Kinderleicht: Durch die Exzenter-Verstellung kann das Rad gar nicht anders als fluchten

Kawasaki Zephyr 750: Vierzylindermotor, 72 PS, 220 Kilogramm, 194 km/h

KAWASAKI

ZXR 750

Kompromißloser auf den Rennstrecken-Einsatz abgestimmt kann ein straßenzugelassenes Motorrad eigentlich kaum noch sein. Die Sitzposition auf der ZXR 750 ist tief geduckt, die Beine sind sehr stark angewinkelt. Der Motor ist ein altes Rauhbein und läuft nur widerwillig warm. Das Auspuffgeräusch ist ziemlich aggressiv. Und der Beifahrersitz hat eigentlich nur Alibifunktion – wer da einmal hintendrauf gesessen hat, fährt nie wieder freiwillig mit. Klarer Fall: Die ZXR ist nichts für die große Urlaubstour.

Das gilt umso mehr für die »Doppel-R«, die ZXR 750 R. Die Basis-Maschine für Superbike-Rennen bot in der offenen Version 121 PS, und da Vergaser, Zündbox, Federelemente und Getriebe eben rennmäßig ausgelegt waren, war sie auch gleich 30 Prozent teurer.

Zurück zur »Einfach-R«: Das erste Modell von 1989 leidet oft unter rubbelnden Bremsscheiben und undichten Gabeldichtringen. Diese Schwächen wurden beim 1990er Modell durch geänderte Bremsbeläge und Dichtringe weitgehend ausgemerzt – diese neuen Teile lassen sich übrigens auch beim Vorjahresmodell nachrüsten. Auch wenn es bei so einem supersportlichen Motorrad zugegebenermaßen etwas merkwürdig aussieht, der Einbau von Faltenbälgen verlängert das Leben der Dichtringe ganz erheblich.

Die ZXR von 1991 bekam unter anderem noch härtere Federelemente und einen 180er Hinterreifen verpaßt, bei diesem Modell war es mit dem letzten Quentchen von Komfort auf einer ZXR endgültig vorbei.

Der überarbeitete Motor zeigte sich für ein Sportgerät nicht von seiner besten Seite, denn er wollte nicht so recht drehen. Dieses Manko sollte sich aber bereits mit der 1993 Generation wieder ändern, auch die Federelemente waren hier etwas weniger kreuzschädigend abgestimmt – leidensfähige Fahrer sprechen bei diesem Modell sogar von so etwas wie einer gewissen Alltagstauglichkeit.

Wer sein Kreuz noch mehr schonen möchte, sollte einen Superbike-Lenker montieren – die ZXR wird dadurch sogar noch etwas handlicher – und das originale Federbein rausschmeißen und durch eins aus dem Zubehör ersetzen. Für das J-Modell (ab 1991) ist das Standardfederbein von White Power empfehlenswert, für das L-Modell (ab 1993) taugt das Öhlins-Federbein besser.

Was allen Varianten gemeinsam ist: Die Bremsen gehören auch unter heutigen Maßstäben mit zum Besten, was jemals an Serienmaschinen verbaut wurde. Das Warmlaufverhalten erfordert vom Fahrer einige Nervenstärke, denn entweder jubelt der eiskalte Motor in materialschädigend hohe Drehzahlen oder er geht einfach wieder aus, je nach Stellung des Chokes. Der Motor ist zwar ein ruppiger, aber auch ein haltbarer Geselle – hohe Laufleistungen sind durchaus möglich und technische Macken wurden nie bekannt. Da das Triebwerk aber recht stark vibriert, leiden einige Teile über Gebühr: So bekommen der Auspuffsammler und das Vorderrad-Schutzblech häufig Risse, in Härtefällen brechen sogar die Steckachsen zur Motorhalterung, bevorzugt die untere.

KAWASAKI ZXR 750

Motor: Wassergekühlter Vierzylinder-Viertaktmotor, 100 PS (74 kW) bei 10 000/min, 72 Nm bei 9500/min, Sechsganggetriebe, Kettenantrieb

Fahrwerk: Dopelschleifenrahmen aus Leichtmetall, vorn Doppelscheiben-, hinten Scheibenbremse, Reifengröße vorn 120/70 VR 17, hinten 170/60 VR 17

Gewicht: 234 kg mit 18 Litern Normal vollgetankt

Sitzhöhe: 770 Millimeter

Höchstgeschwindigkeit: 236 km/h

Beschleunigung 0 – 100 km/h: 3,6 sek

Verbrauch: 7,0 Liter/100 km

Leistungsvarianten: 98, 100 PS

Bauzeit (Neupreise): 1989 (15 200 Mark) bis 1995 (19 000 Mark)

Wichtige Modellpflegemaßnahmen: 1990 (ZX 750 H2) vier Kilogramm weniger, 38er statt 36er Vergaser. 1991 (ZX 750 J) Motor und Rahmen (jetzt Brückenrahmen) geändert, Upside-down-Gabel, 180er Hinterreifen, knüppelharte Federelemente. 1992 ZXR 750 R (ZX 750 K): straßentaugliche Rennmaschine. 1993 (ZX 750 L1) drehfreudigerer Motor und überarbeiteter Rahmen.

Die angegebenen technischen Daten beziehen sich auf das Modell von 1989 (Typ ZX 750 H1).

Die Gabel steht Kopf: Seit 1991 hat die ZXR eine Upside-down-Gabel. Die Bremsen sind vom Feinsten

Kawasaki ZXR 750: Vierzylindermotor, 100 PS, 234 Kilogramm, 236 km/h

KAWASAKI

GPZ 900 R

Mit dem Hubraum von 900 cm³ hatte Kawasaki ja schon immer Verkaufsglück gehabt, siehe da nur die legendäre Z 900. Auch die GPZ 900 R sollte da keine Ausnahme bilden, denn sie verkaufte sich in Deutschland immerhin über 11 000mal.

Ursprünglich als Sportmotorrad konzipiert, stellte sich im Lauf der Jahre heraus, daß die GPZ durchaus beachtliche Tourerqualitäten aufweist. Zum einen sitzen alle Menschen, die zwischen 1,65 und zwei Meter groß sind, bequem. Zum anderen ist der Spritkonsum verhältnismäßig gering (Reichweite über 300 Kilometer), die Standfestigkeit des Motors dagegen sehr hoch. So beendete MOTORRAD Mitte 1986 einen 100 000-Kilometer-Langstreckentest – und die Mechanik zeigte nach dem Zerlegen des Motors noch immer keine nennenswerten Schäden.

KAWASAKI GPZ 900 R

Motor: Wassergekühlter Vierzylinder-Viertaktmotor, 100 PS (74 kW) bei 9500/min, 79 Nm bei 8500/min, Sechsganggetriebe, Kettenantrieb
Fahrwerk: Rückgrat-Rohrrahmen aus Stahl mit angeschraubtem Heckteil aus Leichtmetall, vorn Doppelscheiben-, hinten Scheibenbremse, Reifengröße vorn 120/80 V 16, hinten 130/80 V 18
Gewicht: 255 kg mit 22 Litern Normal vollgetankt
Sitzhöhe: 790 Millimeter
Höchstgeschwindigkeit: 241 km/h
Beschleunigung 0 – 100 km/h: 3,6 sek
Verbrauch: 6,5 Liter/100 km
Leistungsvarianten: 98, 100 PS
Bauzeit (Neupreise): 1984 (11 700 Mark) bis 1993 (15 200 Mark)
Wichtige Modellpflegemaßnahmen: 1986 härtere Ventile, bessere Ölzufuhr zu den Nockenwellen, Lenkkopflager abgedichtet, verbesserte Vergasermembranen. 1987 verbesserter Steuerkettenspanner.
1990 (Typ ZX 900 A7 – A10) größere, schwimmend gelagerte Bremsscheiben mit Vierkolben-Zangen, verstärkte Gabel und geänderte Reifendimensionen: vorn 120/70 V 17, hinten 150/70 V 18.
Die angegebenen technischen Daten beziehen sich auf das Modell von 1984 bis 1989 (Typ ZX 900 A1 bis ZX 900 A6).

Die Fahrleistungen auch der deutschen 100-PS-Version, offen sind es 115 PS, sind stets respektabel, da Kawasaki die GPZ scheinbar etwas nachlässig über die Vergaserdeckel drosselte – meist outet sie sich auf dem Prüfstand mit rund 110 PS. Die Bremsen sind dieser Leistung auf jeden Fall gewachsen, denn sie arbeiten selbst nach heutigen Maßstäben noch sehr gut. Natürlich gibt es an diesem Motorrad auch etwas zu meckern. So sitzt der Beifahrer auf der hinten zu harten Sitzbank nicht lange bequem, und Fahrer und Beifahrer werden durch die zu harte Grundeinstellung der Gabel etwas zu heftig gebeutelt – eine Verstellmöglichkeit gibt's nicht.

Bei den Modellen vor Baujahr 1990 ging die Tankuhr nach dem Mond, und vor 1986 war das Material der Einlaßventile nicht das beste, Folge: Die Ventile schlugen schnell ein. Ab 1986 wurde das Lenkkopflager durch einen großen O-Ring abgedichtet, vorher machten den Besitzern eingerostete und schwergängige Lager zu schaffen. Wer für die Probefahrt den Motor anläßt, sollte nicht erschrecken, denn der kalte Motor rasselt schon serienmäßig recht laut. Besonders bei den Baujahren vor 1987 liegt aber der Verdacht auf einen verschlissenen Steuerkettenspanner nah, denn dieser war bis dato recht störanfällig.

Wenn das Motorrad nicht so recht ziehen will und zudem ein deutlich spürbares Leistungsloch aufweist, sind wahrscheinlich die Vergasermembranen verdreht, was bis Modelljahr 1986 recht häufig vorkam. Seit diesem Jahr verbaut Kawasaki geänderte Membranen – fortan war das Problem aus der Welt. Die meisten Motorräder, die bis dahin unter diesem Problem litten, waren von Kawasaki auf Kulanz umgerüstet worden. Bei den Motorrädern allerdings, die noch nicht umgerüstet wurden, muß der Besitzer recht tief in die Tasche greifen, schließlich müssen gleich vier von den teuren Schiebern getauscht werden. Auch nicht billig: Die Vorderradbremse neigt zum Rubbeln, die Auspuffanlage zum Rosten.

Immerhin, bei einer speziellen Reparatur wird durch eine pfiffige Konstruktion teure Werkstattzeit gespart: beim Wechsel der Kette. Da nämlich die linke Seitenplatte, die als Aufnahme von Schwingenachse, Fußrasten und Auspuffhalterung dient, komplett abgenommen werden kann, muß zum Wechsel der Kette nicht die Schwinge ausgebaut werden.

Pfiffig: Beim Austauch der Endlos-Kette kann die Schwinge eingebaut bleiben

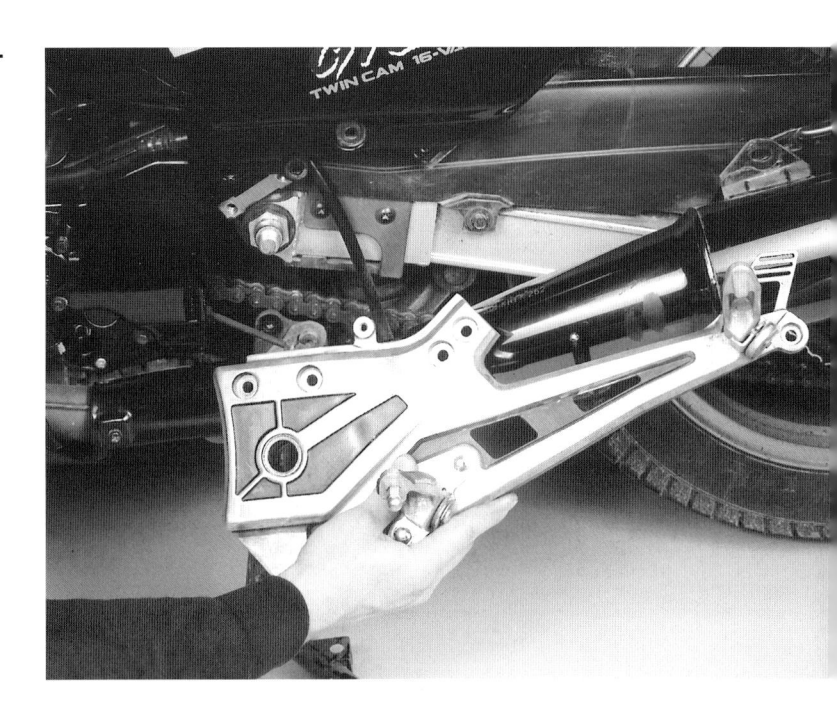

Kawasaki GPZ 900 R:
Vierzylindermotor, 100 PS,
255 Kilogramm, 241 km/h

KAWASAKI

ZX-9R

Wir leben in einer Leistungsgesellschaft. Zumindest drängt sich dieser Satz beim Erfahren einer offenen ZX-9R auf. 139 PS beschleunigen den Piloten in 13,9 Sekunden auf 100 Kilometer pro Stunde. Und 139 PS schieben die Fuhre bei Vollgas auf Tachoanzeige 285, was immerhin noch echten 274 km/h entspricht. Dazu macht es wirklich Spaß, die ZX-9R zu erfahren. Das Fahrwerk ist ausgesprochen solide und neutral: Bei Vollgas auf üblen Autobahnen wackelt nichts, und von der sonst bei Sportlern so ausgeprägten Aufstellneigung beim Bremsen in Kurven ist kaum etwas zu spüren.

Die Sitzposition ist eher touren- denn supersportlich, da die Beine wegen der stolzen Sitzhöhe von 810 Millimetern nicht übermäßig angewinkelt werden müssen. Sogar ein Beifahrer sitzt bequem. Der sollte allerdings dem Fahrer gegenüber schon ein gewisses Vertrauenspotential aufgebaut haben – immerhin donnert die offene Fuhre auch mit menschlichem Ballast hintendrauf noch über 250 km/h schnell durch die Lichtschranke.

Wer einer gedrosselten Version Beine machen möchte, braucht zur Entdrosselung lediglich vier kleine Messingbuchsen, die in die Vergaserschieber eingesetzt werden. Sie verschließen dann die Bohrungen, die vorher ein vollständiges Öffnen der unterdruckgesteuerten Schieber verhinderten. Übrigens ist die Entdrosselung erst bei Drehzahlen über 7000/min deutlich spürbar, darunter beschleunigen beide Leistungsvarianten ungefähr gleich gut.

Motor gut, Fahrwerk gut, Sitzposition gut – alles gut? Nein, das ruppige Getriebe nervt hin und wieder. Beim Raufschalten braucht's ordentlich Fußkraft und beim Runterschalten Geduld, denn hier landet der ungeduldige Fahrer häufig in ungewünschten Positionen, irgendwo zwischen zwei Gängen.

Dafür gehört der Motor aber insgesamt zur standfesten Sorte. Großartige Schwächen sind nicht bekannt. Nur leckt bei manch frühem Exemplar die Wasserpumpe, hier also auf Tropfen unten am Verkleidungskiel achten. Und die Spritpumpe zeigt sich manchmal zickig: Wenn die Fuhre ruckelt und nur unwillig beschleunigt, ist der Übeltäter also praktisch schon gefunden.

Das Modell, das Kawasaki 1998 auf den Markt brachte, hat außer dem Namen mit dem Vorgänger so gut wie nichts mehr gemeinsam. Deutlichstes Anzeichen: die Gewichtsabnahme um 35 Kilogramm. So fährt sich die die Neue schon fast wie eine 600er – kleiner, schlanker, aber auch ein bißchen härter. Die nun 143 PS reichen für echte 281 km/h Spitze. Übrigens: Auch mit Kat (300 Mark Aufpreis) ist die Leistungskurve fast deckungsgleich mit der ungesäuberten Version.

KAWASAKI ZX-9R

Motor: Wassergekühlter Vierzylinder-Viertaktmotor, 100 PS (74 kW) bei 10 000/min, 79 Nm bei 7000/min, Sechsganggetriebe, Kettenantrieb
Fahrwerk: Brückenrahmen aus Leichtmetall, vorn Doppelscheiben-, hinten Scheibenbremse, Reifengröße vorn 120/70 ZR 17, hinten 180/55 ZR 17
Gewicht: 244 kg mit 20 Litern Normal vollgetankt
Sitzhöhe: 800 Millimeter
Höchstgeschwindigkeit: 241 km/h
Beschleunigung 0 – 100 km/h: 3,6 sek
Verbrauch: 6,0 Liter/100 km
Leistungsvarianten: 98, 100, 139, 143 PS
Bauzeit (Neupreise): 1994 (19 990 Mark) bis heute (2001 22 700 Mark)
Wichtige Modellpflegemaßnahmen: 1998 erheblich überarbeitet: 35 Kilogramm leichter, vier Nenn-PS mehr. Motor jetzt mittragend, gegen Aufpreis mit ungeregeltem Katalysator, Ventilsteuerung über Tassenstößel statt bisher mit Schlepphebeln. Kürzerer Radstand, stärkere Gabel mit 46 mm Standrohrdurchmesser. 2000 geänderte Fahrwerksdimensionen, U-Kat.

Saft oder nicht Saft: Diese vier kleinen Buchsen entscheiden über Wohl oder Wehe

Kawasaki ZX-9R: Vierzylindermotor, 98 PS, 244 Kilogramm, 241 km/h

KAWASAKI

Z 1000 A

Viele Jahre lang stand die Kawasaki Z 1000 im Schatten ihrer älteren Schwester: der legendären Z 900. Wer etwas auf sich hielt, mußte die Alte mit der verführerischen Vier-in-eins-Auspuffanlage haben – die Z 1000 mit ihren zwei Auspufftöpfen galt als charakterloser Abklatsch.

Die Verhältnisse haben sich heute deutlich geändert. Die Käuferschaft erkannte, daß die 1000er einen genauso langen und schönen Heckbürzel wie die 900er hatte und daß sie sogar technisch besser ausgestattet war – mit mehr Durchzug aus dem Drehzahlkeller und einer Scheiben- statt einer Trommelbremse hinten. So mußte die Z 900 ihren preislichen Höhenflug zwischendurch notlanden. Dadurch zog die Z 1000 kräftig an, doch auch hier haben sich mittlerweile die Preise wieder beruhigt. Spätestens, seit geschäftstüchtige Zeitgenossen gebrauchte 1000er gleich containerweise über den großen Teich nach Deutschland schifften. Doch soll hier ja nicht von einem schnöden Spekulationsobjekt die Rede sein, sondern von einem alten, schönen Motorrad mit einem sehr langen, attraktiven Heckbürzel – aber das hatten wir ja schon.

Wer sich von dem Design dieses Neoklassikers angezogen fühlt, sollte sich über eins klar sein: Das Fahrwerk ist alt. Was sich hier so lapidar liest, äußert sich live auf der Autobahn in interessanten Pendelbewegungen bei Vollgas. Und Verzögerungswerten, die jeden, der eine moderne Bremse gewohnt ist, sofort in die nächste Mauer brummen lassen.

Der Motor ist natürlich auch alt, doch er kann sein Geburtsjahr wirkungsvoller verbergen. Die Fahrleistungen sind okay, und der Durst hält sich noch in Grenzen. Vor allem aber geht die Haltbarkeit in Ordnung: Laufleistungen über 100 000 Kilometer sind bei diesem Triebwerk keine Seltenheit.

Etwas zu besichtigen gibt's aber trotzdem auch bei einer Z 1000. Zunächst die Bestimmung, ob es sich um ein 1977er (Z 1000 A1) oder 1978er Modell (Z 1000 A2) handelt: Bei der 1978er wanderten die Zangen der Doppelscheibenbremse hinter die Tauchrohre, auch eine original grün lackierte Z 1000 kann nur eine A2 sein. Die technischen Macken teilt sich die 1000er mit der 900er. Kein Wunder, ist der Motor doch auch prinzipiell der gleiche. So ist die Elektrik recht empfindlich: Regler und Gleichrichter verweigern hin und wieder ihre Arbeit und zeigen dann der Batterie entweder die kalte Schulter oder bringen sie zum Überkochen. Der Rotor der Lichtmaschine gibt häufig verfrüht seinen Geist auf. Und natürlich leiden über 20 Jahre alte Kabelbäume und Steckverbindungen mittlerweile unter Verkalkung und werden spröde – was sich in diesem Fall als Kontaktarmut äußert.

Ebenfalls spröde werden die ohnehin nicht besonders standfesten Ventilführungen und deren Schaftdichtungen. Wenn es während der Probefahrt beim Gaswegnehmen aus einem oder gleich beiden Auspuffrohren bläulich qualmt, zieht sich der Motor hier verbotenerweise Öl rein und verbrennt es – dann stehen teure Reparaturen ins Haus. Bläut es dagegen beim Beschleunigen, sind die Kolbenringe verschlissen, was den Geldbeutel des künftigen Besitzers ebenfalls empfindlich schmerzt. Also, da man während der Probefahrt schlecht in seine eigenen Auspuffrohre schauen kann: Hilfsperson mitnehmen, die hinterherfährt. Das hat noch nie geschadet. Auch nicht bei einer Z 1000. Der mit dem schönen Heckbürzel. Aber das hatten wir ja schon.

KAWASAKI Z 1000 A

Motor: Luftgekühlter Vierzylinder-Viertaktmotor, 85 PS (63 kW) bei 8000/min, 81 Nm bei 6500/min, Fünfganggetriebe, Kettenantrieb

Fahrwerk: Doppelschleifenrahmen aus Stahl, vorn und hinten Scheibenbremse, Reifengröße vorn 3.25 H 19, hinten 4.00 H 18

Gewicht: 256 kg mit 17 Litern Normal volltankt

Sitzhöhe: 820 Millimeter

Höchstgeschwindigkeit: 210 km/h

Beschleunigung 0 – 100 km/h: 3,5 sek

Verbrauch: 7,1 Liter/100 km

Leistungsvarianten: keine

Bauzeit (Neupreise): 1977 (9150 Mark) bis 1979 (9250 Mark)

Wichtige Modellpflegemaßnahmen: keine

Erinnern Sie sich noch an diese Zeitschriftenwerbung? Messerscharf geschlossen: Dann sind Sie mindestens Baujahr 1960

Kawasaki Z 1000 A: Vierzylindermotor, 85 PS, 256 Kilogramm, 210 km/h

KAWASAKI

ZX-10

Bullig soll sie sein, die nächste Gebrauchte, mächtig Druck aus dem Ärmel schütteln, bequem, haltbar und zuverlässig? Dann gehört die ZX-10 auf jeden Fall in die engere Wahl. Bullig ist sie auf jeden Fall: Einerseits liefert sie ungedrosselt 139 PS, von denen übrigens auch nach der Drosselung für Deutschland meist immer noch über 110 Pferdchen übrig blieben, und andererseits ist sie durch ihr Eigengewicht von 255 Kilogramm auch nicht gerade ein leichter Hüpfer. Ganz klar, die ZX-10 ist kein Sportmotorrad, wie die Kawasaki-Werbeabteilung anfangs noch glauben machen wollte, sondern ein waschechter Tourer. Dafür sprechen bei näherer Untersuchung auch die praktischen Gepäckhaken unter der Sitzbank und die Staufächer in der Verkleidung, die sehr guten Windschutz bietet. Ach ja, und bequem, haltbar und zuverlässig ist sie auch. Fahrer ab 1,75 Zentimeter Körpergröße sitzen auch auf langen Strecken entspannt – mit Superbike-Lenker übrigens noch entspannter –, und der Motor erreicht locker sechsstellige Laufleistungen.

So sind die Schwachstellen einer ZX-10 schnell aufgezählt. Die Vorderradbremse rubbelte fast schon serienmäßig bis einschließlich Modelljahr 1988. Schuld war, daß sich die Materialien von Bremsscheiben und -belägen nicht richtig miteinander vertrugen. Es stellte sich heraus, daß die Bremsbeläge die Wärme schlecht ableiteten, und so entstanden zu hohe Temperaturen, die letztendlich zu Dickenschwankungen der Bremsscheiben führten. Seit 1989 setzte Kawasaki zwar geänderte Bremsbeläge ein, doch vereinzelt trat dieses Problem auch noch weiterhin auf. Das gleiche gilt für die Ruckdämpfer im Hinterrad: Ab 1989 wurden verbesserte Gummis verbaut, um das lästige Lastwechselspiel zu minimieren, doch vereinzelt ... aber das kennen wir schon.

Gelegentlich setzen die Tankuhr und Temperatur-Anzeige aus oder funktionieren nur ungenau. In diesem Fall sind häufig nicht die Anzeigen kaputt, sondern ist nur eine schlechte Masseverbindung der Übeltäter – mit etwas Geschick kann man das auch selbst reparieren. Und als schon letzte Macke rostet der Auspuff noch recht schnell, was so gar nicht zum Bild der sonst sehr gut verarbeiteten Kawasaki passen möchte. Daher sind viele der angebotenen ZX-10 bereits mit einer Anlage aus dem Zubehör ausgerüstet.

Etliche Besitzer der dickhintrigen ZX-10 montierten (mit Sondergutachten) einen 170er statt des serienmäßigen 160er Reifens, um mit dem vergleichsweise mächtigen Hinterrad-Schlappen zu imponieren. Tatsache ist aber, daß sich durch diese Maßnahme Handling und Geradeauslauf des serienmäßig recht guten Fahrverhaltens verschlechtern.

Trotz des bulligen Motors mit den gewaltigen Fahrleistungen ist die ZX-10 im Unterhalt kein teures Motorrad. Da zum zügigen Vorankommen keine materialmordenden Drehzahlorgien nötig sind, halten Kettensatz und Reifen vergleichsweise lang. Und wer sich von der ruhigen Kraft dieses Motors ganz infizieren läßt, schafft sogar Verbräuche von unter fünf Litern.

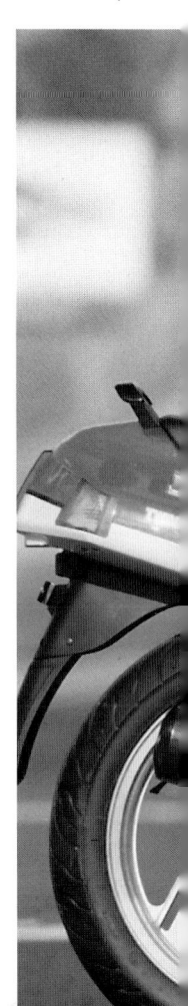

KAWASAKI ZX-10

Motor: Wassergekühlter Vierzylinder-Viertaktmotor, 100 PS (74 kW) bei 8800/min, 89 Nm bei 6800/min, Sechsganggetriebe, Kettenantrieb

Fahrwerk: Brückenrahmen aus Leichtmetall, vorn Doppelscheiben-, hinten Scheibenbremse, Reifengröße vorn 120/70 V 17, hinten 160/60 V 18

Gewicht: 255 kg mit 22 Litern Normal vollgetankt

Sitzhöhe: 790 Millimeter

Höchstgeschwindigkeit: 231 km/h

Beschleunigung 0 – 100 km/h: 3,5 sek

Verbrauch: 7,2 Liter/100 km

Leistungsvarianten: 98, 100 PS

Bauzeit (Neupreise): 1988 (14 800 Mark) bis 1990 (15 400 Mark)

Wichtige Modellpflegemaßnahmen: 1988 verbesserter Ruckdämpfer im Hinterrad, modifizierter Lichtmaschinenrotor. 1989 geänderte Bremsbeläge vorn.

Zwei Welten: Vernünftige Gepäckhaken und unvernünftiger Haltegriff im Opel-Manta-Design

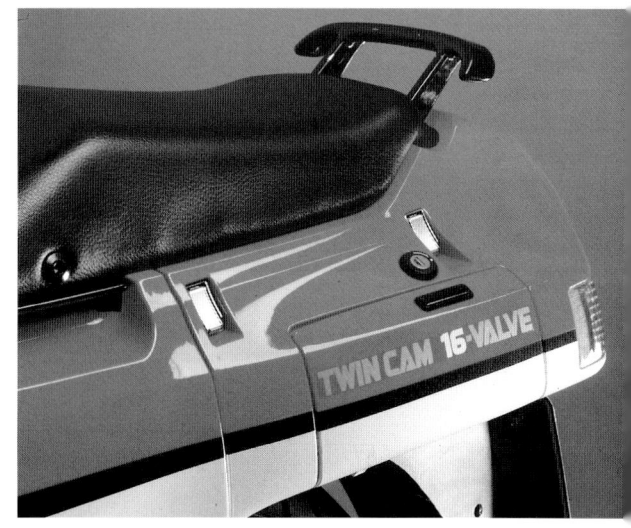

Kawasaki ZX-10: Vierzylindermotor, 100 PS,

KAWASAKI

GPZ 1100

Die GPZ 1100 ist noch so ein typisches Heizgerät der achtziger Jahre: der Motor rauh, aber kräftig und das Fahrwerk nach heutigen Maßstäben der Leistung keinesfalls mehr gewachsen. Dennoch hat die GPZ durchaus ihre Fangemeinde. Oder gerade darum, weil man hier eben noch so schön viel verbessern kann. Da werden von den Besitzern dicke Kastenschwingen montiert, breite Felgen implantiert oder gar der Motor getunt. Beim Gebrauchtkauf also einer der wichtigsten Punkte: das Motorrad unbedingt genau mit den Eintragungen im Fahrzeugschein vergleichen – bei gravierenden Abweichungen ist sonst der Ärger beim nächsten TÜV-Termin schon vorprogrammiert.

Schon beim Studium der Kleinanzeigen sollte man wissen: GPZ 1100 ist nicht gleich GPZ 1100. Die erste Variante mit der internen Typbezeichnung KZT 10 B, Ausführung B1, verkauft seit 1981, hatte noch keine Verkleidung, zwei Federbeine, und eine Einspritzanlage, bei der die Einspritzdüsen direkt in den Zylinderkopf mündeten. Durch diese Konstruktion litt die Kawasaki GPZ1100 noch häufig unter Startschwierigkeiten, Stichwort Dampfblasenbildung.

Dieses Problem war mit der ersten Nachfolgerin 1982 (KZT 10 B, Ausführung B2) aus der Welt geschafft, da diese nun über eine digital gesteuerte Einspritzung in die Ansaugstutzen verfügte. Außerdem waren, um den teilweise horrenden Ölverbrauch zu senken, geänderte Kolben samt modifizierten Ölabstreifringen montiert – mit leider nur mäßigem Erfolg. Äußerlich deutlichstes Unterscheidungsmerkmal zur Vorgängerin war übrigens die lenkerfeste Cockpit-Verkleidung.

1983 kam die ZXT 10 B, Ausführung A1: mit komplett neu, nämlich bananenförmig gezeichnetem Outfit, mit größerer und jetzt rahmenfester Verkleidung und mit Zentralfederbein ausgerüstet. Mitlerweile leistete die GPZ im Ausland 120 PS und mußte für Deutschland auf 100 PS gedrosselt werden. Leider veränderte sich durch die Drosselung die Motorcharakteristik, die neueren Motoren drehen nämlich nicht mehr so spontan hoch wie ihre Vorgänger.

Trotz aller Modellpflege sind die Macken des 1100er Motors über die Jahre ziemlich gleich geblieben. So verliert der Motor gern an allen möglichen Stellen Öl und einiges verbraucht er noch dazu, so kommen tatsächlich Ölverbräuche um die zwei Liter auf tausend Kilometer zustande. Die Qualität der verarbeiteten Werkstoffe ist nicht vom feinsten, denn häufig reißen die Gewinde im Zylinderkopf aus, rostet die Auspuffanlage durch oder löst sich der sparsam aufgetragene Lack in Wohlgefallen auf. Auch der Anlasser und die Lichtmaschine zeichnen sich nicht gerade durch hohe Standfestigkeit aus.

Besonders teuer kann es kommen, wenn der Motor bei der Probefahrt auffällig rauh läuft, dann können sich nämlich die Kurbelwangen der verpreßten Kurbelwelle gegeneinander verdreht haben. Kurzer Technik-Exkurs: Die Kurbelwelle des GPZ-Motors ist in Wälzlagern gebettet, und damit man hier überhaupt die inneren Lager montieren kann, muß die Kurbelwelle teilbar sein. Nach der Montage werden die präzise gegeneinander ausgerichteten Kurbelwellen-Abschnitte mit einigen Tonnen Druck verpreßt. Exkurs Ende.

Bleibt zusammenfassend zu sagen: Wer eine GPZ 1100 fahren möchte, sollte wohl besser etwas vom Schrauben verstehen.

KAWASAKI GPZ 1100

Motor: Luftgekühlter Vierzylinder-Viertaktmotor, 100 PS (74 kW) bei 8000/min, 87 Nm bei 6800/min, Einspritzanlage, Fünfganggetriebe, Kettenantrieb
Fahrwerk: Doppelschleifenrahmen aus Stahl, vorn Doppelscheiben-, hinten Scheibenbremse, Reifengröße vorn 110/90 V 18, hinten 130/90 V 17
Gewicht: 266 kg mit 20 Litern Normal vollgetankt
Sitzhöhe: 790 Millimeter
Höchstgeschwindigkeit: 228 km/h
Beschleunigung 0 – 100 km/h: 3,6 sek
Verbrauch: 7,0 Liter/100 km
Leistungsvarianten: keine
Bauzeit (Neupreise): 1981 (10 500 Mark) bis 1988 (10 500 Mark)
Bestand: rund 3000 Stück
Wichtige Modellpflegemaßnahmen: 1982 (KZT 10 B, Ausf. B2) lenkerfeste Cockpitverkleidung, geänderte Kolben, modifizierte, jetzt digital gesteuerte Einspritzanlage. 1983 (KZT 10 B, Ausf. A) rahmenfeste Halbschalenverkleidung, Zentralfederbein.

Die angegebenen technischen Daten beziehen sich auf das Modell von 1983 bis 1988 (Typ KZT 10 B, Ausführung A).

Kampf dem Tankrucksack: Die Konsole verbietet die Gepäckunterbringung auf dem Tank

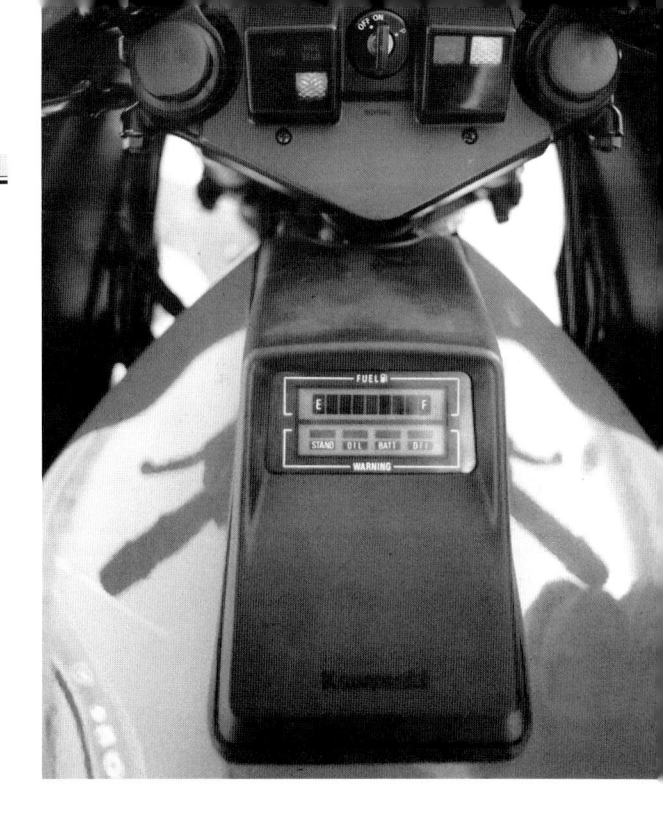

Kawasaki GPZ 1100: Vierzylindermotor, 100 PS, 266 Kilogramm, 228 km/h

KAWASAKI

Zephyr 1100

Solch ein Motorrad wurde schon lange Zeit von den Hartgesottenen unter den Windgesichtern vermißt: Überschaubare Technik, durchzugsstarker Motor – und das ganze verpackt in einem klassischen Outfit, garniert mit Tropfentank und Entenbürzel.

Wozu taugt solch ein Motorrad heute? Zum Touren vielleicht? Nur bedingt, denn der Winddruck ist bei höheren Geschwindigkeiten und auf Dauer doch beträchtlich – aber als Verkleidungsersatz gibt's ja immer noch den guten alten Tankrucksack. Allerdings wird's zu zweit auf der kurzen Sitzbank auch ein wenig eng. Und da sowieso wenig Platz vorhanden ist, kann man auch gleich an der Zuladung sparen, dachten wohl die Kawasaki-Ingenieure, 179 Kilogramm sind nicht gerade ein üppiger Wert. Und der hohe Spritverbrauch von über acht Litern zehrt an der Reisekasse. Ein Tourer ist die dicke Zephyr in der Summe ihrer Eigenschaften also nicht.

Vielleicht ist's ein Schluchtenflitzer, ein Heizgerät für die Landstraße? Auch nur bedingt, denn das Fahrwerk ist mit flotter Fahrt auf schlechten Straßen schlicht überfordert. Die Federbeine mit den kurzen Wegen arbeiten nach der altmodischen Devise »sportlich heißt hart«, die Gabel dagegen ist deutlich zu weich abgestimmt. Nein, ein Schluchtenflitzer ist sie auch nicht.

Was also dann? Eigentlich ist diese Frage vollkommen überflüssig, denn entweder mag man nun unverkleidete Hubraumboliden oder eben nicht. Und wenn man sie mag, ist man für jedes Fahrzeug-Kilo und für jeden Kubikzentimeter Hubraum mehr dankbar.

Sicher ist, daß die Zephyr 1100 hervorragende Bremsen hat, kein Wunder, stammen sie doch aus der supersportlichen ZXR 750. Und sicher ist auch, daß die Testwerte, zum Beispiel für den Spritverbrauch, für Otto Normalfahrer gar nicht so relevant sind, denn so ein Motorrad wird von vielen Fahrern fast ausschließlich bei niedrigen Drehzahlen bewegt. Und das bedeutet natürlich niedrigeren Spritkonsum, im Klartext um die sechs Liter. Übrigens, der hohe Spritverbrauch hat auch etwas mit Kawasakis CAS (Clean Air System) zu tun, denn zum Funktionieren solch einer Abgasreinigung durch Nachverbrennung bedarf es einer fetten Vergaser-Abstimmung. Positiver Nebeneffekt dieser Einstellung: Das Kaltstartverhalten der Zephyr 1100 ist ausgezeichnet.

Hervorragend ist auch die Haltbarkeit des dicken Triebwerks, denn es gibt keine bisher bekanntgewordenen mechanischen Macken.

KAWASAKI Zephyr 1100

Motor: Luftgekühlter Vierzylinder-Viertaktmotor, 93 PS (68 kW) bei 8000/min, 88 Nm bei 7000/min, Fünfganggetriebe, Kettenantrieb

Fahrwerk: Doppelschleifenrahmen aus Stahl, vorn Doppelscheiben-, hinten Scheibenbremse, Reifengröße vorn 120/70 V 18, hinten 160/70 V 17

Gewicht: 266 kg mit 19 Litern Normal vollgetankt

Sitzhöhe: 780 Millimeter

Höchstgeschwindigkeit: 207 km/h

Beschleunigung 0 – 100 km/h: 4,1 sek

Verbrauch: 8,5 Liter/100 km

Leistungsvarianten: 34, 93 PS

Bauzeit (Neupreise): 1992 (14 200 Mark) bis 1997 (16 800 Mark)

Wichtige Modellpflegemaßnahmen: 1996 Drahtspeichenräder und Zweifarbenlackierung, Gewicht jetzt 276 Kilogramm.

Nach alter Väter Sitte: sportlich heißt hart –
die Federbeine sind ziemlich bockig

Kawasaki Zephyr 1100: Vierzylindermotor,
93 PS, 266 Kilogramm, 207 km/h

KAWASAKI

ZZ-R 1100

Die ZZ-R 1100 in der deutschen 98- oder 100-PS-Version ist ein Büffel – die Meßwerte von Geschwindigkeit und Beschleunigung sprechen für sich. Wer aber durch Austausch der Gasschieber die ZZ-R auf 148 PS entdrosselt, macht aus dem Büffel einen Stier: Bei MOTORRAD schaffte es sonst kaum ein anderes Serienbike, in 2,9 Sekunden auf 100 km/h zu beschleunigen und unverschämte 275 Sachen schnell zu sein.

Aber egal, ob Büffel oder Stier, auf jeden Fall ist die Z-R 1100 ein Tourensportler, wie er im Buche steht. Das stabile Fahrwerk, die guten Bremsen, die toll dosierbare Kupplung (um gute Beschleunigungswerte zu erzielen) und die geringe Aufstellneigung beim Bremsen in Schräglage sorgen für den Sportteil. Für den Tourenteil sorgt die Kraft aus dem Drehzahlkeller, die große Reichweite – bei 120 km/h Dauergeschwindigkeit muß erst nach über 500 Kilometern getankt werden –, die durchaus komfortable Fahrwerksabstimmung und die bequeme Fahrer-Sitzposition. Was dem Tourer-Charakter allerdings widerspricht: Der Beifahrer sitzt mit etwas zu stark angewinkelten Beinen, und die Zuladung ist mit 171 Kilogramm ziemlich mickrig ausgefallen.

Zwei Ärgernisse hatten die ersten Modelljahre noch zu bieten: Die Reserveleuchten – die ZZ-R hat keinen Reservehahn – fingen bereits hektisch zu blinken an, wenn sich noch reichlich fünf Liter Sprit im Tank befanden, und im sonst komplett ausgestatteten Cockpit gab's keine Zeituhr. Das sollte sich im Zuge der verschiedenen Modellpflegen ändern: 1993 flogen die hyperaktiven Reserveleuchten raus und wurden durch eine Benzinuhr ersetzt, und die letzten Nörgler bekamen mit dem 1995er Modell ihre heiß ersehnte Digitaluhr. Da ein Motorrad mit solchen Leistungsreserven nicht stets am Limit gefahren werden kann, verwundert es kaum, daß selbst PS – Das Sport-Motorrad-Magazin – die ZZ-R 1100 während eines 50 000-Kilometer-Langstreckentests nicht kleinbekam. Der Befund nach der Motorsezierung: Zylinder, Kolben, Getriebe und sogar die Kupplung zeigten sich noch in Bestzustand. Nur der Ventiltrieb, also Nockenwellen und Schlepphebel, zeigte leichte, aber noch unbedenkliche Verschleißspuren.

Außerdem glänzte die ZZ-R mit einer guten Verarbeitung, denn auch ein durchgefahrener, salziger Winter machte den metallenen Oberflächen nichts aus. So bleibt für den Gebrauchtkäufer wohl kaum mehr zu tun, als das Lenkkopf-Lager zu checken, die Gabeldichtringe zu überprüfen und das Motorrad an den Kunststoffteilen auf Vibrationsrisse zu untersuchen. Obwohl nämlich der Fahrer so gut wie keine Vibrationen zu spüren bekommt, schleichen sich doch manchmal ganz klammheimlich welche in die verschiedenen Regionen des Motorrads fort – zum Beispiel in das vordere Schutzblech.

Ein Tip noch für die Liebhaber der offenen Leistung: Besonders bei schon etwas abgefahrenen Reifen neigt die große Kawasaki bei Geschwindigkeiten über 240 km/h zum Dauerpendeln. Dieser Effekt kann dadurch vermindert werden, daß die Exzenter im Hinterrad

KAWASAKI ZZ-R 1100

Motor: Wassergekühlter Vierzylinder-Viertaktmotor, 100 PS (74 kW) bei 9000/min, 88 Nm bei 4800/min, Sechsganggetriebe, Kettenantrieb

Fahrwerk: Brückenrahmen aus Leichtmetall, vorn Doppelscheiben-, hinten Scheibenbremse, Reifengröße vorn 120/70 VR 17, hinten 170/60 VR 17

Gewicht: 264 kg mit 20 Litern Normal vollgetankt

Sitzhöhe: 770 Millimeter

Höchstgeschwindigkeit: 241 km/h

Beschleunigung 0 – 100 km/h: 3,9 sek

Verbrauch: 5,5 Liter/100 km

Leistungsvarianten: 98, 100 PS

Bauzeit (Neupreise): 1990 (18 000 Mark) bis heute (2001 23 100 Mark)

Wichtige Modellpflegemaßnahmen: 1993 neuer Rahmen, SLS (Sekundärluft-Abgasreinigungs-System), 180er Reifen hinten, Benzinuhr, größeres Schalldämpfervolumen. 1995 längere Gesamtübersetzung, Digitaluhr.

Alles roger: Das 1993er Cockpit hatte statt der pessimistischen Reserveleuchten eine realistische Benzinuhr

so gedreht werden, daß das Heck höher kommt. Auf diese Weise verlagert sich der Schwerpunkt und es lastet mehr Gewicht auf dem Vorderrad – die Pendelerscheinungen nehmen ab.

Büffel oder Stier? Egal, Hauptsache: Ein Herz für Tiere.

Kawasaki ZZ-R 1100: Vierzylindermotor, 100 PS, 264 Kilogramm, 241 km/h

KAWASAKI

Z 1300

Gewaltig sieht dieser Brecher ja wirklich aus. Wer eine Kawasaki Z 1300 mal live auf der Straße gesehen hat, wird beeindruckt sein – positiv oder negativ. Schon die Daten auf dem Papier verschaffen Respekt: 100 PS bei noch nicht einmal 8000/min, 103 Nm bei gerade mal 4000/min – das verheißt Power und Beschleunigung ohne Ende. Wenn da nicht das mörderische Gewicht von vollgetankt 330 Kilogramm und die strömungsungünstige Frontfläche wäre. Höchstgeschwindigkeit 197 km/h, Beschleunigung von Null auf hundert in 4,6 Sekunden – das kann heute jede 600er besser.

Aber die Z 1300 wollte sowieso nicht gerast werden. Konnte auch gar nicht, und wenn, dann zumindest nicht lange und nur geradeaus. Schließlich soff sich der Motor (zumindest die Vergaservariante bis 1983) bei Vollgasfahrten gern deutlich über zehn Liter Sprit pro 100 Kilometer und rund 2,5 Liter Öl pro 1000 Kilometer hinter die Binde. Und dann das Fahrwerk: eine echte Kratzbürste. Schon bei gemäßigter Schräglage setzte alles auf, was bei einem Motorrad aufsetzen kann, einschließlich des Motorblocks.

Und genau hier sollte die Besichtigung einer Gebrauchten beginnen: am Motorblock. Viele Z 1300-Besitzer wollen es wahrscheinlich einfach nicht wahrhaben, daß ihr Motorrad so wenig Schräglagenfreiheit besitzt. Und unter 1300er Treibern gilt es sowieso als Auszeichnung, die Wandstärke des Gehäuses an den entscheidenden Stellen deutlich verringert zu haben.

Dann kann der Blick nach vorn und oben wandern. Befindet sich Flüssigkeit vorn am Zylinderkopf? Nicht immer ist dann gleich die Zylinderkopf-Dichtung hinüber. Die ist nämlich nur dann eindeutig kaputt, wenn sich das Wasser im Kühlmittel-Ausgleichsbehälter ölig anfühlt. Im harmloseren Fall ist lediglich die Dichtung der Wasserpumpe defekt.

Kompression messen ist sonst immer gut, aber Vorsicht bei der Z 1300: Wer einfach bei abgezogenen Kerzensteckern loslegt und nicht vorher die elektrischen Verbindungen von Zündbox und Einspritzpumpe gelöst hat, läuft Gefahr, die wahnwitzig teure Zündbox zu zerstören – was nach Vollendung nicht jeden Besitzer wirklich freut. Meist ist diese Kontrolle aber auch gar nicht nötig, da der gutmütige Sechszylinder Laufleistungen von deutlich über 100 000 Kilometern locker übersteht.

Ein gesunder Motor dreht locker und vibrationsfrei ab 1500/min hoch. Stottert der Motor im Hochsommer, ist meist der Benzinfilter schuld. Der ist nämlich an einer thermisch ungünstigen Stelle montiert und verursacht durch die Hitze Dampfblasenbildung in der Spritzufuhr.

Bleibt noch die Wahl des Baujahrs. Bei der Z 1300 fällt der Tip klar aus: Die Modelle mit der elektronischen Benzineinspritzung, also ab Baujahr 1984, sind eindeutig zu favorisieren. Die Vorgänger mit Vergasern soffen einfach zuviel und erforderten zuviel mechanische Wartungsarbeiten. Doch Vorsicht bei den letzten »Legendary Six« des Jahres 1989: Böse Zungen behaupten, daß diese letzten 200 Exemplare aus Restbeständen zusammengesteckt wurden. Oder wie läßt es sich sonst erklären, daß gerade diese Modelle unter Getriebeproblemen zu leiden hatten, die den Vorgängern noch gänzlich unbekant waren?

KAWASAKI Z 1300

Motor: Wassergekühlter Sechszylinder-Viertaktmotor, 100 PS (74 kW) bei 7750/min, 103 Nm bei 4000/min, Fünfganggetriebe, Kardanantrieb
Fahrwerk: Doppelschleifenrahmen aus Stahl, vorn Doppelscheiben-, hinten Scheibenbremse, Reifengröße vorn 110/90 V 18, hinten 130/90 V 17
Gewicht: 330 kg mit 27 Litern Normal vollgetankt
Sitzhöhe: 800 Millimeter
Höchstgeschwindigkeit: 197 km/h
Beschleunigung 0 – 100 km/h: 4,6 sek
Verbrauch: 8,6 Liter/100 km
Leistungsvarianten: keine
Bauzeit (Neupreise): 1979 (12 250 Mark) bis 1989 (16 500 Mark)
Wichtige Modellpflegemaßnahmen: 1979 kostenlose Nachrüstung mit größerer Ölwanne (6,9 statt 4,5 Liter). 1980 (Z 1300 A2) größeres Ölschauglas und verbesserter Ölkreislauf. 1981 (Z 1300 A3) luftunterstützte Federbeine und elektronischer statt mechanischer Fliehkraftverstärker. 1983 (Z 1300 A5) für geringeren Ölverbrauch Kolben und Kolbenringe geändert. 1984 (ZG 1300 A1) elektronische Benzineinspritzung.

Die angegebenen technischen Daten beziehen sich auf das Modell Z 1300 DFI ab Modelljahr 1984.

Hier fehlt doch was? Eine komplett vorhandene Z 1300 verfügt über Rahmen, Tank und Auspuff – alles in dick

Doch allen gemein sind zwei Dinge. Erstens gibt es wohl kaum ein anderes Motorrad, auf dem Lange (ab zwei Meter) so gut sitzen. Und zweitens gibt es kaum ein Serien-Motorrad, bei dem der Begriff Werterhalt so wörtlich zu verstehen ist: Für gutgepflegte Exemplare wird, unabhängig vom Baujahr, meist der damalige Neupreis oder sogar noch mehr verlangt. Und bezahlt. Und das ist vielleicht das Beeindruckendste an der Kawasaki Z 1300.

Kawasaki Z 1300: Sechszylindermotor, 100 PS, 330 Kilogramm, 197 km/h

KAWASAKI

VN-15

Selbst Chopper-Hasser, und davon soll es ja eine ganze Menge geben, müssen nach einer Probefahrt mit der VN-15 bewundernd anerkennen: Dieses Motorrad ist ein echter Ballermann. Der riesengroße Zweizylinder schiebt dermaßen aus niedrigsten Drehzahlbereichen, daß es eine wahre Pracht ist. Daher genügen bei diesem Motorrad auch vier Gänge – eigentlich hätten es deren drei auch getan. Die Charakteristik des wassergekühlten V2 fordert den Fahrer immer wieder heraus, sich im vierten Gang auf 30 km/h abfallen zu lassen und dann, nach einem lockeren Dreh am Gasgriff, die enorme Wucht im Kreuz zu genießen. Selbst bei der 61-PS-Version ab 1994 ist der Genuß noch genauso groß wie bei der 70-PS-Ausführung der ersten beiden Jahre – der Unterschied ist kaum zu spüren. Hubraum ist eben zumindest bei Choppern doch durch nichts zu ersetzen.

Doch es gibt auch einiges an der VN-15, was nicht so viel Freude macht. Natürlich darf, ja muß eigentlich sogar, so ein mächtiger Zweizylinder vibrieren. Aber dann sollte er doch wenigstens das hintere Schutzblech samt Nummernschild-Halterung in Frieden lassen, beide vibrieren nämlich trotz Ausgleichswelle und Gummilagerung des Motors häufig durch.

Dann ist da der hohe Ölverbrauch, der nie unter 0,5, oft aber bis 1,5 Liter auf 1000 Kilometer beträgt. Da sich im Motor nur 2,7 Liter Öl befinden, ist der Fahrer gehalten, relativ häufig den Ölstand zu kontrollieren. Hier geht der Ärger dann gleich weiter, denn die VN weist die unheilsschwangere Kombination »Ölschauglas und kein Hauptständer« auf, die Kontrolle gerät jedesmal zur zirkusreifen Artistiknummer. Und muß schließlich Öl nachgefüllt werden, macht die Öleinfüll-Öffnung Ärger, da sich die Öffnung an der Seite im rechten Motordeckel befindet, das Öl im Prinzip also hineingespritzt statt -gekippt werden muß.

Auch die Federelemente sind kein Quell der Freude. Während man die Telegabel mit etwas Nachsicht noch als komfortabel abgestimmt bezeichnen kann – manche nennen es auch butterweich –, sind die schon im Neuzustand stark nachschwingenden Federbeine nun wirklich nicht mehr akzeptabel. Wer sich und seinem Motorrad also etwas Gutes tun möchte, spendiert der Gabel progressiv gewickelte Federn von White Power oder Wirth und ersetzt die Federbeine durch Produkte von Hagon oder Koni.

Stichwort ersetzen: Die Original-Bereifung von Dunlop neigt bei Nässe zum Wegrutschen, seit geraumer Zeit gibt es bei Kawasaki eine Freigabe für die Montage der Metzeler-Bereifung »Marathon«, die einen guten Kompromiß zwischen Haftung und Laufleistung bietet.

Rutscht bei der Probefahrt nicht der Reifen, sondern die Kupplung durch, ist das bei älteren VN-15 mit höherer Laufleistung nahezu serienmäßig, erst durch eine Modellpflege 1994 wurde dieses Übel abgestellt.

KAWASAKI VN-15

Motor: Wassergekühlter Zweizylinder-Viertakt-V-Motor, 61 PS (45 kW) bei 4300/min, 118 Nm bei 3300/min, Viergenggetriebe, Kardanantrieb
Fahrwerk: Doppelschleifenrahmen aus Stahl, vorn und hinten Scheibenbremse, Reifengröße vorn 100/90 H 19, hinten 150/90 H 15
Gewicht: 286 kg mit 16 Litern Normal vollgetankt
Sitzhöhe: 780 Millimeter
Höchstgeschwindigkeit: 171 km/h
Beschleunigung 0 – 100 km/h: 5,9 sek
Verbrauch: 5,5 Liter/100 km
Leistungsvarianten: 27, 34, 50, 61, 64, 70 PS
Bauzeit (Neupreise): 1988 (13 800, SE: 14 000 Mark) bis heute (2001 VN 1500 Classic 21 000 Mark)
Wichtige Modellpflegemaßnahmen: 1988 VN-15 (VNT 50 A, Ausführung A2) und VN-15 SE (VNT 50 A, Ausführung B2) parallel im Programm. Unterschiede (A2/B2): Guß-/Speichenräder, 16-Liter-/12-Liter-Tank, beide Auspufftöpfe rechts/je ein Topf rechts und links. Ab 1990 nur noch VN-15 SE (VNT 50 A, Ausführung B4) im Programm, jetzt mit 64 PS. 1994 Ablösung durch VN-15 (VNT 50 A, Ausführung C) mit 61 PS, Drahtspeichenrädern und modifizierter Gabel. Ab 1996 VN 1500 Classic mit 64 PS und massiven Blech-Kotflügeln.

Die angegebenen technischen Daten beziehen sich auf das Modell von 1994 bis 1995 (Typ VNT 50 A, Ausführung C).

Einspritzer: Öl muß durch die seitliche Öffnung eingefüllt werden - unpraktischer geht's wohl kaum noch

Vereinzelt rubbeln die Bremsscheiben, vielleicht bedingt durch andauernden Gebrauch des Vorbesitzers von billigen Zubehör-Bremsbelägen. Diesen Schaden sollte man nicht auf die leichte Schulter nehmen, denn eine neue Bremsscheibe kostet ordentlich Kohle.

Dafür ist die Drosselung einer VN-15 wieder extrem preisgünstig, denn die nötigen Blenden kosten lediglich um die zehn Mark. Und selbst mit 27 PS macht eine VN noch mächtig Spaß.

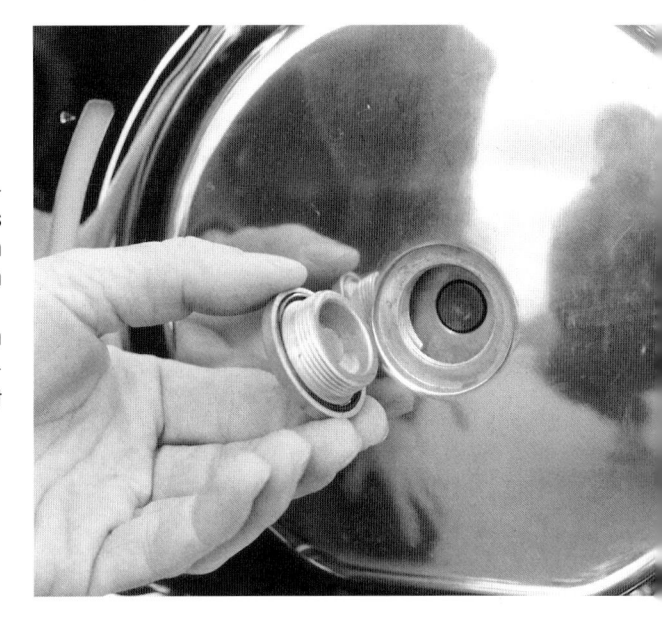

Kawasaki VN-15: Zweizylinder-V-Motor, 61 PS, 286 Kilogramm, 171 km/h

KTM

600 LC 4 Enduro

Tonnenschwere Enduros mit Reiseambitionen und Elektrostarter gibt es in großer Zahl. Wer aber eine federleichte Enduro sucht, die wirklich noch fürs Gelände taugt und außerdem dem »Harter-Mann-Image« zuträglich ist, wird zwangsläufig irgendwann einmal über die KTM LC 4 stolpern. Der knorrige Einzylinder macht aus seiner Bestimmung kein Hehl: Hier geht es ausschließlich um zügige Fortbewegung. Laufruhe ist für dieses KTM-Triebwerk ein Fremdwort, es schüttelt dem Fahrer bei Vollgas auf der Autobahn schier die Plomben aus den Zähnen. Was einige Unerschrockene natürlich nicht davon abhält, mit dieser Hard-Enduro auch in Urlaub zu fahren. Siehe oben: Harter-Mann-Image.

Was gibt's bei Gebrauchten zu beachten? Zunächst: Fahrer mit Körpergrößen unter 1,80 Meter oder fehlender Routine sollten von einer Probefahrt absehen, da sie sich anläßlich des ersten Ampelstopps beim Sturz aus der Sitzhöhe von 975 Millimetern wahrscheinlich ernsthafte Verletzungen zuziehen würden. Die Plastikteile und Rahmenunterzüge an dieser KTM sind dagegen förmlich dazu da, verschrammt und abgeschliffen zu werden – schließlich handelt es sich hier ja um ein waschechtes Gelände-Motorrad. Weniger spaßig wird's aber, wenn sich Risse und Brüche in tragenden Teilen finden lassen. Besonders Modelle des ersten Baujahrs 1987 litten unter Material-Ermüdungserscheinungen in der Schwinge selbst oder in den eingeschweißten Aufnahmen für die Hebelei des Federbeins.

Bis zum Baujahr 1990 war häufig von kapitalen Motorschäden zu berichten. Wahrscheinliche Gründe: unzureichende Schmierung und unsensible Behandlung. Im Motor zirkulieren nur läppische 1,5 Liter Öl, die gehegt und gepflegt werden wollen. Also erstens: Spätestens alle 2500 Kilometer das Öl wechseln (nach exzessivem Gelände-Einsatz schon nach spätestens 1000 Kilometern) – und dann nur zu vollsynthetischem Öl vom Feinsten greifen. Und zweitens: Dem Motor immer seine dringend benötigte Warmlaufphase gönnen – zehn Kilometer sollten vor dem Kampfeinsatz schon drin liegen. Übrigens: Ab 1990 verbesserte KTM den Ölkreislauf und ließ fortan das Öl durch einen externen Microfilter (befindet sich im gerippten Aluminiumgehäuse unter dem Tank) reinigen. Daraufhin hielten die Motoren länger.

Wo von der LC 4 die Rede ist, kommt das Gespräch irgendwann auch zwangsläufig auf Startprobleme. So auch jetzt. Das Geheimnis des Erfolgs – nämlich des Anspringens durch eine minimale Anzahl von Tritten – liegt neben der korrekten Einstellung von Ventilen und Zündung in der korrekten Bedüsung des dicken Dellorto-Vergasers.

Ein einfacher Test für selbstmordgefährdete Dauerkicker: bei heißem (laufendem) Motor mal die Gemischregulierschraube ganz reindrehen. Läuft der Motor danach noch weiter, ist die Leerlaufdüse zu groß. Standard ist 45, bei tiefen Temperaturen kann aber auch eine 48er die richtige sein, im Hochsommer eine 42er.

KTM 600 LC 4 Enduro

Motor: Wasergekühlter Einzylinder-Viertaktmotor, 49 PS (36 kW) bei 7000/min, 54 Nm bei 5400/min, Fünfganggetriebe, Kettenantrieb

Fahrwerk: Einrohrrahmen aus Stahl, vorn und hinten Scheibenbremse, Reifengröße vorn 90/90-21, hinten 140/80-18

Gewicht: 133 kg mit 8,5 Litern Super verbleit vollgetankt

Sitzhöhe: 975 Millimeter

Höchstgeschwindigkeit: 162 km/h

Beschleunigung 0 – 100 km/h: 5,5 sek

Verbrauch: 5,7 Liter/100 km

Leistungsvarianten: 23, 27, 49 PS

Bauzeit (Neupreise): 1987 (9250 Mark) bis 1993 (11 990 Mark)

Wichtige Modellpflegemaßnahmen: 1989 gemäßigtere Variante »Incas« mit 16-Liter-Tank lieferbar. 1990 in vielen Details verbesserter Motor, größere Bodenfreiheit durch längeres Zentralfederbein mit progressiver Dämpfung. 1993 im Erscheinungsbild deutlich überarbeitet. 1994 Ablösung durch die hubraumstärkere 620 LC 4.

Richtig was für ultrabrutal harte Männer: Motor hämmert und startet schlecht – aber keiner gibt's zu

KTM 600 LC 4 Enduro: Einzylindermotor, 49 PS, 133 Kilogramm, 160 km/h

MZ

ETZ 125 + ETZ 150

Wer beim Motorrad sparen will oder muß, wem zwölf PS zum Vorwärtskommen reichen und wer zudem Freude am Verbessern der Technik hat, für den ist die kleine ETZ genau das Richtige. MZ-Kenner wissen, daß der 125er beziehungsweise der 150er Motor (die beiden unterscheiden sich lediglich durch die Zylinderbohrung) drehfreudiger als der 250er ist und so tatsächlich mehr Spaß machen kann.

Aber, wie schon gesagt, Spaß am Verbessern sollte der Besitzer haben. Eine serienmäßige ETZ 125 oder 150 läßt ihren Fahrer zwar nur äußerst selten durch Totalausfall im Stich, kann ihn aber durch Mängel im Detail doch vergrätzen. So halten die Dichtringe von Gabel, Abtriebs- und Kickstarterwelle nicht besonders lange, die fettgefüllten Kettenschläuche schwitzen an den Anschlußstellen und auch der Vergaser leckt häufig. Die Elektrik giert nach Überarbeitung, denn die Kabelverlegung und die Qualität der Steckverbindungen läßt stark zu wünschen übrig. Der Kerzenstecker ist nässeempfindlich, und der Sicherungskasten unter dem rechten Seitendeckel neigt zu Wackelkontakten. Motor- und Auspuffhalterung reißen durch die Vibrationen irgendwann ein, und die Zeigerdämpfung der Instrumente gibt spätestens nach 10 000 Kilometern den Geist auf.

Die Qualität der Lager, Zahnräder und Wellen schwankte während der Herstellungszeit gewaltig, doch in den meisten Fällen sind das Kickstartersegment und der Primärtrieb nach rund 20 000 Kilometern kaputt. Kolben samt Zylinder halten rund 30 000 Kilometer, die Lebensdauer der Kurbelwellenlager ist dagegen vollkommen unberechenbar. Beim fälligen Austausch sollte auf jeden Fall aber auf hochwertigere Lager zurückgegriffen werden. Der Lack ist zu dünn aufgetragen und scheuert sich besonders am Tank ab, der Rostschutz läßt arg zu wünschen übrig.

Die Liste möglicher Mängel ist also lang, doch immerhin: Der Motor ist so einfach aufgebaut, daß er wunderbar als Einstieg ins Schrauberleben dienen kann – wer's hier nicht lernt, lernt's wahrscheinlich nirgendwo. Und billiger als mit diesen kleinen Bikes ins Motorradleben einzusteigen ist nahezu unmöglich, denn die meisten Gebrauchten kosten nur sehr kleines Geld.

Und für dieses Geld gibt's ein Motorrad, das durchaus Spaß macht. Für den kleinen Hubraum ist der zwölf-PS-Motor recht durchzugsstark. Der 14-PS-Zylinder mit den modifizierten Überstromkanälen bringt nur minimal bessere Fahrleistungen, verkleinert dafür aber das nutzbare Drehzahlband und erhöht den Verbrauch.

Das Fahrwerk ist durchaus komfortabel, auch die Sitzposition ist bequem, nur liegen für manchen Geschmack die Fußrasten etwas zu weit vorn. Die Scheibenbremse – übrigens die gleiche, die auch in der ETZ 250 verbaut wurde – funktioniert so gut, daß sie den Vorderradreifen locker zum Blockieren bringt. Wenn eine montiert ist, denn in der ehemaligen DDR gab es eine »Deluxe-« und eine »Standard-«Version. Je nachdem, was gerade verfügbar war, unterschieden sich diese Varianten zum Beispiel in der Bremse (Scheibe oder Trommel), im Licht (H4 oder Bilux), in der Zündung (Kontakte oder elektronisch) oder auch in der Leistung.

MZ ETZ 150

Motor: Luftgekühlter Einzylinder-Zweitaktmotor, 12 PS (9 kW) bei 6000/min, 15 Nm bei 5000/min, Fünfganggetriebe, gekapselter Kettenantrieb

Fahrwerk: Brückenrahmen aus Stahl, vorn Scheiben-, hinten Trommelbremse, Reifengröße vorn 2.75-18, hinten 3.25-16

Gewicht: je nach Ausführung 118 bis 122 kg mit 13 Litern Normal vollgetankt

Sitzhöhe: 790 Millimeter

Höchstgeschwindigkeit: 105 km/h

Beschleunigung 0 – 100 km/h: 11,3 sek

Verbrauch: 3,0 Liter/100 km

Leistungsvarianten: 10, 12, 14 PS

Bauzeit (Neupreise): 1984 (2200 Mark) bis 1992 (1700 Mark)

Wichtige Modellpflegemaßnahmen: 1987 elektronische Zündung. 1991 Vergaser von Bing statt von BVF, neue Instrumente, verbesserte Zündung.

Erbarmungswürdig: Die serienmäßige Elektrik schreit förmlich nach Überarbeitung

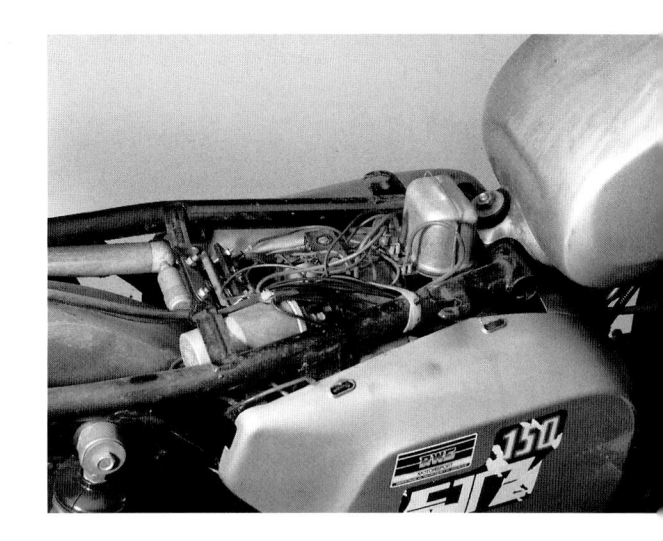

MZ ETZ 150: Einzylinder-Zweitaktmotor, 12 PS, zirka 120 Kilogramm, 105 km/h

MZ

ETZ 250

Die ETZ 250 ist immer noch das Fahrzeug für Individualisten, die weniger Wert auf das Image ihres Untersatzes legen, sondern vielmehr einfach fahren wollen – und das auffallend häufig ganzjährig.

Die Motoren der »Emme« erreichen zwar oft hohe Laufleistungen, doch dann meist nicht mit dem ersten Kolben und den ersten Kurbelwellenlagern. Es ist bei der Besichtigung einer Gebrauchten jedoch nur alten, erfahrenen MZ-Hasen möglich, dem laufenden Motor sich ankündigende Schäden anzuhören, da er schon im Neuzustand vergleichsweise laute Geräusche entwickelt und so »Fehlgeräusche« einfach überdeckt. Als Faustregel kann allerdings gelten, daß nach 30 000 Kilometern mit dem Austausch von Kolben und Kurbelwellenlagern gerechnet werden muß. Vorsicht aber, wenn der Vorbesitzer stolz erzählt, er habe die Lager der Kurbelwelle selbst gewechselt. Da schon die Original-Lager wegen der großen Fertigungstoleranzen meist nicht perfekt passen, müssen die neuen Lager (am besten westliche Markenprodukte, zum Beispiel von SKF) vorsichtig in das erwärmte Motorgehäuse eingesetzt werden – und das kann nicht jeder.

Tödlich für Kurbelwelle und Pleuel sind lange Standzeiten, da diese beiden Komponenten dann einfach vor sich hinrosten. Der scheinbar günstige Scheunenfund für kleines Geld kann sich so als echtes Groschengrab erweisen, obwohl das Preisniveau für Ersatzteile sehr niedrig ist.

Ein echter Schwachpunkt ist der Vergaser der ETZ 250. Da eine Vorrichtung zur Einstellung des Leerlaufs fehlt, muß die Leerlauf-Drehzahl direkt über den Gaszug justiert werden – mit der Folge, daß der Motor beim Einschlagen des Lenkers nach links erbärmlich aufheult. Erfahrene MZ-Treiber stellen den Zug daher einfach sehr locker ein und halten den Motor gefühlvoll mit dem Gasgriff bei Laune. Dummerweise wird aber auch die Pumpe für die Getrenntschmierung über den Gaszug betätigt, so daß die Ölzufuhr unberechenbar wird. In den meisten Fällen tanken die Besitzer dann eben einfach Gemisch – leider qualmt so die MZ aber noch mehr als vorher aus dem Auspuff.

Die gezogene Kupplung darf zwar jaulen, weil dann wahrscheinlich nur schnell das Ausrücklager gewechselt werden muß, doch in eingerücktem Zustand darf sie nicht rutschen, weil sonst womöglich die Verzahnung der Kurbelwelle hinüber ist. Und dies bedeutet eben auch Austausch der Kurbelwelle.

Das Getriebe funktioniert im allgemeinen problemlos, nur sollte darauf geachtet werden, daß nach jedem Schaltvorgang der Schalthebel wieder in die Mittelstellung zurückkehrt. Ansonsten ist die dafür verantwortliche Feder gebrochen, und zu deren Austausch muß der Motor komplett zerlegt werden.

Einige Ärgernisse sind bei der MZ serienmäßig und daher nicht mangelnder Pflege des Vorbesitzers anzulasten: Die Gabeldichtringe sind häufig undicht und die Elektrik ist nässempfindlich. Da muß halt nach dem Kauf auf eigene Faust nachgebessert werden.

MZ ETZ 250

Motor: Luftgekühlter Einzylinder-Zweitaktmotor, 17 PS (13 kW) bei 5000/min, 24 Nm bei 4500/min, Fünfganggetriebe, gekapselter Kettenantrieb

Fahrwerk: Brückenrahmen aus Stahl, vorn Scheiben-, hinten Trommelbremse, Reifengröße vorn 2.75-18, hinten 3.50-18

Gewicht: 154 kg mit 17 Litern Normal vollgetankt

Sitzhöhe: 800 Millimeter

Höchstgeschwindigkeit: 114 km/h

Beschleunigung 0 – 100 km/h: 15,3 sek

Verbrauch: 5,3 Liter/100 km

Leistungsvarianten: 17, 21 PS

Bauzeit (Neupreise): 1981 (3500 Mark) bis 1988 (2000 Mark)

Wichtige Modellpflegemaßnahmen: keine

Gewissensfrage: Für die einen ist's nur ein Zündschlüssel, für die anderen der wahrscheinlich dickste Schalter der Welt

MZ ETZ 250: Einzylinder-Zweitaktmotor, 17 PS, 154 Kilogramm, 114 km/h

SUZUKI

GN 250

Preisfrage: Warum hat die GN 250 ein so konservatives Erscheinungsbild? Antwort: Weil sie wirklich konservativ ist. Weil sie seit 1982 vollkommen, wirklich absolut unverändert hergestellt wird. Sogar der unsägliche Blinker-/Lichtschalter am linken Lenkergriff (rauf und runter blendet auf und ab, rechts und links blinkt), der mit der Zeit seine Rastung verliert, also ausleiert, wurde unverändert über die Jahre mitgeschleppt.

Was macht in der heutigen Zeit ein 17-PS-Motorrad? Auch diese Frage ist leicht zu beantworten: einfach fahren. Der Motor, der ursprünglich aus der Suzuki-Enduro DR 250 stammt, ist anspruchslos, vibrationsarm und sparsam – Verbräuche unter drei Litern sind problemlos möglich. Das Fahrwerk ist dank des extrem geringen Gewichts sehr handlich, gerät aber auch bei Vollgas noch nicht an seine Grenzen – das wäre bei 122 km/h ja auch noch schöner. Die Vorderrad-Bremse will zwar hart rangenommen werden, verzögert aber ausreichend gut. Dafür versöhnt die Kupplung mit einer butterweichen Betätigung.

Die Ausstattung ist überraschend komplett: Hauptständer, E-Starter und sogar eine digitale Ganganzeige kann die kleine Suzuki vorweisen. Und dank der niedrigen Sitzhöhe ist die GN 250 sehr gut für kleine Menschen, so bis zirka 1,50 Metern runter, geeignet. Dafür kommen Größere, so ab zirka 1,80 Metern, mit ihren Knien und dem gekröpften Lenker in Konflikt. Und noch eine Einschränkung: Die GN taugt nun beim besten Willen nicht als Reisemobil für zwei Personen, da sind die zu weichen Federelemente, die zu kurze Sitzbank und die dann doch zu geringe Motorleistung vor.

Der Motor ist sehr solide und so wäre es ziemlich übertrieben, die kurze Zeremonie, die bei der GN 250 kurz vor dem Kauf stattfindet, ernsthaft Besichtigung zu nennen – es gibt einfach keine typischen Schwachstellen. Okay, hat die 250er jahrelang mit einem Parkplatz unter der Laterne vorlieb nehmen müssen, werden sich unter Umständen Felgen und Auspuff-Krümmer nicht mehr in bestem Zustand befinden. Vielleicht klappert's auch aus dem Auspufftopf, weil sich der Schalldämpfer gelöst hat, was gelegentlich vorkommt. Das war's, mehr kommt bei der GN 250 einfach nicht vor.

Natürlich rührt diese scheinbare Materialstärke auch von den vergleichsweise geringen Kilometerleistungen her, die mit einem 17-PS-Motorrad erfahren werden. Vielleicht liegt's auch daran, daß einige Besitzer ihre GN so gut wie überhaupt nicht fahren, da sie als günstiger Senker für den Schadenfreiheits-Rabatt bei der Haftpflicht-Versicherung genutzt wird. Vielleicht liegt's aber auch schlicht daran, daß viele Besitzer ihre GN 250 einfach gut pflegen, weil sie sie mögen – eben weil sie so konservativ aussieht. Weil sie irgendwie ein Relikt aus vergangenen Motorrad-Tagen ist.

SUZUKI GN 250

Motor: Luftgekühlter Einzylinder-Viertaktmotor, 17 PS (13 kW) bei 8200/min, 17 Nm bei 4000/min, Fünfganggetriebe, Kettenantrieb

Fahrwerk: Einschleifenrahmen aus Stahl, vorn Scheiben-, hinten Trommelbremse, Reifengröße vorn 3.00 S 18, hinten 120/90 – 16

Gewicht: 140 kg mit 10 Litern Normal vollgetankt

Sitzhöhe: 730 Millimeter

Höchstgeschwindigkeit: 122 km/h

Beschleunigung 0 – 100 km/h: 13,1 sek

Verbrauch: 4,1 Liter/100 km

Leistungsvarianten: keine

Bauzeit (Neupreise): 1982 (4400 Mark) bis 1999 (6000 Mark)

Wichtige Modellpflegemaßnahmen: keine

Stauchmobil: Für zwei Personen ist die Sitzbank auf Dauer einfach zu kurz

Suzuki GN 250: Einzylindermotor, 17 PS, 140 Kilogramm, 122 km/h

SUZUKI

RGV 250

Schon 1989 hatte Suzuki einmal mit der RGV 250 einen Vorstoß auf die bisherige Yamaha-Domäne der sportlichen Zweitakt-Motorräder gewagt. Doch durch die scharfen Abgasbestimmungen für Neuzulassungen verschwand die RGV noch im gleichen Jahr wieder vom Markt. Die Zeit der Zweitakter schien damit vorbei zu sein. Doch 1991 tauchte die RGV 250 wieder auf, jetzt komplett überarbeitet und mit Katalysator versehen. Diese supersportliche RGV 250 konnte sich noch bis 1993 im Programm halten, dann machten ihr die neuen Abgasbestimmungen endgültig den Garaus.

So ein Zweitakter ist kein Motorrad für jedermann. Für die einen ist die RGV 250 ein reinrassiges Sportmotorrad: Der aufwendige V-Motor mit elektronischer Auslaßsteuerung und das edle Fahrwerk mit Upside-down-Gabel, Bananenschwinge und erstklassigen Bremsen läßt den Liebhabern sportlicher Zweitakter das Wasser im Mund zusammenlaufen. Zudem ist alles noch so verpackt, als handele es sich bei der RGV 250 um eine Suzuki Grand-Prix-Werksmaschine. Und dann erst diese Leistungsentfaltung: Wie der Motor ab 8500/min zur Bestie wird, wie er jedes Kommando am Gasgriff aggressiv und blitzschnell in Schub umsetzt – einfach herrlich.

Für die anderen dagegen ist die RGV nur ein erbarmungsloses Foltergerät: Die Sitzhaltung – gekrümmter Rücken, gesenkter Kopf – ist extrem sportlich und nur für kleine Menschen überhaupt einnehmbar. Der Platz für einen Passagier ist konsequenterweise erst gar nicht vorgesehen.

Die Leistungsentfaltung samt Ölfahne bei niedrigen Drehzahlen ist unter aller Kanone, unter 8500/min zuckelt der Motor nur. Nein, dieses Motorrad ist wirklich nichts für den morgendlichen Weg zur Arbeit. Es sei denn, er führt zufälligerweise gerade über eine Rennstrecke.

Die RGV fand trotz ihrer eigenwilligen Art erstaunlich viele Liebhaber, doch es ist zu befürchten, daß sich nicht allzu viele Besitzer von ihrem Zweitakt-Schätzchen trennen. Aber vielleicht hat der eine oder andere Interessent ja Glück und stößt auf einen RGV-Besitzer mit akutem Geldmangel.

Auf folgendes sollte er dann achten: Kolben und Zylinder sind standfest. Die Zeiten, wo der Zweitaktfahrer vorsichtshalber einen Ersatzkolben mit sich führen mußte, sind mit der RGV schon lange vorbei. 50 000 Kilometer liegen hier schon drin, unter anderem auch eine Folge der großzügigen Schmierung, die Suzuki dem Renner verschrieb: 1:34 Mischungsverhältnis ist Mofa-Niveau.

Bei den ersten Modellen lösten sich in Einzelfällen die geschraubten Kurbelwangen. Diese Motoren waren danach aber entweder gleich Schrott oder sind auf Garantie beziehungsweise Kulanz instandgesetzt worden – heute also keine Gefahr mehr.

Wenn die Fuhre nicht so richtig losrennen will, wie sie eigentlich sollte, sind wahrscheinlich die Lager der Auslaßsteuerung ausgeschlagen, was relativ häufig ab Laufleistungen um die 30 000 Kilometer passiert.

SUZUKI RGV 250

Motor: Wassergekühlter Zweizylinder-Zweitakt-V-Motor, 56 PS (41 kW) bei 11 000/min, 36 Nm bei 11 000/min, Sechsganggetriebe, Kettenantrieb

Fahrwerk: Brückenrahmen aus Leichtmetall, vorn Doppelscheiben-, hinten Scheibenbremse, Reifengröße vorn 110/70 HR 17, hinten 150/60 HR 17

Gewicht: 169 kg mit 16 Litern Normal vollgetankt

Sitzhöhe: 790 Millimeter

Höchstgeschwindigkeit: 197 km/h

Beschleunigung 0 – 100 km/h: 4,9 sek

Verbrauch: 8,9 Liter/100 km

Leistungsvarianten: keine

Bauzeit (Neupreise): 1989 (9600 Mark) und von 1991 (10 000 Mark) bis 1993 (11 100 Mark)

Wichtige Modellpflegemaßnahmen: 1991 (Typ VJ 22 B) ungeregelter Katalysator, Motor und Getriebe überarbeitet, Upside-down-Gabel, Bananenschwinge, größere Bremsscheiben, breitere Reifen und Felgen. 1992 geänderte Vergaser-Abstimmung.

Die angegebenen technischen Daten beziehen sich auf das Modell von 1991 bis 1993 (Typ VJ 22 B)

Dumm gelaufen: Wenn der Motor festgeht, kann auch schon mal ein Pleuel das Motorgehäuse durchschlagen

Natürlich könnte man an dieser Stelle auch noch erwähnen, daß die RGV 250 unter einem überdurchschnittlichen Kettenverschleiß leidet, aber das wäre schon wieder übertrieben: Schließlich ist die RGV auch kein Gebrauchsmotorrad.

Sie ist ein Renner der edleren Sorte. Aber leider von einer ausgestorbenen Art.

Suzuki RGV 250: Zweizylinder-Zweitakt-V-Motor, 56 PS, 169 Kilogramm, 197 km/h

SUZUKI

DR 350

Seit ihrem Erscheinen 1990 hat die DR 350 ihre Konkurrentinnen in den verschiedenen Vergleichstests gnadenlos abgeledert – die DR 350 ist zweifelsohne die beste Enduro ihrer Hubraumklasse. Durch das niedrige Gewicht, den agilen Motor, den guten Bremsen und das überraschend stabile Fahrwerk macht die DR nicht nur im Gelände, sondern auch auf der Straße eine gute Figur.

Bis 1991 blieb kleinwüchsigen Menschen dieser Spaß wegen der Sitzhöhe von 910 Millimetern leider weitgehend verwehrt. Doch von 1992 bis 1994 erbarmte sich Suzuki und bot die DR 350 SH mit absenkbaren Federelementen an – ein schon lange fälliges Novum im Motorradbau. Mittels eines Stellrades am linken Lenkerende konnte der Thron von 890 auf 850 Millimeter Erdgeschoß abgesenkt werden. Brachte man das Stellrad in die Position »High«, pumpten sich die Federelemente selbsttätig wieder in den ersten Stock. Übrigens vor dem Abstellen auf den kurzen Seitenständer durchaus zu empfehlen, da die DR in der abgesenkten Stellung zum Umkippen neigt. Als High-Tech-Dreingabe war diese Ausführung sogar mit einer Upside-down-Gabel versehen.

1994 gab es die DR 350 erstmals wahlweise mit E-Starter, und seit 1995 hatte der Neukäufer keine Wahl mehr – Kicken war out, die Puristen ärgerten sich.

Die DR 350 ist zwar eher ein Spaßmobil, doch durchaus auch als Gefährt für Fernreisen zu gebrauchen. Nur sollte dann der winzige neun-Liter-Tank durch einen angemesseneren Spritbehälter ersetzt werden, Acerbis zum Beispiel hat hier ein geeignetes Fünfzehner-Fäßchen im Angebot, mit dem auch noch der Knieschluß deutlich verbessert wird. Dank des recht niedrigen Spritverbrauchs von rund vier Litern beträgt die Reichweite mit dem größeren Bottich bis zu 400 Kilometer.

Allerdings muß der Reisende dennoch häufiger eine kleine Pause einlegen oder aber über eine extrem abgehärtete Sitzmuskulatur verfügen, da die Sitzpolsterung spartanisch hart ausgefallen ist. Und Reisepläne zu zweit auf der DR 350 sollte man besser gleich wieder vergessen, denn durch die kurze Bank kommt keine Freude auf.

Beim Gebrauchtkauf muß der Interessent eigentlich nur auf den äußeren Zustand des kleinen Hüpfers achten, denn der Motor erwies sich als äußerst zuverlässig und standfest. Was man von der Oberflächengüte nicht unbedingt behaupten kann, denn vor allem die unteren Kanten des Tanks, die Schweißnähte des Rahmens und der Auspuff zeigen sich Rostbildung gegenüber nur allzu aufgeschlossen.

Auffällig ist, daß die DR 350 zwar im täglichen Betrieb auf den ersten Kick beziehungsweise einen kurzen Knopfdruck sofort anspringt, aber sehr unwillig wird, wenn sie mal eine Woche gestanden hat – schuld ist abgestandener, quasi »schaler« Sprit. Hier hilft es, wenn man sich angewöhnt, schon kurz vor Erreichen des Fahrziels den Benzinhahn zu schließen, um so die Schwimmerkammer des Vergasers leerzufahren. Beim Öffnen des Hahns fließt dann sofort zündfähiger Sprit in die Kammer.

SUZUKI DR 350 S

Motor: Luftgekühlter Einzylinder-Viertaktmotor, 27 PS (20 kW) bei 7600/min, 27 Nm bei 6200/min, Sechsganggetriebe, Kettenantrieb

Fahrwerk: Einschleifenrahmen aus Stahl, vorn und hinten Scheibenbremse, Reifengröße vorn 80/100-21, 110/90-18

Gewicht: 141 kg mit 9 Litern Normal vollgetankt

Sitzhöhe: 910 Millimeter

Höchstgeschwindigkeit: 126 km/h

Beschleunigung 0 – 100 km/h: 8,8 sek

Verbrauch: 5,8 Liter/100 km

Leistungsvarianten: 27, 30 PS

Bauzeit (Neupreise): 1990 (6900 Mark) bis 1997 (9000 Mark)

Wichtige Modellpflegemaßnahmen: 1992 bis 1994 DR 350 SH mit verstellbarer Sitzhöhe und Upside-down-Gabel lieferbar. Seit 1994 wahlweise, seit 1995 ausschließlich mit E-Starter lieferbar. 1996 Auspuffanlage aus Edelstahl.

Die angegebenen technischen Daten beziehen sich auf das Modell 1990 bis 1994 (Typ SK 42 B)

**Tief gesunken: DR 350 SH
mal ganz abgesenkt**

**Suzuki DR 350 S:
Einzylindermotor, 27 PS,
141 Kilogramm, 126 km/h**

SUZUKI

GSX 400 E

Für eine 27-PS-Maschine war die GSX 400 E 1982 ein hochmodernes Motorrad: Vier Ventile pro Zylinder und zwei Nockenwellen waren Ausstattungsmerkmale, die seinerzeit nur größeren Maschinen vorbehalten blieben. Auch außerhalb des Motors zeigten sich die Suzuki-Entwickler spielfreudig und verpaßten der 400er ein Sechsgang-Getriebe mit einer digitalen Ganganzeige und ein Anti-Dive-System, das das starke Eintauchen der Gabel beim Bremsen verhindern sollte. Tat es aber leider nicht. Der einzig spürbare Effekt war, daß die Bremse einen schwammigen Druckpunkt bekam. Heute empfiehlt sich also eher die Stilllegung dieses Systems, Suzuki Deutschland hat für diesen eintragungspflichtigen Akt noch immer eine Freigabe in der Schublade.

Auch das Sechsgang-Getriebe macht für die gedrosselte deutsche Version wenig Sinn, da der aufwendig über die Nockenwellen gedrosselte Motor außerordentlich durchzugsstark ist und alles andere als einen sechsten Gang benötigt. Zum Beispiel ein stabileres Fahrwerk, das nicht so stark auf Längsrillen reagiert. Oder ein besseres Finish bei der Rahmenlackierung und bei Chromteilen. Oder ein besseres Warmlaufverhalten. Suzuki wollte nämlich durch einen speziell geformten Brennraum und einer besonders mageren Vergaserabstimmung erreichen, daß die GSX schön sparsam mit dem Sprit umging. Unerfreulicher Nebeneffekt: Der Motor hat durch die Magersucht eine extrem lange Warmlaufphase, in der er sich auch beim leichtesten Gasgeben verschluckt. Unter dieser Marotte leiden natürlich auch all die anderen GSX, also die älteren kantigen Modelle GSX 400, GSX 400 S mit Halbschalenverkleidung und der Softchopper GSX 400 L. Außerdem die halbverkleidete Schwester der GSX 400 E, die seit 1983 gebaute GSX 400 S.

Auch haben all diese Modelle zwar eine Ausgleichswelle zur Vernichtung der bauartbedingten Vibrationen, doch gelingt dies leider nur bei den groben Schüttelei-en des Zweizylinders. Feine Vibrationen zwischen 6000 und 8000/min dagegen werden ungeniert an die Fahrerhände und diverse Glühlampen weitergegeben. So schlafen erstere ein und letztere gehen haufenweise kaputt.

Und gleich noch was elektrisches: Häufig gibt es Probleme mit durchgebrannten Lichtmaschinen. Hier muß man im Fall eines Falles aber nicht gleich zum teuren Neuteil greifen, sondern sollte es erst einmal bei einem Betrieb versuchen, der diese Teile neu wickelt. Auf diese Weise lassen sich leicht ein paar hundert Euro sparen, entsprechende Adressen finden sich zum Beispiel im Kleinanzeigenteil von MOTORRAD.

Dieses gesparte Geld wird spätestens dann dringend gebraucht, wenn es darum geht, die 27-PS-Version auf 43 PS zu entfesseln. Durch die aufwendige Drosselmethode werden hierfür nämlich neue Nockenwellen, Vergaserdüsen und eine dünnere Zylinderfußdichtung benötigt.

Übrigens, wer eine gebrauchte GSX 400 E sucht, kann sich ja mal bei einigen Fahrschulen umhören, denn hier wurde die GSX immer gern eingesetzt. Auch ein Zeichen dafür, daß sie von Anfängern leicht zu beherrschen ist und einen standfesten Motor hat.

SUZUKI GSX 400 E

Motor: Luftgekühlter Zweizylinder-Viertaktmotor, 27 PS (20 kW) bei 8000/min, 26 Nm bei 6000/min, Sechsganggetriebe, Kettenantrieb

Fahrwerk: Doppelschleifenrahmen aus Stahl, vorn Scheiben-, hinten Trommelbremse, Reifengröße vorn 3.00 S 18, hinten 3.75 S 18

Gewicht: 189 kg mit 16 Litern Normal vollgetankt

Sitzhöhe: 780 Millimeter

Höchstgeschwindigkeit: 139 km/h

Beschleunigung 0 – 100 km/h: 8,0 sek

Verbrauch: 5,2 Liter/100 km

Leistungsvarianten: 27, 43 PS

Bauzeit (Neupreise): 1982 (5000 Mark) bis 1988 (5200 Mark)

Wichtige Modellpflegemaßnahmen: ab 1983 GSX 400 S mit Halbschalen-Verkleidung.

Überflüsiges Anhängsel: Das wirkungslose Anti-Dive-System sollte besser stillgelegt werden

Suzuki GSX 400 E: Zweizylindermotor, 27 PS, 189 Kilogramm, 139 km/h

SUZUKI

GS 500 E

Mit der GS 500 hatte Suzuki 1989 den ganz großen Wurf getan.

Der günstige Neupreis, das gutmütige Fahrverhalten und nicht zuletzt die niedrige Sitzhöhe sorgten dafür, daß die 500er sowohl ein äußerst beliebtes Einsteiger- als auch Frauen-Motorrad wurde. Nach den obligatorischen »Drosseljahren«, durch den Stufenführerschein vorgeschrieben, kann die GS leicht und billig durch Austausch der Vergaserdeckel und -düsen auf spritzige 46 PS entfesselt werden.

Das Gebraucht-Angebot ist sehr groß, schließlich sind in Deutschland rund 40 000 Stück zugelassen. Doch bei allen 40 000 Stück stören drei Dinge im Fahrbetrieb: Erstens ist der Soziusplatz auf Dauer keinem Beifahrer zuzumuten, denn das Sitzpolster ist zu kurz, zu schmal und zu sehr nach vorn geneigt, außerdem liegen die Fußrasten zu hoch. Zweitens ist der sechste Gang zu lang übersetzt – hier kann man sich durch Einbau eines 15er statt des originalen 16er Ritzels behelfen, allerdings ist dieser Umbau abnahme- und eintragungspflichtig. Und drittens sind die Gabelfedern bis Modelljahr 1991 eindeutig zu weich, hier kann aber der Zubehörhandel weiterhelfen.

Der Motor ist, entsprechende Pflege vorausgesetzt, sehr langlebig – mit den ersten Kolben sind 100 000 Kilometer durchaus machbar. Doch spätestens nach solch hohen Laufleistungen wird klar, daß ein Hersteller, wenn er ein Motorrad so preisgünstig anbieten kann, irgendwo gespart haben muß. Im Fall der GS 500 E ist es die Güte der Oberflächen-Verarbeitung. Der Rost nagt hier mit Vorliebe an der Auspuffanlage, an den Schweißnähten vom Rahmen und an fast allen Schrauben – an diesen Stellen sollte das Motorrad also einer kritischen Beäugung unterzogen werden.

Springt die GS für die Probefahrt auffallend schlecht an, können die Vergaserschieber verschlissen sein, ein Schaden, der schon nach 20 000 Kilometern auftreten kann.

Hin und wieder gibt es Probleme mit der Lagerung der Ausgleichswelle, es ist jedoch kaum möglich, diesen sich ankündigenden Schaden während der Probefahrt zu diagnostizieren. Klappert es dagegen artfremd aus dem Zylinderkopf, können die Nockenwellen axiales, also »seitliches« Spiel in ihren Lagerungen haben.

Nicht so schlimm, denn für diesen Fall haben die Suzuki-Händler dünne Distanzscheibchen in ihren Schubladen, um das Spiel zu beseitigen.

In den bisherigen Jahren erfuhr die GS 500 E nur sehr wenige und nicht besonders einschneidende Modellpflege-Maßnahmen. Schön zu wissen für den Gebrauchtkäufer, denn das bedeutet, daß auch die frühen Baujahre technisch noch auf der Höhe sind. Schön zu wissen aber auch für den Gebraucht-Verkäufer, denn das bedeutet, daß das Gebrauchtpreis-Level auch für die älteren Modelle recht hoch liegen darf. Großes Angebot, kleine Preise? Nicht bei der GS 500 E.

SUZUKI GS 500 E

Motor: Luftgekühlter Zweizylinder-Viertaktmotor, 34 PS (25 kW) bei 8000/min, 33 Nm bei 4400/min, Sechsganggetriebe, Kettenantrieb
Fahrwerk: Doppelschleifenrahmen aus Stahl, vorn und hinten Scheibenbremse, Reifengröße vorn 110/70 H 17, hinten 130/70 H 17
Gewicht: 193 kg mit 17 Litern Normal vollgetankt
Sitzhöhe: 770 Millimeter
Höchstgeschwindigkeit: 139 km/h
Beschleunigung 0 – 100 km/h: 6,1 sek
Verbrauch: 4,8 Liter/100 km
Leistungsvarianten: 27, 34, 46 PS
Bauzeit (Neupreise): 1989 (6500 Mark) bis heute (2001 8500 Mark)
Wichtige Modellpflegemaßnahmen: 1989 verbesserter Steuerkettenspanner. 1990 Lenker höher und breiter. 1991 härtere Feder im Zentral-Federbein. 1992 vorspannbare Gabelfedern. 2001 neuer Tank und höheres Heck.

**Mal ganz anders:
Nur aus dieser
Perspektive fällt die
ausgeprägte Wespen-
taille der GS 500 E ins
Auge**

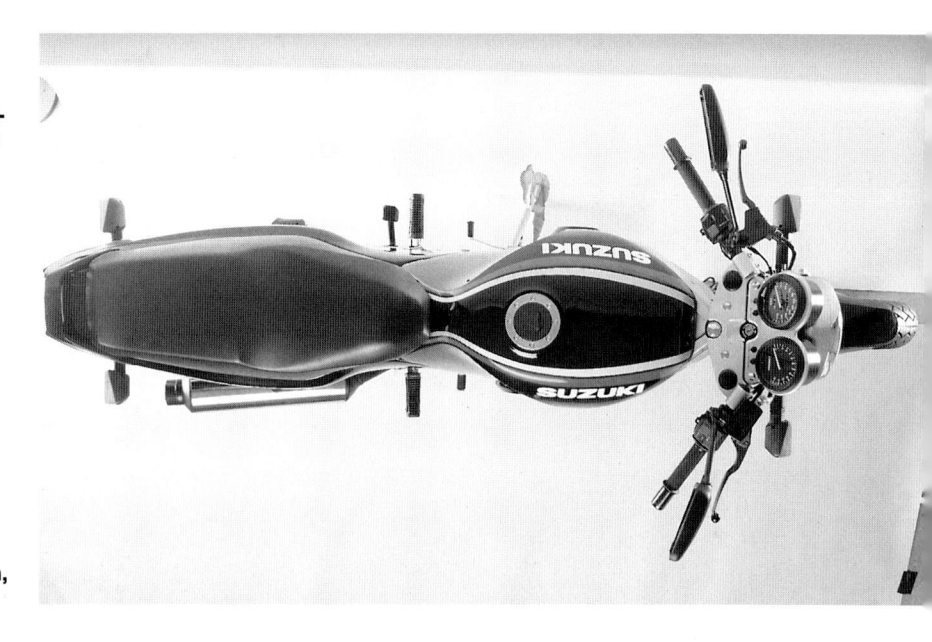

**Suzuki GS 500 E:
Zweizylindermotor,
34 PS, 193 Kilogramm,
139 km/h**

SUZUKI

DR 600 S + DR 600 R

Puristen aufgepaßt: Weder die DR 600 S noch ihre mit etwas mehr Plastik-Schnickschnack behangene Schwester DR 600 R Dakar hatten jemals einen Elektro-Starter. Das ist doch mal wieder was für Mörderwaden. Leute unter 1,85 Meter Körpergröße oder ersatzweise artistischem Talent können aber an dieser Stelle aufhören zu lesen, denn was nützt einem das schönste Motorrad, wenn man es nicht anbekommt? Schließlich wollen 920 Millimeter Sitzhöhe überwunden werden.

Die DR 600 ist wegen der, wenn man erst mal oben ist, bequemen Sitzposition, der langen Federwege, des großen Tanks (Reichweite zirka 400 Kilometer), des vibrationsarmen Laufs des Motors und der komfortablen Fahrwerksabstimmung schon von Haus aus sehr fernreisetauglich. Weniger geeignet ist sie für harte Gelände-Einsätze, da die ersten beiden Gänge zu lang übersetzt sind und durch ihren hohen Schwerpunkt das Zirkeln in engen Abschnitten erschwert wird.

Was der spartanisch ausgestatteten DR 600 S wirklich dringend fehlt, ist ein Drehzahlmesser, da der Motor für einen Einzylinder ungewöhnlich agil und drehzahlfreudig ist, Durchzug aus niedrigen Drehzahlen ist nicht so sehr seine Stärke. Und was beide DR 600-Modelle dringend benötigt hätten, wären bessere Vorderradbremsen, besonders deutlich spürbar bei Bergabfahrten mit Beifahrer und Gepäck. Die Bremsscheibenabdeckung der DR 600 R Dakar macht den Stopper auch nicht besser, ganz im Gegenteil, durch die entstehende Hitze löste sich schon so manches Kunststoffteil in Wohlgefallen auf.

Ab Kilometerständen von 40 000 muß bei der DR mit bald fälligen Reparaturen gerechnet werden: Meist ist dann das erste Kolben-Übermaß fällig, und meist muß dann auch der Ventiltrieb überholt werden.

Viel früher, meist schon nach rund 10 000 Kilometern, waren die Kupplungsbeläge der ganz frühen Modelle hinüber. Mit den ab 1986 verwendeten längeren Kupplungsfedern konnte Suzuki dieses Tauschintervall zwar vergrößern, doch auch heute noch ist diese Arbeit zirka alle 20 000 Kilometer an der Reihe.

Der Auspuff der DR 600 ist extrem rostanfällig, häufig genügt schon ein durchfahrener Winter, um den Schalldämpfer endgültig zu ruinieren. Wer sich weigert, durch die Montage des teuren Original-Topfes das gleiche Spiel von vorn zu beginnen, greife zum Rohr von Sebring: Das ist deutlich billiger und hält zudem länger.

Auch der rostanfällige Rahmen verlangt nach einer gründlichen Sichtprüfung. Wer hier erst nach dem Kauf Rostnester entdeckt, bekommt mächtig Arbeit oder darf alternativ einen Haufen Geld in der Werkstatt lassen, denn für eine vernünftige Überarbeitung durch Flammspritzen oder Kunststoff-Beschichtung muß der Rahmen komplett nackt sein.

Dem Gebrauchtkäufer kann es relativ egal sein, ob die DR gerade in der gewünschten Leistungsvariante dasteht oder nicht, da die Motorleistung nur durch den Ansaugstutzen auf 27 oder 45 PS geregelt wird, ein Umbau ist also nicht teuer.

SUZUKI DR 600 R Dakar

Motor: Luftgekühlter Einzylinder-Viertaktmotor, 45 PS (33 kW) bei 6800/min, 48 Nm bei 5800/min, Fünfganggetriebe, Kettenantrieb

Fahrwerk: Einrohrrahmen aus Stahl, vorn Scheiben-, hinten Trommelbremse, Reifengröße vorn 100/80-21, hinten 130/80-17

Gewicht: 166 kg mit 20 Litern Normal volltankt

Sitzhöhe: 920 Millimeter

Höchstgeschwindigkeit: 150 km/h

Beschleunigung 0 – 100 km/h: 6,4 sek

Verbrauch: 5,6 Liter/100 km

Leistungsvarianten: 27, 45 PS

Bauzeit (Neupreise): DR 600 S 1985 (6700 Mark) bis 1989 (7300 Mark). DR 600 R Dakar 1986 (7300 Mark) bis 1989 (7800 Mark)

Wichtige Modellpflegemaßnahmen: 1986 geänderter Zündzeitpunkt, längere Kupplungsfedern. 1987 Drehzahlmesser für Dakar-Modell, 1989 Scheibenbremse hinten.

Ganz spartanisch: An der DR 600 S ist überhaupt nichts entbehrliches mehr

Suzuki DR 600 R Dakar: Einzylindermotor, 45 PS, 166 Kilogramm, 150 km/h

SUZUKI

GSF 600 Bandit

Mit der Einführung der Bandit-Baureihe 1995 (im gleichen Jahr startete auch der dicke Ganove mit 1200 cm³ Hubraum) landete Suzuki markttechnisch einen echten Volltreffer. Doch der Erfolg kam auch nicht von ungefähr. Da ist zum Beispiel der Anschaffungspreis – Suzuki-typisch niedriger als bei der Konkurrenz. Dann das Outfit – durchaus anregend. Und schließlich das Fahrverhalten – komfortabel und anfängertauglich, aber nicht langweilig. So wundert es nicht, daß die neue Suzuki anfangs alle Konkurrenten in MOTORRAD-Vergleichstests gnadenlos ablederte: Yamaha XJ 600 N, Ducati Monster, die eigene Schwester GSX 600 F – alle sahen gegen die Bandit keine Schnitte. Erst mit Erscheinen der Yamaha FZS 600 Fazer und Honda Hornet begannen für die GSF schwere Zeiten: ein undankbarer dritter Platz wegen der schlappen Federelemente. Ja, und die schlappen Federelemente begleiten die Bandit bereits seit Anfang ihrer Bauzeit. Komfort ist sicher gut, aber wenn im Zwei-Personen-Betrieb samt Urlaubsgepäck das Zentral-Federbein durchschlägt, ist das nicht mehr besonders lustig. Und das Federbein wird im Lauf seines Lebens nicht unbedingt besser – dies ist also der erste Punkt, auf den man bei der Probefahrt achten sollte.

Übrigens, längerfristige Abhilfe schafft nur der Austausch gegen Produkte aus dem Zubehör, zum Beispiel von White Power.

Der zweite Punkt ist der Rost. Lohnenswert ist, wie immer, der Blick unter den Endschalldämpfer, um Preisnachlässe auszuhandeln. Allerdings ist dies bei der Bandit längst keine so sichere Fundstelle mehr wie bei früheren Suzukis, da die Auspuffanlage aus Edelstahl gefertigt ist.

Modelle mit höheren Laufleistungen (ab zirka 40 000 Kilometern) sollten vom Interessenten einmal mit Vollgas über die Autobahn geprügelt werden – natürlich erst nach vorherigem Warmfahren. Zirka 210 km/h (entspricht echten 200 km/h) sollte der Tacho anzeigen, wenn sich der Fahrer ganz klein macht. Hintergrund dieser Aktion: Nur Motoren mit guter Kompression erreichen noch diese Geschwindigkeit. Doch bei höheren Laufleistungen sind bei der Bandit häufig die Ventile und deren Sitze nicht mehr ganz dicht. Ansonsten gehört dieser Motor aber durchaus zur standfesten Sorte, wie auch ein 50 000-Kilometer-Langstreckentest von MOTORRAD zeigte.

Standfest ist auch die Serienbereifung, der Exedra von Bridgestone. Im Normalfall hält der hintere Pneu rund 8000 und der vordere rund 13 000 Kilometer. Leider macht dieser Reifen auf der Bandit aber nicht viel Freude: Sowie die Profiltiefe nur ein bißchen abgenommen hat, läuft die Fuhre schon jeder Spurrille hinterher. Deutlich angenehmer fährt sich auf dieser Suzuki die Pirelli-Paarung MTR 03/04.

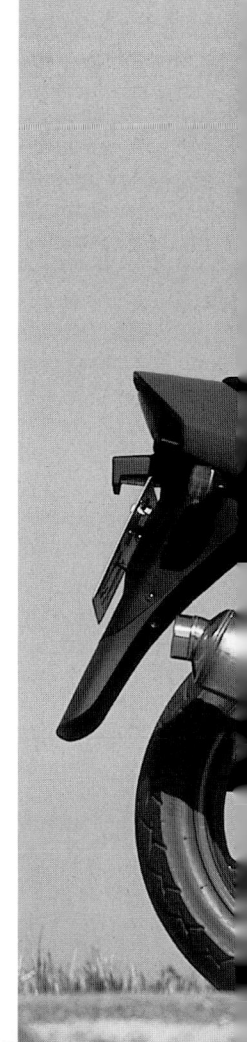

SUZUKI GSF 600 Bandit

Motor: Luft-/ölgekühlter Vierzylinder-Viertaktmotor, 78 PS (57 kW) bei 9500/min, 54 Nm bei 9500/min, Sechsganggetriebe, Kettenantrieb
Fahrwerk: Doppelschleifenrahmen aus Stahl, vorn Doppelscheiben-, hinten Scheibenbremse, Reifengröße vorn 110/70 H 17, hinten 150/70 H 17
Gewicht: 220 kg mit 19 Litern Normal vollgetankt
Sitzhöhe: 785 Millimeter
Höchstgeschwindigkeit: 201 km/h
Beschleunigung 0 – 100 km/h: 4,3 sek
Verbrauch: 6,1 Liter/100 km
Leistungsvarianten: 34 und 78 PS
Bauzeit (Neupreise): 1995 (10 290 Mark) bis heute (2001 12 100 Mark)
Wichtige Modellpflegemaßnahmen: 1996 auch mit Verkleidung als GSF 600 S Bandit lieferbar. 2000 steiferer Rahmen, S mit deutlich größerer Verkleidung.

Grobe Richtlinie: Intakte Triebwerke biegen die linke Nadel in die 210er Richtung

Suzuki GSF 600 Bandit: Vierzylindermotor, 78 PS, 220 Kilogramm, 201 km/h

SUZUKI

GSX 600 F

Ein bißchen schüchtern wirkt sie schon, die unauffällige GSX 600F. Aber das muß wohl auch so sein, denn 1988 sollte die GSX zwar den damaligen Konkurrentinnen Honda CBR 600 F und Kawasaki GPX 600 R schon irgendwie ein bißchen Konkurrenz machen, aber auf den direkten Leistungswettkampf der 600er wollte sich Suzuki dann doch wieder nicht einlassen. Also bloß nicht auffallen, bloß keine Kriegsbemalung.

Durch den Griff ins Teilelager konnte Suzuki den Verkaufspreis niedrig halten, denn das 600er Triebwerk basierte auf dem Motor der GSX-R 750 und war nur mit einem anderem Zylinderkopf und natürlich kleineren Zylindern und Kolben ausgestattet. Die sportliche Herkunft merkt man dem Motor auch heute noch deutlich an: Wer flott vorankommen möchte, muß den Motor mit hohen Drehzahlen, also über 7000/min, bei Laune halten, darunter zieht er nur recht träge. Darüber aber dreht er willig und turbinenartig bis in den roten Bereich hinein – ein Tourenmotorrad ist die GSX 600 F also schon von der Motorcharakteristik her nicht. Auch die Fahrer-Sitzposition ist für einen Tourer zu sportlich, nämlich zu tief gebückt und die Beine zu stark angewinkelt. Besonders Fahrer über 1,85 Meter halten es auf der 600er nicht sehr lange aus, nicht nur wegen der angewinkelten Beine, sondern auch wegen der Turbulenzen am Helm – die Scheibe ist ein bißchen kurz geraten.

Die Bremsen können auch unter heutigen Gesichtspunkten noch überzeugen – kein Wunder, stammen sie doch ebenfalls aus der GSX-R 750. Nicht überzeugen jedoch können die Federelemente, schon gar nicht die des ersten Baujahrs, die noch nicht in der Zugstufe einstellbar waren. Hier hilft eigentlich nur der Austausch gegen Produkte aus dem Zubehör.

Auch die Dunlop-Erstbereifung ist nicht das Gelbe vom Ei. Sportlichen Naturen sei der Sportmax von Dunlop ans Herz gelegt, eher auf Komfort bedachte Fahrer sollten es einmal mit der Michelin-Paarung A/M 59 X versuchen. Beim Gebrauchtkauf also durchaus positiv zu werten, wenn eine der empfohlenen Reifenpaarungen bereits an der GSX 600 F montiert sind – das spart Folgekosten. Die sind im übrigen bei dem soliden Triebwerk kaum zu befürchten. Einen 40 000-Kilometer-Langstreckentest von MOTORRAD überstand die GSX 600 F, ein 1988er Modell, bei bester Gesundheit, die Motor-Innereien konnten sich allesamt noch gut sehen lassen. Nur die Kolben waren durch ein paar harmlose Kratzspuren verunziert.

Allerdings gingen während der langen Distanz zwei Gasschieber-Membranen kaputt, hier sollte der Gebrauchtkäufer also verstärkt drauf achten. Glücklicherweise lassen sich gerissene Membranen kaum »übermerken«, denn in diesem Fall läuft der Motor schlapp und unwillig. Das tut er übrigens auch nach dem Kaltstart bei tiefen Temperaturen – das Warmlaufverhalten der GSX ist ziemlich bescheiden.

Ein Blick noch auf die rostanfällige Auspuffanlage, und fertig ist schon die Besichtigung. Es sind, wie auch im wirklichen Leben, eben dann doch die inneren Werte, die tatsächlich zählen – auffallen ist nicht alles.

SUZUKI GSX 600 F

Motor: Luft-/ölgekühlter Vierzylinder-Viertaktmotor, 86 PS (63 kW) bei 11 000/min, 58 Nm bei 9600/min, Sechsganggetriebe, Kettenantrieb

Fahrwerk: Brückenrahmen aus Stahl, vorn Doppelscheiben-, hinten Scheibenbremse, Reifengröße vorn 110/80 V 17, hinten 140/80 V 17

Gewicht: 223 kg mit 20 Litern Super bleifrei vollgetankt

Sitzhöhe: 800 Millimeter

Höchstgeschwindigkeit: 208 km/h

Beschleunigung 0 – 100 km/h: 4,4 sek

Verbrauch: 6,5 Liter/100 km

Leistungsvarianten: 27, 34, 50, 86 PS

Bauzeit (Neupreise): 1988 (10 000 Mark) bis heute (2001 13 300 Mark)

Wichtige Modellpflegemaßnahmen: 1989 Gabel und Federbein in der Zugstufe verstellbar, breitere Felgen, schwimmend gelagerte Bremsscheiben vorn, Choke am Lenker. 1990 größere Vergaser, geänderte Nockenwellen. 1992 ein Schlepphebel pro Ventil (vorher ein Gabelschlepphebel für zwei Ventile).

Die angegebenen technischen Daten beziehen sich auf das Modelljahr 1988

Gereift: Seit 1996 hat die GSX 600 F ein deutlich flotteres Design

**Suzuki GSX 600 F:
Vierzylindermotor, 86 PS,
223 Kilogramm, 208 km/h**

SUZUKI

RF 600 R

Für viele ist es einfach Liebe auf den ersten Blick – das aufregend geschlitzte Plastikkleid macht tatsächlich irgendwie an. Komischerweise sieht übrigens die Verkleidung der BMW K 1100 RS, die ebenfalls 1993 herauskam, ganz ähnlich aus, wer hat da wohl bei wem abgekupfert? Egal, zurück zur RF 600 R: Der Windschutz der Verkleidung ist gut und die Sitzposition zumindest für kleine Fahrer sehr bequem, auch zierliche 1,60-Meter-Frauen bekommen die Füße sicher auf den Boden. Fahrer über 1,85 Meter plagt hingegen wegen der für sie unheilvollen Kombination »niedrige Sitzhöhe, hohe Rasten« schnell das Zipperlein in Knie und Hüfte. Noch schlimmer dran ist allerdings der Beifahrer, denn wohl nur Fakire werden die Mitfahrt mit stark angewinkelten Beinen auf der hinten brettharten Bank genießen können. Das Fahrwerk ist komfortabel, vor allem hinten aber fast schon zu welch abgestimmt.

Der Motor dreht ab 2500/min sauber und vergleichsweise gutmütig bis 11 000/min hoch, allerdings nicht ohne sich ein kleines Formtief bei 6000/min zu erlauben. Eine echte Schattenseite ist der Spritverbrauch bei Vollgas, denn schon nach rund 100 Kilometer muß auf Reserve geschaltet werden, was einen Spitzenverbrauch von zwölf Litern bedeutet. Ab dem Modelljahr 1995 wurde der Durst durch eine geänderte Vergaserabstimmung etwas gesenkt, mit dieser magereren Einstellung springt der Motor bei Kälte aber leider deutlich schlechter an. Ebenfalls 1995 änderte Suzuki das Getriebe, denn bis zu diesem Jahr fungierte das Getriebe in den unteren beiden Gängen als echte Heulboje.

Ein RF-Motor mit höherer Laufleistung macht meist ebenfalls häßliche Geräusche, doch das deutet in den meisten Fällen nicht auf den drohenden Exitus des Triebwerks hin, sondern nur darauf, daß Suzuki im Interesse einer kostengünstigen Herstellung hier mit großen Fertigungstoleranzen arbeitet. Die zu erwartende Laufleistung der Motoren ist vielmehr sogar hoch – jeweils ein 50 000-Kilometer-Langstreckentest von MOTORRAD und von PS-Das Sport-Motorrad Magazin konnte dem Motor nichts anhaben.

Und noch was geräuschmäßiges: Da der Motor bei hohen Drehzahlen kräftige Vibrationen entwickelt, leiern auf Dauer die Befestigungspunkte in der Verkleidung aus – Folge: Irgendwo aus der Tiefe der Verkleidung dröhnt's.

Die Krümmer der ersten Modelljahre neigen zum heftigen Rostbefall, seit 1995 mit dem Einsatz von Edelstahl-Krümmern ist diesem Schönheitsfehler der Garaus gemacht. Auch die Lackqualität des Tanks ließ nur in den ersten Jahren zu wünschen übrig, ab 1995 sparte Suzuki nicht mehr so sehr beim Auftragen des Klarlacks. Das war's auch schon, viel zu meckern gibt es an Suzukis Tourensprinter also wirklich nicht. Schön wäre es allerdings gewesen, wenn die Konstrukteure der RF 600 R einen Hauptständer spendiert hätten – aber da machte wohl der leidige Kalkulations-Rotstift wieder einmal einen Strich durch die Rechnung.

SUZUKI RF 600 R

Motor: Wassergekühlter Vierzylinder-Viertaktmotor, 98 PS (72 kW) bei 11 500/min, 62 Nm bei 9500/min, Sechsganggetriebe, Kettenantrieb

Fahrwerk: Brückenrahmen aus Stahl, vorn Doppelscheiben-, hinten Scheibenbremse, Reifengröße vorn 120/70 ZR 17, hinten 160/60 ZR 17

Gewicht: 221 kg mit 17 Litern Normal vollgetankt

Sitzhöhe: 780 Millimeter

Höchstgeschwindigkeit: 228 km/h

Beschleunigung 0 – 100 km/h: 3,6 sek

Verbrauch: 6,8 Liter/100 km

Leistungsvarianten: 34, 50, 98 PS

Bauzeit (Neupreise): 1993 (13 500 Mark) bis 1996 (14 900 Mark)

Wichtige Modellpflegemaßnahmen: 1995 Vergaserabstimmung geändert, verbessertes Getriebe, Krümmer aus Edelstahl.

Sinnvoll: Der Sprithahn ist gut erreichbar – bei Vollgasfahrten wird er bei der RF schließlich auch oft gebraucht

Suzuki RF 600 R: Vierzylindermotor, 98 PS, 221 Kilogramm, 228 km/h

SUZUKI

DR 650

Der Preis war heiß: 1990 erschreckte Suzukis DR 650 R die Enduro-Konkurrenz mit einem unverschämt niedrigen Neupreis.

Wie hatte Suzuki das möglich gemacht? Zum einen war die DR 650 R ab Werk relativ dürftig ausgestattet, so hatte sie zum Beispiel keinen E-Starter. Zum anderen, so stellte sich im Lauf der Jahre heraus, war aber auch an der Oberflächenverarbeitung ab Werk kräftig gespart worden – die DR 650 in ihren älteren Varianten gehört zur Kategorie »extrem rostanfällig«. Und von diesen Varianten gibt es eine ganze Menge: Zunächst die parallel zur DR 650 R angebotene DR 650 RS – ausgestattet mit zwei Auspufftöpfen, einer rahmenfesten Verkleidung und einem PS mehr, aber auch noch ohne E-Starter. 1991 kam die RSE, also eine RS mit Elektro-Starter, auf den Markt. Die R wurde dagegen in Richtung Hard-Enduro modifiziert, und bei Hard-Enduros sind E-Starter verpönt. Doch da die schweißtreibende Kickerei nicht jedem gefiel, wurde schließlich auch die R mit einem elektrischen Anlasser versehen und hieß fortan folgerichtig RE. Seit 1996 schließlich gibt es eine SE, unter anderem mit einer nichtrostenden Auspuffanlage aus Edelstahl, womit wir auch schon wieder beim Thema wären – beim Rost nämlich.

Die Auspuffanlage, die Schwinge, der Rahmen und die Falze an der Tankunterseite sind extrem von Korrosion bedroht, hier sollte der Gebrauchtkäufer also ein waches Auge haben.

Aber vielleicht hat der Interessent ja Glück, und der Vorbesitzer hat schon selbst Zeit und Geld investiert, indem er die vom Rost bedrohten beziehungsweise schon befallenen Partien pulverbeschichten oder flammstrahlen ließ.

Doch nicht nur das Auge sollte wach sein, sondern auch die Ohren sperrangelweit. Klopft nämlich der Motor beim Gasgeben untypisch laut, kündigt sich unter Umständen gerade ein teurer Defekt an: Das untere Pleuellager will dann nicht mehr so recht.

Vergleichsweise harmlos ist da der gerissene Dekompressionszug oder Kupplungszug – scheinbar zwei von Suzuki auf nahezu exakt 20 000 Kilometer programmierte Sollrißstellen.

Künftige DR 650-Eigner sollten sich übrigens eine gewisse Sorgfalt bei der Regelmäßigkeit der Ölstandskontrolle auferlegen, besonders bei höheren Laufleistungen ab 40 000 Kilometer, wo der Motor erfahrungsgemäß anfängt, mehr Öl zu verbrauchen. Denn erstens ist der Ölhaushalt des Motors mit 2,15 Litern recht knapp ausgefallen, und zweitens liegen zwischen der MIN- und der MAX-Markierung gerade einmal nur 0,2 Liter.

Doch tröstlich wiederum für den DR 650-Aspiranten: Der Motor ist an sich recht solide konstruiert. Mit dem ersten Kolben ist durchaus eine Laufleistung von 70 000 Kilometer zu erzielen, für einen Einzylinder eine reife Leistung. Nur scheint es bei den Fertigungstoleranzen große Sprünge zu geben, denn

---

SUZUKI DR 650 R

Motor: Luft-/ölgekühlter Einzylinder-Viertaktmotor, 45 PS (33 kW) bei 6800/min, 54 Nm bei 5000/min, Fünfganggetriebe, Kettenantrieb

Fahrwerk: Einschleifenrahmen, vorn Doppelscheiben-, hinten Scheibenbremse, Reifengröße vorn 90/90-21, hinten 120/90-17

Gewicht: 176 kg mit 21 Litern Normal vollgetankt

Sitzhöhe: 900 Millimeter

Höchstgeschwindigkeit: 146 km/h

Beschleunigung 0 – 100 km/h: 6,2 sek

Verbrauch: 6,4 Liter/100 km

Leistungsvarianten: 27, 45 PS

Bauzeit (Neupreise): 1990 (8000 Mark) bis heute (2001 10 800 Mark)

Wichtige Modellpflegemaßnahmen: 1991 DR 650 RSE (Typ SP 43 B) mit E-Starter. 1992 DR 650 R (Typ SP 44 B) mit auf 17 Liter verringertem Tankvolumen. 1994 DR 650 RE (Typ SP 45 B) mit E-Starter. Seit 1996 DR 650 SE (Typ SP 46 B) mit 43-PS-Motor und Auspuffanlage aus Edelstahl.

Die angegebenen technischen Daten beziehen sich auf das Modell von 1990 bis 1991 (Typ SP 41 B)

Na, denn Rost: Hier ist gleich ein ganzer Auspufftopf abgefault

manchmal sind andererseits schon nach 30 000 Kilometern Kolben, Zylinder und sogar das Getriebe hinüber.

Der Spritverbrauch hält sich mit Werten zwischen vier und gut sechs Litern in akeptablen Grenzen – irgendwie ist sie eben wirklich ein echtes Sparmodell, die DR 650.

Suzuki DR 650 R: Einzylindermotor, 45 PS, 176 Kilogramm, 146 km/h

SUZUKI

GR 650

Von außen kann man es nicht sehen. Trotzdem verbirgt der Zweizylinder-Motor der Suzuki GR 650 eine interessante technische Raffinesse. Üblicherweise stehen nämlich die Konstrukteure von Verbrennungsmotoren mit geringer Zylinderzahl vor einem Dilemma: Eine schwere Kurbelwelle sorgt für einen gleichmäßigen Rundlauf bei niedrigen Drehzahlen, eine leichte Welle erleichtert dagegen das spritzige Hochdrehen – und beides möchte man erzielen. Aber was soll man da machen? Etwa ein Gewicht per Fliehkraftkupplung bei höheren Drehzahlen von der Kurbelwelle auskuppeln? Genau. Bis 2500/min sind zwei Schwungmassen im Eingriff, darüber nur noch eine. So hat die Kurbelwelle einmal ein hohes und einmal ein niedriges Trägheitsmoment. Dieser Kunstgriff funktioniert prima, außerdem arbeitet der Mechanismus störungsfrei. Da aber außerdem noch eine Ausgleichswelle weitgehend die Motorvibrationen unterbindet, bleibt vom urigen Charakter eines Zweizylinder-Gegenläufers (die Kolben gehen abwechselnd hoch und runter) nicht mehr viel übrig. Egal, man kann eben nicht alles haben.

Dafür ist das Fahrwerk komfortabel und das Zentralfederbein über ein sehr gut zugängliches Handrad blitzschnell verstellbar. Der Spritverbrauch von rund fünf Litern Normal kann auch heute noch als zeitgemäß niedrig gelten, nur das geringe Tankvolumen von zwölf Litern nervt, da so zirka alle 200 Kilometer ein Tankstellenbesuch angesagt ist.

Wer sich eine GR 650 zulegen möchte, sollte einige Grundkenntnisse der Elektrotechnik vorweisen können, denn die meisten Macken stammen aus dem Bereich von Volt und Watt, Ampere und Ohm. Den meisten Ärger macht der Anlasser: Die Kohlen verschleißen sehr schnell. Wer den Mangel nicht bemerkt, braucht bald einen neuen Kollektor samt Anker. Frißt das hintere Lager des Kollektors, was ebenfalls häufig vorkommt, ist gleich ein kompletter neuer Anlasser fällig.

Interessant bei der Besichtigung ist ein Blick unter den Tank. Hier verbergen sich drei Steckverbindungen, die gern den Geist aufgeben. Sei es durch Korrosion oder schlicht durch schlechte Qualität, der Übergangswiderstand dieser Steckverbindungen wird so hoch, daß die Stecker erst heiß werden und später gar nicht mehr leiten. Tip: Heißgewordene Stecker verfärben sich braun. Klar, daß bei solchen Randbedingungen auch die Lichtmaschine von Defekten heimgesucht werden kann.

Ebenfalls ein Problem ist das Getriebe. Manchmal heult's und singt's – und komischerweise erwischt es immer nur den dritten Gang. Wer das nicht selber reparieren kann, sollte die Finger von diesem Angebot lassen, denn zur Instandsetzung (Austausch des Zahnradpaars) muß der Motor komplett zerlegt werden.

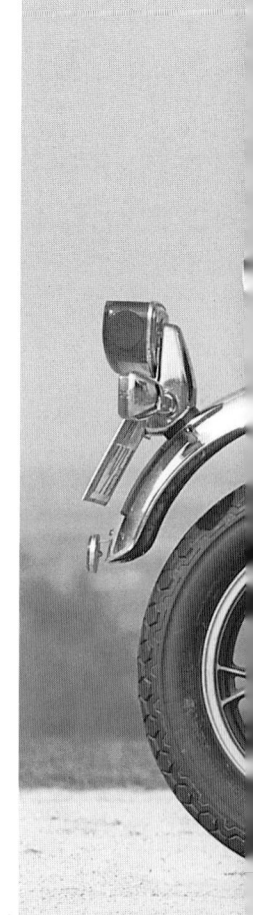

SUZUKI GR 650

Motor: Luftgekühlter Zweizylinder-Viertaktmotor, 50 PS (37 kW) bei 7200/min, 51 Nm bei 6000/min, Fünfganggetriebe, Kettenantrieb

Fahrwerk: Doppelschleifenrahmen aus Stahl, Scheibenbremse vorn, Trommelbremse hinten, Reifengröße vorn 100/90 S 19, hinten 130/90 S 16

Gewicht: 195 kg mit 12 Litern Normal vollgetankt

Sitzhöhe: 790 Millimeter

Höchstgeschwindigkeit: 167 km/h

Beschleunigung 0 – 100 km/h: 6,4 sek

Verbrauch: 5,0 Liter/100 km

Leistungsvarianten: keine

Bauzeit (Neupreise): 1983 (5999 Mark) bis 1989 (6790 Mark)

Wichtige Modellpflegemaßnahmen: ab 1984 keine Gußradversion mehr lieferbar.

Es kann so einfach sein: Von dieser leicht zugänglichen Federbein-Verstellung könnte sich so manch modernes Motorrad eine Scheibe abschneiden

Suzuki GR 650: Zweizylindermotor, 50 PS, 195 Kilogramm, 167 km/h

SUZUKI

LS 650

Sie sind über 1,80 Meter groß und interessieren sich für die LS 650? Vergessen Sie es. Der Suzuki-Chopper ist mit seinen 660 Millimetern Sitzhöhe ein dermaßener Flachmann, daß sich zwar kurz geratene Menschen pudelwohl (weil sicher) fühlen, aber Sie bestimmt nicht.

Schade eigentlich, daß dieses Chopper-Erlebnis zwangsläufig an den Langen vorübergeht, denn es lohnt sich: Der Motor ist kernig und zieht, wie es sich für einen Chopper nun einmal gehört, schon knapp über Leerlaufdrehzahl kräftig durch. Alles »Überflüssige« fehlt, also Hauptständer, Drehzahlmesser und Komfort. Jawohl, Komfort, denn die Gabel und die beiden Federbeine sind knüppelhart – jede Fahrbahn-Unebenheit teilt sich unmittelbar der geplagten Wirbelsäule des Fahrers mit. Und da Chopper üblicherweise nicht zum Schnellfahren gebaut sind, rührt in langen schnellen Kurven das Fahrwerk und setzen in engen Kurven schon bei gemäßigter Schräglage heftig die Fußrasten auf.

Das Getriebe läßt sich sowohl in der Viergang- als auch in der seit 1991 gebauten Fünfgangversion nur mit Nachdruck schalten. Dafür ist aber die Lebensdauer des Zahnriemens, der für den Hinterradantrieb zuständig ist, mit 40 000 bis 50 000 Kilometern sehr hoch – so viel schafft keine Kette. Übrigens, wenn der Riemen mal quietschen sollte: Entweder steht das Hinterrad dann nicht genau in der Flucht und muß nachjustiert werden. Oder der Zahnriemen verlangt schlicht nach ein bißchen Pflege, eine Behandlung mit Seifenwasser, Harley-Riemenfett oder gar Hirschtalg wird ihn zum Schweigen bringen.

Wem die Sitzposition im Originalzustand nicht gefällt, hat etliche Möglichkeiten, sie ganz nach seinem Geschmack zu verändern – allerdings ist dies nicht ganz billig. Entweder kann man sich weiter nach vorn verlegter Fußrasten aus dem Zubehör bedienen. Oder man greift ins Suzuki-Teileregal und baut sich die dafür erhältliche flache Lenkerstange samt Bremsflüssigkeitsbehälter und sämtlichen Leitungen und Zügen an – eine Freigabe für diesen Umbau ist ebenfalls von Suzuki erhältlich, und die gibt's kostenlos. Und noch eine Freigabe gibt's für die LS 650 – für die Entdrosselung. Auch die Modelle vor 1994, die noch mit 27 PS ausgeliefert wurden, dürfen auf die heutigen 31 PS entfesselt werden. Hierfür muß lediglich ein Anschlag im Vergaserdeckel entfernt werden.

Beim Gebrauchtkauf einer LS sind nicht viele Tücken zu beachten, da es schlicht kaum welche gibt. Die Einzylinder-typischen Vibrationen sorgen meist nur für eingerissene Kennzeichen oder verlorene Spiegel – vergleichsweise harmlos also. Nicht mehr so harmlos dagegen sind brutale Vorbesitzer, die dem Motor mit seinen langen Ölwegen keine angemessen lange Warmlaufphase gönnten. Dann kann schon nach 25 000 Kilometern eine teure Reparatur an den Nockenwellen und Kipphebeln fällig sein. Ein letzter Blick sollte schließlich noch den Schweißnähten des Rahmens und der Auspuff-Unterseite gelten, denn in punkto Verarbeitungsqualität hat sich Suzuki nicht gerade mit Ruhm bekleckert. Häufiges Putzen und Konservieren können den Rostprozeß jedoch deutlich verlangsamen – und Chopperfahrer putzen angeblich ja gern. Dann paßt's ja irgendwie auch wieder.

SUZUKI LS 650

Motor: Luftgekühlter Einzylinder-Viertaktmotor, 27 PS (20 kW) bei 5200/min, 46 Nm bei 3000/min, Viergang-, ab 1991 Fünfganggetriebe, Zahnriemenantrieb

Fahrwerk: Einschleifenrahmen aus Stahl, vorn Scheiben-, hinten Trommelbremse, Reifengröße vorn 100/90-19, hinten 140/80-15

Gewicht: 171 kg mit 11 Litern Normal vollgetankt

Sitzhöhe: 660 Millimeter

Höchstgeschwindigkeit: 127 km/h

Beschleunigung 0-100 km/h: 9,3 sek

Verbrauch: 4,2 Liter/100 km

Leistungsvarianten: 27, 31 PS

Bauzeit (Neupreise): 1986 (7300 Mark) bis 1999 (9700 Mark)

Wichtige Modellpflegemaßnahmen: 1991 Fünfganggetriebe, 1994 mit 31 PS (Höchstgeschwindigkeit jetzt 142 km/h).

Zeigt die Zähne: Der Zahnriemen hält mit rund 40 000 Kilometern länger als jede Kette

Suzuki LS 650: Einzylindermotor, 27 PS, 171 Kilogramm, 127 km/h

SUZUKI

SV 650

Viel Motorrad für wenig Geld. Mit diesem Motto hat Suzuki immer wieder beachtlichen Erfolg erzielt. Die SV 650 und die SV 650 S, wie die halbverkleidete Version heißt, sind ganz besonders viel Motorrad für ziemlich wenig Geld.

Nach viel Motorrad sieht besonders die S aus. Die eifert von ihrem Äußeren nämlich auffällig der großen Schwester TL 1000 S nach.

Der Motor, mit 650 Kubikzentimetern nicht gerade ein Hubraumbolide, beflügelt die SV zu enormen Fahrleistungen: Die S rennt mit ihren 71 PS fast 220 km/h. Und das angenehme Geräusch, das Motor und Auspuffanlage dabei entwickeln, beflügelt den Fahrer. Die Sitzposition ist sehr angenehm, selbst Zwei-Meter-Menschen finden noch ein menschenwürdiges Plätzchen vor.

Nur in zwei Punkten kann die SV im Serientrimm nicht so recht überzeugen, die Reifen und die Gabelfedern. Die serienmäßigen Metzeler ME Z4 wollen nicht so recht zu dieser Suzuki passen, weil sie die SV in Kurven ziemlich störrisch machen. Bessere Sohlen: Bridgestone BT 56 SS, Dunlop D 207 oder Pirelli Dragon Evo.

Und dann diese Gabel: Die Gabelfedern sind einfach zu weich. Beim harten Bremsen geht die Gabel schnell auf Block, und das nicht nur auf holprigem Untergrund. Abhilfe bringen hier nur progressiv gewickelte Gabelfedern, beispielsweise von Öhlins, White Power, Technoflex oder Wirth. Das war's?

Nein. Da war doch noch dieser Langstreckentest von MOTORRAD über 50 000 Kilometer. Die ganze Distanz bereitete die SV 650 Freude. Abschlussmessung, Kompressionsdiagramm – alles in Ordnung. Doch dann wurde der Motor zerlegt: Beide Zylinder und Kolben wiesen leichte Freßspuren auf, die Ventilsitze hätten nicht mehr lange gehalten, die Auslaßventile waren eigentlich schon hinüber. Deutliche Materialausbrüche an den Zahnflanken beider Räder des fünften Gangs, Druckstellen bereits an denen des zweiten und sechsten Gangs. Nicht gerade ein Ruhmesblatt also.

Das Tückische für den Gebrauchtkauf dabei wäre gewesen: Der Motor lief bis zum Schluss noch wunderbar, und das Getriebe tat während der ganzen Zeit keinen außergewöhnlichen Muckser. Aber vielleicht handelte es sich bei den Schäden an der MOTORRAD-Dauertestmaschine nur um einen Ausrutscher. Zu gönnen wäre es der schnuckeligen SV 650.

Suzuki SV 650

Motor: Wassergekühlter Zweizylinder-Viertakt-V-Motor, 71 PS (52 kW) bei 9000/min, 62 Nm bei 7500/min, Sechsganggetriebe, Kettenantrieb

Fahrwerk: Gitterrohrrahmen aus Leichtmetall, vorn Doppelscheiben-, hinten Scheibenbremse, Reifengröße vorn 120/60 ZR 17, hinten 160/60 ZR 17

Gewicht: 185 kg mit 16 Litern Normal vollgetankt

Sitzhöhe: 800 Millimeter

Höchstgeschwindigkeit: 201 km/h

Beschleunigung 0-100 km/h: 3,7 sek

Verbrauch: 5,9 Liter/100 km

Leistungsvarianten: 34, 71 PS

Bauzeit (Neupreise): 1999 (11 100 Mark) bis heute (2001 12 400 Mark)

Wichtige Modellpflegemaßnahmen: keine

Die Ähnlichkeit zur großen Schwester TL 1000 S ist nicht zu übersehen. Allerdings fehlt dafür noch ein bißchen Motor

Suzuki SV 650: Zweizylinder-V-Motor, 71 PS, 185 Kilogramm, 201 km/h

SUZUKI

GSX 750 F

Kann das funktionieren? Man nehme einen reinrassigen Sportmotor, in diesem Fall den der 1988er GSX-R 750, verpasse ihm eine geänderte Übersetzung des ersten Gangs und eine Auspuffanlage mit jeweils zwei gekoppelten Krümmern zur Steigerung des Drehmoments bei niedrigen Drehzahlen. Dann hänge man dieses Triebwerk in einen Stahlrahmen, verkleide das Ganze hübsch großflächig und – fertig ist der Tourensportler? Die Antwort, frei nach Radio Eriwan: Im Prinzip vielleicht. Die Sitzposition ist für den Fahrer entspannt, der Windschutz allerdings nicht ausreichend. Auch die Spiegel sind ziemlich rücksichtslos, immerhin funktionieren sie dank ihrer Position ein bißchen wie Handprotektoren. Der Sozius muß leiden, da dessen Fußrasten zu hoch angebracht sind und die deutlich höhere Sitzposition für den Kopf des Beifahrers nicht gerade strömungsgünstig ist – der liegt nämlich voll in den Wind-Turbulenzen.

Dem Motor merkt man seine sportliche Herkunft für einen Tourer noch viel zu sehr an, denn richtig Leistung ist gefühlsmäßig erst ab 7000/min vorhanden. Dafür ist das Fahrwerk handlich, und die Bremsen sind sehr gut. Die Federung ist für den Tourenpart wieder etwas zu straff ausgefallen, noch härter wurde es mit dem ab 1990 eingesetzten Gasdruck-Federbein. Also, so einfach ist es mit der Konstruktion eines Tourensportlers nicht, die GSX 750 F hat immer noch eine stark ausgeprägte sportliche Note.

Gut überschaubar sind dagegen ihre technischen Macken, da es hiervon glücklicherweise nicht viele gibt. Unter die Rubrik »teurer Schönheitsfehler« fallen die schwarzen Auspuffkrümmer, die bei einem Rösterchen in Ehren schlecht nein sagen können. Mit anderen Worten: Die Rohre gammeln. Da die Auspuffanlage aus nur zwei Teilen besteht (jeweils zwei Krümmer mit einem Topf), fällt der Austausch gegen Neuteile entsprechend teuer aus – besser und billiger ist da wohl der Fachbetrieb, der die Krümmer flammspritzt.

Unter die Rubrik »ziemlich teuer« fallen defekte Ventilschaftdichtungen, ein Schaden, der schon bei Laufleistungen um die 40 000 Kilometer auftreten kann. Einfach festzustellen: Eine Hilfsperson fährt hinterher und beobachtet den Auspuff. Wenn hier beim Gaswegnehmen blauer Rauch austritt, sind diese Dichtungen hinüber.

Und unter die Rubrik »sauteurer Schaden« fallen die Nockenwellen-Defekte, die bei der GSX 750 F häufiger auftraten. Ganz fortgeschrittene Schäden machen sich bei der Probefahrt durch artfremde tickernde Geräusche aus dem Zylinderkopf bemerkbar, doch die Anfangsstadien lassen sich hier kaum heraushören.

Tip am Rand für Selbstschrauber: Das Spiel der beiden Ventile pro Gabelschlepphebel muß absolut identisch sein, ansonsten sind langfristig Schäden an den Schlepphebeln und an den Nockenwellen schon vorprogrammiert. Apropos Selbstschrauber: Den meisten Service-Arbeiten, aber das sieht man dem Schalentier ja auch schon an, steht die Verkleidung im Weg. Zum Kerzenwechsel zum Beispiel müssen Verkleidung und Tank abgebaut werden.

SUZUKI GSX 750 F

Motor: Luft-/ölgekühlter Vierzylinder-Viertaktmotor, 100 (ab 1994 98) PS (74 kW) bei 10 400/min, 71 Nm bei 9800/min, Sechsganggetriebe, Kettenantrieb
Fahrwerk: Doppelschleifenrahmen aus Stahl, vorn Doppelscheiben-, hinten Scheibenbremse, Reifengröße vorn 110/80 V 17, hinten 150/70 V 17
Gewicht: 237 kg mit 20 Litern Normal vollgetankt
Sitzhöhe: 800 Millimeter
Höchstgeschwindigkeit: 230 km/h
Beschleunigung 0 – 100 km/h: 3,6 sek
Verbrauch: 7,0 Liter/100 km
Leistungsvarianten: 98, 100 PS
Bauzeit (Neupreise): 1989 (10 300 Mark) bis 1999 (13 000 Mark)
Wichtige Modellpflegemaßnahmen: 1990 neues Gasdruckfederbein mit mehr Einstellmöglichkeiten. 2000 völlig neues Modell.

Ein Rösterchen in Ehren kann niemand verwehren: Kostspieligerweise besteht die Auspuffanlage aus nur zwei Teilen

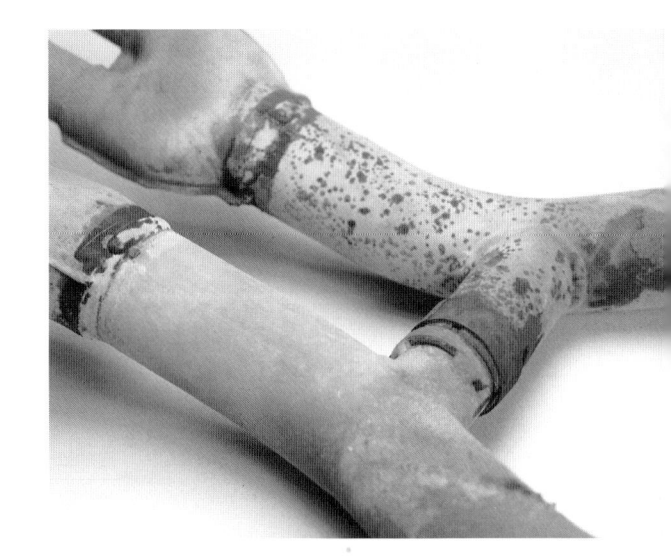

Suzuki GSX 750 F: Vierzylindermotor, 100 PS, 237 Kilogramm, 230 km/h

SUZUKI

GSX-R 750

Als Suzuki die GSX-R 750 präsentierte, kannte die Begeisterung zunächst keine Grenzen: Eine 750er mit 100 PS (offen waren es sogar 112), dazu ein Gewicht von rund 200 Kilogramm – sensationell. Doch schon bald sollte sich zeigen, daß das Leichtmetall-Rähmchen den Fahrleistungen beileibe nicht gewachsen war. 1986 versuchte Suzuki dem Wackelpudding das Schlingern durch eine 30 Millimeter längere Schwinge und neu entwickelte Radialreifen abzugewöhnen, doch der erwünschte Erfolg trat nicht ein. Das Fahrverhalten besserte sich zwar etwas, doch das ging in erster Linie auf das Konto der neuen Reifen. Waren die etwas abgefahren, ging die Wackelei sofort wieder los.

Erst nach der umfangreichen Modellpflege von 1988 hatte Suzuki das Fahrverhalten der GSX-R im Griff. Im gleichen Zug verpaßten die Techniker von Suzuki dem Motor einen kürzeren Hub, um bei größer gewordener Bohrung jetzt größere Ventile einbauen zu können und eine Batterie von 36er Gleichdruckvergasern, da die alten Flachschiebervergaser sehr schwergängig waren und wegen ihrer schlechten Gasannahme kritisiert wurden. Leider geriet dieser Motor im Vergleich zum Vorgänger aber ziemlich durchzugsschwach, so daß schon 1990 reumütig wieder auf das alte Hub-/Bohrungs-Verhältnis zurückgegriffen werden mußte.

1991, im letzten Jahr der Luft-/ölgekühlten Generation, bekam der GSX-R-Zylinderkopf zwecks höherer Drehzahlfestigkeit Einzelschlepphebel mit Shims verpaßt, vorher konnte der geneigte Schrauber noch relativ problemlos das Ventilspiel über Einstellschrauben in den Gabelschlepphebeln selbst justieren. 1992 schließlich war die nachrückende wassergekühlte Generation an der Reihe, doch das ist wieder eine ganz andere Geschichte.

Stellt sich die Qual der Wahl für den Gebrauchtkäufer, welches Modelljahr es denn sein darf. Die Modelle der ersten drei Jahre, also von 1985 bis 1987, sind für Heizer sicher nicht die erste Wahl, dazu ist das Fahrwerk zu schlecht. Dafür taugen sie mit ziemlicher Sicherheit als Sammlerstücke. Ihre Schwäche: Der Auspufftopf der monströsen Vier-in-eins-Anlage sowie die schlecht geschützten Lager von Lenkkopf, Schwinge und Federbein-Umlenkung neigen stark zum Gammeln.

Die Variante der Jahre 1988 und 1989 taugt viel eher zum Schnellfahren. Gerade aber der kurzhubige Motor dieser beiden Jahre litt unter einem thermisch hochbelasteten Zylinderkopf. Die Folge waren Hitzerisse zwischen den Ventilsitzen (Kompressionsverlust) oder Materialausbrüche an den Nockenwellen und den Schlepphebeln (Leistungsverlust, Geräusche). Schonendes Warmfahren erhöht übrigens, und das gilt für alle Varianten, die Lebensdauer dieses Hochleistungstriebwerks erheblich, schließlich gilt es rund fünf Liter Öl zu erwärmen.

Der unproblematischste Jahrgang ist so eigentlich der von 1990: Das Ventilspiel kann noch relativ leicht selbst eingestellt werden, die Auspuffanlage ist aus Edelstahl und so nicht mehr rostanfällig, und der Motor hat wieder den längeren Hub und somit kaum thermische Probleme. Leider wuchs aber im Lauf der Jahre das Gewicht der GSX-R 750 von 206 auf stolze

---

SUZUKI GSX-R 750

Motor: Luft-/ölgekühlter Vierzylinder-Viertaktmotor, 100 PS (74 kW) bei 11 000/min, 67 Nm bei 10 000/min, Sechsganggetriebe, Kettenantrieb
Fahrwerk: Doppelschleifenrahmen aus Leichtmetall, vorn Doppelscheiben-, hinten Scheibenbremse, Reifengröße vorn 110/80 V 18, hinten 140/70 V 18
Gewicht: 206 kg mit 19 Litern (ab 1987 21 Litern) Normal vollgetankt
Sitzhöhe: 780 Millimeter
Höchstgeschwindigkeit: 224 km/h
Beschleunigung 0 – 100 km/h: 3,9 sek
Verbrauch: 8,0 Liter/100 km
Leistungsvarianten: keine
Bauzeit (Neupreise): 1985 (12 800 Mark) bis 1991 (14 900 Mark)
Wichtige Modellpflegemaßnahmen: 1988 (GR 77 B) Motor kurzhubiger, Rahmen verstärkt, 17-Zoll-Räder, 120er Reifen vorn, 160er hinten, Gleichdruckvergaser, Vier-in-zwei-Auspuffanlage. 1990 (GR 7AB) Motor langhubiger, Upside-down-Gabel, Vier-in-eins-Auspuffanlage, 170er Reifen hinten. 1991 Motor mit Einzelschlepphebeln mit Shims. 1992 GSX-R 750 W mit Wasserkühlung.

Die angegebenen technischen Daten beziehen sich auf das Modell von 1985 bis 1987 (Typ GR 75 A)

Motorrad, hast Du Dich verändert: GSX-R 750 Jahrgang 1991

234 Kilogramm – von der ursprünglichen Sportlichkeit war die letzte luft-/ölgekühlte GSX-R also meilenweit entfernt.

Suzuki GSX-R 750 (1985): Vierzylindermotor, 100 PS, 206 Kilogramm, 224 km/h

SUZUKI

GSX-R 750 W

Die alte GSX-R 750 war aus dem Training gekommen: Mit diesen Speckringen um die Hüften konnte sie kaum noch einen Blumentopf mehr gewinnen. So schickte Suzuki die gealterte Sportlerin 1992 ins Trainingslager. In sportlicher Hinsicht aber mit nur wenig Erfolg. Zwar sorgte die neue Wasserkühlung dafür, daß der Motor auch bei hoher thermischer Belastung seine Pferdchen im Sattel hielt (offen waren es jetzt 118 statt vorher 112 PS), aber von Gewichtsreduzierung konnte keine Rede sein. Ganz im Gegenteil, die GSX-R 750 W hatte sogar noch einmal fünf Kilogramm zugenommen. Dafür war sie jetzt deutlich alltagstauglicher geworden: Der Durchzug war satter, das nutzbare Drehzahlband breiter und die Sitzposition weniger extrem. Langsamer auf der Rennstrecke, bequemer auf der Straße – sollte die ehemals supersportliche GSX-R zum Tourensportler mutieren?

Mitnichten, denn 1994 kam die große Wende – das Gewicht nahm erstmals wieder ab. Mit 228 Kilogramm war die GSX-R 750 W zwar immer noch Welten von der allerersten GSX-R mit 206 Kilogramm entfernt, aber immerhin, ein Anfang war getan. Exzellente Sechskolben-Bremszangen, ein komplett überarbeitetes, verstärktes Fahrwerk und ein dicker 180er Reifen machten klar: Die GSX-R hatte sich zurückgemeldet. Gegenüber der Vorgängerin hatte die Neue nun auch wieder ein geradezu spielerisches Handling zu bieten – nichts also mit Tourensportler.

Dieser Trend setzte sich mit dem 1996er Modell noch konsequenter fort. Wieder einmal hatte sich die GSX-R einer kompletten Überarbeitung unterziehen müssen, und noch einmal war sie leichter und stärker geworden: 205 Kilogramm, offen 128 PS – sensationelle Eckdaten. Die Neue sieht nicht nur durch den überbreiten 190er Reifen nach Grand Prix aus, auch das Triebwerk hat eine echte Renmotor-Charakteristik: Bei unteren und mittleren Drehzahlen vergleichsweise wenig Leistung, aber ab 10 000/min zieht sie dem Fahrer mächtig die Arme lang. Die Kehrseite der Medaille: Durch die konsequente Hinwendung zum Sportlerdasein hat die 1996er GSX-R viel von ihrer Alltagstauglichkeit eingebüßt – aber GSX-R ist eben jetzt wieder GSX-R.

Für den Gebrauchtkäufer einer GSX-R 750 W sehr beruhigend: War schon der luftgekühlte Motor der Vorgängerin eine solide Konstruktion (zumindest ab Modelljahr 1990), so zeigt sich das wassergekühlte Triebwerk noch standfester. Typische Schwächen der GSX-R 750 W – Fehlanzeige. Zwar gab es im ersten Baujahr 1992 bei einigen Exemplaren Probleme mit zu hohem Ölverbrauch, aber hier wechselte Suzuki die Zylinder auf Garantie, diese Fälle dürften also mittlerweile vom Tisch sein.

Auch von Verarbeitungsmängeln ist bei der GSX-R 750 W nichts bekannt geworden. Nur Vorsicht: Wenn irgend etwas darauf hindeutet, daß es sich um eine Unfallmaschine handeln könnte, sollte der Interessent sich seine Kaufentscheidung noch einmal überdenken. Der Leichtmetallrahmen läßt sich nämlich zum einen nur bei ganz geringem Verzug wieder instandsetzen (Firma Köster) und ist ansonsten als Neuteil wahnsinnig teuer.

SUZUKI GSX-R 750 W

Motor: Wassergekühlter Vierzylinder-Viertaktmotor, 100 PS (74 kW) bei 11 000/min, 79 Nm bei 9500/min, Sechsganggetriebe, Kettenantrieb
Fahrwerk: Doppelschleifenrahmen aus Leichtmetall, vorn Doppelscheiben-, hinten Scheibenbremse, Reifengröße vorn 120/70 ZR 17, hinten 170/60 ZR 17
Gewicht: 239 kg mit 21 Litern Super bleifrei vollgetankt
Sitzhöhe: 785 Millimeter
Höchstgeschwindigkeit: 228 km/h
Beschleunigung 0 – 100 km/h: 3,7 sek
Verbrauch: 7,3 Liter/100 km
Leistungsvarianten: keine
Bauzeit (Neupreise): 1992 (15 500 Mark) bis heute (1999 19 300 Mark)
Wichtige Modellpflegemaßnahmen: 1994 überarbeitetes Fahrwerk, Sechskolben-Bremszangen, 180er Reifen hinten. 1996 (Typ GR 7 DB) Motor komplett überarbeitet, Brückenrahmen, 190er Reifen hinten. 2000 völlig überarbeitet, mit Einspritzung.

Die angegebenen technischen Daten beziehen sich auf das Modell von 1992 bis 1993 (Typ GR 7 BB)

Der Beißer: Seit 1994 hat die GSX-R 750 W Sechskolbenzangen im Vorderrad

Suzuki GSX-R 750 W (1992): Vierzylindermotor, 100 PS, 239 Kilogramm, 228 km/h

SUZUKI

VS 750 Intruder

Suzuki zeigte sich dreist. Warum mit viel Rumprobieren noch eine neue Marktnische finden, wenn es doch viel leichter ist, ein gut florierendes Konzept einfach zu kopieren? In diesem Fall lautete das große Vorbild Harley-Davidson. Und damit auch wirklich klar wurde, daß Suzuki vorhatte, an der Monopol-Stellung des amerikanischen Herstellers zu rütteln, lautete der Beiname der VS 750 »Intruder«, was ganz unbescheiden Eindringling heißt.

So weist der vorgebliche Harley-Störenfried, ganz wie das Original, eine extrem tiefe Sitzposition für den Fahrer und eine vollkommen inakzeptable für den Beifahrer auf – die Sozius-Rasten liegen viel zu hoch, und das Sitzbrötchen ist viel zu klein. Chopper-Freaks freuen sich über das Fehlen von überflüssigem Plastik-Firlefanz. Sowieso ist die Ausstattung der Intruder recht karg – was nicht dran ist, kann auch nicht kaputt gehen. Kein Drehzahlmesser, geschaltet wird nach Gehör. Keine Tankanzeige, dafür gibt's schließlich einen Reservehahn. Als Versöhnung dafür gibt's, ganz untypisch für dieses Genre, Kardanantrieb, Wasserkühlung und eine hydraulisch betätigte Kupplung – amerikanische Schale also, aber japanischer Kern.

Fahrer einer Intruder dürfen dank der niedrigen Sitzhöhe zwar klein sein, sollten im anderen Extrem aber nicht über 1,80 Meter messen, da sonst durch die stark angewinkelten Beine nach kurzer Zeit die Knie schmerzen. Linderung in gewissem Maße schafft hier nur der Anbau einer weiter nach vorn verlegten Fußrasten-Anlage aus dem Zubehör. Positiver Nebeneffekt dieser nicht ganz billigen Umbaumaßnahme: Die von Haus aus geringe Schräglagenfreiheit wird deutlich erhöht.

Der Motor erfreut mit einem dumpfen Schlag, gutem Durchzug aus dem Drehzahlkeller und mechanischer Zuverlässigkeit. Zwar machten die Modelle des ersten Baujahres hin und wieder mit Nockenwellenschäden von sich reden, doch dürften diese kränkelnden Exemplare mittlerweile wohl alle nachgebessert worden sein. Dennoch, nur vorsichtshalber: Der Motor hört sich in diesem Fall an, als ob das Ventilspiel zu groß wäre – es klackert dann aus dem Zylinderkopf.

Bei der Probefahrt sollte beim Überfahren von Boden-Unebenheiten das Heck nicht nachschwingen, denn die Dämpfung der Original-Federbeine läßt schnell nach. Aus diesem Grund werden sehr viele VS 750 auf Koni-Stoßdämpfer umgerüstet. Und schön ist es, wenn bereits vom Vorbesitzer auf die Metzeler-Bereifung ME 33 Laser vorn und hinten ME 88 Marathon gewechselt wurde, denn diese Paarung hat sich für die Intruder am geeignetsten erwiesen. Mit der originalen Bridgestone-Bereifung neigt die VS bei höhren Geschwindigkeiten zum Pendeln, besonders, wenn die Reifen abgefahren sind.

Aber wer möchte mit einem Chopper schon schnell fahren? Nur die Ruhe lautet die Devise. Beim amerikanischen Original genauso wie bei diesem japanischen Eindringling.

SUZUKI VS 750 Intruder

Motor: Wassergekühlter Zweizylinder-Viertakt-V-Motor, 50 PS (37 kW) bei 6800/min, 57 Nm bei 5200/min, Fünfganggetriebe, Kardanantrieb

Fahrwerk: Doppelschleifenrahmen aus Stahl, vorn Scheiben-, hinten Trommelbremse, Reifengröße vorn 100/90-19 (ab 1988 80/90-21), hinten 140/90-15

Gewicht: 215 kg mit 12 Litern Normal vollgetankt

Sitzhöhe: 670 Millimeter

Höchstgeschwindigkeit: 165 km/h

Beschleunigung 0 – 100 km/h: 6,1 sek

Verbrauch: 5,5 Liter/100 km

Leistungsvarianten: keine

Bauzeit (Neupreise): 1986 (10 000 Mark) bis 1991 (11 400 Mark)

Wichtige Modellpflegemaßnahmen: 1988 21-Zoll-Vorderrad, 1989 Bowdenzüge innerhalb des Lenkers verlegt, 1992 Ablösung durch die VS 800

Beim Wort genommen: Chopper sollen spartanisch ausgestattet sein. Die VS 750 ist's

Suzuki VS 750 Intruder: Zweizylinder-V-Motor, 50 PS, 215 Kilogramm, 165 km/h

# SUZUKI

DR 800 S

Ein Unikum ist sie ja schon, die DR Big. Mit ihren 779 Kubikzentimetern Hubraum ist sie der größte Einzylinder, der jemals in Serie ging. Mit ihrem Schnabel vorn sieht sie aus wie eine Ente, die sich auf Angriffs-Tiefflug befindet. Und die hintere Radabdeckung ist ganz sicher die längste hintere Radabdeckung der Welt. Zur Aufmunterung daher zuerst die gute Nachricht: Dieser gräßliche Lappen darf gekürzt werden, sogar völlig legal und ohne Abnahme oder Eintragung. Und das geht so: Motorrad vom Ständer nehmen, aufrichten und ohne aufsitzenden Fahrer den Abstand der Hinterradachse zum Boden messen. Zu diesem Maß addiert man 150 Millimeter – diese Höhe wird an der Radabdeckung angezeichnet. Und hier darf abgeschnitten werden, denn das ist die korrekte Länge. Anschließend noch die Schnittflächen entgraten und die Ecken verrunden – fertig.

Doch soll es ja hier eigentlich nicht um das legale Kürzen von Hinterradabdeckungen im allgemeinen, sondern um die Besichtigung einer gebrauchten DR 800 S im speziellen gehen. Kein Problem, im wahrsten Sinn des Wortes: Der dicke Einzylinder selbst gilt als völlig problemfrei. Laufleistungen von 50 000 Kilometern – mit dem ersten Kolben, wohlgemerkt – sind üblich, besonders gute Exemplare halten sogar doppelt so lange. Mangelnder Durchzug im mittleren Drehzahlbereich deutet – nicht besonders aufregend – nur auf einen zugesetzten Luftfilter hin.

Mahlende Geräusche aus dem Sekundärtrieb während der Probefahrt sind da schon ernster zu nehmen. Durch die langen Federwege nämlich (hinten 220 Millimeter) muß der Kettendurchhang stattliche drei bis vier Zentimeter betragen. Manchem Besitzer erscheint dies zuviel, und so wird eben kräftig gespannt. Folge: Das Getriebeausgangs-Lager hält diesen Streß irgendwann nicht mehr aus. Noch schlimmer: Irgendwann zerreißt's die Kette während der Fahrt. Also, Besitzer und Besichtiger, aufgepaßt, so geht's: Das Motorrad aufbocken, das Hinterrad ein paarmal langsam durchdrehen und dabei immer wieder den Durchhang prüfen – die straffste Stelle wird dann auf die vorgeschriebenen drei bis vier Zentimeter eingestellt. Aufbocken, aber worauf denn? Wo doch die DR Big nur einen Seitenständer hat? Auf den Hauptständer, den wahrscheinlich der Vorbesitzer schon nachgerüstet hat, wahrscheinlich den von JF Motorsport.

Dann folgt natürlich noch eine Besichtigung. Besondere Aufmerksamkeit verdient, wie bei allen DR-Modellen von Suzuki, der Endschalldämpfer – Rost macht ihm zu schaffen. Während Ersatz hier für beide Dämpfer gewaltig zu Buche schlägt, fallen die Materialkosten für eine Drosselung von 50 auf 34 PS schön niedrig aus.

Zum Schluß noch ein wenig Modellgeschichte für Besserwisser: Die Vorgängerin der DR Big 800 S hieß DR 750 S und wurde von 1988 bis 1989 gebaut. 1990 kam die DR Big 800 S, und, Achtung, jetzt kommt's: Ab 1994 hieß die 800er nur noch DR 800 S, also ohne »Big«. Macht nichts, für Fans wird der gutmütige und reiselustige Dick-Single trotzdem immer der »Doktor Big« bleiben. Wirklich ein echtes Unikum.

SUZUKI DR 800 S

Motor: Luft-/ölgekühlter Einzylinder-Viertaktmotor, 50 PS (37 kW) bei 6600/min, 59 Nm bei 5400/min, Fünfganggetriebe, Kettenantrieb
Fahrwerk: Einrohrrahmen aus Stahl, vorn und hinten Scheibenbremse, Reifengröße vorn 90/90 S 21, hinten 130/80 S 17
Gewicht: 226 kg mit 24 Litern Normal vollgetankt
Sitzhöhe: 860 Millimeter
Höchstgeschwindigkeit: 167 km/h
Beschleunigung 0 – 100 km/h: 5,5 sek
Verbrauch: 5,4 Liter/100 km
Leistungsvarianten: 27, 34, 50 PS
Bauzeit (Neupreise): 1990 (9690 Mark) bis 1999 (11 580 Mark)
Wichtige Modellpflegemaßnahmen: 1991 24 statt 29 Liter Tankinhalt, zwei statt eines Schalldämpfers, dickere Gabelstandrohre, Gewicht statt vorher 214 jetzt 222 Kilogramm.

Achtung beim Kette einstellen:
Trotz des popeligen Kettenspanners sollte man diese Service-Arbeit nicht popelig ausführen

Suzuki DR 800 S: Einzylindermotor, 50 PS, 226 Kilogramm, 167 km/h

SUZUKI

VX 800

Ein vernünftiger Tourer muß nicht immer massig Hubraum und Leistung sowie jede Menge Zylinder haben – das bewies Suzuki 1990 eindrucksvoll mit der VX 800. Der aufgebohrte Motor stammte im wesentlichen vom Chopper VS 750 Intruder, nur die Kurbelwelle war zwecks ruhigerem Motorlauf eine andere, denn im Gegensatz zu Choppern können Touren-Motorräder sehr gut auf Vibrationen verzichten.

Für den normalen Fahrbetrieb reichen Drehzahlen bis 5000/min durchaus, um flott voran zu kommen, denn der Motor zieht ab 2500/min kräftig durch – übrigens verbunden mit einem sehr angenehmen Auspuffgeräusch.

Die Fahrwerksabstimmung ist ganz auf Komfort getrimmt. Vielleicht etwas zuviel, denn mit zwei Personen und Gepäck beladen schlagen hin und wieder Gabel und Federbeine durch. Auch stößt dann die Einscheibenbremse im Vorderrad an ihre Grenzen – eine zweite Scheibe ist nicht nachrüstbar. Die Schräglagenfreiheit ist enorm, doch das Einlenken etwas gewöhnungsbedürftig, da die VX durch den langen Radstand und die flach angestellte Gabel die unangenehme, zumindest aber gewöhnungsbedürftige Neigung zeigt, in die Kurve hineinzufallen. Ein Handlingwunder ist die VX 800 nicht.

SUZUKI VX 800

Motor: Wassergekühlter Zweizylinder-Viertakt-V-Motor, 61 PS (45 kW) bei 6800/min, 72 Nm bei 5400/min, Fünfganggetriebe, Kardanantrieb
Fahrwerk: Doppelschleifenrahmen aus Stahl, vorn und hinten Scheibenbremse, Reifengröße vorn 110/80-18, hinten 150/70-17
Gewicht: 238 kg mit 19 Litern Normal vollgetankt
Sitzhöhe: 710 Millimeter
Höchstgeschwindigkeit: 183 km/h
Beschleunigung 0 – 100 km/h: 5,0 sek
Verbrauch: 5,7 Liter/100 km
Leistungsvarianten: 34, 50, 61 (seit 1996 60) PS
Bauzeit (Neupreise): 1990 (10 000 Mark) bis 1997 (11 800 Mark)
Wichtige Modellpflegemaßnahmen:
1993 Benzinhahn membrangesteuert

Der erste Gang ist sehr lang übersetzt. Fahrer, die nicht auf die Durchzugskraft dieses Motor vertrauen, lassen daher instinktiv die Kupplung zu lange schleifen, und das drückt natürlich auf die Lebensdauer. Und damit wären wir auch schon bei der Besichtigung: Rutscht also die Kupplung beim Beschleunigen im fünften Gang durch, müssen zumindest neue Kupplungs-Lamellen einkalkuliert werden, schon nach 30 000 Kilometern kann es so weit sein. Spätestens nach 50 000 Kilometern sind mit ziemlicher Sicherheit die Federbeine und die Gabelfedern am Ende – letztere sollten dann am besten gleich durch progressiv gewickelte Federn von Wirth oder White Power ersetzt werden.

Bei den ersten Baujahren schüttelten sich gern die inneren Rohre der doppelwandigen Krümmer los – dieses scheppernde Geräusch ist bei der Probefahrt ganz sicher nicht zu überhören. Und noch ein Geräusch: In seltenen Fällen gibt der Kardanantrieb schabende oder gar rumpelnde Lebensäußerungen von sich. Sollte er aber nicht, denn dann kündigen sich teure Schäden aus dem Endantrieb an – in dem Fall lieber nach einer anderen VX Ausschau halten. Auch neigt der Kardan bei einigen VX 800 (nicht bei allen) zu Ölundichtigkeiten.

Außerdem hatten die Modelljahre 1990 bis 1992 eine weitere Tücke parat. Die VX dieser Jahre war noch mit einem herkömmlicher Benzinhahn via Drehverschluß ausgestattet. Waren die Schwimmernadelventile undicht (wie es bei hohen Laufleistungen gern vorkommt), und vergaß man beim Abstellen, den Hahn zuzudrehen, konnte jede Menge Sprit die Zylinder fluten. Beim Anlassen drückten die aufwärtsstrebenden Kolben gegen diese kaum verdichtbare Flüssigkeitswand – und Exitus. Nachdem einige dieser Schäden aufgetreten waren, ließ Suzuki die Benzinhähne auf Membransteuerung umrüsten, verzichtete dabei aber auf eine Rückrufaktion.

Die Lackqualität der VX 800 ist sehr hoch, hier wird der Gebrauchtkäufer kaum Stellen finden, mit deren Hilfe sich der Preis drücken läßt. Ganz im Gegensatz zu den Oberflächen von Auspuffanlage und Fußrastenhaltern und den Schweißnähten von Rahmen und Schwinge – an diesen Stellen rosten einige, aber nicht alle VX munter vor sich hin.

Ein Tip noch für alle VX-Schrauber und solche, die es werden wollen: Die Zylinderköpfe beherbergen so-

Winkel-Advokat: Ein prüfender Blick in die Ecken kann so manches Rostnest offenbaren

genannte Gabelschlepphebel, das heißt, jeweils ein gegabelter Hebel drückt gleichzeitig auf zwei Ventile. Diese Konstruktion erfordert, daß das Spiel der beiden Ventile über die Einstellschrauben exakt gleich justiert wird. Wer hier schlampt, verkürzt die Lebensdauer der Nockenwellen.

Suzuki VX 800: Zweizylinder-V-Motor, 61 PS, 238 Kilogramm, 183 km/h

SUZUKI

TL 1000 S

Ein heißes Stück Technik stellte Suzuki da 1996 vor. Die TL 1000 S stellte einen V2-Motor zur Schau, der superkompakt baute und mit elektronischer Benzineinspritzung ausgerüstet war. Ein Rechner bestimmte drehzahl- und lastabhängig die Gemischzusammensetzung aus Drosselklappenstellung, Drehzahl, Kühlmitteltemperatur und den Luftdrücken von Einlaßtrakt und Außenluft. Und der Rotationsdämpfer (Stöße werden hier nicht durch eine Hub-, sondern durch eine Drehbewegung gedämpft) war auch etwas Neues. So weit, so gut.

Doch im Juni 1997 bekamen weltweit 10 000 TL-1000-Besitzer (allein in Deutschland 1500) häßliche Post von Suzuki: »Bis zur Erledigung der Abhilfemaßnahme sollten Sie von weiteren Fahrten absehen und die Anfahrt zu Ihrem Suzuki-Händler nur mit angemessener Geschwindigkeit durchführen.« Rückrufaktion und Auslieferungsstop für Neumaschinen. Das hörte sich nicht gut an. Was war passiert? Die TL 1000 S bockte, und wie. In der Werkstatt wurde kostenlos ein Lenkungsdämpfer montiert. Und funktionierte so gut, daß fortan selbst unter schwierigsten Bedingungen kein Lenkerschlagen mehr auftrat.

Im September 1997 dann wieder Post von Suzuki: weltweite Nachbesserung in Sachen Motor. Zu hoher Benzinverbrauch, Schieberuckeln, Fehlzündungen und Ölverdünnung sollten nach dem Austausch der Black Box der Vergangenheit angehören. Taten sie auch.

Heute dürften wohl alle TL 1000 S von den Rückrufaktionen erwischt worden sein. Und es sind nun auch gute Motorräder: mit einem sehr charakterstarken, wenn auch immer noch etwas durstigem Motor und mit einem stabilen, wenn auch immer noch etwas verbesserungsbedürftigem Fahrwerk. Schade um die interessante Technik, aber der Austausch des Rotationsdämpfers gegen ein gutes, voll einstellbares Federbein mit Ausgleichsbehälter und Umlenkhebel bewirkt ein deutlich verbessertes Fahrverhalten.

Beim Gebrauchtkauf sollte der Interessent darauf achten, daß die Umrüstaktionen am Stück der Begierde nicht vorbei gegangen sind, ob die Wasserpumpe dicht ist und ob die Kupplung einwandfrei funktioniert. Mehr gibt's nicht zu gucken.

Wem die serienmäßigen 98 PS nicht reichen, kann der Suzuki-Werkstatt den Auftrag geben, weitere 27 PS draufzupacken. Die montiert andere Ansaugstutzen, modifiziert den Kabelbaum zum Zündsteuergerät und benötigt für beide Arbeiten knapp zwei Stunden.

Suzuki TL 1000 S

Motor: Wassergekühlter Zweizylinder-Viertakt-V-Motor, 98 PS (72 kW) bei 8500/min, 90 Nm bei 7000/min, Sechsganggetriebe, Kettenantrieb

Fahrwerk: Gitterrohrrahmen aus Leichtmetall, vorn Doppelscheiben-, hinten Scheibenbremse, Reifengröße vorn 120/70 ZR 17, hinten 190/50 ZR 17

Gewicht: 216 kg mit 17 Litern Normal vollgetankt

Sitzhöhe: 840 Millimeter

Höchstgeschwindigkeit: 254 km/h

Beschleunigung 0 – 100 km/h: 3,2 sek

Verbrauch: 7,5 Liter/100 km

Leistungsvarianten: 98, 125 PS

Bauzeit (Neupreise): 1997 (17 800 Mark) bis 2000 (19 400 Mark)

Wichtige Modellpflegemaßnahmen:
1997 Rückrufaktionen zum Einbau eines Lenkungsdämpfers und Tausch des Zündsteuergerätes.

Solche umfangreichen Zerleg-Arbeiten sind nach dem Kauf einer gebrauchten TL 1000 S nur selten nötig

Suzuki TL 1000 S: Zweizylinder-V-Motor, 98 PS, 216 Kilogramm, 254 km/h

SUZUKI

GSX 1100 F

Die dicke Suzuki hatte keinen guten Start. Schon den ersten Vergleichstest in MOTORRAD versemmelte sie nach allen Regeln der Kunst und belegte den undankbaren letzten Platz – der Grund: ausgeprägte Fahrwerksschwächen. Die Modelle des ersten Baujahrs pendelten bei hohen Geschwindigkeiten und neigten dann sogar dazu, sich aufzuschaukeln. Der Motor war also deutlich schneller als das Fahrwerk, und das war 1988 nun wirklich nicht mehr zeitgemäß.

Suzuki reagierte prompt und verschrieb der GSX 1100 F für das Modelljahr 1989 eine geänderte Fahrwerksgeometrie, versteifte den scheinbar zu labilen Rahmen und spendierte dem Federbein zusätzliche Einstellungsmöglichkeiten. Gefahr erkannt, Gefahr gebannt – seitdem läuft die GSX standesgemäß, wie es sich eben für einen Tourensportler gehört, auch bei Vollgas stabil.

Lange halten allerdings weder der Fahrer noch das Motorrad Topspeed-Rasereien aus. Der Fahrer nicht, weil trotz der elektrisch höhenverstellbaren Scheibe nur kleine Piloten in den Genuß der windabweisenden Funktion der Scheibe kommen. Bei normal gewachsenen Fahrern hängen Schultern und Helm auch bei höchster Stellung der Scheibe voll im Wind, außerdem wird in dieser Stellung der Kopf des Beifahrers kräftig gebeutelt. Und das Motorrad nicht, weil die Suzuki bei Dauervollgas einen beachtlichen Durst entwickelt: Spätestens nach 200 Kilometern ist bei einem Maximalverbrauch von über zehn Litern der Tank leer.

Doch ihre wahren Qualitäten spielt die dicke 1100er sowieso auf kurvigen Landstraßen aus, denn sie legt trotz des happigen Gewichts von 275 Kilogramm ein äußerst spielerisches Handling an den Tag. Mit ein Verdienst der kleinen 16-Zoll-Bereifung, und glücklicherweise kennt die GSX die Aufstellneigung beim Hineinbremsen in Kurven nicht, die sonst bei diesen Reifendimensionen üblich ist.

An der Sitzposition des Fahrers wird der Begriff Tourensportler übrigens besonders deutlich: Die Beine sind recht stark angewinkelt, der Oberkörper stelzt dagegen aufrecht – unten Sportler, oben Tourer.

Der Motor gehört zur standfesten Sorte, kein Wunder, stammt er doch, nur leicht modifiziert, aus der ebenfalls zuverlässigen GSX-R 1100. Nur in Einzelfällen gibt es Probleme mit eingelaufenen Schlepphebeln, ein untypisches Klickern aus dem Zylinderkopf sollte den Gebrauchtkäufer hier also mißtrauisch machen. Manchmal wird der Ventildeckel undicht, und fast immer rosten die Krümmer.

Der Motor ist ein echtes Drehmomentwunder – MOTORRAD hatte schon Exemplare mit 105 Nm auf der Prüfstands-Rolle. So ist es kein Wunder, daß, je nach Fahrweise des Vorbesitzers, die Kupplung frühzeitig die Segel (beziehungsweise die Lamellen) streicht. Zur Kontrolle sollte der Probefahrer also einmal auf der Autobahn im fünften Gang aus niedrigen Drehzahlen heraus beherzt Gas geben. Oder vielleicht auch zweimal, denn bei dem heutigen Fahrwerk macht diese Aktion wirklich deutlich mehr Spaß als beim ersten Baujahr.

SUZUKI GSX 1100 F

Motor: Luft-/ölgekühlter Vierzylinder-Viertaktmotor, 100 PS (74 kW) bei 8000/min, 96 Nm bei 6500/min, Fünfganggetriebe, Kettenantrieb

Fahrwerk: Doppelschleifenrahmen aus Stahl, vorn Doppelscheiben-, hinten Scheibenbremse, Reifengröße vorn 120/70 V 16, hinten 150/80 V 16

Gewicht: 275 kg mit 21 Litern Normal vollgetankt

Sitzhöhe: 780 Millimeter

Höchstgeschwindigkeit: 216 km/h

Beschleunigung 0 – 100 km/h: 4,0 sek

Verbrauch: 8,2 Liter/100 km

Leistungsvarianten: 98, 100 PS

Bauzeit (Neupreise): 1988 (14 400 Mark) bis 1996 (16 800 Mark)

Wichtige Modellpflegemaßnahmen: 1989 verstärkter Rahmen mit geänderter Geometrie, Federbein in der Dämpfung verstellbar

Liftboy: Die Scheibe läßt sich per Druckknopf vom Lenker aus elektrisch verstellen

Suzuki GSX 1100 F: Vierzylindermotor, 100 PS, 275 Kilogramm, 216 km/h

SUZUKI

GSX-R 1100

Keine Kompromisse: Die frühe GSX-R ist kein Sporttourer oder Tourensportler, sondern schlicht ein reinrassiges Sportgerät. Es soll zwar auch Leute geben, die mit einer GSX-R 1100 in den Urlaub fahren. In diesem Fall wird sich aber auf dem hinteren Abteil eher eine Gepäckrolle statt eines Beifahrers finden, denn der Soziusplatz ist eine Zumutung. Aber für Urlaubsfahrten wurde die GSX-R ganz sicher nicht konstruiert. Erst die wassergekühlte 1100er von 1993 bot eine bequemere Sitzposition und eine nicht mehr so knochenharte Fahrwerksabstimmung. Aber für Urlaubsfahrten wurde die GSX-R ja auch nicht konstruiert.

Erfreulicherweise zeigt das bärenstarke Triebwerk – offen übrigens zunächst 130, ab 1989 143 PS stark – auch nach hohen Laufleistungen keine gravierenden Schwächen. Zwar steigt der Ölverbrauch hin und wieder mit bis zu zwei Litern auf 1000 Kilometer in schwindelerregende Höhen, doch zeigt sich die Mechanik sehr standfest. Sechsstellige Laufleistungen sind durchaus möglich, vorausgesetzt, der Vorbesitzer gönnte seiner GSX-R eine angemessen lange Warmlaufphase und einen regelmäßigen Ölwechsel. Eher hakt es da im Detail: So erwies sich zum Beispiel die Vier-in-eins-Auspuffanlage des Modells von 1986 bis 1988 als ziemlich rostanfällig. Bei der Vier-in-zwei-Anlage aus Edelstahl ab 1989 trat dieses Problem nicht mehr auf.

Die Bremssättel der Vorderradbremse der ersten Jahre litten manchmal unter einem ungesunden Beharrungsvermögen – sie wollten dann nämlich nach einer Bremsung nicht mehr öffnen. Schuld war eine ungenügende Abdichtung der Bremskolben gegen Feuchtigkeit, im Inneren der Sättel gammelte es, bis die Kolben immer schwergängiger wurden. Solch ein sich anbahnender gefährlicher Schaden läßt sich jedoch leicht feststellen: Einfach das Motorrad schieben, bremsen, und wieder schieben – natürlich muß sich das jetzt genauso leicht wie vor der Bremsung erledigen lassen.

Der Motor der GSX-R 1100 läuft zwar recht weich, denoch können vor allem die Befestigungspunkte der Verkleidung im Lauf der Zeit Vibrationsrisse bekommen. Wegen der hohen Ersatzteilpreise für diese Kunststoffteile lohnen hier mehrere kritische Blicke durchaus.

Die GSX-R 1100 hat im Lauf der Zeit etliche gravierende Änderungen über sich ergehen lassen müssen, da stellt sich die Frage: Welche Variante taugt für wen? Sicher ist, daß sich das Modell mit den großen Rädern, also bis einschließlich 1988, deutlich einfacher fahren ließ, als die Nachfolgemodelle mit den breiteren und kleineren Rädern. Sportlichen Naturen dagegen kommen die breiteren Reifen wieder entgegen, da die schmalen Schlappen beim deftigen Herausbeschleunigen aus der Kurve leicht wegschmieren. Andererseits aber verfettete die GSX-R zunehmend, das Gewicht stieg nämlich von 226 Kilogramm vollgetankt auf stolze 253 Kilogramm – und Gewicht ist ja nun das Letzte, was Sportfahrer brauchen.

SUZUKI GSX-R 100

Motor: Luft-/ölgekühlter Vierzylinder-Viertaktmotor, 100 PS (74 kW) bei 8700/min, 82 Nm bei 8300/min, Fünfganggetriebe, Kettenantrieb

Fahrwerk: Doppelschleifenrahmen aus Leichtmetall, vorn Doppelscheiben-, hinten Scheibenbremse, Reifengröße vorn 110/80 VR 18, hinten 150/70 VR 18

Gewicht: 226 kg mit 19 Litern Normal vollgetankt

Sitzhöhe: 800 Millimeter

Höchstgeschwindigkeit: 228 km/h

Beschleunigung 0 – 100 km/h: 3,3 sek

Verbrauch: 7,8 Liter/100 km

Leistungsvarianten: keine

Bauzeit (Neupreise): 1986 (15 200 Mark) bis 1992 (18 300 Mark)

Wichtige Modellpflegemaßnahmen: 1987 21-Liter-Tank. 1988 160er Hinterradreifen auf breiterer Felge. 1989 (Typ GV 73 C) 1127 cm3, 36er Vergaser, 17-Zoll-Räder, 120er Reifen vorn, Vier-in-zwei-Auspuffanlage. 1990 Upside-down-Gabel, 130er Reifen vorn, 180er Reifen hinten. 1991 Ventilbetätigung über Einzelschlepphebel, 40er Vergaser, 120er Reifen vorn, Doppelscheinwerfer unter gemeinsamem Glas. 1993 GSX-R 1100 W mit Wasserkühlung.

Die angegebenen technischen Daten beziehen sich auf das Modell von 1986 (Typ GU 74 C)

Mit Pausbäckchen: Die GSX-R 1100 verfettete im Lauf der Jahre zunehmend

Suzuki GSX-R 1100 (1986): Vierzylindermotor, 100 PS, 226 Kilogramm, 228 km/h

SUZUKI

GSX-R 1100 W

Stolze 253 Kilogramm wog die letzte luftgekühlte GSX-R 1100 von 1992. Die Motorradfahrer waren gespannt: Was würde Suzuki nachlegen, um den verfetteten Supersportler abzulösen? Die neue Wassergekühlte würde doch sicher mindestens 15 Kilogramm leichter sein?

Von wegen. Die GSX-R 1100 W von 1993 hatte sogar noch einige Pfunde zugelegt und wog jetzt ganze 260 Kilogramm. Zwar war gegenüber der Vorgängerin fast alles neu – der Motor, der versteifte Rahmen, die Verkleidung, Tank und Sitzbank und die Sechskolbenbremsen – aber scheinbar auch alles einen Tick schwerer.

Auch die Motor-Charakteristik hatte sich weiter verändert, denn aus dem ehedem supersportlichen Motorrad war schon fast ein Tourensportler geworden. Natürlich war die Sitzposition immer noch sehr sportlich, mit den hohen Fußrasten und den weit vorn liegenden Lenkerstummeln, doch der Motor entwickelt tourenmäßig satten Durchzug aus niedrigen Drehzahlen. Allerdings verärgert er in der deutschen gedrosselten Version hin und wieder mit einer schlechten Gasannahme beim Übergang vom Schiebebetrieb in den Lastzustand. Besser, im wahrsten Sinne des Wortes, läuft hier der entdrosselte Motor – 151 PS mit einer spitzen Leistungscharakteristik und 260 km/h Höchstgeschwindigkeit sind dann die beeindruckenden Eckdaten.

1995 endlich wurde die GSX-R 1100 etwas leichter. Jetzt wog sie nur noch 251 Kilogramm – für ein Sportmotorrad natürlich immer noch zu viel. Seit der 1995er GSX-R entspricht jetzt nicht nur die Motor-Charakteristik, sondern auch die Fahrwerksabstimmung der eines Tourensportlers, denn die neue ist ausgesprochen komfortabel.

Selbstschrauber sollten wissen, daß das Einstellen des Ventilspiels im Gegensatz zum letzten Jahrgang der luftgekühlten GSX-R 1100 (mit Schlepphebeln) bei der wassergekühlten deutlich aufwendiger geworden ist (Tassenstößel mit untenliegenden Shims, die Nockenwellen müssen also raus).

Der Motor ist sehr zuverlässig, mit typischen Macken möchte er nicht dienen. Allerdings sollte der Gebrauchtkäufer ein waches Auge auf verdächtige Sturzspuren an den Lenkerenden, am Auspufftopf und an der Verkleidung werfen, da sich der Leichtmetall-Rahmen nur in begrenztem Maß nachrichten läßt und andererseits ein Ersatz durch ein Neuteil mordsmäßig teuer kommt.

Noch einmal zurück zum Charakter: Wer sich eine GSX-R 1100 der wassergekühlten Generation zulegen möchte, muß wissen, worauf er sich einläßt. Um wirklich sportlich zu fahren, gibt es heutzutage deutlich leichtere und wendigere Motorräder mit 600 oder 750 cm^3. Und um zu verreisen, gibt es natürlich auch deutlich besser geeignete Motorräder. Bleibt also eigentlich nur noch der »Leistungsgedanke«, denn kein Tourer oder Mittelklasse-Sportler kann mit 151 offenen PS dienen.

SUZUKI GSX-R 1100 W

Motor: Wassergekühlter Vierzylinder-Viertaktmotor, 98 PS (72 kW) bei 9500/min, 88 Nm bei 4800/min, Fünfganggetriebe, Kettenantrieb

Fahrwerk: Doppelschleifenrahmen aus Leichtmetall, vorn Doppelscheiben-, hinten Scheibenbremse, Reifengröße vorn 120/70 ZR 17, hinten 180/55 ZR 17

Gewicht: 260 kg mit 21 Litern Super bleifrei vollgetankt

Sitzhöhe: 800 Millimeter

Höchstgeschwindigkeit: 217 km/h

Beschleunigung 0 – 100 km/h: 4,0 sek

Verbrauch: 7,3 Liter/100 km

Leistungsvarianten: keine

Bauzeit (Neupreise): 1993 (19 000 Mark) bis 1997 (20 200 Mark)

Wichtige Modellpflegemaßnahmen: 1995 stärkere Gabel (Gleitrohrdurchmesser jetzt 43 statt 41 Millimeter), verstärkte Schwinge, verringertes Gewicht (251 Kilogramm).

Die angegebenen technischen Daten beziehen sich auf das Modell von 1993 bis 1994 (Typ GU 75 C)

**Der ist schuld für das »W«
in der Typbezeichnung: Wasserkühler**

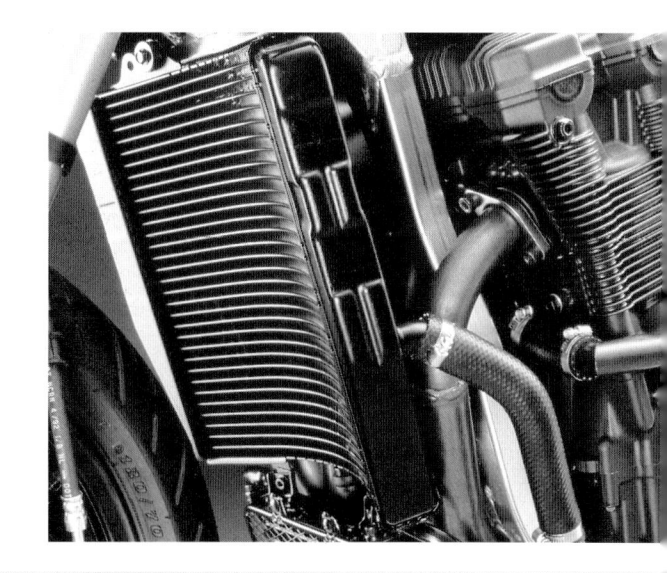

**Suzuki GSX-R 1100 W (1993):
Vierzylindermotor, 98 PS, 260 Kilogramm,
217 km/h**

SUZUKI

GSF 1200 Bandit

Der Motor des dicken Banditen ist ein echter Hammer, da sind sich alle, die je eine GSF 1200 fahren durften, einig. Die Wuchtbrumme hat zwischen 2000 und 8000/min Leistung satt, was in der Praxis bedeutet, daß mit der Schaltarbeit ab 50 km/h Feierabend ist. Und wieso kommt dieser 98-PS-Motor allen Testfahrern so ungeheuer kräftig vor? Weil er eben ungeheuer kräftig ist, denn die meisten Testmaschinen wurden bisher mit rund 108 PS gemessen. Klar, zehn PS Mehrleistung merkt man schon deutlich. Und spätestens seit dem großen Auspuff-Vergleichstest in MOTORRAD (Ausgabe 22/1998) weiß ganz Deutschland, daß der schlichte Tausch des originalen Schalldämpfers gegen ein Zubehörteil, das dazu noch leichter und preisgünstiger ist, noch einmal bis zu 14 PS mehr freisetzen kann. Nicht verwunderlich also, daß in Deutschland nicht mehr allzuviele 1200er mit dem originalen Topf unterwegs sind.

Die GSF 1200 Bandit wurde, zeitgleich mit der halbverkleideten und 700 Mark teureren GSF 1200 S, 1996 für einen echten Kampfpreis auf dem deutschen Markt eingeführt. Dennoch gibt es keine Klagen über eine schlechte Verarbeitung. Auch motortypische Schwächen sind bisher nicht bekannt geworden. Doch Achtung: Anfangs machten einige Exemplare durch Undichtigkeiten im Bereich der Zylinderkopf-Dichtung auf sich aufmerksam. Was anfangs noch recht harmlos nach einer durchgebrannter Dichtung aussah, entpuppte sich nach der Demontage in einigen Fällen als ein verzogener Zylinderkopf. Eine teure Reparatur, wenn die Garantiezeit abgelaufen ist. Daher kann auch heute ein prüfender Blick zwischen die Kühlrippen nichts schaden.

Die üppigen Dimensionen der 1200er ermöglichen auch längeren Zeitgenossen eine entspannte Sitzposition. Allerdings bietet die Halbschale der GSF 1200 S dann aber auch keinen besonderen Windschutz – den genießen nur kürzer gewachsene Menschen. Doch egal, ob lang oder kurz, beide Fahrerstatuen können sich am vergleichsweise geringen Lebendgewicht der dicken Bandit und der daraus resultierenden Handlichkeit erfreuen – 238 Kilogramm sind für eine 1200er wirklich nicht viel.

SUZUKI GSF 1200 Bandit

Motor: Luft-/ölgekühlter Vierzylinder-Viertaktmotor, 98 PS (72 kW) bei 8500/min, 91 Nm bei 4500/min, Fünfganggetriebe, Kettenantrieb

Fahrwerk: Doppelschleifenrahmen aus Stahl, vorn Doppelscheiben-, hinten Scheibenbremse, Reifengröße vorn 120/70 ZR 17, hinten 180/55 ZR 17

Gewicht: 238 kg mit 19 Litern Normal vollgetankt

Sitzhöhe: 820 Millimeter

Höchstgeschwindigkeit: 205 km/h

Beschleunigung 0 – 100 km/h: 3,4 sek

Verbrauch: 6,3 Liter/100 km

Leistungsvarianten: keine

Bauzeit (Neupreise): 1996 (14 479 Mark) bis heute (2001 16 000 Mark)

Wichtige Modellpflegemaßnahmen: 1997 Einführung der GSF 1200 SX (seit 1998 SA genannt) mit ABS. Anfangs gegen 2400 Mark, seit 1998 1500 Mark Aufpreis. 2001 neuer Rahmen, größerer Ölkühler.

Volles Rohr: Der Austausch des Originaltopfes kann locker zehn PS Mehrleistung bringen

Suzuki GSF 1200 Bandit: Vierzylindermotor, 98 PS, 236 Kilogramm, 205 km/h

SUZUKI

GSX 1300 R Hayabusa

Spitze Nase, tief geduckt. Kriegsbemalung. 175 PS, 190er-Schlappen hinten. Spitze rund 300 km/h. Angst!

Hört sich prima an, oder? Stimmt sogar alles, bis auf die Angst. Natürlich ist es ein etwas merkwürdiges (und sehr seltenes) Gefühl, mit 298 km/h über die Autobahn zu kacheln. Aber das Fahrverhalten der Hayabusa vermittelt ein absolutes Gefühl der Sicherheit. Der Motor ist – wen wundert's – ein Musterstück der Durchzugskraft. Das Fahrwerk – und das ist schon eher erstaunlich – liegt selbst bei Vollgas völlig stabil. Und die Sitzposition passt kurzen und langen Menschen.

Den Spritverbrauch hat der Fahrer im wahrsten Sinne des Wortes in der Hand. In der rechten nämlich – zwischen fünf Litern bei Bummelfahrt bis zu rund zwölf Litern bei trautem Vollgas zu zweit liegt mit der GSX 1300 R alles drin. Der Reifenverbrauch hingegen läßt sich weniger dosieren: Der serienmäßige Bridgestone BT 56 ist, nahezu unabhängig von der Fahrweise, meist nach rund 4000 Kilometern hinüber – die weiche Mischung macht's. Übrigens schlägt sich ein abgefahrener Reifen auch deutlich in der Fahrstabilität nieder: Fängt die Hayabusa bei hohen Geschwindigkeiten an zu pendeln, wirkt ein Reifenwechsel in den allermeisten Fällen Wunder.

So einen Power-Motor kann man nicht immer fordern, und das wirkt sich positiv auf seine Lebenserwartung aus, wie ein 50 000-Kilometer-Langstreckentest von MOTORRAD zeigte. Die wesentlichen Teile wie Kolben, Zylinder und Kurbeltrieb lassen sich von einer 50 000-Kilometer-Spritztour jedenfalls nicht im geringsten beeindrucken.

Der Teufel liegt bei der 1300er mehr im Detail. So sabotierten 1999 in etlichen Hayabusa verstopfte Benzinfilter in den Spritpumpen den ordnungsgemäßen Fahrbetrieb – was im Rahmen der Inspektion wieder ausgebügelt wurde. Im gleichen Jahr machte ein unscheinbares Federchen von sich reden, das des Steuerkettenspanners. Mit gebrochener Feder kann dieser nämlich nicht mehr spannen, die Steuerkette springt über, und die Kolben verbiegen die Ventile. Dieser hässliche und außerhalb der Garantiezeit auch sehr teure Schaden kam bei der Dauertest-Hayabusa gleich zweimal vor, obwohl es zwischendurch sogar eine Rückrufaktion gab. Die betraf übrigens alle Fahrgestell-Nummern bis JS1A111200103971, bei höheren Nummern ist bereits der modifizierte Spanner eingebaut.

Auch die rupfende Kupplung ist ein Dauerthema. Suzuki empfiehlt, in diesem Fall die härteren Kupplungsfedern (Ersatzteil-Nummer 21413-24F10) einzubauen, die auch in den 2000er Modellen verbaut sind.

Suzuki GSX 1300 R Hayabusa

Motor: Wassergekühlter Vierzylinder-Viertaktmotor, 175 PS (129 kW) bei 9800/min, 138 Nm bei 7000/min, Sechsganggetriebe, Kettenantrieb

Fahrwerk: Brückenrahmen aus Leichtmetall, vorn Doppelscheiben-, hinten Scheibenbremse, Reifengröße vorn 120/70 ZR 17, hinten 190/50 ZR 17

Gewicht: 251 kg mit 22 Litern Normal vollgetankt

Sitzhöhe: 805 Millimeter

Höchstgeschwindigkeit: 298 km/h

Beschleunigung 0 – 100 km/h: 2,6 sek

Verbrauch: 8,4 Liter/100 km

Leistungsvarianten: keine

Bauzeit (Neupreise): 1999 (21 700 Mark) bis heute (2001 24 600 Mark)

Wichtige Modellpflegemaßnahmen: 1999 im Rahmen der Inspektion Filter in der Benzinpumpe getauscht. Ende 1999 Rückrufaktion: Tausch des Steuerkettenspanners. 2000 Einbau härterer Kupplungsfedern.

**Jagdfalke oder Frettchengesicht?
Die Frontansicht der Hayabusa ist jedenfalls
gewöhnungsbedürftig**

**Suzuki GSX 1300 R Hayabusa:
Vierzylindermotor, 175 PS, 251 Kilogramm,
298 km/h**

SUZUKI

VS 1400 Intruder

Chopperfahrer, so lautet das gängige Vorurteil, sind gemütliche Menschen. Sie wollen entspannt bei niedriger Drehzahl durch die Landschaft bollern, ohne sich dabei groß auf das Motorrad konzentrieren zu müssen.

Die VS 1400 macht es in dieser Hinsicht ihrem Fahrer nicht ganz leicht, denn sie bedarf einiger Eingewöhnung: Der Motor entwickelt beim Beschleunigen aus niedrigen Drehzahlen zwar kräftig Dampf, ruckelt aber dabei und gibt häßlich klappernde Geräusche von sich. Da die Gangstufen des dritten, vierten und fünften Gangs eng beieinander liegen und die Ausstatter der VS großmütig auf einen Drehzahlmesser verzichteten, weiß der Fahrer eigentlich nie so genau, in welchem Gang er sich gerade befindet. Die flach stehende Gabel sorgt dafür, daß das Vorderrad von allein in jede Kurve fällt, die Fußrasten setzen schon bei gemäßigter Schräglage hart auf und der zu stark gekröpfte und zu nah am Fahrer stehende Lenker macht die VS auch nicht leichter zu handhaben. Und schließlich dürften nur hartgesottene Fahrer bei der harten Federung und Sitzbank die Worte »Entspannung« oder »Komfort« über die Lippen bringen.

Dafür entschädigt die große Intruder immerhin mit der Tatsache, daß sich der Motor als sehr solide erwiesen hat. Mittlerweile fahren etliche 1400er herum, die bereits die magische 100 000-Kilometer-Grenze überschritten haben.

Bei dem obligatorischen Rundumgang um das Objekt der Begierde sollte verstärkt auf den Zustand der Chromteile (Auspuff und Felgen) geachtet werden, da hier besonders die ersten Modelljahre unter Verarbeitungsschwächen litten.

Zur Probefahrt: Der Klang einer VS 1400 ist zwar kernig tief, wird häufig aber beim Gaswegnehmen durch heftiges Auspuffknallen verunziert. Einige Suzuki-Werkstätten bezeichnen diesen Effekt zwar angeblich als normal, doch hiermit sollte man sich nicht abspeisen lassen – die Ursache sind in den allermeisten Fällen einfach nur schlecht synchronisierte Vergaser.

Wer Glück hat, erwischt eine VS 1400 mit Flachlenker, wie sie noch in den ersten beiden Jahren alternativ angeboten wurde, denn mit diesem flachen Teil fährt sich die VS deutlich handlicher. Zwar läßt sich auch heute noch der hohe »Buckhorn«-Lenker gegen den Flachmann austauschen – sogar ohne Eintragung –, doch ist der Preis ein echter Wermutstropfen. Da nämlich gleichzeitig die beiden Hydraulikbehälter für Bremse und Kupplung und die Lenkerbefestigungen getauscht werden müssen, kommen so schnell viel zu viele Euro zusammen.

Ein etwas preisgünstigerer Umbau ist da die Montage einer vorverlegten Fußrasten-Anlage, die nicht nur eine noch choppermäßigere Sitzposition ermöglicht, sondern auch die Schräglagenfreiheit deutlich erhöht – bewährt hat sich in punkto Paßgenauigkeit und Sitzposition die Anlage von Seeger.

SUZUKI VS 1400 Intruder

Motor: Luft-/ölgekühlter Zweizylinder-Viertakt-V-Motor, 67 PS (49 kW) bei 5000/min, 108 Nm bei 3400/min, Vierganggetriebe, Kardanantrieb

Fahrwerk: Doppelschleifenrahmen aus Stahl, vorn und hinten Scheibenbremse, Reifengröße vorn 110/90 H 19, hinten 170/80 H 15

Gewicht: 260 kg mit 13 Litern Normal vollgetankt

Sitzhöhe: 725 Millimeter

Höchstgeschwindigkeit: 167 km/h

Beschleunigung 0 – 100 km/h: 5,2 sek

Verbrauch: 5,8 Liter/100 km

Leistungsvarianten: keine

Bauzeit (Neupreise): 1987 (13 600 Mark) bis heute (2001 19 400 Mark)

Wichtige Modellpflegemaßnahmen: 1991 Fünfganggetriebe, 64 PS bei 4600/min, 1996 61 PS bei 5000/min

Wenn's beim Gaswegnehmen aus dem Auspuff knallt, sind meist die Vergaser nicht richtig synchronisiert

VS 1400 Intruder: Zweizylinder-V-Motor, 67 PS, 260 Kilogramm, 167 km/h

TRIUMPH

Speed Triple

Nein, ein Reißer war sie nicht, die Speed Triple, als sie Ende 1993 vorgestellt wurde. Alles ganz nett und edel zwar, aber daß das Daytona-Fahrwerk mit wesentlichen Teilen der Trident 900 ausgestattet war, riß keinen wirklich vom Hocker. So schleppte sich der Verkauf der Speed Triple bis 1996 mehr oder weniger dahin.

Dann der Bruch: Triumph stellte 1997 das neue Modell vor – mit Motor mit Einspritzung und vor allem mit zwei bösen, frei stehenden Doppelscheinwerfern. Das machte an, der Verkauf brummte.

1999 der zweite Streich: Die Speed Triple erhielt den Motor der Daytona mit 955 Kubikzentimetern, allerdings nicht mit 125, sondern mit 107 auf Durchzug getrimmten PS. Jetzt ging es richtig voran: sowohl mit dem Motorrad als auch mit dem Verkauf.

Wer von dem ausgefallenen Design angefressen ist, wird es genauso von der Leistungscharakteristik und den Fahreigenschaften dieser Mischung aus Streetfighter und Tourer sein. Der Motor geht wirklich wie die Hölle, das Fahrwerk ist stabil und die Bremsen sind erste Sahne. Der Dreizylinder hat Charakter. Und von dem merkt der Fahrer auch nach der Fahrt noch etwas, denn die feinen Vibrationen summen noch lange in den Fingern nach.

Bei der Besichtigung einer Gebrauchten gibt's nicht viel zu beachten. Anfangs gab's Probleme mit den im Tank zur Kraftstoffpumpe verlegten Schläuchen. Die Schellen lösten sich manchmal, und die Fuhre starb ab. Läuft die Speed Triple, kann dieser Defekt ausgeschlossen werden.

Bis Fahrgestell-Nummer 056407 waren von den beiden Anschlüssen für die Entlüftung auf der linken Tankunterseite nur einer belegt. Der andere Anschluß wurde mit einem Blindstopfen verschlossen, der sich manchmal unbemerkt verabschiedete. Sprit lief aus, siffte über den Rahmen und bewirkte dort ein völlig neues Oberflächenfinish. Seit besagter Fahrgestell-Nummer stecken zwei Schläuche am Tank.

Spinnen die Instrumente (besonders die Temperaturanzeige) oder hat der Motor Aussetzer im Leerlauf, ist wahrscheinlich etwas mit dem zentralen Massepunkt nicht in Ordnung. Dieser sitzt unter dem Fahrersitz vor dem Zündsteuergerät – bei den Fahrgestell-Nummern 060540 bis 72706 wurden wegen Problemen die weißen Blinddeckel gegen blaue getauscht.

Die Motorentlüftung erfolgt über eine Ölzentrifuge am linken Kurbelwellenstumpf, genauer, im linken Gehäusedeckel. Hier sitzt eine Teflon-Dichtung, die manchmal den Geist aufgibt. In diesem Fall gelangt Öl in das Luftfiltergehäuse und verstopft im Extremfall den Luftfilter. Zur Kontrolle kann man den Gummistopfen unten am Luftfiltergehäuse entfernen, es darf dann nicht besonders viel Öl austreten.

Triumph Speed Triple

Motor: Wassergekühlter Dreizylinder-Viertaktmotor, 107 PS (79 kW) bei 9100/min, 97 Nm bei 5800/min, Sechsganggetriebe, Kettenantrieb

Fahrwerk: Brückenrahmen aus Leichtmetall, vorn Doppelscheiben-, hinten Scheibenbremse, Reifengröße vorn 120/70 ZR 17, hinten 190/50 ZR 17

Gewicht: 220 kg mit 18 Litern Normal vollgetankt

Sitzhöhe: 810 Millimeter

Höchstgeschwindigkeit: 228 km/h

Beschleunigung 0-100 km/h: 3,1 sek

Verbrauch: 6,7 Liter/100 km

Leistungsvarianten: 98 PS

Bauzeit (Neupreise): 1994 (19 000 Mark) bis heute (2001: 20 460 Mark)

Wichtige Modellpflegemaßnahmen: 1997 Einführung Speed Triple T 509 (Typ T 509, vorher Typ T 300 B) mit Einspritzung und drastisch geändertem Design. 1999 Hubraumerhöhung auf 955 cm³. 2000 geänderte Endschalldämpfer.

Die angegebenen technischen Daten beziehen sich auf das Modell seit 1999

**Erstaunlich: Diese winzige Instrumenten-
verkleidung bewirkt tatsächlich so etwas
ähnliches wie Windschutz**

**Triumph Speed Triple: Dreizylindermotor,
107 PS, 220 Kilogramm, 228 km/h**

YAMAHA

RD 350 LC

Zweitaktfahrer haben es nicht leicht. Überall wird ihr Gefährt mit Vorurteilen konfrontiert: es stinke, es saufe, es knattere. Fahrer einer RD 350 LC werden es da schwer haben zu kontern, denn – die Vorurteile stimmen hier in der Tat. Besonders nach dem Kaltstart zieht die RD eine aufdringlich riechende blaue Fahne hinter sich her, Spitzenverbräuche von elf Litern sind leicht möglich und ein unaufdringliches Geräusch hat der leistungsstarke Zweitakter auch nicht gerade. Womit wir auch schon beim Thema wären, bei der Leistung nämlich. Zweitakt-Motoren sind konstruktionsbedingt leichter als Viertakter, dazu lassen sich aus kleinen Hubräumen gewaltige Leistungen kitzeln, im Fall der RD 350 LC waren es in der stärksten Version 63 PS. Damit wäre der Einsatzbereich dieser Yamaha auch schon klar abgesteckt: ein Fall für Heizer.

Die erste RD 350 LC (Typ 4L0, 49 PS) war noch ein ganz »normaler« Zweitakter, von der damals modernen Wasserkühlung einmal abgesehen. Technisch aufwendig wurde es erst ab 1983, als Yamaha die RD 350 LC mit YPVS (Yamaha Power Valve System) einführte. Per elektrischem Stellmotor veränderte eine Walze den Querschnitt der Auslaßkanäle, um besseren Durchzug aus niedrigen Drehzahlen und eine höhere Spitzenleistung zu erzielen. Besserer Durchzug? Vielleicht ein bißchen, aber nach wie vor tat sich unter 6000/min kaum etwas. Darüber aber setzte schlagartig dieser Kick ein, den Zweitaktfans so lieben – die Spitzenleistung betrug jetzt 59 PS.

1986 war noch einmal Modellpflege angesagt, die vollverkleidete RD 350 F erschien auf der Bildfläche. Der Kunde konnte zwischen 27 oder 50 PS wählen, eine nachträgliche Entdrosselung durch das Entfernen der Einsätze in den Krümmern brachte stramme 63 PS. Parallel wurde eine Version ohne Verkleidung angeboten, hin und wieder taucht sie heute in Kleinanzeigen als RD 350 N auf.

Was gibt's bei der Besichtigung zu beachten? Natürlich kann es passieren, daß die Kolben schon nach 25 000 Kilometern verschlissen sind und das nächste der insgesamt drei Übermaße eingebaut werden muß. Muß aber durchaus nicht, denn es sind auch RD 350 bekannt, deren erste Kolben deutlich über 60 000 Kilometer hielten.

Meist sind es bei diesem Motorrad die bei Zweitakter so gefürchteten Kolbenfresser, die dem Vortrieb ein Ende setzen. Schuld sind häufig die kleinen Stifte, die das Verdrehen der Kolbenringe verhindern sollen, sich aber ungefragt verdünnisieren. Folge: Der betreffende Kolbenring verdreht sich eben doch, entspannt sich in einen der Zylinderkanäle und wird durch die Bewegung des Kolbens abgebrochen – erst dann gibt's den Fresser, Kolben und meist auch der Zylinder sind hinüber. Der Haken an der Sache: Man kann diesen sich ankündigen Schaden von außen nicht diagnostizieren. Einige Fachleute empfehlen daher, die Kolben vorbeugend zirka alle 30 000 Kilometer zu wechseln.

Sehr oft wird das YPVS durch die unheilvolle Kombination Einbauspiel und Vibrationen undicht. Deutlich daran zu erkennen, daß es zwischen den beiden Zylindern ölt. Dieser Schaden sollte schnellstmöglich behoben werden, da sonst erst das Mitnehmergummi zwischen den beiden Walzen (jeder Zylinder hat seine eigene) über den Jordan geht und später auch noch die Walzen selbst. Bei Emil Schwarz gibt's einen Um-

---

YAMAHA RD 350 LC

Motor: Wassergekühlter Zweizylinder-Zweitaktmotor, 58 PS (43 kW) bei 9200/min, 44 Nm bei 9000/min, Sechsganggetriebe, Kettenantrieb

Fahrwerk: Doppelschleifenrahmen aus Stahl, vorn Doppelscheiben-, hinten Scheibenbremse, Reifengröße vorn 90/90 H 18, hinten 110/80 H 18

Gewicht: 170 kg mit 20 Litern Super bleifrei vollgetankt

Sitzhöhe: 800 Millimeter

Höchstgeschwindigkeit: 189 km/h

Beschleunigung 0 – 100 km/h: 4,9 sek

Verbrauch: 9,1 Liter/100 km

Leistungsvarianten: 27, 49, 50, 58, 63 PS

Bauzeit (Neupreise): 1980 (5000 Mark) bis 1989 (7200, RD 350 F 8500 Mark)

Wichtige Modellpflegemaßnahmen: 1982 Hinterradschwinge in Nadellagern. 1983 (Typ 31K) mit stehendem statt wie beim Vorgänger (Typ 4L0) liegendem Zentralfederbein, Power Valve, Lenkerverkleidung, Motorspoiler. 1984 neue Kastenschwinge. 1985 wahlweise verkleidet (RD 350 F) oder unverkleidet (RD 350 N) und mit 27 (Typ 1WX) oder 50 PS (Typ 1WW) lieferbar.

Die angegebenen technischen Daten beziehen sich auf das Modell von 1983 bis 1985 (Typ 31K)

baukit, mit dem die Walzen auf Dauer dichthalten.

Ein sanfter Handkantenschlag gegen die Auspufftöpfe bringt Klarheit, ob sich die Schalldämpfer-Einsätze losgerappelt haben und ein Fahrversuch schließlich, wie es um den Zustand der Kupplungsbeläge bestellt ist. Mehr gibt's nicht zu beachten, die RD 350 LC ist für einen Zweitakter, von den erwähnten Mängeln abgesehen, erstaunlich standfest.

Insgesamt konnte Yamaha in Deutschland bis zum endgültigen Produktionsende 1989 von der RD 350 LC über 22 000 Stück absetzen. Heute sind davon noch rund 6500 Stück übrig geblieben, die Hälfte macht die Variante mit YPVS aus. 6500 Motorradfahrer, denen Vorurteile egal sind? Vielleicht auch. Vor allem aber sind es 6500 Motorradfahrer, die jeden Tag am eigenen Leib erfahren, daß so ein leichter Brenner eine ganz eigene Faszination besitzt.

Naked Zweitakt: Seit 1985 gab es die RD 350 auch unverkleidet

Yamaha RD 350 LC (1983:): Zweizylinder-Zweitaktmotor, 58 PS, 170 Kilogramm, 189 km/h

YAMAHA

XT 350

Haben Sie schon einmal über die Anschaffung einer kleinen Enduro, zum Beispiel einer Yamaha XT 350, nachgedacht? Nein? Lachen Sie nicht gleich – es gibt wirklich einige nicht zu unterschätzende Vorteile. Die Kosten: Maximal gab es die XT 350 mit 31 PS, gängig sind aber die 27-PS-Variante und die 17-PS-Ausführung, die seit 1991 ausschließlich angeboten wurde. Versicherungskosten also vernachlässigbar und bei einem Spritverbrauch von unter fünf Litern auch die Unterhaltskosten. Der Einsatzzweck: Als preiswertes Ganzjahresfahrzeug für alle Wetter oder aber auch – Sie sollen doch nicht lachen – zum Üben solch wichtiger Dinge wie zum Beispiel Wheelies. Natürlich, und das ist die Hauptsache, kann man damit auch ganz normal Motorrad fahren.

Was man dagegen mit einer XT 350 im Serientrimm nicht kann, ist crossen. Das kann ihre direkte Konkurrentin, die Suzuki DR 350, wesentlich besser. Aber mit einer entsprechenden Nachrüstung, nämlich Austausch der serienmäßig viel zu weichen Federelemente, gegen härtere, zum Beispiel von White Power, lassen sich auch mit der XT große Sprünge machen.

Ebenfalls Nachrüstung ist angesagt, wenn eine XT 350 der Modelljahre 1991 aufwärts von 17 auf 27 PS umgerüstet werden soll. Dann ist nämlich eine Modifikation des Vergasers und der Austausch des Kettenrads erforderlich – wodurch leider der sechste Gang zum Overdrive verkümmert. Wer also eine vernünftige 27-PS-Variante sucht, sollte sich lieber gleich bei den älteren Baujahren von 1985 bis 1990 umschauen. Höhere Kilometerleistungen müssen hier kein Hindernis sein, denn der Motor einer XT 350 macht 50 000 Kilometer immer und 100 000 Kilometer manchmal mit – ungeöffnet, versteht sich.

Solch hohe Laufleistungen setzen ein Minimum an Pflegeaufwand voraus, und da macht es die XT ihrem Besitzer nicht immer leicht. Da zum Beispiel die Differenz zwischen Maximum und Minimum im Ölschauglas gerade mal 0,3 Litern entspricht, ist häufige Ölstandskontrolle sehr empfehlenswert. Die meisten Enduros haben keinen Hauptständer, die XT 350 auch nicht, also kann man die staunenden Zuschauer schon einmal mit einem gehockten Balanceakt beeindrucken. Daß in dieser Position dann aber auch noch mit einer Hand der Fußbremshebel hinuntergedrückt werden muß, um freie Sicht auf das Ölschauglas zu erhalten, grenzt an eine Zumutung.

Bei der Besichtigung einer Gebrauchten gibt es, quasi als Ausgleich für die umständliche Ölkontrolle, nicht viel zu beachten. Bei starkem Leistungsschwund hat mit hoher Wahrscheinlichkeit die Gummimembran des (rechten) Vergasers einen Riß. Im weniger schlimmen Fall ist durch einige Ausritte in staubiges Gelände nur der Luftfilter verstopft. Und natürlich sollte man, wie bei fast jeder Enduro, den Auspuff auf Rost und die komplette Maschine auf Sturzspuren untersuchen. Na, wäre also die Anschaffung einer solch kleinen Enduro nicht doch eine Überlegung wert?

YAMAHA XT 350

Motor: Luftgekühlter Einzylinder-Viertaktmotor, 27 PS (20 kW) bei 8000/min, 28 Nm bei 6500/min, Fünfganggetriebe, Kettenantrieb

Fahrwerk: Einschleifenrahmen aus Stahl, vorn Scheiben-, hinten Trommelbremse, Reifengröße vorn 3.00-21, hinten 110/80-18

Gewicht: 137 kg mit 12 Litern Normal vollgetankt

Sitzhöhe: 855 Millimeter

Höchstgeschwindigkeit: 133 km/h

Beschleunigung 0 – 100 km/h: 9,1 sek

Verbrauch: 4,5 Liter/100 km

Leistungsvarianten: 17, 27, 31 PS

Bauzeit (Neupreise): 1985 (5870 Mark) bis 1995 (7570 Mark)

Wichtige Modellpflegemaßnahmen: keine

Was blüht denn da? Die Aluminiumteile der kleinen XT reagieren auf Nässe und Salz mimosenhaft

Yamaha XT 350: Einzylindermotor, 27 PS, 137 Kilogramm, 133 km/h

YAMAHA

XS 400 (ohc)

Damals war's eine kleine Sensation: Die XS 400 war das erste Motorrad mit Blinkerrückstellung mittels eines Druckknopfs. Heute regt das eigentlich niemanden mehr auf, schließlich haben mittlerweile nahezu alle Hersteller diese Idee abgekupfert. Auch die XS 400 selbst (ohc steht übrigens für overhead camshaft, was obenliegende Nockenwelle heißt) regte und regt keinen auf, denn sie hatte sich von von Anfang an als Gebrauchsfahrzeug etabliert – ein typisches Motorrad also für Fahrschulen, Schüler und Studenten.

An der XS 400 wird deutlich, wie stark der Motoren- und Motorradbau in den letzten Jahren fortgeschritten ist, denn die XS ist zwar recht zuverlässig, verlangt aber doch vom Besitzer einige regelmäßige Zuwendung. Am häufigsten ist die vorsintflutliche Kontaktzündung dran, die spätestens alle 2000 Kilometer nach Einstellung verlangt. Dauerhafte Abhilfe schafft hier nur der Einbau einer elektronischen Zündung, zum Beispiel von Piranha.

Nach fünf- bis zehntausend Kilometern sind die Kunststoffbuchsen in der Schwinge und die Kugellager im Lenkkopf reif für den Austausch, hoffentlich hat der Vorbesitzer wenigstens gleich zu Bronzebuchsen und Kegelrollenlagern gegriffen.

Nach 15 000 Kilometern haben dann die serienmäßigen Stoßdämpfer aufgegeben, nahezu jede XS 400 fährt daher heutzutage mit Koni-Stoßdämpfern durch die Gegend.

Nach 30 000 bis 40 000 Kilometern werden meist die ersten Reparaturen am Motor fällig, da bis dahin der Ölverbrauch oftmals schon hohe Werte angenommen hat. Wenn der Motor beim Beschleunigen blaue Wölkchen aus der – meist auch nicht mehr originalen, weil schon längst durchgerosteten – Auspuffanlage von sich gibt, sind nur die Kolbenringe verschlissen. Klappert's dabei auch noch kräftig, braucht man mit ziemlicher Sicherheit Übermaßkolben – dann müssen auch noch die Zylinder aufgebohrt werden. Zieht das Motorrad dagegen beim Gaswegnehmen blaue Fahnen hinter sich her, sind die Ventilschaftdichtungen verschlissen.

Ärgerliche Kleinigkeiten am Rande, ganz unabhängig vom Kilometerstand: Der Sicherungskasten ist marode und sorgt bisweilen für »unerklärliche« Elektro-Fipse, der Hauptständer bricht und der E-Starter macht ziemlich oft Probleme.

Das Angebot an gebrauchten XS 400 ist sehr groß und das Preisniveau sehr gering. Im Zweifelsfall sollte man vorsichtshalber zu einem etwas teureren, dafür aber auch gepflegteren Exemplar greifen, denn billig ist nicht immer günstig. Auf jeden Fall aber sollte die XS 400 nicht vor 1979 gebaut worden sein, denn das 1978er Modell litt zusätzlich noch unter argen Fahrwerksschwächen. Und die Leistungsversion solte schon die gewünschte sein, denn die Drosselung beziehungsweise die Entdrosselung kommt ziemlich teuer, da Nockenwelle und Ansaugstutzen gewechselt werden müssen. Einschließlich Arbeitslohn kann die Änderung der Leistung durchaus den Zeitwert so mancher Maschine übersteigen.

YAMAHA XS 400 (ohc)

Motor: Luftgekühlter Zweizylinder-Viertaktmotor, 27 PS (20 kW) bei 7000/min, 28 Nm bei 5000/min, Sechsganggetriebe, Kettenantrieb
Fahrwerk: Doppelschleifenrahmen aus Stahl, vorn Scheiben-, hinten Trommelbremse, Reifengröße vorn 3.00 S 18, hinten 3.75 S 18
Gewicht: 182 kg mit 17 Litern Normal vollgetankt
Sitzhöhe: 780 Millimeter
Höchstgeschwindigkeit: 132 km/h
Beschleunigung 0 – 100 km/h: 10,3 sek
Verbrauch: 5,2 Liter/100 km
Leistungsvarianten: 27, 38 PS
Bauzeit (Neupreise): 1978 (4 400 Mark) bis 1982 (4 900 Mark)
Wichtige Modellpflegemaßnahmen: 1979 geänderte Fahrwerks-Geometrie, größerer Tank (vorher elf Liter), Sitzhöhe um 35 Millimeter verringert, hinten jetzt Trommel- statt Scheibenbremse. Von 1980 bis 1983 wird der Softchopper XS 400 US Custom angeboten. 1982 Ablösung durch die neue XS 400 (dohc).

Die angegebenen technischen Daten beziehen sich auf das Modell ab 1979, Typ 2A2

Ganz soft: Der Softchopper
XS 400 US Custom (1980 bis
1983)

Yamaha XS 400 (ohc):
Zweizylindermotor, 27 PS,
182 Kilogramm, 132 km/h

YAMAHA

XS 400 (dohc)

Von der Vorgängerin XS 400 (ohc) konnte Yamaha in nur vier Jahren über 17 000 Stück absetzen – ein Wahnsinns-Erfolg. So ermuntert, stellte Yamaha 1982 die stark modifizierte XS 400 (dohc) als Nachfolgerin vor. Doch trotz neu entwickeltem Motor mit jetzt zwei obenliegenden Nockenwellen (dohc = double overhead camshaft) und neuem Preßstahlrahmen, der den Motor als mittragendes Element benötigte, und modernem Zentral-Federbein ließen sich die Motorradfahrer von der Neuen nicht so richtig faszinieren – der Verkauf dümpelte eher so vor sich hin. In den neun Jahren Bauzeit wechselten gerade mal rund 6000 der neuen XS 400 den Besitzer. Vielleicht lag es einfach daran, daß der neue Motor den Charme einer ältlichen Landpomeranze versprühte, denn das Triebwerk zeigte sich keinesfalls drehfreudiger oder gar spritziger als das alte, und über das merkwürdige Design konnte und kann man durchaus unterschiedlicher Meinung sein.

Technisch gesehen war der XS 400 damit allerdings Unrecht getan, denn der Motor erwies sich im Lauf der Jahre als äußerst robust. Typische Probleme traten nie auf, und so ist es durchaus logisch, daß Yamaha an diesem Modell innerhalb der Bauzeit auch keinerlei Modellpflege vornahm. Das einzig Aufregende im Leben der XS 400 (dohc) war, daß 1988 die offene 45-PS-Variante mangels Kunden-Interesse aus dem Verkaufsprogramm verschwand, da rund achtzig Prozent der Neukäufer die versicherungsgünstigere 27-PS-Version orderten.

Diese Tatsache wiederum ist heute für denjenigen bitter, der die XS 400 lieber mit 45 PS fahren würde. Die werksseitige Drosselung ist nämlich außerordentlich aufwendig ausgefallen, da zur Mobilisierung der restlichen 18 Pferdchen der Austausch der Nockenwellen, Ansaugstutzen, Haupt- und Nadeldüsen der Vergaser und des Lichtmaschinen-Rotors sowie der Zündbox nötig ist. Wesentlich günstiger kommt es da, wenn die betreffende XS seinerzeit nachträglich gedrosselt worden ist, da in diesem Fall nur die Ansaugstutzen und die Haupt- und Nadeldüsen gewechselt und die in die Krümmer eingelöteten Blenden entfernt müssen.

Aber auch eine nachträgliche Drosselung hat einen Haken: Die dazu erforderlichen Blenden sind heute nicht mehr lieferbar. Doch vielleicht ist ja der freundliche Yamaha-Händler um die Ecke bereit, die Stahlscheiben nach alten Konstruktions-Unterlagen nachzufertigen – schließlich hat die zur Eintragung nötige Unbedenklichkeits-Bescheinigung auch heute noch Gültigkeit.

Ab Laufleistungen von 50 000 Kilometern muß mit dem ersten fälligen Übermaß, also dem Ausschleifen der Zylinder und dem Einbau größerer Kolben gerechnet werden – behutsame Vorbesitzer, die ihr Gefährt nicht immer gequält, dafür aber stets behutsam warmgefahren haben, können diese Schwelle weit nach oben verlagern.

Wogegen allerdings auch der sorgfältigste Vorbesitzer machtlos ist, ist die rostanfällige Auspuffanlage. Hier wird sich bei genauer Untersuchung bei der Besichtigung fast immer ein Ansatzpunkt für die Preisverhandlung finden lassen. Schließlich kostet ein Schalldämpfer samt Krümmer ein Mördergeld.

YAMAHA XS 400 (dohc)

Motor: Luftgekühlter Zweizylinder-Viertaktmotor, 45 PS (34 kW) bei 9500/min, 36 Nm bei 8000/min, Sechsganggetriebe, Kettenantrieb

Fahrwerk: Preßstahlrahmen, vorn Scheiben-, hinten Trommelbremse, Reifengröße vorn 3.00 S 18, hinten 4.10 S 18

Gewicht: 190 kg mit 20 Litern Normal vollgetankt

Sitzhöhe: 800 Millimeter

Höchstgeschwindigkeit: 158 km/h

Beschleunigung 0 – 100 km/h: 6,1 sek

Verbrauch: 5,0 Liter/100 km

Leistungsvarianten: 27, 45 PS

Bauzeit (Neupreise): 1982 (5100 Mark) bis 1990 (6000 Mark)

Wichtige Modellpflegemaßnahmen: 1989 und 1990 nur noch 27-PS-Version lieferbar, sonst keine Änderungen.

Ganz normal: Nicht besonders anfällig, nicht besonders drehfreudig – und durchschnittlich haltbar

Yamaha XS 400 (dohc): Zweizylindermotor, 45 PS, 190 Kilogramm, 158 km/h

YAMAHA

SR 500

Kein anderes japanisches Motorrad wurde so viele Jahre gebaut wie die SR 500 – auf stolze 22 Jahre hat's bisher noch keins gebracht. Was ist dran an diesem nostalgischen Bike, das schon 1978 genauso klassisch aussah wie heute? Nicht viel, und gerade das macht den speziellen Reiz aus: kein E-Starter, keine Ausgleichswelle, keine Wasserkühlung, keine Verkleidung – die SR 500 ist einfach Motorrad pur, ganz ohne jeden Technik-Schnickschnack. Und mal ganz emotionslos betrachtet, hat solch eine einfache Konstruktion auch ihre Vorteile, denn was nicht dran ist, kann schließlich auch nicht kaputtgehen.

Der Gebrauchtkäufer muß wissen, daß die Modelle bis einschließlich Baujahr 1983 deutlich mehr Macken hatten als die Nachfolgemodelle. Die 2J4, so lautete das Typkürzel der alten Ausführung, erschreckte nämlich viele Besitzer mit Schäden im Zylinderkopf, defekten Lichtmaschinen, festgefressenen Schwingenlagern und hohem Ölverbrauch.

YAMAHA SR 500

Motor: Luftgekühlter Einzylinder-Viertaktmotor, 27 PS (20 kW) bei 6000/min, 38 Nm bei 3500/min, Fünfganggetriebe, Kettenantrieb
Fahrwerk: Einrohrrahmen aus Stahl, vorn Scheiben-, hinten Tromelbremse, Reifengröße vorn 3.50-18, hinten 4.00-18
Gewicht: 167 kg mit 12 Litern Super bleifrei vollgetankt
Sitzhöhe: 770 Millimeter
Höchstgeschwindigkeit: 142 km/h
Beschleunigung 0 – 100 km/h: 8,3 sek
Verbrauch: 4,8 Liter/100 km
Leistungsvarianten: 23, 27, 32, 34 PS
Bauzeit (Neupreise): 1978 (4 500 Mark) bis 1999 (8000 Mark)
Wichtige Modellpflegemaßnahmen: bis 1983 (Typ 2J4) nur Detailänderungen. 1984 (Typ 48T) standfesterer Motor mit geringerem Ölverbrauch, 18- statt 19-Zoll-Vorderrad, kleinerer Scheinwerfer, schmalerer Lenker. 1987 14-Liter-Tank. Ab 1988 wahlweise, ab 1992 ausschließlich mit Trommelbremse vorn lieferbar. 1991 23 PS, Flachschiebervergaser ohne Starthilfeknopf.

Die angegebenen technischen Daten beziehen sich auf das Modell Typ 48T von 1984 bis 1990

Die 48T ab 1984 zeigte sich zwar durch eine gründliche Überarbeitung schon wesentlich standfester. Doch auch hier kann man noch nicht blind, oder besser gesagt, nicht taub zugreifen. Eine wesentliche Rolle bei der Besichtigung einer SR 500 spielt nämlich das Gehör – ein Kenner kann dem laufenden Motor auf Anhieb seinen Zustand anhören (wer also einen SR-Fahrer oder -Schrauber kennt, sollte ihn am besten gleich zum Besichtigungstermin mitschleppen). Der große Kolben der SR klappert immer etwas, doch zu laute Geräusche – und hier ist eben der Spezialist gefragt – deuten auf fortgeschrittenen Verschleiß hin. Allerdings läßt auch die erreichbare Höchstgeschwindigkeit ungefähre Rückschlüsse über den Zustand zu, Faustregel: Mit 27 PS sollten laut Tacho wenigstens 130 km/h drinliegen. Ein auffälliges Tickern aus dem Zylinderkopf bedeutet zu großes Ventilspiel, was an sich noch nicht schlimm ist, da es sich bei der SR ruckzuck einstellen läßt. Dauerte dieser Zustand allerdings schon lange an, haben sich womöglich die Einstellschrauben in die Schaftenden der Ventile eingearbeitet, und da sich dann das Ventilspiel nicht mehr korrekt einstellen läßt, sind die Ventile somit Schrott.

Weg von den Ohren, jetzt hin zu den einfacheren Prüfpunkten. Der Auspufftopf rostet gern, wer hier nicht ständig den Flugrost wegputzt, hat nicht lange Freude am Topf. Die Lager in Lenkkopf und Schwinge sind auch nicht die langlebigsten, hier sollte also bei der Besichtigung ausgiebig (Motorrad aufgebockt) gewackelt und gerüttelt werden. Und die Federbeine gehen schon nach recht kurzer Zeit nicht mehr ordnungsgemäß ihrer dämpfenden Aufgabe nach. Das war's, mehr geht im Normalfall an einer SR 500 nicht kaputt, aber viel mehr ist ja auch nicht dran.

SR-Fahrer sind sicher keine Leistungsfetischisten, aber ein paar PS mehr kann man eigentlich immer brauchen. Sehr leicht ist die alte 2J4 zu entdrosseln, hier muß nur der Ansaugstutzen gewechselt werden, um der alten Dame fünf PS mehr, nämlich 32, zu verpassen. Bei der 48T muß zusätzlich die Hauptdüse des Verga-

Die Leistungsbremse: Eine Blende im Ansaugstutzen (links) stutzt die Pferdchen

sers getauscht werden, dafür sind's dann zur Belohnung auch gleich 34 PS. Ab 1991 mußte die SR wegen der verschärften Emissions-Vorschriften Federn beziehungsweise Leistung lassen, denn ab diesem Jahr wurde sie nur noch mit 23 PS ausgeliefert. Immerhin läßt sie sich aber nachträglich mit einem anderen Ansaugstutzen und einer größeren Lochblende wieder auf die ursprünglichen 27 PS bringen. Und die sollten es eigentlich auch schon sein.

Yamaha SR 500 (1993): Einzylindermotor, 27 PS, 167 Kilogramm, 142 km/h

YAMAHA

XT 500

Die Idee war einfach genial: Ein 500er Einzylinder, einfach aufgebaut, das Ganze in einem geländegängigen Fahrwerk verpackt – das mußte doch was werden, oder? Und ob. In der offiziellen Produktionszeit von 1977 bis 1989 konnte Yamaha immerhin rund 25 000 XT 500 verkaufen.

Natürlich ist die XT unter rein Enduro-technischen Gesichtspunkten heute gnadenlos veraltet, denn die Fuhre pendelt ab 120 km/h gnadenlos, das Fahrwerk ist sicher nicht Cross-mäßig und der Motor nicht gerade ein Durchzugswunder. Dafür taugt die XT 500 gut für Nah- und Fern-Reisen, besonders für letztere, weil der Motor im Pannenfall leicht zu reparieren ist. Und außerdem: Einem Kickstarter ist es egal, ob die Batterie leer ist oder nicht, und mit etwas Übung kann trotz aller Legenden jeder, wirklich jeder eine XT antreten.

Bei richtiger Behandlung zeigten sich die XT-Motoren durchaus standfest. Eine stets gefühlvolle Hand nach dem Kaltstart belohnen die urigen Schüttler durchaus mit einer Lebensdauer von rund 50 000 Kilometern. Dann spätestens aber ist der erste Übermaßkolben fällig.

Wichtig für eine lange Lebensdauer ist natürlich stets ein korrekter Ölstand, besonders, weil der Ölhaushalt mit 2,2 Litern nicht gerade üppig ausgefallen ist. Wichtig: Vor der Ölkontrolle sollte der Motor kurze Zeit laufen, da sich bei einem ausgenudelten Rückschlagventil das Öl aus dem Reservoir des oberen Rahmenrohrs nach unten in den Motor verdünnisiert hat – gemessen wird aber oben.

Die älteren Modelle sind zwar schon gesucht und daher entsprechend teuer, doch war deren Sechs-Volt-Anlage noch nie geeignet, die Straße vernünftig zu erhellen. Der Zubehörhandel kann hier aber mit Umrüstkits auf zwölf Volt weiterhelfen.

Die Trommelbremse vorn dagegen taugte noch nie dazu, die XT vernünftig zu verzögern. Wer gute Beziehungen zu einem Sachverständigen von TÜV oder Dekra hat, schafft es vielleicht, eine gebrauchte Gabel einer XT 600 mit der deutlich besseren Scheibenbremse eintragen zu lassen.

Der Auspuff ist außerordentlich rostanfällig. Angebote aus dem Zubehör gibt es zwar massig, doch die beste Leistungsentfaltung hat immer noch der originale Topf. So sind die Euros, die ein Flammspritzer für seine Arbeit kassiert, durchaus noch eine lohnende Investition.

Bleiben für den Abschluß der Untersuchungen noch zwei Blicke: Der eine gilt dem Kettenspanner an der Rückseite des Zylinders. Wenn nach dem Abnehmen der dicken Verschlußkappe sichtbar wird, daß sich die Einstellschraube schon tief in die Kontermutter verkrochen hat, ist mit dem sehr baldigen Exitus dieses wichtigen Mechanismus zu rechnen.

Der andere Blick gilt dem Gehäusedeckel auf der rechten Seite, direkt neben dem Bremspedal. Wenn nämlich eine XT nach rechts umfällt, fällt sie meist genau auf das Pedal, das dann seinerseits gern den Deckel durchschlägt. Ziemlich ungünstig, denn dahinter befindet sich Öl. Hier also unbedingt auf Flickstellen achten.

YAMAHA XT 500

Motor: Luftgekühlter Einzylinder-Viertaktmotor, 27 PS (20 kW) bei 6000/min, 34 Nm bei 4500/min, Fünfganggetriebe, Kettenantrieb

Fahrwerk: Einrohrrahmen aus Stahl, vorn und hinten Trommelbremse, Reifengröße vorn 3.25-21, hinten 4.00-18

Gewicht: 155 kg mit 9 Litern Super verbleit vollgetankt

Sitzhöhe: 820 Millimeter

Höchstgeschwindigkeit: 126 km/h

Beschleunigung 0 – 100 km/h: 8,1 sek

Verbrauch: 5,0 Liter/100 km

Leistungsvarianten: keine

Bauzeit (Neupreise): 1977 (5 100 Mark) bis 1989 (6600 Mark)

Wichtige Modellpflegemaßnahmen: 1979 Warmstartknopf. 1986 12-Volt-Elektrik.

Gefährliche Nähe: Beim Sturz kann der Bremshebel schnell den Motordeckel durchschlagen

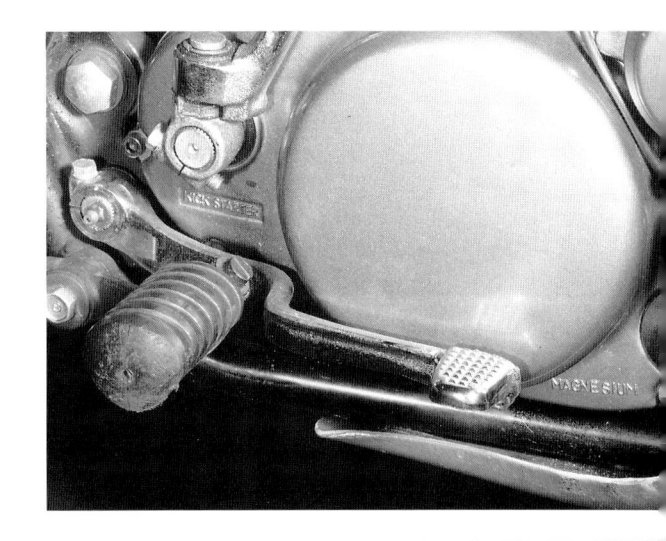

Yamaha XT 500: Einzylindermotor, 27 PS, 155 Kilogramm, 126 km/h

YAMAHA

XV 535

Was nur macht dieses Motorrad so erfolgreich? Ist es die niedrige Sitzhöhe, die dieses Motorrad auch für kleine Menschen so leicht beherrschbar macht? Ist es die Gutmütigkeit des Fahrwerks, das auch grobe Fehler verzeiht und so besonders für Anfänger prädestiniert ist? Oder ist es der funkelnde Auftritt mit dem vielen Chrom, der dem Familienvater mittleren Alters dermaßen imponiert, daß er sich entschließt, in dem Reigen der Wiedereinsteiger mitzumischen? Wahrscheinlich von allem etwas, ist ja eigentlich auch egal. Was zählt: Die XV 535 ist seit ihrem offiziellen Import ab 1988 ein Dauerbrenner und in den Zulassungs-Statistiken stets ganz weit vorn zu finden.

Die XV ist ein Blender im wahrsten Sinne des Wortes, nicht nur wegen des Chroms. Der Tank des 1988er Modells war gar keiner, denn unter der Attrappe fanden sich lediglich einige Elektrik-Komponenten und der Luftfilter (ab 1989 ist's dann aber doch noch ein Tankchen mit 4,9 Litern Fassungsvermögen geworden). Die beiden blitzblanken Luftfiltergehäuse rechts und links neben dem Tank waren auch keine, sondern beherbergten hauptsächlich Luft. Die Auspuffrohre sehen zwar so kurz aus, daß man glaubt, hierdurch direkt einen Blick in den Zylinderkopf werfen zu können, doch wieder ist alles Täuschung, denn unter dem Motor verbirgt sich ein großer Sammler, der die hauptsächlichen schalldämpfenden Maßnahmen übernimmt. Und schließlich sind da noch die großen Kühlrippen des Motors, die deutlich mehr Hubraum vorgaukeln, als die Zylinder tatsächlich beherbergen. Immerhin, unter Hitzeproblemen litt die XV 535 noch nie.

Auch nicht unter Ausfallerscheinungen, denn der Motor ist standfest. Wenn dieses Motorrad mal unversehens stehenbleibt, dann höchstens, weil der im Spritzwasserbereich liegende und elektromagnetisch betätigte Benzinhahn nass geworden ist und die Herausgabe der Reservemenge verweigert. Abdichten des Schaltergehäuses mit Silikon hilft. Und höchstens Exemplare mit hoher Laufleistung können schon mal unter beginnendem Zahnausfall des fünften Ganges leiden, ein Tribut an die schaltfaule Fahrweise, die die XV 535 erlaubt. Vorsicht also, wenn der Motor im letzten Gang artfremde Geräusche von sich gibt.

Vorsicht auch bei den verschiedenen Leistungsvarianten, denn manche Entdrosselung kann teurer kommen als geplant. So wurden nämlich die 27-PS-Varianten ab Werk mit zahmeren Nockenwellen, engeren Ansaugstutzen und kleineren Hauptdüsen geliefert – eine nachträgliche Entdrosselung kostet natürlich den Austausch all dieser Teile nebst dem stattlichen Arbeitslohn. Viel günstiger ist es, die 46 PS auf 34 PS zu reduzieren, da hierfür nur zwei Blenden in den Auspuffkrümmern angebracht werden. Und aus 27 werden 34 PS, wenn größere Ansaugstutzen montiert werden.

In diesem Zusammenhang noch wichtig zu wissen: Die Drosselvarianten sind rechte Säufer. So schafft es eine mit Vollgas gepeitschte 27-PS-Version, bei 130 km/h Dauergeschwindigkeit neun Liter Sprit auf 100 Kilometern zu sich zu nehmen. Eine der wenigen Tatsachen, die sicher nicht zum Erfolg dieses Motorrads beigetragen hat.

YAMAHA XV 535

Motor: Luftgekühlter Zweizylinder-Viertakt-V-Motor, 46 PS (34 kW) bei 7500/min, 47 Nm bei 6000/min, Fünfganggetriebe, Kardanantrieb
Fahrwerk: Kombinierter Stahlrohr-Preßstahlrahmen, vorn Scheiben-, hinten Trommelbremse, Reifengröße vorn 3.00 S 19, hinten 140/90 S 15
Gewicht: 197 kg mit 13 Litern Normal vollgetankt
Sitzhöhe: 715 Millimeter
Höchstgeschwindigkeit: 159 km/h
Beschleunigung 0 – 100 km/h: 7,1 sek
Verbrauch: 5,3 Liter/100 km
Leistungsvarianten: 27, 34, 46 PS
Bauzeit (Neupreise): 1988 (7200 Mark) bis heute (2001 11200 Mark)
Wichtige Modellpflegemaßnahmen: 1989 statt Tankattrappe 4,9-Liter-Tank, bequemere Sitzposition durch neuen Lenker, neue Rasten und neue Sitzbank. 1993 XV 535 SP (10 100 Mark) mit Zweifarben-Lackierung und mehr Chrom.

Die angegebenen technischen Daten beziehen sich auf das Modell ab 1989

Blender: Die protzigen Kühlrippen gaukeln mehr Hubraum vor, als der Motor tatsächlich zu bieten hat

Yamaha XV 535: Zweizylinder-V-Motor, 46 PS, 197 Kilogramm, 159 km/h

YAMAHA

XJ 550

Naked-Bikes sind ja schon seit längerer Zeit wieder im Trend. Wer auf dieser Welle mitschwimmen möchte und zudem nicht allzu groß gewachsen ist, ist mit der XJ 550 sicher gut bedient. Die 204 Kilogramm Gewicht und die recht niedrige Sitzhöhe machten so im Lauf der Jahre die XJ 550 auch zu einem beliebten Frauen-Motorrad – es muß ja wirklich nicht immer ein Chopper sein.

Die XJ 550 wurde seinerzeit mit 58 PS ins Ausland geliefert, nur die Deutschland-Version wurde mittels geänderter Nockenwellen auf 50 PS gestutzt. Leider versäumte Yamaha es aber, das Getriebe oder wenigstens die Endübersetzung der deutschen Leistung anzupassen. So kann der sechste Gang auf der Autobahn kaum als Spritspargang genutzt werden – er ist einfach zu lang. Abhilfe (ohne Eintragung allerdings illegal) bringt der Austausch des 46er Kettenrads gegen eins mit 45 Zähnen.

Fahrwerksunruhen bekommt man meist schon durch den Tausch der schnell verschleißenden Original-Stoßdämpfer gegen Konis und das Auswechseln der wenig standfesten Kugellager im Lenkkopf und der billigen Kunststoffbuchsen in der Hinterradschwinge in den Griff. Besonders bewährt haben sich hier die spielfreien Lager von Emil Schwarz, deren Untermaß-Schalen in die Lagersitze eingeklebt werden. Unrunde Lagersitze im Rahmen, bedingt durch die damaligen Fertigungstoleranzen der Japaner, können sich so nicht mehr auf die Lager auswirken. Die beliebten Versuche mit Gabelstabilisatoren kann man sich sparen, da sie meist nicht von Erfolg gekrönt sind.

Der Motor ist für deutlich über 100 000 Kilometer gut, nur wird wahrscheinlich während dieser Distanz einmal der Tausch der Ventilschaft-Dichtungen nötig. Womit man bei der Auspuffanlage nicht hinkäme, denn die Fertigungsqualität ließ stark zu wünschen übrig.

Die Töpfe rosten gern und schnell von innen nach außen durch, im fortgeschrittenem Stadium fliegen sogar die Schalldämpfereinsätze im Topf herum – durch einen Schlag mit der Hand seitlich gegen den Topf deutlich zu diagnostizieren. Und da wir gerade bei den Geräuschen sind: Daß der Motor in kaltem Zustand hell rasselt, ist normal, das ist die Steuerkette. Wenn es sich aber nach einer dicken Kette anhört (ein eher dumpfes Geräusch), ist wahrscheinlich die Primärkette hinüber – die Reparatur ist ein dicker Brocken, da der Motor komplett zerlegt werden muß. Und gleich noch ein Geräusch: Bei auffällig vielen XJ 550 dröhnt es bei mittleren Drehzahlen aus dem Tank. Hierfür ist der Geber-Schwimmer der Tankuhr in seiner ausgeleierten Lagerung verantwortlich – nicht gefährlich, aber zeimlich lästig.

Porös oder sogar brüchig gewordene Ansaugstutzen sind bei fast allen XJ mit hohen Laufleistungen anzutreffen. Bei der Besichtigung nicht einfach darüber hinwegsehen, denn die dort eintretende Falschluft kann erstens langfristig zu Motorschäden führen, und zweitens kosten die vier Gummis insgesamt einen stolzen Preis. Günstigere Austauschteile gibt's übrigens bei Louis.

Da Yamaha seinerzeit mit der 550er scheinbar alle Spritspar-Rekorde brechen wollte, was übrigens nicht annähernd gelang, ist die XJ sehr mager abgestimmt. Unangenehme Folge: Bei kaltem Wetter oder nach langer Standzeit springt die XJ 550 schlecht an – eine Situation, in der der Fahrer einen Kickstarter schmerzlich vermißt. Aber auch bei heißem Motor zeigt sich die XJ sehr störrisch, hier ist meist Dampfblasenbildung in den Vergasern der Übeltäter. Findige Bastler montieren ein Eigenbau-Blech, das die Vergaser vor der Motorhitze besser schützt.

YAMAHA XJ 550

Motor: Luftgekühlter Vierzylinder-Viertaktmotor, 50 PS (37 kW) bei 9000/min, 42 Nm bei 7500/min, Sechsganggetriebe, Kettenantrieb

Fahrwerk: Doppelschleifenrahmen aus Stahl, vorn Doppelscheiben-, hinten Trommelbremse, Reifengröße vorn 3.00 H 19, hinten 110/90 H 18

Gewicht: 204 kg mit 15 Litern Normal vollgetankt

Sitzhöhe: 790 Millimeter

Höchstgeschwindigkeit: 182 km/h

Beschleunigung 0 – 100 km/h: 5,7 sek

Verbrauch: 5,4 Liter/100 km

Leistungsvarianten: 27, 50 PS

Bauzeit (Neupreise): 1981 (6200 Mark) bis 1985 (6900 Mark)

Wichtige Modellpflegemaßnahmen: keine

Geheimnisvolles Kürzel? Das »YICS« auf dem Deckel bedeutet »Yamaha Induction Control System«, sollte Sprit sparen – und half nicht

Yamaha XJ 550:
Vierzylindermotor, 50 PS,
204 Kilogramm, 182 km/h

YAMAHA

FZR 600

Muß eine 600er unbedingt 98 oder 100 PS haben? Yamaha beantwortete diese Frage eindeutig mit Nein. Die seit 1989 gebaute FZR 600 hatte 91 PS und das mußte reichen – basta.

Während sich die japanische Konkurrenz während der folgenden Jahre einen erbitterten Leistungswettkampf lieferte, lehnten sich die Yamaha-Bosse gelassen in ihren Sesseln zurück und betrachteten dieses Treiben, ohne sich einzumischen – zumindest bis 1993 sollte es bei den 91 PS bleiben.

Vielleicht war es aber auch keine Gelassenheit, sondern lediglich Sparsamkeit beim Entwicklungs-Etat, schließlich hatte schon bei der Ausstattung der FZR 600 der Rotstift diktiert: Der Rahmen war aus schnödem Stahl, an der Gabel suchte man vergeblich nach einer Einstellmöglichkeit, das Federbein ließ sich nur in der Federbasis verstellen, und scheinbar waren selbst Halogenlampen zu teuer, denn im wichtig aussehenden Doppelscheinwerfer glommen altmodische Bilux-Lampen vor sich hin.

Dennoch, die technische Basis stimmte, denn der Motor überstand den 40 000-Kilometer-Langstreckentest von MOTORRAD mit Bravour. Und im Lauf der Jahre zeigte sich: Laufleistungen um die 70 000 Kilometer sind ohne größere Reparaturen immer drin. Außerdem erfreut das FZR-Triebwerk mit einem für den geringen Hubraum deftigen Durchzug und mit einem ausgesprochen handlichen Fahrwerk – die FZR ist ein Spezialist für die Rennstrecke. Und macht dort eindeutig noch mehr Spaß, wenn die Federelemente durch bessere aus dem Zubehörhandel ersetzt werden – Sparsamkeit adè.

Bis 1993 dümpelte die Modellpflege mehr oder weniger vor sich hin: 1990 gab's Vierkolben-Bremszangen (die neuen Stopper waren deutlich besser, allerdings ein wenig bissig), und 1991 wurden endlich die unsäglichen Bilux-Lampen durch H1 Lampen ersetzt – es wurde Licht.

1994 endlich gaben sich die Yamaha-Bosse einen Ruck und investierten in einen Entwicklungs-Etat für die FZR 600. Heraus kam die total überarbeitete und 98 PS starke FZR 600 R, noch durchzugsstärker und noch handlicher.

Eines jedoch haben alle FZR 600 gemeinsam: Die Kupplung ist unterdimensioniert. Scheinbar häufigen kräftigen Beschleunigungsmanövern nicht gewachsen, arbeiten sich die Nasen der Kupplungs-Lamellen in den Korb ein.

Der Gebrauchtkäufer merkt's daran, daß sich die Kupplung nicht vernünftig dosieren läßt und rupft. In diesem Fall muß der Kupplungskorb ausgetauscht werden.

Und noch was Gemeinsames: In den meisten Fällen sollte die Gebrauchte schon die gewünschte Leistung aufweisen. Da nämlich für die meisten Leistungsänderungen neben dem Austausch der Ansaugstutzen und anderen Kleinteilen auch der Austausch der Zündbox nötig ist, kann eine nachträgliche Drosselung oder Entdrosselung unerwartet teuer werden.

Nur bei der Drosselung der 91-PS-Version (Typ 3HE) auf 34 PS, der 50-PS-Version (Typ 3RG) auf 27 oder 34 PS, der FZR 600 R von 98 auf 34 PS und der Entdrosselung der 27-PS-FZR (Typ 3RH) entfällt der teure Tausch.

YAMAHA FZR 600

Motor: Wassergekühlter Vierzylinder-Viertaktmotor, 91 PS (67 kW) bei 10 500/min, 66 Nm bei 8500/min, Sechsganggetriebe, Kettenantrieb

Fahrwerk: Brückenrahmen aus Stahl, vorn Doppelscheiben-, hinten Scheibenbremse, Reifengröße vorn 110/70 V 17, hinten 130/70 V 18

Gewicht: 208 kg mit 18 Litern Normal vollgetankt

Sitzhöhe: 800 Millimeter

Höchstgeschwindigkeit: 223 km/h

Beschleunigung 0 – 100 km/h: 4,0 sek

Verbrauch: 5,9 Liter/100 km

Leistungsvarianten: 27, 34, 50, 91, 98 PS

Bauzeit (Neupreise): 1989 (12 000 Mark) bis 1995 (15 900 Mark)

Wichtige Modellpflegemaßnahmen: 1990 Vierkolben-Bremszangen vorn. 1991 neue Verkleidung und DE-Scheinwerfer (vorher Bilux-Lampen), vier-Zoll- statt 3,5-Zoll-Hinterradfelge. 1994 FZR 600 R (Typ 4JH mit 98 PS und Typ 4MH mit 34 PS) Motor, Fahrwerk und Verkleidung geändert. Bereifung jetzt 120/60 ZR 17 vorn, 160/60 ZR 17.

Die angegebenen technischen Daten beziehen sich auf das Modell 1989 bis 1993 (Typ 3HE)

Sehschwäche: Bis 1990 reichte es noch nicht einmal für H4-Lampen – sparen war angesagt

Yamaha FZR 600: Vierzylindermotor, 91 PS, 208 Kilogramm, 223 km/h

YAMAHA

FZS 600 Fazer

Das Design der Fazer ist ungewöhnlich. Der Tank sieht ein bißchen aus wie bei der Konstruktion vergessen und schnell noch draufkonstruiert. Er fühlt sich übrigens auch ähnlich disharmonisch an, denn großen Piloten sind die Einbuchtungen zu klein, kleinen Fahrern wiederum ist der Tank zu breit. Heute hat man sich aber an das merkwürdige Design gewöhnt.

An das Sahnestück von Motor gewöhnt man sich schneller. Er hängt unglaublich sauber am Gas, über den gesamten Drehzahlbereich ist Druck satt vorhanden. Man glaubt es kaum, dass diese souveräne Kraft aus nur 600 Kubikzentimetern geschöpft wird.

Das Getriebe möchte mit Nachdruck geschaltet werden. Und Ohrenstöpsel, weil's manchmal peinlich kracht. Dafür ist es perfekt gestuft.

Die Bremsen verzögern wunderbar – kein Wunder, die Stopper stammen ja auch aus der großen Sportlerschwester YZF-R1. Feinfühlig zu dosieren, aber mit dem Biß eines Schraubstocks.

Das Fahrwerk ist hart, aber gerecht. Hart, weil es in punkto Federungskomfort gerade mal das Nötigste erfüllt: Die Gabel spricht nicht besonders fein an, und das Zentralfederbein ist recht straff abgestimmt. Gerecht, weil sich die Fazer auch auf lang nicht ausgebesserten Autobahn-Teilstücken nicht die Ruhe nehmen läßt.

Und für Gebrauchtkäufer das Schönste an der Fazer: Solide ist sie auch noch. Ein MOTORRAD-Dauertest über 50 000 Kilometer brachte folgende Ansage: Zylinder, Kolben und Kurbeltrieb in guter Verfassung, Ventiltrieb topfit, Kupplung in astreinem Zustand, keine Beanstandungen am Fahrwerk. Selbst das lautmalerische Getriebe präsentierte sich in neuwertigem Zustand. Nur ein einziges Ventil war undicht, doch trotz des daraus resultierenden Kompressionsverlusts leistete die Fazer mit 97 PS sogar noch sechs PS mehr als bei der Anfangsmessung. Was soll man da für Tips zur Besichtigung einer Gebrauchten geben? Da gibt's nichts Spezielles.

Zum Unterhalt einer Fazer muss man auch kein Ölmulti sein. Durchschnittlich sechs Liter Sprit auf 100 Kilometer, das ist angesichts der guten Fahrleistungen mehr als fair.

Ein perfektes Motorrad also? Fast. Noch den Tank etwas formen und das Getriebe beruhigen – das wär's.

Yamaha FZS 600 Fazer

Motor: Wassergekühlter Vierzylinder-Viertaktmotor, 95 PS (70 kW) bei 11 500/min, 61 Nm bei 9500/min, Sechsganggetriebe, Kettenantrieb

Fahrwerk: Doppelschleifenrahmen aus Stahl, vorn Doppelscheiben-, hinten Scheibenbremse, Reifengröße vorn 110/70 ZR 17, hinten 160/60 ZR 17

Gewicht: 217 kg mit 18 Litern Normal vollgetankt

Sitzhöhe: 800 Millimeter

Höchstgeschwindigkeit: 216 km/h

Beschleunigung 0 – 100 km/h: 3,6 sek

Verbrauch: 5,6 Liter/100 km

Leistungsvariante: 34 PS

Bauzeit (Neupreise): 1998 (12 400 Mark) bis heute (2001 14 300 Mark)

Wichtige Modellpflegemaßnahmen: 2000 zweifarbige FZS 600 S Fazer lieferbar.

Grrrrr: Etwas grimmig schaut sie aus der Wäsche, die Fazer. Aber keine Angst: Sie will nur spielen

Yamaha FZS 600 Fazer: Vierzylindermotor, 95 PS, 217 Kilogramm, 216 km/h

YAMAHA

SRX 600

Die SRX 600 von Yamaha war bei ihrer Vorstellung im Jahr 1985 ein echter Hingucker. Das ist sie auch heute noch. Das unkonventionelle Design ist also wohl das, was man gemeinhin als zeitlos bezeichnet – was aber immer noch die ganz persönliche Meinung »total schön« oder »potthäßlich« offenläßt. Durch dieses polarisierende Äußere – denn ein »naja, ich weiß nicht so recht« läßt die SRX nicht zu – war ihr wohl nicht so der rechte Verkaufserfolg beschieden: In Deutschland kamen nur rund 2700 Stück auf die Straße. War wohl nichts mit SR 500-Nachfolgerin, wie damals viele Fachzeitschriften voreilig prophezeiten.

Wer sich heute für eine gebrauchte SRX 600 interessiert, muß bei der Besichtigung nicht allzuviel beachten. Nach dem problemlosen Anlassen per Kickstarter – einen E-Starter hat die SRX nicht – wird der massige 96-Millimeter-Kolben wahrscheinlich klappern. Das ist nicht weiter schlimm. Allerdings muß dieses Geräusch nach dem Warmfahren verschwunden sein, weil sonst der zwingende Verdacht besteht, daß das vorgeschriebene Kolben-Einbauspiel von vier bis sechs Hundertstel durch fortgeschrittenen Verschleiß bereits überschritten wurde. Was der Selbstschrauber dann noch kostendämpfend durch Eigenleistung und dank der übersichtlichen Technik in recht kurzer Zeit durch Austausch des Kolbens und Ausschleifen des Zylinders reparieren kann, kommt den hilflosen Technik-Laien in der Werkstatt teuer.

Sehr häufig leidet die SRX unter Vergaserproblemen. Läuft zum Beispiel eine offene Version mit 45 PS mit langliegendem Fahrer deutlich weniger als 170 km/h Tachoanzeige, hat wahrscheinlich die Gummimembran des Gleichdruckvergasers (also des rechten Exemplars, von oben gesehen) einen Riß. Und will sich partout kein vernünftiger Leerlauf einstellen, klemmt der Chokemechanismus im Vergaser. Hier erlahmt nämlich zum einen gern die Rückholfeder, zum anderen dringt schnell Dreck ein. Folge: Das Teil klemmt und läßt sich nicht mehr vernünftig zurückstellen. Meist bringt schon Zerlegen des einfachen Mechanismus, säubern und ölen den gewünschten Erfolg.

Bei höheren Laufleistungen, so ab 30 000 Kilometern, macht häufig der Motor im fünften Gang, und zwar ausschließlich im fünften Gang, singende Geräusche. Dann ist die Diagnose sonnenklar: Das Zahnradpaar des letzten Gangs ist verschlissen. Da kann es für den Nichtselbstschrauber nur heißen: Finger weg. Und der Selbstschrauber freut sich über einen saftigen Preisnachlaß, den er jetzt heraushandeln wird.

Bei den Farben gibt's übrigens keine große Auswahl: Offiziell war die SRX in Deutschland nur in Blau oder Silber lieferbar. Alles, was heute in anderen Farben angeboten wird, läuft unter der Kategorie Sonderlack. Nur bei einer Roten kann der Fall anders liegen – das ist meist ein Grauimport.

Und noch was zu diesem Thema: Hat die begehrte SRX womöglich ein Zentralfederbein, einen E-Starter und einen Ölkühler? Dann handelt es sich ebenfalls um einen Grauimport. Offiziell, obwohl von den deutschen Fachzeitschriften damals vehement gefordert, gab es diese Variante in Deutschland nie.

YAMAHA SRX 600

Motor: Luftgekühlter Einzylinder-Viertaktmotor, 45 PS (33 kW) bei 6500/min, 51 Nm bei 5500/min, Fünfganggetriebe, Kettenantrieb

Fahrwerk: Doppelschleifenrahmen aus Stahl, Doppelscheibenbremse vorn, Scheibenbremse hinten, Reifengröße vorn 100/80 S 18, hinten 120/80 S 18

Gewicht: 175 kg mit 15 Litern Normal vollgetankt

Sitzhöhe: 780 Millimeter

Höchstgeschwindigkeit: 170 km/h

Beschleunigung 0 – 100 km/h: 6,2 sek

Verbrauch: 5,7 Liter/100 km

Leistungsvarianten: 27 und 45 PS

Bauzeit (Neupreise): 1986 (7130 Mark) bis 1989 (7300 Mark)

Wichtige Modellpflegemaßnahmen: keine

Es hätte so schön werden können: Diese Ausführung (gesehen 1992) wurde nie offiziell nach Deutschland importiert

Yamaha SRX 600: Einzylindermotor, 45 PS, 175 Kilogramm, 170 km/h

YAMAHA

XJ 600

Damals, 1984, mußte eine 600er noch keine 100 PS haben. Konnte sie auch noch gar nicht, denn die Ingenieure waren noch nicht so weit, diese Leistung aus einem so kleinen Hubraum herauszukitzeln. Aber 73 PS waren für die damalige Zeit eine Menge Holz. Und damals, 1984 mußte ein Motorrad auch noch kein Spezialist für irgend etwas sein, vielmehr war Universalität gefragt. Ein Anspruch, dem die XJ 600 sehr gut genügte und auch heute noch genügt. Mit ihr kommen alte Hasen und Anfänger gleichermaßen gut zurecht, mit ihr läßt es sich dank des drehmomentstarken Motor ebenso gut bummeln wie dank ihrer Drehfreude flott vorankommen, und auf ihr sitzen Kurze ebenso bequem wie Lange. So war es kein Wunder, daß sich auch die Nachfolgerin des Bestsellers XJ 550 als Käufermagnet erwies – über 12 000 XJ 600 konnte Yamaha in den acht Jahren Bauzeit unters Volk bringen.

Über die Zuverlässigkeit des Motors braucht sich der Gebrauchtkäufer nicht den Kopf zu zerbrechen, denn das Triebwerk ist mechanisch sehr gesund und macht locker sechsstellige Laufleistungen mit. Lediglich von den letzten beiden Baujahren wird gemunkelt, daß es hier etliche durchgeblasene Zylinderkopf-Dichtungen gegeben hätte.

Die Tücken einer XJ 600 liegen eher in einigen Äußerlichkeiten. So ist zum Beispiel die Auspuffanlage extrem rostanfällig. Vorsicht bei den Modellen bis Ende 1985, denn bei ihnen bestand dieses Rostbiotop noch aus einem Stück. Ab 1986 bestand das System aus mehreren Teilen, was Reparaturen etwas billiger macht. Wem die Einzelteile immer noch zu teuer sind (was durchaus verständlich ist), greife zu einer Anlage aus dem Zubehör. Doch Gebrauchtkäufer Vorsicht: Häufig lassen sich die Vier-in-eins-Anlagen nur dann montieren, wenn der Hauptständer entfernt wird. In diesem Fall also nicht vergessen, sich beim Kauf den Hauptständer mit aushändigen zu lassen. Und apropos Hauptständer: Bei einigen Exemplaren rissen dessen Halterungen ein. Hier sollte man sich ruhig mal einen langen Blick unters Motorrad gönnen, denn Schweißarbeiten am Rahmen sind schließlich verboten. Beim nächsten TÜV-Termin könnte es sonst Ärger geben.

Dann wären da noch der Spoiler vor dem Motor und die Halbschalen-Verkleidung: Beide werden auf Dauer von den feinen Vibrationen, die bei Drehzahlen um die 4000/min auftreten, besonders an den Befestigungspunkten kaputtgekitzelt.

In ihren letzten beiden Jahren wurde die XJ 600 wegen der verschärften Abgas- und Geräuschbestimmungen nur noch mit 66 PS ausgeliefert – glücklicherweise litt die Elastizität des Motors nicht unter dieser Beschneidung. Wer die Leistung seines Motorrads reduzieren möchte oder muß: Von 73 auf 50 PS geht's über den Austausch der Ansaugstutzen und Düsennadeln, bei der 66-PS-Version reicht das Auswechseln der Stutzen. Zusätzliche Drosselblenden machen (bei beiden Versionen) aus 50 dann 27 PS. Neben der Versicherungs-Ersparnis hat die geringere Leistung noch einen Vorteil: Die Fahrwerksschwächen bei hohen Geschwindigkeiten treten nicht auf – schlicht, weil dann die XJ 600 einfach zu langsam ist.

YAMAHA XJ 600

Motor: Luftgekühlter Vierzylinder-Viertaktmotor, 73 PS (54 kW) bei 10 000/min, 54 Nm bei 9000/min, Sechsganggetriebe, Kettenantrieb
Fahrwerk: Doppelschleifenrahmen aus Stahl, vorn Doppelscheiben-, hinten Scheibenbremse, Reifengröße vorn 90/90 H 18, hinten 110/90 H 18
Gewicht: 212 kg mit 18 Litern Normal vollgetankt
Sitzhöhe: 780 Millimeter
Höchstgeschwindigkeit: 194 km/h
Beschleunigung 0 – 100 km/h: 4,7 sek
Verbrauch: 6,5 Liter/100 km
Leistungsvarianten: 27, 50, 66, 73 PS
Bauzeit (Neupreise): 1984 (8000 Mark) bis 1991 (8900 Mark)
Wichtige Modellpflegemaßnahmen: 1986 mehrteiliger Auspuff. 1990 (Typ 3KM) offen 66 PS.

Die angegebenen technischen Daten beziehen sich auf das Modell 51J von 1984 bis 1990

Über Gebühr: Die Tankuhr bekommt im Cockpit der XJ 600 einen ganz besonderen Stellenwert

Das Fahrwerk muß sich zwar heute nachsagen lassen, daß es keine supersportliche Fahrweise zuläßt (schon wegen der schmalen Reifen) und daß der Beifahrer nicht so richtig bequem sitzt. Sicher, dafür gibt's heute Spezialisten. Aber am Titel »Universalgenie« war die XJ 600 schon verdammt nah dran.

Yamaha XJ 600: Vierzylindermotor, 73 PS, 212 Kilogramm, 194 km/h

YAMAHA

XJ 600 S Diversion + XJ 600 N

Es ist wieder mal alles eine Frage des Standpunkts: Für die einen sind die XJ 600 S Diversion und die unverkleidete XJ 600 N Komfortsänften, für die anderen schlicht Weicheier. Die einen sind froh, daß die Vorderrad-Bremsen nicht so hart zupacken, andere ärgert das. Tatsache ist, daß die XJ 600 S und N eher Motorräder für ruhigere Gemüter sind. Fahrer mit sportlichen Ambitionen werden mit ihnen auf Dauer wohl nicht glücklich, dafür haben die Fahrwerke zu große Schwächen: In Schräglage bei hohen Geschwindigkeiten beginnt die Fuhre dermaßen zu pendeln, daß man sich unwillkürlich an die Motorrad-Fahrwerke der frühen achtziger Jahre erinnert fühlt. Und in schnellen Wechselkurven muß die XJ mit Nachdruck zum Schräglagenwechsel überredet werden. Und ebenso wie eine Konstruktion aus anno dunnemals mutet der mühsam zu ertastende Chokehebel an der Vergaserbatterie an.

Aber die die XJ 600 S und N verfügen durchaus auch über Tugenden aus alten Zeiten: So haben sie zum Beispiel einen Hauptständer, heutzutage nicht gerade selbstverständlich. Und die Sitzposition ist erfreulich universell ausgefallen: Menschen aller Formate zwischen 1,65 und zwei Metern finden hier einen bequemen Platz vor.

Der Motor, so zeigte es sich im 50 000-Kilometer-Langstreckentest von MOTORRAD, ist relativ standfest. Zwar zeigten sich nach dem Zerlegen leichte Laufspuren in den Zylindern, geringe Material-Ausbrüche an den Nockenwellen und etwas angenagte Zahnflanken der Getrieberäder des fünften und sechsten Gangs, doch waren all diese Schäden nur im Ansatz erkennbar und noch keinesfalls bedrohlich.

Bedrohlicher war da schon, daß während des Langstreckentests auf einmal die Federbein-Aufnahme von der Schwinge abbrach – sicher ein Folgeschaden des schon im Neuzustand häufig durchschlagenden Federbeins, das zudem im Lauf der Zeit auch noch regelrecht ausleiert. Hier kann also ein vorbeugender Blick auf die Aufnahme sicher nichts schaden. Ab 1993 setzte Yamaha eine verstärkte Schwinge und eine geändertes Federbein in der Serie ein.

Klappernde Geräusche aus dem Zylinderkopf brauchen den Gebrauchtkäufer nicht zu schrecken, die sind bei der XJ 600 S und N konstruktionsbedingt. Normal ist auch, daß der Motor bei tiefen Temperaturen relativ schlecht anspringt. Schuld sind zu kleine Chokedüsen – die Yamaha-Werkstätten wissen mittlerweile, mit welchen Düsen es besser klappt. Das schlechte Warmlaufverhalten allerdings – fünf bis sieben Kilometer dauert es schon, bis die Yamaha ohne Choke sauber Gas annimmt – läßt sich nicht verbessern.

Apropos Yamaha-Werkstätten: Zumindest ältere XJ 600 S sollten anfangs mal eine Werkstatt von innen gesehen haben, da es 1992 eine Rückrufaktion von Yamaha gab: Das Lenk-/Zündschloß konnte sich wegen zu kurzer Schrauben lösen und im schlimmsten Fall die Lenkung blockieren – betroffen waren die Fahrgestell-Nummern 4BR-020101 bis 021930 und 4BR-032101 bis 033500.

YAMAHA XJ 600 S Diversion

Motor: Luftgekühlter Vierzylinder-Viertaktmotor, 50 PS (37 kW) bei 7500/min, 39 Nm bei 4000/min, Sechsganggetriebe, Kettenantrieb

Fahrwerk: Doppelschleifenrahmen aus Stahl, vorn und hinten Scheibenbremse, Reifengröße vorn 110/80 H 17, hinten 130/70 H 18

Gewicht: 208 kg mit 17 Litern Super bleifrei vollgetankt

Sitzhöhe: 785 Millimeter

Höchstgeschwindigkeit: 171 km/h

Beschleunigung 0 – 100 km/h: 5,5 sek

Verbrauch: 6,1 Liter/100 km

Leistungsvarianten: 27, 34, 50, 61 PS

Bauzeit (Neupreise): 1991 (8600 Mark) bis heute (2001 11 300 Mark). XJ 600 N: 1994 (9600 Mark) bis heute (2001 10 700 Mark)

Wichtige Modellpflegemaßnahmen: 1993 Schwinge verstärkt und Federbein geändert. 1994 Einführung der unverkleideten XJ 600 N. 1996 Vergaser modifiziert, Kraftstoffpumpe.

Während des MOTORRAD-Dauertests passiert:
Federbeinaufnahme an der Schwinge
abgebrochen – hier wieder geschweißt

Yamaha XJ 600 S Diversion: Vierzylindermotor,
50 PS, 208 Kilogramm, 171 km/h

YAMAHA

XT 600

Die Fernreisenden hatte Yamaha ja bereits 1983 mit dem Wüstenschiff XT 600 Ténéré bestens bedient. Da es aber nicht jedermanns Sache ist, auf einer 900 Millimeter hohen Sitzbank zu thronen und mit 28 Litern Sprit durch die Lande zu schwappen, schoben die Japaner schon ein Jahr später die abgespeckte und niedrigere XT 600 nach. Diese Enduro war von vornherein nicht dazu konzipiert, ferne Länder zu bereisen. Das Glück lag viel näher: in der örtlichen Kiesgrube. Diese 600er war nämlich hervorragend geeignet, ein paar Flugstunden über die Sprunghügel zu nehmen.

Die XT 600 blieb in ihrer Bauzeit bisher von typischen Macken verschont. Der kultiviert laufende Motor erwies sich sogar als einer der sehr standfesten Sorte – erst ab Laufleistungen von 50 000 bis 80 000 Kilometern muß mit dem ersten fälligen Übermaß gerechnet werden. Ein besonderes Augenmerk muß der XT-Interessent eher den Kleinigkeiten am Runde widmen.

So gibt bei manchen Exemplaren rätselhafterweise häufiger die Batterie ihren Geist auf. Manchmal verweigert auch der Stator der Lichtmaschine seinen Dienst. Hier ist also eine längere Probefahrt angesagt, denn selbst wenn der Verkäufer die Batterie vorher proppenvoll geladen hat, wird bei einer defekten Lichtmaschine während der Fahrt das Licht immer dunkler – ertappt. Aufpassen lohnt sich, denn ein neuer Stator kostet ein Mördergeld.

Regnet es bei der Probefahrt und die XT fängt an, gräßlich zu ruckeln und zu spotzen, muß nicht gleich großes Unheil drohen. Vielmehr hat sich dann wahrscheinlich, wie es bei der 600er sehr oft vorkommt, der Unterbrecherschalter vom Seitenständer in das Zündgeschehen eingemischt. Nur mit Kontaktspray einsprühen und dann den Schalter sorgfältig abdichten sorgt meist für dauerhafte Abhilfe.

Ziemlich normal für einen Einzylinder, aber eben doch eine recht teure Reparatur: Ab Laufleistungen von 40 000 bis 50 000 Kilometern muß der Käufer damit rechnen, daß das Zahnradpaar des fünften Gangs angegriffen ist. Dieser Defekt macht sich während der Fahrt mit ungewöhnlichen Laufgeräuschen im fünften Gang und durch stärker werdende Vibrationen deutlich bemerkbar.

Dem Fahrwerk der XT 600 merkt man nach heutigen Maßstäben sein Alter deutlich an – Hochgeschwindigkeits-Stabilität ist nicht seine Stärke. Zwar liegt die XT seit dem Modelljahr 1990, in dem ihr die Federwege etwas gestutzt wurden, deutlich stabiler, doch etwas flatterig verhält sie sich bei höheren Tempi immer noch. Endgültige Abhilfe bringt da nur der Einbau von besseren Gabelfedern und der Austausch des Federbeins.

Bleibt zum Schluß bei den vielen Ausführungen nur noch die Qual der Wahl zwischen den verschiedenen Ausführungen, aber eins ist sicher: Freunde von unbefestigtem Terrain sollten wegen des geringeren Fahrzeuggewichts zu den frühen Varianten greifen, schließlich wiegt die aktuelle XT 600 E mit 172 Kilogramm fast 20 Kilogramm mehr als die Ur-Version. Und das ist schon wieder die Gewichtsklasse der ersten Ténéré. Sollte Yamaha da etwa über die Jahre das Ziel des spritzigen kleinen Stoppelhoppers aus den Augen verloren haben? Es sieht fast so aus.

YAMAHA XT 600

Motor: Luftgekühlter Einzylinder-Viertaktmotor, 44 PS (32 kW) bei 6500/min, 50 Nm bei 5500/min, Fünfganggetriebe, Kettenantrieb
Fahrwerk: Einrohrrahmen aus Stahl, vorn Scheiben-, hinten Trommelbremse, Reifengröße vorn 3.00 S 21, hinten 4.60 S 18
Gewicht: 154 kg mit 11 Litern Super bleifrei vollgetankt
Sitzhöhe: 830 Millimeter
Höchstgeschwindigkeit: 148 km/h
Beschleunigung 0 – 100 km/h: 5,8 sek
Verbrauch: 6,2 Liter/100 km
Leistungsvarianten: 27, 34, 40, 44, 45 PS
Bauzeit (Neupreise): 1984 (7200 Mark) bis heute (2001 10 000 Mark)
Wichtige Modellpflegemaßnahmen: 1987 (Typ 2NF mit 27 PS und Typ 2KF mit 45 PS) 13-Liter-Tank, Scheibenbremse hinten. 1990 (Typ 3UW mit 27 PS und 3TB mit 45 PS) verkürzte Federwege, wahlweise als XT 600 E mit Elektro-Starter lieferbar. Seit 1996 nur noch XT 600 E mit 40 PS lieferbar, XT 600 K (mit Kickstarter) entfällt.

Die angegebenen technischen Daten beziehen sich auf das Modell von 1984 bis 1986 (Typ 43F)

Hier ist die XT 600 in ihrem Element: in der Kiesgrube. Ein Steinbruch tut's natürlich auch

Yamaha XT 600 (1984): Einzylindermotor, 44 PS, 154 Kilogramm, 148 km/h

YAMAHA

XT 600 Ténéré

Modellpflege ist an sich ja eine feine Sache: Normalerweise werden bestehende Schwächen ausgemerzt oder gute Eigenschaften weiter verbessert. Doch manchmal geht der Schuß auch nach hinten los. So im Fall der XT 600 Ténéré – offizielle Bezeichnung XT 600 Z. Seit der Markteinführung 1983 war dieser Eintopf bekannt als eine äußerst zuverlässige Fernreise-Enduro, mit der man sich ohne Skrupel auch in einsame Gegenden wagen konnte. Bis eben zur verhängnisvollen Modellpflege für das Jahr 1986. Um das Design an die hauseigenen Sieger der Rallye Paris – Dakar anzupassen, verpaßten die japanischen Ingenieure der Ténéré einen tief heruntergezogenen Tank und ein mächtiges, hochgelegtes Schutzblech. Mit der Folge, daß dem Motor schlicht die Luft wegblieb – die dringend benötigte Kühlluft nämlich. Der Zylinderkopf verzog sich wegen der Hitze, daraufhin hielt die Kopfdichtung dem Vorbrennungsdruck nicht mehr stand und erlaubte fortan freies Blasen. Zudem rissen auch noch die Zylinderkopf-Befestigungsbolzen aus dem Leichtmetall-Gewinde des Zylinders aus – Yamaha hatte also den berühmten Griff ins Klo getan.

Erst ab dem Baujahr 1988 konnte die Ténéré wieder als das gelten, was sie einmal war, nämlich standfest und zuverlässig – die neue Modellpflege hatte gewirkt, bis zum Ende der Bauzeit wurden nie wieder Klagen über serienmäßige Mängel laut.

Der Motor, wenn er nicht eben das Geburtsjahr 1986 oder 1987 hat, erreicht für einen Einzylinder erstaunlich hohe Laufleistungen. Es sind etliche Triebwerke bekannt, bei denen nach 100 000 Kilometern immer noch der erste Kolben seinen Dienst verrichtet. Doch das ist sicher nicht der Regelfall, denn ab Kilometerständen zwischen 50 000 bis 80 000 ist meist das erste Übermaß für Kolben und Zylinder fällig. Ein gewisses Klappern gehört bei laufendem Motor zwar durchaus zum Handwerk, aber eben nur ein gewisses. Um zu beurteilen, ob die Geräusche noch normal oder schon bedenklich sind, ist es am ratsamsten, einen Ténéré-erfahrenen Bekannten gleich zum Besichtigungstermin mitzubringen. Man muß übrigens nicht unbedingt vor dem Kauf einer Ténéré der zwei leidgeplagten Baujahre zurückschrecken. Yamaha hatte nämlich seinerzeit eiligst die Händler angewiesen, im Falle von Undichtigkeiten längere Stehbolzen, Gewinde-Einsätze und eine neue Kopf- und Fußdichtung einzubauen – eine Maßnahme, die auch weitgehend wirkte. Nur sollte eben heute das Objekt der Begierde bereits derart nachgerüstet sein, da ansonsten zum Einbau der Dichtungen der Motor ausgebaut werden muß.

Allen Varianten gemeinsam ist, daß bei höheren Laufleistungen (ab 40 000 bis 50 000 Kilometer) die Zahnräder des fünften Gangs angegriffen sind – ebenfalls kein billiger Schaden, da zur Reparatur wieder der Motor heraus muß.

Bei der Probefahrt ist dieser Defekt glücklicherweise aber recht sicher zu diagnostizieren: Wenn ein komisches singendes Geräusch nur im fünften Gang auftritt, sollte sich der Interessent lieber eine andere Ténéré aussuchen. Groß genug ist die die Auswahl ja.

YAMAHA XT 600 Ténéré

Motor: Luftgekühlter Einzylinder-Viertaktmotor, 44 PS (32 kW) bei 6500/min, 50 Nm bei 5500/min, Fünfganggetriebe, Kettenantrieb
Fahrwerk: Einrohrrahmen aus Stahl, vorn Scheiben-, hinten Trommelbremse, Reifengröße vorn 3.00-21, hinten 4.60-18
Gewicht: 170 kg mit 28 Litern Super bleifrei vollgetankt
Sitzhöhe: 900 Millimeter
Höchstgeschwindigkeit: 142 km/h
Beschleunigung 0 – 100 km/h: 6,5 sek
Verbrauch: 6,2 Liter/100 km
Leistungsvarianten: 27, 44, 46 PS PS
Bauzeit (Neupreise): 1983 (7400 Mark) bis 1991 (9600 Mark)
Wichtige Modellpflegemaßnahmen: 1986 (Typ 1VJ) ausschließlich E-Starter, 23-Liter-Tank, 46 PS, tief heruntergezogener Tank. 1988 (Typ 3AJ) Halbverkleidung, Scheibenbremse hinten, 185 Kilogramm, Zylinder mit größerer Kühlfläche. 1989 (Typ 55W) neuer Kolben zur Reduzierung der Laufgeräusche, größerer Ölkühler.

Die angegebenen technischen Daten beziehen sich auf das Modell von 1983 bis 1985 (Typ 34L)

Mehr Luft: Seit dem Modelljahr 1988 gilt die Ténéré wieder als zuverlässig

Yamaha XT 600 Ténéré (1983):
Einzylindermotor, 44 PS,
170 Kilogramm, 142 km/h

YAMAHA

XJ 650

Wer ein außerordentlich haltbares Motorrad der Mittelklasse sucht, das zudem gebraucht auch noch günstig gehandelt wird, kommt an der XJ 650 eigentlich nicht vorbei. Das Fahrwerk kann zwar in punkto Stabilität heute nicht mehr überzeugen, doch mit einigen Veränderungen (zum Beispiel mit Schwarz-Lenkkopflagern, Wirth-Gabelfedern und Stoßdämpfern von Koni) lassen sich der alten Dame durchaus noch akzeptable Fahrmanieren beibringen. Und mit Stahlflex-Bremsleitungen verzögert es sich auch gleich deutlich besser.

Laufleistungen über 100 000 Kilometer schüttelt der Motor ganz locker aus dem Ärmel. Und da heute viele der angebotenen XJ 650 diesen magischen Kilometerstand bereits überschritten haben, folgt nun eine gnaden- und lückenlose Aufzählung aller Mängel, die an einer XJ 650 in ihrem langen Leben auftreten können – aber beileibe nicht müssen. Los geht's also.

Die XJ erzeugt Vibrationen, für den Fahrer kaum spürbar, doch der Sicherungskasten fühlt sich hiervon irgendwie angesprochen. So haben scheinbar unlösbare Elektroprobleme meist ihre Ursache in gelösten Anschlüssen oder klammheimlich durchvibrierten Sicherungs-Fäden. Bei nächster Gelegenheit sollte also besser dieses unscheinbare Kästchen mit der Aufschrift »Fuse« gegen einen Sicherungskasten mit Flachsicherungen aus dem Autozubehör (zum Beispiel von Hella) ausgetauscht werden. Übrigens sind auch die Halterungen des Vorderrad-Schutzblechs bevorzugtes Angriffsziel der Vibrationen.

Bevorzugtes Angriffsziel von Rost ist dagegen die Auspuffanlage – bei Motorädern dieser Baujahre nichts Ungewöhnliches. Da der Komplettpreis der Neu-Anlage schon den Zeitwert so mancher verranzter XJ 650 übersteigt, sollte in dem Fall auf die deutlich günstigeren Töpfe von Sito zurückgegriffen werden.

Richtig teuer kann es werden, wenn sich der Leerlauf des Motors nicht konstant einstellen läßt. Im harmloseren Fall sind nur die Ansaugstutzen porös geworden, deutlich an dem rissigen Gummi zu erkennen. Die wesentlich schlimmere Möglichkeit ist, daß die Drosselklappenwelle ausgeschlagen ist, was bei den XJ-Vergasern bei hoher Laufleistung leider recht häufig vorkommt. Dieser Defekt läßt sich mit vertretbarem Aufwand nicht reparieren, da kommt nur eine gebrauchte Vergaser-Batterie vom Gebrauchtteile-Händler in Frage.

Gebraucht sollten besser auch die Teile sein, die man zur Drosselung oder Entdrosselung des Motors braucht (Nockenwellen, Ansaugstutzen), da diese Teile neu eine stattliche Summe kosten.

Vor der Probefahrt sollte man verstärkt auf das Verhalten des Anlassers achten, der macht nämlich nach längeren Standzeiten manchmal Mucken.

Wenn's dann während der Fahrt aus dem Bereich der Gabel klappert, müssen das nicht zwingend defekte Lenkkopflager sein, sondern es können auch die ausgeschlagenen Bremssattelführungen Laut geben – ebenfalls ein Defekt, der erst bei hohen Laufleistungen auftritt. Und ein

YAMAHA XJ 650

Motor: Luftgekühlter Vierzylinder-Viertaktmotor, 71 PS (52 kW) bei 9400/min, 57 Nm bei 7200/min, Fünfganggetriebe, Kardanantrieb

Fahrwerk: Doppelschleifenrahmen aus Stahl, vorn Doppelscheiben-, hinten Trommelbremse, Reifengröße vorn 3.25 H 19, hinten 120/90 H 18

Gewicht: 231 kg mit 20 Litern Normal vollgetankt

Sitzhöhe: 790 Millimeter

Höchstgeschwindigkeit: 197 km/h

Beschleunigung 0 – 100 km/h: 4,8 sek

Verbrauch: 4,8 Liter/100 km

Leistungsvarianten: 50, 71 PS

Bauzeit (Neupreise): 1980 (7000 Mark) bis 1985 (7800 Mark)

Wichtige Modellpflegemaßnahmen: 1982 YICS (Yamaha Induction Control System) – Spezialwerkzeug zur Vergaser-Synchronisierung erforderlich.

Nicht reparabel: Wenn die Drosselklappenwelle der Vergaser ausgeschlagen ist, sind die Vergaser Schrott

Knacken aus dem Kardan-Bereich schließlich verheißt auch nichts Gutes, dann ist nämlich das Kreuzgelenk schon angeschlagen.

Diese Aufzählung hörte sich jetzt schon schlimm an, zugegegeben. Doch wird es kaum eine XJ 650 geben, die unter all diesen möglichen Krankheiten leidet. Und wenn doch, dann besichtigt man eben die nächste.

Yamaha XJ 650: Vierzylindermotor, 71 PS, 231 Kilogramm, 197 km/h

YAMAHA

XS 650

Der aufmerksame Leser wird es bereits festgestellt haben: In diesem Buch war schon des öfteren von Vibrationen die Rede. Meist von feinen Vibrationen, die Glühlampen zerstören und die Hände einschlafen lassen. Im Vergleich zu den mechanischen Lebensäußerungen einer XS 650 sind dies jedoch nur lächerliche Vibratiönchen – denn wenn ein Motorrad wirklich vibriert, dann ist es dieser Klassiker von Yamaha. So ist die XS wahrscheinlich das einzige japanische Motorrad, das sich, auf dem Hauptständer geparkt, durch einen beherzten Dreh am Gasgriff rückwärts einparken läßt.

Natürlich geht diese Schüttelei auf Dauer nicht spurlos am Rest des Motorrads vorbei: Drahtisolierungen werden dünnhäutig, Metallteile wie Schutzblech, Kettenschutz und Auspuffanlage reißen ein, und wichtige Schraubverbindungen bedürfen der ständigen Kontrolle. So ein Motorrad muß man entweder lieben oder besser gleich die Finger davon lassen.

Die Grundkonstruktion dieses Gleichläufers (beide Kolben gehen gleichzeitig auf und ab) ohne Ausgleichswelle geht bis in das Jahr 1969 zurück, erst ab 1975 wurde die XS offiziell nach Deutschland importiert. Bis zu ihrem letzten Baujahr blieb der 650er tiefgreifende Modellpflege verwehrt, und so ist an der XS alles ... ja, was? Die einen nennen es klassisch, die anderen eben alt. So kann das Fahrwerk (mit Kugellagern im Lenkkopf und Schwingenlagern aus Kunststoff) samt den matten Bremsen naturgemäß modernen Ansprüchen nicht mehr genügen, doch zumindest in punkto Fahrstabilität kann der Zubehörhandel mit modernen Lagern und Koni-Federbeinen wieder viel gut machen. Auch beim Motor sind einige Verbesserungen möglich – und nötig. So wurde seinerzeit die schon recht geringe Motoröl-Menge von 2,5 Litern lediglich durch zwei Drahtsiebe gefiltert, die dummerweise auch noch zum Reißen neigten. Hier gibt es zum Beispiel ein spezielles Blech, das die Lebensdauer der Siebe erheblich verlängert. Alle Verbesserungen an dieser Stelle aufzuführen, würde aber leider den Rahmen sprengen – wer Verbesserungs-Möglichkeiten für die XS 650 sucht, wird mit Sicherheit bei dem »XS 650-Laden« in Stuttgart fündig (Telefon 07 11/6 49 21 53). Hier soll es hauptsächlich um die Besichtigung gehen, und da gibt es einige Kontrollpunkte abzuhaken.

Daß sich das Anlassen gräuslich anhört, ist bei der XS 650 völlig normal. Keinesfalls darf aber der laufende Motor rumpelnde Geräusche von sich geben, da in diesem Fall die Kurbelwellenlager hinüber sein können, ein teurer Schaden, der auch schon bei Kilometerständen unter 50 000 auftreten kann. Bei dieser Laufleistung sind dann auch meist die Kolbenringe erneuerungsbedürftig. Bei starken Lastwechselreaktionen haben sich wahrscheinlich die Ruckdämpferfedern bereits zur Ruhe gesetzt – der Kupplungskorb muß ausgetauscht werden. Wenn es während der Probefahrt aus dem Auspuff scheppert, haben sich die Schalldämpfereinsätze losgeschüttelt – die Ersatzteilversorgung für die XS 650 ist übrigens mittlerweile nicht mehr ganz unproblematisch. Und wird das Scheinwerferlicht

YAMAHA XS 650

Motor: Luftgekühlter Zweizylinder-Viertaktmotor, 50 PS (37 kW) bei 6800/min, 54 Nm bei 6200/min, Fünfganggetriebe, Kettenantrieb

Fahrwerk: Doppelschleifenrahmen aus Stahl, vorn Doppelscheiben-, hinten Trommelbremse, Reifengröße vorn 3.25 H 19, hinten 4.00 H 18

Gewicht: 230 kg mit 15 Litern Normal vollgetankt

Sitzhöhe: 820 Millimeter

Höchstgeschwindigkeit: 164 km/h

Beschleunigung 0 – 100 km/h: 6,3 sek

Verbrauch: 6,1 Liter/100 km

Leistungsvarianten: keine

Bauzeit (Neupreise): 1975 (5600 Mark) bis 1984 (6700 Mark)

Wichtige Modellpflegemaßnahmen: 1977 bessere Vorderradbremse, längerer Federweg vorn. 1980 bis 1984 Softchopper XS 650 SE.

Beulenpest: Wenn der Topf schon so von außen aussieht, wird innen der Rostteufel wüten

beim Gasgeben aus Leerlaufdrehzahl nicht heller, ist die Lichtmaschine hinüber.

Man sieht: Die XS 650 verlangt nach Pflege, ist aber andererseits durch den einfachen mechanischen Aufbau ein gut geeignetes Objekt, um das Schrauben zu erlernen. Und wenn sie läuft, dann schüttelt sie sich vor Freude.

Yamaha XS 650: Zweizylindermotor, 50 PS, 230 Kilogramm, 164 km/h

YAMAHA

XVS 650 Drag Star

Yamaha hat offensichtlich immer wieder ein Händchen dafür, auch den Liebhabern nicht sportlicher Motorräder mitten ins Herz zu treffen. Bekanntestes Beispiel dafür ist die XV 535, von der Yamaha seit 1987 gigantische Stückzahlen absetzen konnte. Doch auch die größere Schwester, die XVS 650, startete vom Verkaufsbeginn 1997 an kräftig durch. Obwohl die Drag Star ganz anders aussieht, verbirgt sich unter ihrer imposanten Cruiser-Schale im wesentlichen immer noch die Technik der XV 535: Zylinder aufgebohrt, längerer Hub, kleinere Vergaser, Primärantrieb länger übersetzt – fertig ist der 650er Motor.

Wie fährt sich so ein Teil? 40 PS lassen natürlich keine Beschleunigungswunder erwarten. Aber die braucht in so einem Motorrad sowieso keiner. Im fünften Gang kann man die Drag Star ab 35 km/h mit Gefühl und ab 45 auch mit Vollgas beschleunigen – so soll es sein. In der gedrosselten 34-PS-Version macht die XVS dagegen nicht so viel Freude: Der Motor wirkt in der sechs PS schwächeren Ausführung angestrengt und lustlos – 231 Kilogramm Lebendgewicht sind eben kein Pappenstiel.

Egal aber, ob 40 oder 34 PS, das Fahrwerk ist dasselbe. In engen, welligen Kurven kippelt die XVS recht eigenwillig vor sich hin. Chopper laufen halt naturgemäß (durch den langen Radstand) lieber geradeaus als um die Ecke. Auch die Schräglagenfreiheit ist durch die sehr niedrig angebrachten Fußrasten arg begrenzt. Der Federungskomfort ist gut. Nur sind die Gabelfedern so weich, daß beim kräftigen Bremsen die Vorderradgabel auf Block geht.

Des einen Freud, des andern Leid: Fahrer über 175 Zentimeter Körpergröße bekommen auf der niedrigen Drag Star Platzprobleme, während kurze Piloten sich über die niedrige Sitzhöhe freuen können, die tatsächlich nur 680 Millimeter beträgt.

Das Ergebnis eines 50.000-Kilometer-Langstreckentests war allerdings weniger erfreulich: So wie der Motor am Schluß klapperte, sah es auch innen aus. Zylinder verschlissen, Kolben austauschreif, Pleuel und Kolbenbolzen nicht mehr schön, ein Getrieberad hinüber – und die Liste war noch länger. Also auf Geräusche achten. Und auf Vibrationsschäden. Besonders bei den Endschalldämpfern und im Heckbereich.

Obiges gilt natürlich erst recht für die erst 1998 eingeführte XVS 650 Drag Star Classic, die durch ihre breite Telegabel, den breiten Vorderradreifen, die wuchtigen Standrohr-Ummantelungen, die dicke Lampe und die riesigen Blech-Kotflügel noch viel ehrfurchtseinflößender als die Standard-XVS aussieht. Erfreulich: Beide Varianten überzeugten in verschiedenen Tests mit einem Verbrauch von rund fünf Litern auf 100 Kilometern bei zügigem Landstraßentempo. Und so was trifft natürlich auch Liebhaber nicht sportlicher Motorräder mitten ins Herz.

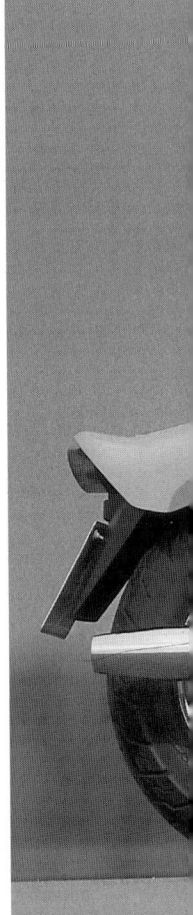

YAMAHA

Motor: Luftgekühlter Zweizylinder-Viertakt-V-Motor, 40 PS (29 kW) bei 6500/min, 51 Nm bei 3000/min, Fünfganggetriebe, Kardanantrieb

Fahrwerk: Doppelschleifenrahmen aus Stahl, Scheibenbremse vorn, Trommelbremse hinten, Reifengröße vorn 100/90 S 19, hinten 170/80 S 15

Gewicht: 231 kg mit 16 Litern Normal vollgetankt

Sitzhöhe: 680 Millimeter

Höchstgeschwindigkeit: 147 km/h

Beschleunigung 0 – 100 km/h: 7,3 sek

Verbrauch: 4,9 Liter/100 km

Leistungsvarianten: 34 und 40 PS

Bauzeit (Neupreise): 1997 (11 990 Mark) bis heute (2001 14 300 Mark)

Wichtige Modellpflegemaßnahmen: Seit 1998 Spezialversion XVS 650 Drag Star Classic lieferbar (Preis 1999 13 959 Mark): Breiterer (130er) Vorderradreifen, riesige Kotflügel aus Blech, tief heruntergezogenes Heck.

Alles Blech: Die XVS 650 Drag Star Classic beeindruckt mit ihren riesigen Kotflügeln

Yamaha XVS 650 Drag Star: Zweizylinder-V-Motor, 40 PS, 231 Kilogramm, 147 km/h

YAMAHA

XTZ 660 Ténéré

Es gibt Motorräder, die es einfach gut verstehen, ihr wahres Wesen zu tarnen. So scheint es sich bei der XTZ 660 zunächst zweifelsfrei um eine Enduro zu handeln. Doch schon der erste Ausritt ins Gelände macht klar: Eine echte Enduro ist sie nicht, dafür sind Gewicht, Verkleidungsscheibe und Schwerpunkt zu hoch. Also vielleicht ein Tourer? Das kommt der Sache schon näher, denn die Verkleidungsscheibe schützt den Fahrer gut vor dem Wind, die Sitzposition ist auch für zwei Personen bequem, und die Reichweite ist mit über 300 Kilometern recht hoch ausgefallen. Da aber Reisende hin und wieder gern auch mal etwas Gepäck mitnehmen, die XTZ aber nur 176 Kilogramm Zuladung zuläßt, kann sie ein Tourer auch nicht sein. Bleiben also nur noch die Kategorien Chopper oder Sportmotorrad. Chopper scheidet mit ziemlicher Sicherheit aus, bleibt also nur noch das Sportmotorrad. Und genau diese Klassifizierung kommt der XTZ 660 erstaunlicherweise am nächsten: Das Fahrwerk ist auch in schnellen Kurven spurstabil, das Handling spielerisch und die Schräglagenfreiheit groß. Die Bremsen beißen ordentlich zu und sind durch den klaren Druckpunkt auch gut dosierbar. Nur der Motor ist nicht ganz so sportlike, denn er kommt ab Drehzahlen von 2500/min zwar schüttelfrei und elastisch, aber auch schon fast ein bißchen langweilig zur Sache. Dennoch, die XTZ 660 ist im Prinzip ein Sportmotorrad für die Landstraße – die Zusatzbezeichnung Ténéré ist lediglich eine gut gelungene Irreführung von Yamaha.

Keinesfalls eine Irreführung ist es, wenn bei der Probefahrt eine gebrauchte XTZ 660 im fünften Gang jämmerlich heulende Geräusche von sich gibt, denn dann ist der Fall in der Regel ziemlich klar: Die Zahnräder des fünften Gangs sind erneuerungsbedürftig. Dieser teure Schaden tritt bei der XTZ (und auch bei den XTs samt Ténérés) recht häufig auf, da dank des drehmomentstarken Motors eben die meisten Kilometer im fünften Gang erledigt werden. Ansonsten gehört der Motor zur haltbaren Sorte. Allerdings muß, typisch für einen Einzylindermotor, ab Laufleistungen von 50 000 Kilometern zumindest mit dem bald fälligen ersten Übermaß (Zylinder ausschleifen, dickerer Kolben) gerechnet werden.

Häufig wird der Probefahrer auf eine rutschende Kupplung stoßen. Diese scheint konstruktionsbedingt dem Drehmoment des Motors nicht gewachsen zu sein, da oft schon nach 20 000 Kilometern neue Beläge fällig sind. Ebenso scheint die Dimension der Kette ab Werk etwas zu sparsam gewählt zu sein, denn auch die Lebensdauer der Kette – und damit auch die des Ritzels und des Kettenrads – ist selten höher als 20 000 Kilometer.

Der Motor läuft zwar dank einer zahnradgetriebenen Ausgleichswelle vibrationsarm, aber natürlich nicht vibrationsfrei. Der Besitzer merkt das an häufig durchgebrannten Instrumentenbeleuchtungen, der Gebrauchtkäufer sollte besonders die Zierblenden am Auspuffkrümmer in Augenschein nehmen, da besonders diese mit Vorliebe abvibrieren. Und da die Haltung des Interessenten gerade schon eine gebückte ist: Weiter hinten am Motorrad gibt's meist Rost zu entdecken – der Auspufftopf glänzt nicht gerade mit einer überzeugenden Verarbeitungsqualität.

YAMAHA XTZ 660 Ténéré

Motor: Wassergekühlter Einzylinder-Viertaktmotor, 48 PS bei 6250/min (ab 1996 46 PS bei 6200/min), 57 Nm bei 5250/min, Fünfganggetriebe, Kettenantrieb

Fahrwerk: Einschleifrahmen aus Stahl, vorn und hinten Scheibenbremse, Reifengröße vorn 90/90-21, hinten 120/90-17

Gewicht: 202 kg mit 20 Litern Normal vollgetankt

Sitzhöhe: 870 Millimeter

Höchstgeschwindigkeit: 158 km/h

Beschleunigung 0 – 100 km/h: 6,3 sek

Verbrauch: 5,9 Liter/100 km

Leistungsvarianten: 27, 34, 46, 48 PS

Bauzeit (Neupreise): 1991 (10 300 Mark) bis 1999 (12 000 Mark)

Wichtige Modellpflegemaßnahmen: 1994 breitere Verkleidung mit Doppelscheinwerfer. 1996 offen 46 statt vorher 48 PS.

Zahnausfall: Wenn das Getriebe heult (meist im fünften Gang), sind die Zahnräder angegriffen

Yamaha XTZ 660 Ténéré: Einzylindermotor, 48 PS, 202 Kilogramm, 158 km/h

YAMAHA

FZ 750

Auf einmal war sie weg. Nach zehn Jahren Produktionszeit einfach sang- und klanglos aus den Schaufenstern der Händler verschwunden. Irgendwie undankbar einem Motorrad gegenüber, das einst der Technologieträger von Yamaha war, denn 1985 setzte die FZ 750 mit ihrem wassergekühlten Fünfventiler einen Meilenstein in die Motorrad-Geschichte. Allein die Tatsache, daß die Ventile nur alle 42 000 Kilometer eingestellt werden mußten, ließ schon vermuten, daß es sich bei der FZ um ein zuverlässiges Motorrad handeln mußte. Die Erfahrungen der weiteren Jahre untermauerten diese These – Laufleistungen um die 100 000 Kilometer sind für dieses Triebwerk völlig normal.

Das erste Modell, gebaut 1985 und 1986, hatte noch eine eckige Halbschalenverkleidung, die damals in der Öffentlichkeit nicht besonders gut ankam, da die Motorradfahrer eher auf Vollverkleidungen standen. Heute aber sind gerade die Modelle dieser beiden Jahre besonders gesucht, ziemlich selten und daher dementsprechend teuer – also nicht wundern. Für künftige Besitzer dieser frühen Ausführung: Die FZ 750 litt anfangs unter starken Lastwechselreaktionen, 1986 wurde ihr diese Marotte durch den Einbau eines geänderten Ruckdämpfers in die Hinterradnabe, der sich auch heute noch nachrüsten läßt, weitgehend abgewöhnt.

Was sich der alten FZ dagegen nicht abgewöhnen läßt, ist das starke Aufstellmoment beim Bremsen in Schräglage, hier ist vor allem das kleine 16-Zoll-Vorderrad schuld.

Erst 1989 verbaute Yamaha einen 17-Zöller, das Aufstellen war jetzt deutlich verringert. Nicht aber das leichte Pendeln in sehr schnellen, langen Kurven – damit muß der FZ-Fahrer wohl leben. Aber die FZ 750 war ohnehin nie ein richtiges Sportmotorrad, viel eher ein Tourensportler, um pfeilschnell und dabei noch recht entspannt von Punkt A nach Punkt B zu kommen. Wer dennoch unbedingt breitere Reifen montieren möchte: Mit etwas Glück bekommt man einen 150er für die hintere Serienfelge eingetragen, aber wer's noch breiter braucht, kommt um eine Zubehörfelge nicht herum.

Das serienmäßige Federbein macht oft schon recht früh schlapp und will dann nicht mehr so richtig dämpfen. Nicht immer ist in diesem Fall gleich ein teures Neuteil fällig, denn mit etwas Geschick ist auch eine eigenhändige Reparatur möglich.

Da nämlich meist nur die Dämpfer-Einstellnadel verschlissen ist, muß lediglich der Einstell-Mechanismus demontiert, die biegsame Welle ganz nach links gedreht und der Mechanismus in Position fünf wieder montiert werden.

Die Auspuffanlage ist recht rostanfällig, doch der Ersatz aus dem Zubehör macht häufig auch nicht glücklich, da die FZ ziemlich mimosenhaft, mit Leistungsmangel nämlich, auf Fremd-Auspuffanlagen reagiert. Leistungsmangel im weiteren Sinne gibt es auch, wenn mal wieder die Kupplung der FZ verschlissen ist, was so ziemlich alle 25 000 Kilometer auftritt. Leicht zu merken: Wenn bei der Probefahrt der Motor ab 7000/min im letzten Gang so richtig schön aufheult, das Motorrad dabei aber kein bißchen schneller wird, sind neue Lamellen fällig.

YAMAHA FZ 750

Motor: Wassergekühlter Vierzylinder-Viertaktmotor, 100 PS (74 kW) bei 10 500/min, 78 Nm bei 8250/min, Sechsganggetriebe, Kettenantrieb

Fahrwerk: Doppelschleifenrahmen aus Stahl, vorn Doppelscheiben-, hinten Scheibenbremse, Reifengröße vorn 120/70 VR 17, hinten 150/70 VR 18

Gewicht: 235 kg mit 21 Litern Normal vollgetankt

Sitzhöhe: 800 Millimeter

Höchstgeschwindigkeit: 232 km/h

Beschleunigung 0 – 100 km/h: 3,8 sek

Verbrauch: 6,5 Liter/100 km

Leistungsvarianten: 98, 100 PS

Bauzeit (Neupreise): 1985 (12 800 Mark) bis 1994 (15 200 Mark)

Wichtige Modellpflegemaßnahmen: bis 1986 (Typ 1FN) Halbschalen-Verkleidung (ab 1986 Bugspoiler) ind Vier-in-zwei-Auspuffanlage. 1987 (Typ 2KK) Vollverkleidung, kein Hauptständer mehr, Vier-in-eins-Auspuffanlage. 1988 Vergaser der FZR 1000. 1989 breitere Felgen, andere Reifen-Dimensionen, Bremsen der FZR 1000. 1991 (Typ 3KT) Luftfilter, Auspuff, Bedüsung und Sekundärüberstzung geändert.

Die angegebenen technischen Daten beziehen sich auf das Modell Typ 2KK von 1987 bis 1990

Zugreifen: Die halbverkleidete Version (von 1985 bis 1986) entwickelt sich zum Sammlerstück

Yamaha FZ 750: Vierzylindermotor, 100 PS, 235 Kilogramm, 232 km/h

YAMAHA

XS 750/850

Aller guten Dinge sind drei. Doch Yamaha machte mit der Einführung der dreizylindrigen Yamaha XS 750 im Jahr 1977 ganz andere Erfahrungen. Massive Probleme wie haufenweise Motor- und Getriebeschäden sowie ein horrender Ölverbrauch zwangen den deutschen Importeur zu einer außergewöhnlich großen Kulanzaktion: Insgesamt zwölf Änderungen, darunter eine größere Ölwanne, eine leistungsfähigere Ölpumpe, eine verstärkte Primärkette und geänderte Kolbenringe wurden ohne Rücksicht auf den Kilometerstand kostenlos eingebaut. Im April 1978 war eine Rückrufaktion nötig, wobei die Schraube für die Schaltwalzenarretierung mit einem Sicherungsblech versehen wurde. Fiel nämlich diese Schraube heraus, konnten zwei Gänge gleichzeitig eingreifen und so das Hinterrad blockieren. Der Werdegang der XS 750 war also von vielen Kinderkrankheiten gezeichnet, und pflegebedürftig ist eine XS auch heute noch – dementsprechend lang ist die Liste der möglichen Mängel, die es bei der Besichtigung abzuhaken gilt.

Ein Ärgernis kann der Hauptständer sein. Bei der 750er weiten sich schnell dessen Halterungen aus, bei der 850er bricht manchmal das Verbindungsrohr des Ständers. Vorsicht also, wenn beim aufgebockten Motorrad das Hinterrad den Boden berührt. Die Auspuffanlage rostet gern, und die Grundplatte der Sitzbank bricht ab und zu durch. Der Sicherungskasten (auf dem hinteren Schutzblech montiert) vergammelt im Lauf der Zeit oder schmort sogar durch.

Schon beim Anlassen muß die Öldruck-Kontrolleuchte verlöschen. Bei niedriger Drehzahl und kaltem Motor wird wahrscheinlich die Primärkette rasseln. Dieses Geräusch muß aber ab zirka 1100/min verschwinden, sonst ist nämlich die Primärkette gelängt. Letzte Gewißheit bringt eine Fummelkontrolle: bei abgestelltem Motor einen Finger in die Öl-Einfüllöffnung stecken und versuchen, die Primärkette nach oben zu ziehen. Läßt sie sich bis zum Gehäuse heben, ist sie hinüber. Als Anhaltspunkt: Bei allen Dreizylindern sagt man dieser Kette eine Lebensdauer von nur rund 40 000 Kilometern nach.

Ein weiteres Manko ist das Getriebe. Daher sollte der warmgefahrene Motor bei der Probefahrt in allen Gängen einmal von 2000 bis 6000/min beschleunigt werden. Dabei darf kein Gang herausspringen, und alle Gänge müssen sich sauber und leicht einlegen lassen.

Ist bei warmem Motor der Leerlauf instabil, sind wahrscheinlich die Gummis der Vergaserflansche porös. Rumpelnde Geräusche im Leerlauf deuten dagegen auf gelockerte Nieten des Kupplungskorbs.

Fazit: Ein wenig Schraubererfahrung sollte der künftige Yamaha-Dreizylindertreiber schon mitbringen. Dafür erfreuen die Drillinge den Besitzer mit einem wunderschön fauchenden Sound, viel Kraft aus dem Keller (sofern die Original-Auspuffanlage montiert ist) und der Gewißheit, ein exklusives Motorrad zu besitzen. Und dann gilt's doch noch, das alte Sprichwort: Aller guten Dinge sind drei.

YAMAHA XS 750/850

Motor: Luftgekühlter Dreizylinder-Viertaktmotor, 74 PS (54 kW) bei 8300/min, 68 Nm bei 7200/min, Fünfganggetriebe, Kardanantrieb
Fahrwerk: Doppelschleifenrahmen aus Stahl, Doppelscheibenbremse vorn, Scheibenbremse hinten, Reifengröße vorn 3.25 H 19, hinten 4.00 H 18
Gewicht: 257 kg mit 17 Litern Normal vollgetankt
Sitzhöhe: 820 Millimeter
Höchstgeschwindigkeit: 198 km/h
Beschleunigung 0 – 100 km/h: 5,0 sek
Verbrauch: 7,1 Liter/100 km
Leistungsvarianten: keine
Bauzeit (Neupreise): 1977 (7250 Mark) bis 1981 (7320 Mark)
Wichtige Modellpflegemaßnahmen: 1978 unter anderem Ölpumpe, Primärkette und Kolben verbessert, Transistorzündung, zehn PS Mehrleistung. 1979 24-Liter-Tank. 1980 Einführung des Softchoppers XS 750 SE (Neupreis 8200 Mark) und der größeren XS 850 (Neupreis 7915 Mark) mit 79 PS (Bauzeit bis 1982).

Die angegebenen technischen Daten beziehen sich auf das Modell XS 750 E ab Modelljahr 1979

Yesterday: Hosenschlag war in – und Ruckzuck war dank hochklappbarem Schutzblech das Hinterrad out

Yamaha XS 750: Dreizylindermotor, 74 PS, 257 Kilogramm, 198 km/h

YAMAHA

XTZ 750 Super Ténéré

Der Beiname Super Ténéré fällt fast unter das Delikt vorsätzliche Täuschung. Die XTZ 750 eignet sich zwar prima, um auf engen Landstraßen den Superbikes das Fürchten zu lehren, vielleicht auch hin und wieder etwas Schotter unter die Stollen zu nehmen – aber für Wüstenfahrten in tiefem Sand ist sie nun wirklich nicht geeignet. Dafür ist die XTZ mit 235 Kilogramm einfach zu schwer und die Bodenfreiheit zu gering.

Der wassergekühlte Motor, der übrigens in aufgebohrter Form zwei Jahre später im Rahmen der neuen TDM 850 hängen sollte, glänzt mit hohen Laufleistungen – pannenfreie 100 000 Kilometer sind fast die Regel –, tut sich aber gleichzeitig unangenehm als Schluckspecht hervor. Um dem Motor seine nicht salonfähigen Trinksitten abzugewöhnen, genügt es aber, die Düsennadeln in den Vergasern in die tiefste Position zu bringen, und schon ist der Durst der XTZ mit rund sechs Litern wieder zeitgemäß. Beim Gebrauchtkauf leicht festzustellen: Springt der kalte Motor ohne Choke sofort an und läuft direkt halbwegs rund, sind die Nadeln noch in der serienmäßigen Position. In diesem Fall kann sich der zukünftige Besitzer schon mal geistig auf einige Schrauberstündchen vorbereiten, denn servicefreundlich ist die XTZ nicht gerade aufgebaut. Selbst zur Kontrolle des Ölstands muß die rechte Seitenverkleidung abgenommen werden, da sich hierunter schamhaft der Ölpeilstab versteckt.

Übrigens: Yamaha schreibt zwar die Kontrolle des Ventilspiels nur alle 42 000 Kilometer vor – wofür derjenige, der diese Arbeit schon einmal selbst gemacht hat, auch sehr dankbar sein wird – aber die Erfahrung zeigt, daß häufig schon nach 25 000 Kilometern die Einlaßventile überhaupt kein Spiel mehr haben. Dieses Intervall sollte man also im Interesse der Lebensdauer der Ventile vorsichtshalber verkürzen oder verkürzen lassen. So gesehen ist es bei der Besichtigung also besser, die Ventile tickern ein bißchen, als wenn sie sich mucksmäuschenstill verhalten.

Hin und wieder machte und macht auch heute noch die Regler/Gleichrichter-Einheit durch Totalausfall Probleme – Diagnose: Tod durch Überhitzung. Zwar verbaute Yamaha ab Modelljahr 1993 die Einheit auf einem größeren Kühlkörper, doch ganz gebannt war die Gefahr damit immer noch nicht. So gibt es unter den Gebrauchten mittlerweile abenteuerliche Konstruktionen, um die Einheit langfristig am Leben zu halten, zum Beispiel Kühlluft-Bohrungen im linken Seitendeckel oder riesengroße Wärmeleitbleche.

Noch ein Tip für die, die bereits eine XTZ 750 besitzen: Da der Motor von Haus aus feine, aber recht deutlich spürbare Vibrationen entwickelt, verpaßte Yamaha dem Lenker eine Gummilagerung. Die Vibrationen sind so zwar weg, aber auch die Zielgenauigkeit beim flotten Fahren – das Lenkgefühl ist ziemlich teigig. Hier hilft es, einfach die Gummilagerung durch Einbau von großen Unterlegscheiben außer Betrieb zu setzen. So ist das Lenkgefühl viel präziser, und die Vibrationen bleiben immer noch erträglich.

YAMAHA XTZ 750 Super Ténéré

Motor: Wassergekühlter Zweizylinder-Viertaktmotor, 69 PS (51 kW) bei 7500/min, 67 Nm bei 6750/min, Fünfganggetriebe, Kettenantrieb

Fahrwerk: Doppelschleifenrahmen aus Stahl, vorn Doppelscheiben-, hinten Scheibenbremse, Reifengröße vorn 90/90 H 21, hinten 140/80 H 17

Gewicht: 235 kg mit 26 Litern Normal vollgetankt

Sitzhöhe: 865 Millimeter

Höchstgeschwindigkeit: 181 km/h

Beschleunigung 0 – 100 km/h: 4,7 sek

Verbrauch: 7,3 Liter/100 km

Leistungsvarianten: 27, 34, 50, 69 PS

Bauzeit (Neupreise): 1989 (12 000 Mark) bis 1997 (14 900 Mark)

Wichtige Modellpflegemaßnahmen: 1990 überarbeitete Kupplung und versetzte Sozius-Fußrasten, 1993 Regler/Gleichrichter-Einheit mit größerem Kühlblech.

Freigelegt: Im Normalfall versteckt sich der Öltank samt Meßstab unter dem Seitendeckel

Yamaha XTZ 750 Super Ténéré: Zweizylindermotor, 69 PS, 235 Kilogramm, 181 km/h

YAMAHA

XV 750 SE

Bei näherer Betrachtung wirkt die XV 750 SE oder »Special«, wie sie anfangs hieß, durch ihren Mischmasch aus verschiedenen Stilelementen ein bißchen wie ein Jugendlicher in der Pubertät – dem Softchopper-Dasein zwar schon entwachsen, doch ein richtiger Chopper ist sie auch noch nicht. Dazu ist ihre Sitzbank zu hoch, die Sitzposition zu tourentauglich und das Fahrwerk zu modern – mit einem Zentralfederbein erreicht man eben kein echtes klassisches Erscheinungsbild. Sogar ein Beifahrer findet noch einen recht bequemen Platz vor, sehr untypisch für diese Gattung. So ist die XV 750 SE eher ein gechoppter Tourer – oder so etwas ähnliches.

Wie auch immer: Der schöne V2-Motor erfreut mit einem satten Bums aus dem Keller und kann schön schaltfaul gefahren werden. Schön auch, daß das Triebwerk im Prinzip recht haltbar ist, Laufleistungen von über 150 000 Kilometern sind möglich. Aber nur im Prinzip, denn die XV 750 krankt an ein paar Kleinigkeiten. An allererster Stelle ist hier der Anlasser zu nennen, der sich mit seinem anfälligen Freilaufmechanismus den zweifelhaften Titel »Fehlkonstruktion« verdient hat. Scheppernde Geräusche beim Anlassen, als würde ein Sack Schrauben im Motor herumfliegen, sind schon serienmäßig, und defekte Anlasser, die beim Druck aufs Knöpfchen nicht mehr einrasten wollen, sehr häufig. Um das Leben des noch intakten Mechanismus ein wenig zu verlängern, hilft nur eine schonende Behandlung. Also nach Fehlstarts so lange warten, bis alle bewegten Teile im Motor wieder zur Ruhe gekommen sind und möglichst immer für eine vollgeladene Qualitätsbatterie sorgen, damit der Mechanismus nicht halbherzig eingreifen muß.

Bei schlecht synchronisierten Vergasern hüpft beim Start manchmal possierlich ein Vergaser vom Stutzen. Hier hilft nur eine sehr penible Vergaser-Einstellung, diese vor Publikum sehr peinliche Einlage zu vermeiden.

Wenn die XV 750 SE bei der Probefahrt mit dem Hintern auf und abspringt, liegt das nicht an einem schlechten Fahrwerk, sondern wahrscheinlich an einem übermüdeten Zentralfederbein. Da dieses gequälte Teil nämlich genau im Hitzeschwall des hinteren Zylinders arbeiten muß, ist seine Lebensdauer stark eingeschränkt.

Flackert während der Fahrt die Ölkontroll-Leuchte auf, muß nicht unbedingt zu wenig Öl im Motor sein, da diese Leuchte schon immer eine Meise hatte – meist kann der Blick auf das Ölschauglas den Adrenalinspiegel des verunsicherten Fahrers wieder senken.

Die Verarbeitungsqualität der XV ist im allgemeinen gut, nur die Auspuffanlage ist dem Rost zugetan. Die verschweißte Anlage kann nur komplett ausgetauscht werden – kein billiger Spaß.

1984 war das letzte offizielle Verkaufsjahr der XV 750, in den kommenden Jahren sorgten die Viragos XV 535 und XV 1100 für Yamahas Umsätze im Chopper-Sektor. Um die

YAMAHA XV 750 SE

Motor: Luftgekühlter Zweizylinder-Viertakt-V-Motor, 50 PS (37 kW) bei 6500/min, 58 Nm bei 3500/min, Fünfganggetriebe, Kardanantrieb

Fahrwerk: Preßstahlrahmen, vorn Scheiben-, hinten Trommelbremse, Reifengröße vorn 3.50 H 19, hinten 130/90 H 16

Gewicht: 227 kg mit 14 Litern Normal vollgetankt

Sitzhöhe: 760 Millimeter

Höchstgeschwindigkeit: 164 km/h

Beschleunigung 0 – 100 km/h: 5,6 sek

Verbrauch: 6,8 Liter/100 km

Leistungsvarianten: keine PS

Bauzeit (Neupreise): 1981 (8700 Mark) bis 1984 (8800 Mark)

Wichtige Modellpflegemaßnahmen: 1992 Neuauflage der XV, jetzt als XV 750 Virago (Typ 4PW) für 10 900 Mark: geändertes Fahrwerk, zwei Federbeine hinten, 700 Millimeter Sitzhöhe, als 27- , 34- , 50- , oder 55-PS-Version lieferbar. Neupreis 1997 13 500 Mark.

Die angegebenen technischen Daten beziehen sich auf das Modell XV 750 SE von 1981 bis 1984 (Typ 5G5)

Design ist Glückssache: Das sollen Chopper-Instrumente sein?

schmerzhafte Lücke zwischen diesen beiden Hubräumen wieder zu füllen, schickte Yamaha die XV 750 Virago noch einmal von 1992 bis 1997 ins Rennen. Jetzt mit zwei Federbeinen, schwülstiger Sitzbank und viel, viel Chrom. Ist das jetzt ein richtiger Chopper? Die Antwort auf diese Geschmacksfrage bleibe dem geneigten Leser überlassen.

Yamaha XV 750 SE: Zweizylinder-V-Motor, 50 PS, 227 Kilogramm, 164 km/h

YAMAHA

TDM 850

Yamaha hatte sich in der Vergangenheit schon häufiger mit extravagantes Designs hervorgetan, Beispiele sind die selige TR1 oder die SRX 600. Die TDM 850 war auch wieder so ein Fall, an dem Froschgesicht teilten sich erwartungsgemäß die Gemüter. Auch konnte anfangs niemand so recht dieses Motorrad in eine Schublade stecken, übrigens auch Yamaha selbst nicht: Ist's nun ein Sportler, ein Tourer oder ein Funbike?

Heute sind alle schlauer: Die TDM hat von jedem etwas. Das gute Fahrwerk und die hervorragenden Bremsen erlauben durchaus sportliche Einlagen, die entspannte Sitzposition läßt große Tagesetappen zu und Spaß macht sie dank des durchzugsstarken Motors sowieso. Sogar gemäßigte Gelände-Einlagen läßt sie dank der großen Bodenfreiheit und der Motorschutzwanne zu.

Doch es gibt an der TDM durchaus auch Dinge, die auf die Nerven gehen: Da wäre das zwar sauber, aber in den unteren Gängen nur laut zu schaltende Getriebe. Entsprechende Modellpflege-Maßnahmen 1994, die den Geräuschen beim Gangwechsel den Garaus machen sollten, führten nicht zum Erfolg. Von Haus aus hat die TDM ein großes Lastwechselspiel, manchmal hilft der Austausch der Ruckdämpfer im Hinterrad, aber meist nicht lange. Dann der hohe Spritverbrauch, unter sechs Litern ist die TDM im Serienzustand faktisch nicht zu fahren. Doch hier gibt es Abhilfe: Einfach die Düsennadeln in den Vergasern in die niedrigste Stellung hängen, und schon verbraucht die 850er einen Liter weniger. Doch halt, so einfach ist das auch wieder nicht, und schon wären wir beim nächsten Punkt – die Service-Freundlichkeit. Um nämlich an das Innenleben der Vergaser zu gelangen, müssen erstmal die beiden Seitenverkleidungsteile, die Frontverkleidung, der Tank und der Luftfilterkasten runter. Noch viel schlimmer wird die Schrauberei, wenn die Ventile eingestellt werden müssen. Zwar schreibt Yamaha die Kontrolle des Spiels der insgesamt zehn Ventile nur alle 42 000 Kilometer vor, doch tendiert das Spiel der Einlaßventile erfahrungsgemäß schon nach 25 000 Kilometern gegen Null.

Dafür versöhnt der TDM-Motor mit hohen Laufleistungen, spezifische Macken des Triebwerks gibt es keine. So überstand die MOTORRAD-Dauertest-Maschine die 50 000 Kilometer mit Bravour, lediglich die Auslaßventile waren leicht undicht und ein Gangrad aus dem Getriebe leicht angeknabbert. So braucht der Gebrauchtkäufer eigentlich nur noch die Gabeldichtringe checken. Die geben nämlich meist mit unschöner Regelmäßigkeit alle 20 000 Kilometer ihren Geist auf, die nachträgliche Montage von Faltenbälgen wirkt hier in punkto Lebensverlängerung wahre Wunder.

Auch die hinteren Radlager wollen gecheckt werden, da sie im Normalfall nach rund 70 000 Kilometern den Dienst quittieren.

Zum Schluß noch zwei Tips für die vielen TDM-Besitzer in Deutschland: Zum Laden der Batterie muß nicht unbedingt der Tank runter, man

YAMAHA TDM 850

Motor: Wassergekühlter Zweizylinder-Viertaktmotor, 78 PS (57 kW) bei 7500/min, 79 Nm bei 6000/min, Fünfganggetriebe, Kettenantrieb

Fahrwerk: Brückenrahmen aus Stahl, vorn Doppelscheiben-, hinten Scheibenbremse, Reifengröße vorn 110/80 H 18, hinten 150/70 H 17

Gewicht: 236 kg mit 18 Litern Normal vollgetankt

Sitzhöhe: 790 Millimeter

Höchstgeschwindigkeit: 207 km/h

Beschleunigung 0 – 100 km/h: 4,0 sek

Verbrauch: 6,5 Liter/100 km

Leistungsvarianten: 27, 34, 50, 78 PS

Bauzeit (Neupreise): 1991 (13 200 Mark) bis heute (2001 18 000 Mark)

Wichtige Modellpflegemaßnahmen: 1993 Regler mit größerem Kühlkörper, optische Retuschen: Schalldämpfer und Lenker verchromt, Motor und Rahmen heller. 1994 geändertes Getriebe. 1996 alles neu: Motor und Getriebe geändert, Fahrwerk modifiziert und anderes Design.

Sparmaßnahme: Die beiden Nädelchen in den Vergasern ganz nach unten hängen bringt einen Liter weniger

kann das Ladegerät nämlich mit dem Pluspol an die linke Schraube des Anlasser-Magnetschalters (unter der Sitzbank) anschließen – Masse kommt an die Federbeinschraube. Und der schlecht zu erreichende Choke-Knopf kann mit einem leicht modifizierten Choke-Halter der XTZ 750 an den Lenker verlegt werden, der Zug ist lang genug dafür.

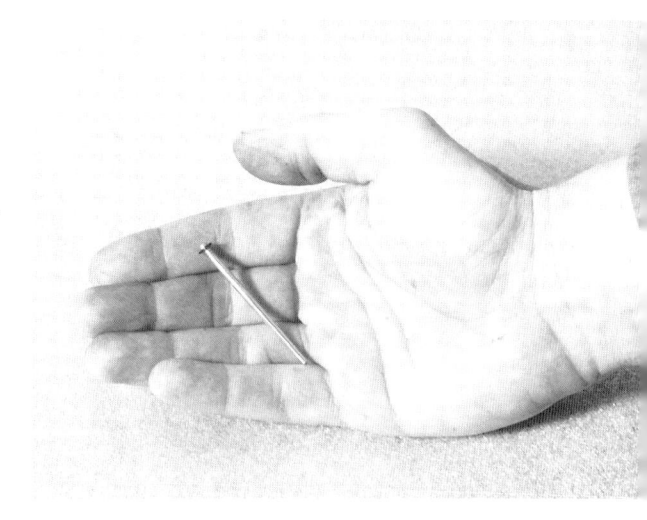

Yamaha TDM 850: Zweizylindermotor, 78 PS, 236 Kilogramm, 207 km/h

YAMAHA

XJ 900

Motoradfahren hat nur selten etwas mit Vernunft zu tun, dementsprechend gibt es auch nur sehr wenige völlig vernünftige Motorräder. Aber die XJ 900 ist eins dieser seltenen Gattung. Sie ließ sich während ihrer Bauzeit nie vom Leistungszwang ihrer Hubraum-Kollegen anstecken – 98 PS sind zum Touren ja auch mehr als genug. Ihr Vierzylinder-Motor ist ebenso ausgereift wie problemlos, der Kardanantrieb unauffällig und wartungsfrei und die Sitzposition für die Besatzung ist genau so, wie sie zum entspannten Touren eben sein muß – nämlich entspannt. Übrigens: Die XJ 900 ist ein ganz heißer Tip für lange Leute. Da nämlich der Tank kaum Einbuchtungen hat und sich die Verkleidung in sicherer Entfernung befindet, sitzen auch Fahrer über zwei Meter noch bequem.

Der Motor der XJ 900 machte von Anfang an nie mit irgendwelchen Mucken von sich reden, was man vom Fahrwerk des ersten Baujahres nicht behaupten kann. Da nämlich die Halbschalen-Verkleidung am Lenker befestigt war, litt die frühe XJ unter heftigen Pendelerscheinungen bei hohen Geschwindigkeiten. Yamaha reagierte umgehend und bot eine kostenlose Umrüstung auf die Befestigung am Rahmen an, worauf damals auch ein Großteil der Besitzer einging – die stark pendelnden XJ dürfen als nahezu ausgestorben gelten.

Ab 1984 floß diese Änderung dann auch in die Serie ein, gleichzeitig bekam die XJ einen Motorspoiler – der sich in den folgenden Jahren leider als recht vibrationsanfällig erwies – und den Typenzusatz F.

1985 wurde der Hubraum zu Gunsten der Durchzugsstärke von 853 auf 891 cm^3 erhöht, das ohnehin wirkungslose Anti-Dive-System entfiel.

Parallel zur XJ 900 F gab es ab diesem Jahr auch eine unverkleidete Version, die XJ 900 N. Doch scheinbar war der deutsche Markt noch nicht reif genug für Naked Bikes, und so war die N-Version schon im 1987er Verkaufsprogramm nicht mehr zu finden. Heute ist die nackte Schöne übrigens ein begehrtes Stück.

Wegen schärferer Geräuschbestimmungen sank die Leistung der XJ 900 F im Jahr 1991 zwar auf 92 PS, was den Gebrauchtkäufer aber nicht zu enttäuschen braucht, da auch schon die nominell 98 PS starke XJ nie mehr als echte 85 PS auf die Rolle brachte.

Die große Stärke aller XJ 900 aber ist ihre Zuverlässigkeit, denn Laufleistungen von weit über 100 000 Kilometer ohne nennenswerte Reparaturen sind eigentlich die Regel.

Am Motor gibt's nichts zu begutachten – Ölundichtigkeiten, Schäden am Ventiltrieb und andere solcher Häßlichkeiten sind dem XJ-Motor im allgemeinen fremd. Der Interessent sollte lediglich den Zustand der rostanfälligen Auspuffanlage, die Unversehrtheit des vibrationsempfindlichen Motorspoilers und die ordnungsgemäße Funktion der von Haus aus schon etwas weichen Federelemente überprüfen – mehr gibt's nicht zu tun.

So kann der Käufer einer gebrauchten XJ 900 kaum etwas verkehrt machen. Und das ist wirklich vernünftig.

YAMAHA XJ 900

Motor: Luftgekühlter Vierzylinder-Viertaktmotor, 98 PS (72 kW) bei 9000/min, 81 Nm bei 7000/min, Fünfganggetriebe, Kardanantrieb

Fahrwerk: Doppelschleifenrahmen aus Stahl, vorn Doppelscheiben-, hinten Scheibenbremse, Reifengröße vorn 100/90 V 18, hinten 120/90 V 18

Gewicht: 242 kg mit 22 Litern Normal vollgetankt

Sitzhöhe: 790 Millimeter

Höchstgeschwindigkeit: 216 km/h

Beschleunigung 0 – 100 km/h: 4,2 sek

Verbrauch: 7,0 Liter/100 km

Leistungsvarianten: 92, 98 PS

Bauzeit (Neupreise): 1983 (9500 Mark) bis 1994 (13 600 Mark)

Wichtige Modellpflegemaßnahmen: 1984 Halbschalen-Verkleidung rahmenfest, Motorspoiler. 1985 (Typ 4BB, vorher Typ 58L) Hubraum 891 cm3 (vorher 853 cm3), Anti-Dive entfällt. Von 1985 bis 1986 unverkleidete XJ 900 N lieferbar. Seit 1991 Nennleistung 92 PS.

Die angegebenen technischen Daten beziehen sich auf das Modell 1985 bis 1990 (Typ 4BB)

Liebhaberei: Die unverkleidete XJ 900 N wird teurer gehandelt als die verkleidete XJ

Yamaha XJ 900: Vierzylindermotor, 98 PS, 242 Kilogramm, 216 km/h

YAMAHA

XJ 900 S Diversion

Zwölf Jahre sind genug. So lange nämlich schon erfüllte der Vernunft-Tourer XJ 900 unauffällig und anspruchslos seine Pflicht. Ein Nachfolger mußte her, möglichst genauso zuverlässig, genauso tourentauglich und nicht allzu teuer.

Diese Rolle übernahm Ende 1994 die XJ 900 S Diversion. Die Tourentauglichkeit war mit der bequemen Sitzposition auf der gut gepolsterten Sitzbank und dem passablen Windschutz weitgehend geglückt, nur ein längerer fünfter Gang, ein geringerer Verbrauch und etwas weniger Pendelneigung in schnellen Kurven wäre wünschenswert gewesen. Da nämlich bei der neuen XJ bei der Wahl der Federelemente scheinbar der kaufmännische Rotstift eine tragende Rolle gespielt hatte (Gabel erst ab Modelljahr 1996 verstellbar und zu weich, Federbein nur in der Vorspannung variabel, bockig und sehr umständlich zu verstellen), taugt das Fahrwerk weniger für sportliche Fahrweise. Hilfreich zu wissen: Die XJ 900 S reagiert ausgesprochen sensibel auf die Bereifung. Von allen freigegebenen Reifen-Paarungen kommt die XJ mit dem Metzeler-Pärchen ME 33/ME 55A oder den Bridgestone-Sohlen BT 54 F/BT 54 R am besten klar.

YAMAHA XJ 900 S Diversion

Motor: Luftgekühlter Vierzylinder-Viertaktmotor, 90 PS (66 kW) bei 8250/min, 84 Nm bei 7000/min, Fünfganggetriebe, Kardanantrieb

Fahrwerk: Doppelschleifenrahmen aus Stahl, vorn Doppelscheiben-, hinten Scheibenbremse, Reifengröße vorn 120/70 V 17, hinten 150/70 V 17

Gewicht: 276 kg mit 24 Litern Normal bleifrei vollgetankt

Sitzhöhe: 780 Millimeter

Höchstgeschwindigkeit: 205 km/h

Beschleunigung 0 – 100 km/h: 4,1 sek

Verbrauch: 6,9 Liter/100 km

Leistungsvarianten: keine

Bauzeit (Neupreise): 1994 (15 300 Mark) bis heute (2001 17 800 Mark)

Wichtige Modellpflegemaßnahmen: 1996 Gabel mit einstellbarer Federvorspannung, Choke-Bedienung an der Lenkerarmatur.

Der Motor ist mit seiner Luftkühlung und Zweiventil-Technik für heutige Verhältnisse einfach aufgebaut, aber immerhin: In Punkto Drehfreude, Durchzugsstärke und Laufkultur gefällt er deutlich besser als sein Vorgänger.

Eine Gummi-Lagerung des Motors schützt zwar den Fahrer wirkungsvoll vor den feinen Vibrationen des Motors, nicht aber die Auspuffanlage. Denn die erwies sich als bevorzugtes Angriffsziel der Kitzelei: Bei der MOTORRAD-Dauertestmaschine zum Beispiel schüttelten sich bei Kilometerstand 31 000 zwei Krümmer-Anschlußstücke los mit der Folge, daß nach Austausch des Sammlers immer wieder verschiedene Auspuff-Dichtungen durchbliesen. Und bei Kilometerstand 48 000 riß gar der linke Auspufftopf durch, ebenfalls wieder in der Nähe des Sammlers. Hier kann also dem Käufer einer Gebrauchten nur dringlich ans Herz gelegt werden, die gesamte Auspuffanlage penibel auf Risse zu untersuchen, um hohe Folgekosten zu vermeiden.

Der Spritverbrauch ist mit sechs bis sieben Litern unzeitgemäß hoch – besonders unangenehm, da der Tank über keine Reservemenge verfügt und die Tankuhr ziemlich voreilig ist. Auch das Gewicht ist nicht von Pappe – fünfeinhalb Zentner zu rangieren ist sicher nicht jedermanns Sache.

Genug gemeckert, jetzt kommen die positiven Seiten der XJ 900 S Diversion an die Reihe. An allererster Stelle steht die Zuverlässigkeit des Triebwerks. Mechanische Macken? Fehlanzeige. Das Getriebe erfreut mit kurzen Schaltwegen, geräuschlosen Gangwechseln und einem leicht auffindbarem Leerlauf. Der wartungsarme Kardananstrang funktioniert wie ein Kettenantrieb, nämlich unauffällig. Der Fahrer sitzt mit einem guten Knieschluß und entspannt aufrecht, und der Beifahrer wohnt auch auf einem ausgesprochen bequemem Platz.

Tja Yamaha, Ziel erreicht? Genauso zuverlässig wie die Alte ist die Diver-

Ansichtssache: Der Kardan verhält sich unauffällig, dafür vibrieren die Auspufftöpfe aber häufig durch

sion ja geworden, sicher auch mindestens genauso tourentauglich. Nicht allzu teuer? Das muß jeder nach seinem eigenen Geldbeutel beurteilen. Nur das Fahrwerk dürfte ein kleines bißchen stabiler sein.

Aber immerhin: Besser als das alte ist es allemal. Ziel erreicht.

Yamaha XJ 900 S Diversion: Vierzylindermotor, 90 PS, 276 Kilogramm, 205 km/h

YAMAHA

FZR 1000

Eins vorneweg: Wer vorhat, häufig einen Beifahrer zu transportieren, braucht hier gar nicht erst weiterzulesen. Es sei denn, der Passagier ist nicht deutlich größer als 1,50 Meter, denn für größere Menschen ist der hintere Sitzplatz eine Zumutung.

Ein Tourensportler oder gar ein Tourer wollte die FZR 1000 (bis 1988 hatte sie noch den Beinamen Genesis) aber auch nie sein, die FZR ist und bleibt nun mal ein reinrassiger Sportler. Und was für einer. Die deutsche Version mit 100 oder 98 PS begeistert mit gewaltigem Durchzug aus niedrigen Drehzahlen. Wer da meint, 100 PS aus nur 600 cm³ würden für alle Lebenslagen reichen, lasse sich einmal auf eine Probefahrt mit dieser 1000er ein. Die offene Version dagegen, über den Tausch der Ansaugstutzen und der Vergaser-Hauptdüsen entfesselt, weiß schon mit den nackten Zahlen zu beeindrucken: rund 140 PS, Höchstgeschwindigkeit über 260 km/h und Booohlou nigung von Null auf 200 in rund zehn Sekunden. Was das in der Praxis bedeutet ... auch das muß man mal erfahren haben.

Das Fahrwerk der Genesis war noch nicht in der Lage, solch hohe Geschwindigkeiten zu verkraften, häufig reichte es noch nicht einmal dazu, die rund 230 km/h der 100-PS-Version wackelfrei zu verkraften. Schuld waren meist Fertigungstoleranzen der vorderen Rad-Distanzbuchsen, häufig lockerten sich aber auch die Verschraubungen der Rahmenunterzüge, was den sündhaft teuren Leichtmetall-Rahmen seiner ursprünglichen Stabilität beraubte. Seit 1989 trägt der Motor mit, seitdem ist das Fahrwerk deutlich stabiler. Seit 1991 ziert die FZR-Front eine Upside-down-Gabel, aber richtig überzeugend wurden die Federelemente erst nach der Überarbeitung 1994.

Der Motor der FZR 1000 ist äußerst solide, Laufleistungen weit über 100 000 Kilometer sind kein Problem, wenn der Vorbesitzer nicht ständig ruppig mit der Maschine umgegangen ist. Während dieser Distanz brauchen die Ventile glücklicherweise nicht sehr häufig eingestellt werden, da Yamaha diesen aufwendigen Akt (die Nockenwellen müssen raus, da die Einstellplättchen unter den Tassenstößeln liegen) an den insgesamt zwanzig Ventilen nur alle 42 000 Kilometer vorschreibt.

Wie stellt man aber jetzt fest, ob der Vorbesitzer ein ruppiger Kerl ist? Zum Beispiel an der Kupplung. Wenn die nämlich bei der Probefahrt rupft und sich nicht richtig dosieren läßt, ist wahrscheinlich der Kupplungskorb verschlissen. Durch häufige und heftige Beschleunigungsmanöver haben sich die Nasen der Kupplungslamellen in den Korb eingearbeitet.

Ab und zu verabschiedet sich an der FZR 1000, besonders aber an der Genesis, die Lichtmaschine. Wer ein Vielfach-Meßgerät besitzt, kann einem defektem Rotor aber schnell auf die Schliche kommen: Parallel an die Batteriepole angeschlossen, muß die Spannung bei intaktem Generator 14 Volt betragen. Bei deutlich geringeren Werten ist die Lichtmaschine hinüber. Das war's, außer, daß an der Genesis die Bremsscheiben zum Rubbeln neigten, sind keine weiteren Macken bekannt.

Bei der FZR 1000 ist übrigens das Wort Modellpflege wirklich angebracht – je jünger sie ist, desto besser. Nur die Sache mit dem Beifahrer, die kann man vergessen.

YAMAHA FZR 1000

Motor: Wassergekühlter Vierzylinder-Viertaktmotor, 100 PS (74 kW) bei 9500/min, 86 Nm bei 4500/min, Fünfganggetriebe, Kettenantrieb

Fahrwerk: Brückenrahmen aus Leichtmetall, vorn Doppelscheiben-, hinten Scheibenbremse, Reifengröße vorn 120/70 ZR 17, hinten 160/60 ZR 18

Gewicht: 234 kg mit 20 Litern Normal vollgetankt

Sitzhöhe: 790 Millimeter

Höchstgeschwindigkeit: 231 km/h

Beschleunigung 0 – 100 km/h: 3,8 sek

Verbrauch: 7,9 Liter/100 km

Leistungsvarianten: 98, 100 PS

Bauzeit (Neupreise): 1987 (15 000 Mark) bis 1995 (21 000 Mark)

Wichtige Modellpflegemaßnahmen: 1989 (Typ 3LE) Hubraum erhöht, Motor mittragend, Exup-Auslaßsteuerung, neue Reifendimensionen (130/60 VR 17 vorn, 170/60 VR 17 hinten). 1991 Upside-down-Gabel. 1994 Sechskolben-Bremssättel vorn, geändertes Design mit Doppelscheinwerfer. 1996 Ablösung durch die YZF 1000 R Thunder Ace.

Die angegebenen technischen Daten beziehen sich auf die FZR 1000 Genesis (Typ 2LA) von 1987 bis 1988

Total verdreht: Seit 1991 steht die Gabel der FZR 1000 auf dem Kopf

Yamaha FZR 1000: Vierzylindermotor, 100 PS, 234 Kilogramm, 231 km/h

YAMAHA

YZF-R1

Trotz ihrer noch gar nicht mal so langen Bauzeit (seit 1998) gehört die Yamaha YZF-R1 sicher zu den meist getesteten Motorrädern aller Fachzeitschriften. Die Eckdaten – 150 PS aus einem Liter Hubraum, 177 Kilogramm Trockengewicht – beflügelten die Redakteure zu den verschiedensten Testkonfigurationen, Verbesserungsvorschlägen und historischen Rückblicken mit wohl nur einem Ziel: endlich mal wieder eine R1 zum Fahren zu haben.

Die R1 macht, wenn man auf Leistung steht, süchtig. Einen Wheelie in den ersten zwei Gängen zu produzieren ist kein Problem. Das Problem beim Beschleunigen ist eher, mal ausnahmsweise keinen zu machen. Der Motor hat Kraft in allen Lebenslagen und läuft dabei auch noch rücksichtsvoll vibrationsarm.

Das Getriebe der ersten beiden Baujahre hingegen ist nicht ganz so rücksichtsvoll: Kein Wechsel der unteren drei Gänge ohne akustische Vollzugsmeldung. Das verbesserte Getriebe ab Modeljahr 2000 läßt sich deutlich weicher und vor allem lautloser schalten.

Ganz wilde Fahrer bringen die R1 dazu, daß sie mit dem Lenker schlägt – beispielsweise beim Aufsetzen nach einem der obligaten Wheelies. Dagegen hilft ein Lenkungsdämpfer aus dem Zubehör oder der Kauf eines Modells ab Baujahr 2000, denn das modifizierte Fahrwerk verhält sich deutlich zahmer.

Apropos zahmer: Wer nicht ganz so wild ist, kann mit diesem Supersportler auch verreisen. Jawohl, verreisen. Die R1 ist längst nicht so unbequem, wie sie aussieht – selbst mit 1,95 Metern Körperlänge sitzt es sich noch halbwegs bequem. Für Lange empfehlenswert: die Montage einer Tourenscheibe aus dem Zubehör. Auch hier trumpft das 2000er-Modell: Verbesserte Sitzposition und höhere Scheibe sind hier schon inklusive.

Trotz des konsequenten Leichtbaus – noch mal zur Erinnerung: 177 Kilogramm Leergewicht – ist die R1 ein sehr solides Motorrad. Nach einem Langstreckentest von MOTORRAD über 50 000 Kilometer konnten die Techniker noch sehr lecker aussehende Innereien aus dem Motor fischen. Nur einige Nocken der Nockenwellen zeigten deutlichen Verschleiß, außerdem waren die Sitze der Ein- und Auslassventile leicht angeschlagen. Sonst war aber nichts, und das ist angesichts der Liebe der Testredakteure und der entsprechend liebevollen Behandlung der R1 (Gaaas) schon ein kleines Wunder. Oder einfach gute Qualität.

Yamaha YZF-R1

Motor: Wassergekühlter Vierzylinder-Viertaktmotor, 150 PS (110 kW) bei 10 000/min, 108 Nm bei 8500/min, Sechsganggetriebe, Kettenantrieb

Fahrwerk: Brückenrahmen aus Leichtmetall, vorn Doppelscheiben-, hinten Scheibenbremse, Reifengröße vorn 120/70 ZR 17, hinten 190/50 ZR 17

Gewicht: 202 kg mit 18 Litern Normal vollgetankt

Sitzhöhe: 815 Millimeter

Höchstgeschwindigkeit: 270 km/h

Beschleunigung 0-100 km/h: 3,2 sek

Verbrauch: 6,5 Liter/100 km

Leistungsvarianten: 98, 150 PS

Bauzeit (Neupreise): 1998 (22 000 Mark) bis heute (2001 24 500 Mark)

Wichtige Modellpflegemaßnahmen: 2000 Sekundärluft-System, verbessertes Getriebe und Fahrwerk, bequemere Sitzposition, höhere Verkleidungsscheibe.

Jawohl, sie ist sehr leicht, die R1, und das freut den Redakteur. Hier originell durch Heben des Daumens zum Ausdruck gebracht

Yamaha YZF-R1: Vierzylindermotor, 150 PS, 202 Kilogramm, 270 km/h

YAMAHA

XS 1100

Sie war die Größte, die Schnellste und die Schwerste. 1100 Kubik, über 200 km/h und fast 300 Kilogramm Lebendgewicht – die XS 1100, in Deutschland von 1978 bis 1983 verkauft, war ein echter Saurier, das fetteste Großserien-Motorrad seiner Zeit.

Damals durchaus beeindruckend: die Maximalleistung von 95 PS, die Wartungsarmut durch den Kardanantrieb und die praktische Blinker-Rückstellung durch Daumendruck. Heute eher ehrfurchteinflößend: das labile Fahrwerk, die nach heutigen Maßstäben grausam schlechten Bremsen und – jetzt wieder was Positives – die enorme Langlebigkeit des Triebwerks. Dieser Motor hält nach Erfahrungen seiner Fangemeinde nicht nur 100 000, auch nicht nur 200 000, sondern tatsächlich manchmal bis zu 300 000 Kilometern lang. Für ein Motorrad wirklich ein recht netter Wert.

Doch die Fangemeinde muß langsam zusammenrücken. Von den seinerzeit in Deutschland rund 6000 verkauften XS 1100 sind nur noch zirka 2500 Stück übrig geblieben. Da ist die Auswahl nicht mehr so riesengroß. Dennoch, was zeigt die dicke Berta für technische Schwächen?

Schwachpunkt Nummer eins ist die originale Vier-in-zwei-Auspuffanlage, denn hier schütteln sich nach einiger Zeit prinzipiell die Schalldämpfer-Einsätze los. Wenn nicht, rottet die Anlage von unten. Der Tausch gegen eine Anlage aus dem Zubehör, von den meisten Vorbesitzern praktiziert, ist zwar deutlich preisgünstiger, bringt dem Soundsüchtigen auch unüberhörbare Vorteile, wird aber in den allermeisten Fällen mit herben Dellen in der Leistungskurve erkauft – schade um die schöne Motorcharakteristik.

An zweiter Stelle steht das Getriebe. Bedingt durch Fertigungstoleranzen bei der Herstellung rastet bei vielen Exemplaren irgendwann der zweite Gang nicht mehr ein und springt unter Last munter immer wieder raus. Wer diesen Defekt bei der Probefahrt feststellt und sich mit der Schrauberei nicht auskennt, sollte von diesem angeschlagenen Exemplar die Finger lassen.

Gleich nach dem Getriebe folgt die kombinierte Unterdruck- und Fliehkraftverstellung der seinerzeit hochmodernen Zündanlage. Hier bewegt sich im Fahrbetrieb nämlich ständig der Zündgeber, Folge: Irgendwann – und gar nicht so selten – brechen die Zuleitungskabel. Auch dieser Defekt ist bei der Probefahrt leicht festzustellen: Er äußert sich durch Zündaussetzer bei hohen Drehzahlen.

Bleiben wir bei der Elektrik. Die Zündanlage ist nässeempfindlich. Grund: Die Isolierung der Zündspule und der Zündkabel wird mit der Zeit spröde und porös – irgendwann kann durch die entstandenen Haarrisse dann Wasser eindringen und den ordnungsgemäßen Zünd-

YAMAHA XS 1100

Motor: Luftgekühlter Vierzylinder-Viertaktmotor, 95 PS (70 kW) bei 8500/min, 90 Nm bei 6250/min, Fünfganggetriebe, Kardanantrieb

Fahrwerk: Doppelschleifenrahmen aus Stahl, Doppelscheibenbremse vorn, Scheibenbremse hinten, Reifengröße vorn 3.50 V 19, hinten 4.50 V 17

Gewicht: 286 kg mit 24 Litern Normal vollgetankt

Sitzhöhe: 810 Millimeter

Höchstgeschwindigkeit: 205 km/h

Beschleunigung 0 – 100 km/h: 4,2 sek

Verbrauch: 7,7 Liter/100 km

Leistungsvarianten: keine

Bauzeit (Neupreise): 1978 (10 500 Mark) bis 1983 (10 500 Mark)

Wichtige Modellpflegemaßnahmen: 1979 entfällt aufsteckbarer Kickstarter. Ab 1981 parallel XS 1100 S lieferbar mit kleinerem Tank, Lenkerverkleidung, kürzerer Übersetzung, anderem Auspuff und geänderten Felgen. 1984 Ablösung durch die FJ 1100.

betrieb empfindlich stören. Auch die Qualität des Sicherungskastens ist nicht von erster Güte: Die Clips zur Umklammerung der Sicherungsenden sind labil – im schlimmsten Fall kommt es zum Abschmoren des Kastens. Ein kurzer Blick unter den rechten Seitendeckel gibt Gewißheit.

Auffällige Ölundichtigkeiten am Motor sind häufig gar nicht so schlimm wie sie aussehen, sondern werden nur von einem undichten Plastikkäppchen des Steuerkettenspanners (vorn am Zylinderblock) vorgetäuscht. Bei hohen Laufleistungen aber ist eine Ölschwemme am Motor dann doch ernst zu nehmen, dann nämlich hat die Zylinderfußdichtung schlapp gemacht.

Diese Aufzählung hörte sich schlimm an, fanden Sie? Stimmt. Aber nicht vergessen: Wir haben gerade im Schnelldurchlauf mehrere 100 000 Kilometer hinter uns gebracht.

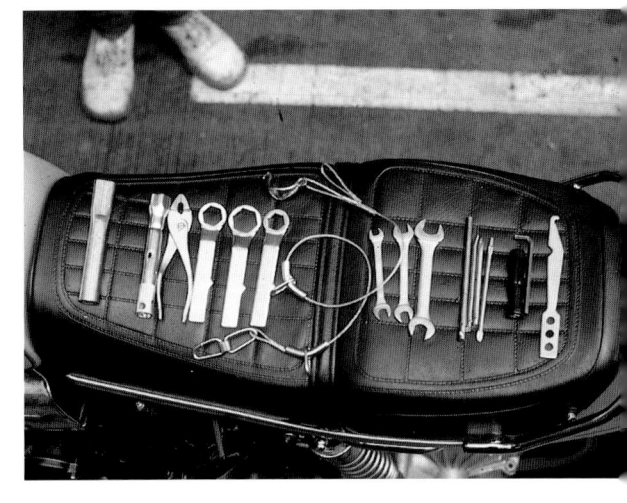

Unentbehrlich: Der Draht des Bordwerkzeugs wird dringend für den komplikationsfreien Ausbau des Hinterrads benötigt.

Yamaha XS 1100: Vierzylindermotor, 95 PS, 286 Kilogramm, 205 km/h

YAMAHA

XV 1100 Virago

Die XV 1100 ist unbestritten schon eine alte Dame. Zwar wird sie »erst« seit 1989 nahezu unverändert gebaut – vorher hieß sie XV 1000 – doch eigentlich muß man bis zur XV 750 von 1981 zurückdenken, da die 1000er wiederum nur eine aufgebohrte Version der 750er war.

Glücklicherweise trieb Yamaha dem großen V-Motor im Lauf der Jahre seine Kinderkrankheiten fast vollständig aus. Im Klartext: Wer eine XV 1100 besichtigt, muß nicht damit rechnen, daß beim Anlassen ein Vergaser vom Ansaugstutzen hüpft. Lediglich der Anlasser macht hin und wieder noch Probleme: Scheppernde Geräusche beim Anlassen sind zwar vollkommen normal, doch sollte der Interessent darauf achten, daß der Anlassermechanismus sauber einspurt, also nicht durchrattert.

Ansonsten ist der Motor der XV 1100 ein äußerst angenehmer Zeitgenosse, da er für seinen Chopper-Einsatz auf Kraft aus dem Keller und nicht auf Höchstleistung getrimmt wurde. Das maximale Drehmoment liegt schon bei 3000 Umdrehungen an, und was sich schon auf dem Papier gut liest, fährt sich auch so: Das oft zitierte Beschleunigen aus Leerlaufdrehzahl funktioniert mit der 1100er tatsächlich. Und die Vibrationen des großen V-Motors sind zwar über den ganzen Drehzahlbereich spürbar, werden aber niemals aufdringlich.

Die Sitzposition ist für den Fahrer dank des breiten und weichen Gestühls zumindest auf den ersten Blick bequem. Doch nach längerer Sitzung wird der Fahrer den deutlichen Wunsch verspüren, einfach mal die Beine lang zu machen, denn die ausgeprägte Sitzmulde läßt keine Veränderung der Sitzposition zu. Ein Beifahrer dagegen ist noch schlechter dran, da der hintere Teil der Bank deutlich zu kurz ausgefallen ist.

Aber die ersehnten Pausen ergeben sich sowieso ganz von allein, denn in punkto Spritverbrauch merkt man der XV 1100 deutlich ihr Alter an. Mit weniger als fünf Litern gibt sie sich auch bei verhaltener Fahrweise nicht zufrieden, und wer die alte Dame ganz Chopper-untypisch einmal richtig zur Brust nimmt, wird mit einem Verbrauch von über zehn Litern bestraft.

Ansonsten gibt es aber im Fahrbetrieb kaum etwas zu meckern. Die XV läßt sich erfreulich flott über kurvige Landstraßen zirkeln, nur die Federelemente sind etwas straff abgestimmt. Dies wiederum hat aber den Vorteil, daß der Kardanantrieb kaum mit Lastwechselreaktionen auf sich aufmerksam machen kann. Die Bremsen funktionieren recht gut, nur verwindet sich die Gabel bei stärkeren Bremsmanövern.

Doch dies alles sind schon Kriterien, die eher für ein normales Straßenmotorrad als für einen Chopper gelten. Bei der standesgemäßen Fahrweise – früh schalten, gemütlich bummeln und früh bremsen – fallen diese Härchen in der Suppe mit Sicherheit nicht auf.

Auch wenn das Outfit nicht der neuesten Chopper-Mode entspricht, ist so die XV 1100 immer noch eine gelungene Vertreterin ihrer Gattung. Und sie hat sogar, ganz untypisch, eine Hauptständer. Alte Dame – brave Dame.

YAMAHA XV 1100 Virago

Motor: Luftgekühlter Zweizylinder-Viertakt-V-Motor, 62 PS (45 kW) bei 6000/min, 85 Nm bei 3000/min, Fünfganggetriebe, Kardanantrieb

Fahrwerk: Rückgratrahmen aus Stahl, vorn Doppelscheiben-, hinten Trommelbremse, Reifengröße vorn 100/90 H 19, hinten 140/90 H 15

Gewicht: 243 kg mit 17 Litern Normal vollgetankt

Sitzhöhe: 715 Millimeter

Höchstgeschwindigkeit: 168 km/h

Beschleunigung 0 – 100 km/h: 5,3 sek

Verbrauch: 7,5 Liter/100 km

Leistungsvarianten: 27, 34, 50, 62 PS

Bauzeit (Neupreise): 1989 (12 900 Mark) bis 1999 (15 900 Mark)

Wichtige Modellpflegemaßnahmen: 1996 geänderte Auspuffanlage.

In's Chrombad gefallen? Der XV 1100-Besitzer hat jedenfalls ausreichend Fläche zur Befriedigung seines Putzdrangs

Yamaha XV 1100: Zweizylinder-V-Motor, 62 PS, 243 Kilogramm, 168 km/h

YAMAHA

FJ 1200

Es muß nicht immer hektischer Modellwechsel sein. Diese Einstellung bewies Yamaha wieder einmal eindrucksvoll mit der FJ 1200. Langsam herangewachsen über den seligen Boliden XS 1100 und die sportliche FJ 1100, präsentierte sich die 1200er schließlich als ausgereifter Tourer mit einer angenehmen Sitzposition sowohl für Fahrer zwischen 1,70 und 1,95 Meter als auch für den Passagier.

Zumindest als fast ausgereift, denn das seinerzeitige 16-Zoll-Vorderrad nervte, wie auch schon die Vorgängerin FJ 1100, mit einem starken Aufstellmoment beim Bremsen in Kurven. Da machte das 1988er Modell mit dem größeren Vorderrad schon eine deutlich bessere Figur, auch der Windschutz war ab diesem Jahrgang besser. Leider wurde dieses Modell von feinen Vibrationen heimgesucht, die den Fahrer zwar kalt ließen, nicht aber die Kunststoffteile und den Auspuff. Ganze Blinker-Einsätze schüttelten sich aus der Verkleidung, und so manches Prallblech machte sich unerlaubt frei.

So entschloß sich Yamaha, 1991 den drehmomentstarken Motor mit Gummiblöcken (Silentblöcke genannt) »elastisch« im Rahmen aufzuhängen. Dieses Unterfangen war jedoch von zweifelhaftem Erfolg gekrönt, denn die Vibrationen waren jetzt zwar verschwunden, ebenso aber leider auch die Fahrstabilität bei hohen Geschwindigkeiten. Seitdem neigt die FJ 1200 bei hohen Geschwindigkeiten und in schnellen langen Kurven zum Pendeln – nicht gefährlich, aber lästig. Und noch etwas verschwand ab diesem Jahr, nämlich die vorher ebenso komfortable wie pfiffige Verstellmöglichkeit des Zentralfederbeins mittels Einstellrad unter dem Seitendeckel. Seit 1991 muß umständlich mit einem Hakenschlüssel in dunklen Gefilden herumgefummelt werden. In diesem Licht erscheint als Gebrauchte das Modell von 1988 bis 1990 gegenüber der neueren Version, die ab diesem Zeitpunkt nicht mehr nennenswert verändert wurde, sicher nicht als die schlechtere Wahl.

Die Zuverlässigkeit der Motoren der verschiedenen Modelljahre tut sich nichts, sie ist bei allen gleich hoch. Kunststück, außer einer Hubraumerhöhung 1988 von 1174 auf 1188 cm³ wurde der Motor ja auch nahezu unverändert hergestellt. Laufleistungen über 100 000 Kilometer, und zwar problemlose 100 000, sind keine Seltenheit, sondern eher die Regel. Typische Macken sind bei diesem Triebwerk nie aufgetreten. Der Gebrauchtkäufer muß also nur auf Vibrationsschäden schauen und hören und, sofern eine offene FJ 1200 das Objekt der Begierde ist, auf Verschleiß der Kupplung achten, denn länger als 30 000 Kilometer hält diese im Normalfall die 128 PS einfach nicht aus. Leicht getestet: Einfach im großen, also im fünften Gang kräftig beschleunigen, die Motordrehzahl darf nicht schlagartig und vor allem ohne merklichen Geschwindigkeitszuwachs zunehmen.

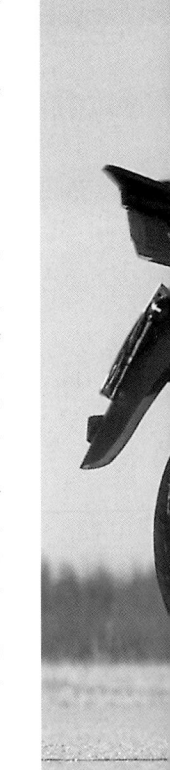

YAMAHA FJ 1200

Motor: Luftgekühlter Vierzylinder-Viertaktmotor, 100 PS (74 kW) bei 8500/min, 93 Nm bei 6500/min, Fünfganggetriebe, Kettenantrieb

Fahrwerk: Doppelschleifenrahmen aus Stahl, vorn Doppelscheiben-, hinten Scheibenbremse, Reifengröße vorn 120/70 VR 17, hinten 150/80 VR 16

Gewicht: 259 kg mit 22 Litern Normal vollgetankt

Sitzhöhe: 780 Millimeter

Höchstgeschwindigkeit: 225 km/h

Beschleunigung 0 – 100 km/h: 3,7 sek

Verbrauch: 6,8 Liter/100 km

Leistungsvarianten: 98, 100 PS

Bauzeit (Neupreise): 1986 (13 900 Mark) bis 1997 (17 000 Mark)

Wichtige Modellpflegemaßnahmen: 1988 (Typ 3CW) 1188 cm³ (vorher 1174 cm³), Vorderradfelge 17 Zoll (vorher 16 Zoll), bessere Bremsen, größere Verkleidung, Benzinpumpe. 1991 (Typ 3YA) Motor in Silentblöcken gelagert, Rahmen und Schwinge verstärkt, geändertes Federbein. Jetzt auch mit ABS lieferbar (FJ 1200 A). 1993 98 PS.

Die angegebenen technischen Daten beziehen sich auf die Modelljahre 1988 bis 1990 (Typ 3CW)

Qual der Wahl: Yamaha hatte zeitweise eine Sport- und eine Tourenscheibe zur Auswahl

Doch Kupplungsbeläge sind im Gegensatz zu fälligen Bremsscheiben noch vergleichsweise billig. Hier sollte der Probefahrer also ein feinfühliges Händchen beweisen – es darf im Bremshebel beim Verzögern nicht pulsieren.

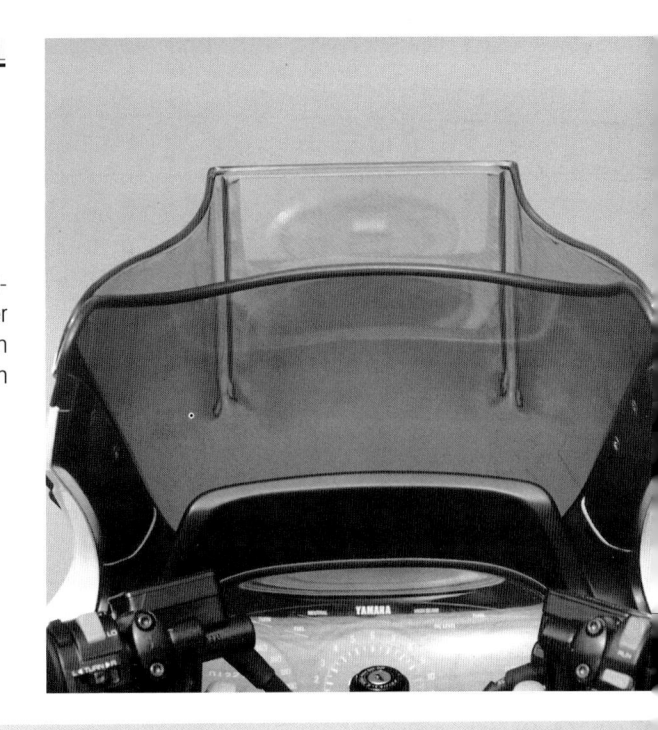

Yamaha FJ 1200: Vierzylindermotor, 100 PS, 259 Kilogramm, 225 km/h

YAMAHA

XJR 1200

Sie waren früher ein Fan solch dicker Motorräder wie zum Beispiel der Yamaha XS 1100? Sie konnten oder wollten sich so ein Trumm aber nicht leisten, damals, Anfang der achtziger Jahre? Und heute wäre Ihnen das Fahrwerk einer XS 1100 viel zu schwabbelig, aber so einen Brummer wollen sie unbedingt haben – vielleicht auch, weil man darauf so unheimlich bequem sitzt? Dann interessieren Sie sich doch einmal für die Yamaha XJR 1200. Die sieht klassisch aus, ist mit 253 Kilogramm nicht gerade ein Federgewicht und bietet auch Menschen mit über zwei Metern Länge einen überaus bequemen Platz.

Mit 1200 Kubikzentimetern Hubraum ist der Motor natürlich kein Hänfling, sondern steht mit gemessenen 109 PS und 105 Nm außerordentlich gut im Futter – ab 2000/min im fünften Gang zieht's die Dicke mächtig voran. Auch fährt sich die XJR viel besser als ein Klassiker. Das Getriebe ist leise und läßt sich exakt schalten, und die Bremsen sind standfest und gut dosierbar. Das Fahrwerk ist spurstabil, das Handling trotz der fünf Zentner Lebendgewicht nicht einmal behäbig, und bei Höchstgeschwindigkeit kann von Pendeln keine Rede sein. Eher schon von Muskelkater, denn die tiefe Sitzfläche und die hohen Lenkerenden erschweren ein kräftesparendes Abtauchen vor dem Fahrtwind, der sich bei der Höchstgeschwindigkeit von knapp 200 km/h doch schon ein klein wenig bemerkbar macht. Und so bestimmt die rechte Hand, wie bei allen unverkleideten Motorrädern, maßgeblich den Verbrauch: Zwischen sechs und zwölf Litern Normal liegt alles drin.

Natürlich gibt's auch sonst etwas zu meckern. Der Bremshebel ist nicht einstellbar, und der Choke sitzt unpraktischerweise direkt an der Vergaserbatterie. Die Gabel ist überhaupt nicht verstellbar, und die Federbeine lassen sich nur mittels Änderung der Vorspannung an den Beladungszustand anpassen – Fehlanzeige mit Dämpfungs-Einstellung. Immerhin, die serienmäßige Grundeinstellung ist für Otto Normalfahrer in Ordnung.

Wer sich für eine gebrauchte XJR 1200 interessiert, braucht sich über die Standfestigkeit des Motors schon einmal keine Sorgen zu machen. Die Vorfahren dieses Triebwerks arbeiteten in der XS 1100, später in der FJ 1100, dann in der FJ 1200 – alles Motoren, die für ihre Langlebigkeit bekannt waren. Bei den ersten in Deutschland ausgelieferten XJR 1200 traten noch vereinzelt undichte Zylinderkopf-Dichtungen im Bereich der Ölsteigleitungen auf, die jedoch mittlerweile durch Yamaha meist nachgebessert worden sein dürften.

Bei der Probefahrt könnte sich die Kupplung durch auffälliges Durchrutschen dem gewaltigen Drehmoment als nicht gewachsen zeigen. In diesem Fall ist der betreffenden XJR wohl noch nicht die verstärkte Tellerfeder verschrieben worden, die Yamaha für diesen Fall anbot und auch heute noch anbietet.

Und damit wäre die Aufzählung der möglichen Mängel auch bereits beendet. Ein wirklich standfester Brummer also, die dicke XJR.

YAMAHA XJR 1200

Motor: Luftgekühlter Vierzylinder-Viertaktmotor, 98 PS (72 kW) bei 8000/min, 92 Nm bei 6300/min, Fünfganggetriebe, Kettenantrieb

Fahrwerk: Doppelschleifenrahmen aus Stahl, Doppelscheibenbremse vorn, Scheibenbremse hinten, Reifengröße vorn 130/70 ZR 17, hinten 170/60 ZR 17

Gewicht: 253 kg mit 21 Litern Normal vollgetankt

Sitzhöhe: 790 Millimeter

Höchstgeschwindigkeit: 198 km/h

Beschleunigung 0 – 100 km/h: 3,7 sek

Verbrauch: 5,9 Liter/100 km

Leistungsvarianten: keine

Bauzeit (Neupreise): 1995 (16 950 Mark) bis 1998 (15 690 Mark)

Wichtige Modellpflegemaßnahmen: 1997 Spezialversion »SP King Replica« lieferbar (500 Mark Aufpreis, in Deutschland auf 500 Stück limitiert): Gabel mit verstellbarer Federbasis, Öhlins-Federbeine, versellbare Handhebel. 1998 standfestere Zylinderkopfdichtung. 1999 Ablösung durch XJR 1300.

Zwischenstufe: Der Motor war einmal der vorläufige Höhepunkt der XS- und FJ-Baureihe. Mittlerweile gibt's ihn schon mit 1,3 Litern Hubraum

Yamaha XJR 1200: Vierzylindermotor, 98 PS, 253 Kilogramm, 198 km/h

YAMAHA

Vmax

Nein, eine ehrliche Haut ist die Yamaha Vmax wirklich nicht. Die Schwindelei beginnt schon beim Namen: Vmax (sprich: Wiemäcks) steht für Höchstgeschwindigkeit, doch sooo schnell ist sie mit ihren 238 km/h dann auch wieder nicht. Auch die beiden glänzenden Hutzen beidseits des Tanks sehen zwar unheimlich technisch aus und erinnern stark an ein Ram-Air-System, haben aber außer dem Design keinen weiteren erkennbaren Zweck. Ach ja, und der Tank ist gar keiner – der versteckt sich nämlich im Rahmenheck. Das, was der Fahrer da zwischen den Beinen hat, ist lediglich eine Luftfilterkasten-Abdeckung.

Doch das, was der Fahrer da unter sich hat, sorgt auch heute noch für neidische Passanten-Blicke – die Vmax ist einfach ein zeitloses, ziemlich brutal wirkendes Show-Bike. Ein Show-Bike mit leichten fahrwerkstechnischen Macken allerdings: Weder die flotte, kurvige Landstraße noch die Vollgas-Autobahnhatz sind das bevorzugte Metier der Vmax, denn hier überrascht sie den Fahrer mit Lenkerflattern und Pendelerscheinungen. Solche Fahrwerksschwächen kennt man von modernen Motorrädern nicht mehr, aber die Vmax gibt's ja schließlich auch schon seit 1985. Nach Ansicht einiger Vmax-Spezialisten sind Streuungen in der Serienfertigung häufig die Ursache: Die Bohrungen der Lenkkopflager sind oft oval und fluchten nicht, die Radflucht ist ebenfalls häufig nicht in Ordnung.

Der Motor in der offenen Leistung hingegen ist immer noch ein Sahnestück. Ab 6000/min schaltet das »V-Boost-System« quasi eine zweite Gasfabrik zu – und dies zu erfahren macht immer wieder Spaß. Die Version mit 98 PS wirkt da naturgemäß deutlich weniger beeindruckend. Ärgerlich ist hier auch der Durchhänger zwischen 3000 und 3500/min, der einen gleichmäßig sauberen Durchzug in den unteren Drehzahlen vereitelt.

Die mechanische Zuverlässigkeit der Vmax ist hervorragend: Getriebe, Kupplung und Kardanantrieb sind nicht anfälliger als die Bauteile modernerer japanischer Motorräder. Etwas Ärger machen allerdings manchmal einige elektrischen Bauteile. Regler, Lichtmaschinen, Zündsteuergeräte und sogar Anlasser geben hin und wieder auf unerklärliche Weise den Geist auf.

YAMAHA

Motor: Wassergekühlter Vierzylinder-Viertakt-V-Motor, 145 PS (107 kW) bei 8700/min, 122 Nm bei 7500/min, Fünfganggetriebe, Kardanantrieb

Fahrwerk: Doppelschleifenrahmen aus Stahl, Doppelscheibenbremse vorn, Scheibenbremse hinten, Reifengröße vorn 100/90 V 18, hinten 150/90 V 15

Gewicht: 283 kg mit 15 Litern Normal vollgetankt

Sitzhöhe: 780 Millimeter

Höchstgeschwindigkeit: 238 km/h

Beschleunigung 0 – 100 km/h: 3,1 sek

Verbrauch: 6,6 Liter/100 km

Leistungsvarianten: 98, 145 PS

Bauzeit (Neupreise): 1985 (grau importiert rund 16 000 Mark) bis heute (2001 offiziell importiert 21 400 Mark)

Wichtige Modellpflegemaßnahmen: 1987 Getriebe verbessert. 1993 Gabel mit dickeren Standrohren und wirkungsvollerer Bremsanlage (von Yamaha FZR 1000). Seit 1996 auch durch Yamaha Deutschland importiert (18 590 Mark), seit 1999 hier auch mit 145 PS lieferbar.

Pfiffig angebracht: Durch die gekonnte Montage der Instrumente mitten auf dem Tank wird wirkungsvoll die Anbringung eines Tankrucksacks verhindert

Yamaha Vmax: Vierzylinder-V-Motor, 145 PS, 283 Kilogramm, 238 km/h

Der Kauf

Geld ist nicht alles

Käufer und Verkäufer sind sich einig: Das Motorrad gefällt, der Preis stimmt – jetzt wird's juristisch, der Kaufvertrag wird ausgefüllt.

Mittlerweile gibt es eine Menge unterschiedlicher Vordrucke zu diesem Zweck, die einen bevorteilen den Käufer, die anderen den Verkäufer. Das Muster im Anhang dieses Buchs stellt einen fairen Kompromiß dar.

Allerdings, einen wirkungsvollen Trick für den Käufer gibt es schon: Bringen Sie den Verkäufer dazu, unter dem Punkt »Weitere Vereinbarungen« die Formulierung »Der Verkäufer sichert oben genannte Eigenschaften sowie Unfallfreiheit des Motorrad zu« einzutragen, haben Sie gewonnen. Auf diese Weise schört er nämlich schriftlich Stein und Bein, daß die angegebene Laufleistung stimmt und das Motorrad niemals umgefallen ist – auch nicht vor seinem Besitz. Stellt sich nach dem Kauf dann zum Beispiel doch heraus, daß das Motorrad schon einen Umkipper mit Rahmenverzug als Folge hinter sich hatte, haben Sie als Käufer beste Karten, eine Minderung oder gar Wandelung beim Verkäufer durchzusetzen (siehe dazu auch das nächste Kapitel »Recht nach dem Gebrauchtkauf«).

Sehr wichtig ist es, im Kaufvertrag zu vermerken, wieviele Schlüsselgarnituren beim Kauf des Motorrads vom Verkäufer übergeben wurden. Wird das Motorrad nämlich später dem Käufer gestohlen, verlangt die Versicherung mit großer Wahrscheinlichkeit vor der Erstattung des Gelds – natürlich vorausgesetzt, das Motorrad hatte eine Kasko-Versicherung – alle Schlüssel. Wenn es dann weniger sind, als bei dem Neu-Motorrad mitgeliefert wurden, wittert die Versicherung vielleicht Betrug. Die anschließenden unangenehmen Gespräche kann man sich ersparen, wenn man mittels des Kaufvertrags beweisen kann, daß bereits der Vorbesitzer einen Satz Schlüssel verschlampt hat.

Auch das Übergabe-Protokoll sollte penibel ausgefüllt werden, jetzt aber mehr im Interesse des Verkäufers. Es könnte sonst passieren, daß er zum Beispiel noch für Geschwindigkeitsübertretungen des Käufers mit seinem ehemaligen Motorrad geradestehen darf.

Jetzt geht's ans Ummelden. Der Gang auf die Behörde sollte übrigens möglichst nicht an einem Montag oder Freitag stattfinden, da es an diesen Tagen dort immer immer knüppelvoll ist. Der neue Besitzer braucht seinen Ausweis, eine Doppelkarte von der Versicherung, den Fahrzeugschein (oder bei vorübergehend stillgelegtem Fahrzeug die Abmeldebestätigung), das Kennzeichen (wenn das Motorrad ein neues bekommen wird), Bargeld und den Fahrzeugbrief. Wenn er ihn denn überhaupt schon hat. Schließlich lautet die ewige Frage beim Kauf eines gebrauchten Fahrzeugs: Wann soll dem Käufer der Fahrzeugbrief ausgehändigt werden? Einerseits wird der Brief ja zur Ummeldung benötigt, andererseits lautet ein ehernes Gesetz: Wer den Fahrzeugbrief in den Händen hält, ist der Besitzer des Motorrads. Klar, daß der Verkäufer da wenig begeistert ist, das kostbare Stück rauszurücken, ohne den vollen Kaufpreis erhalten zu haben. Aber: Wer als Käufer zahlt schon gern den vollen Preis nur für den Brief, um das Motorrad auf seinen Namen ummelden zu können, während der böswillige Verkäufer vielleicht währenddessen noch schnell einige Zubehörteile vom Bike abschraubt? Und tauscht man alles in einem Rutsch, also Geld gegen Motorrad samt Papieren, hat der Verkäufer wieder das Restrisiko, daß sich der neue Besitzer trotz vertraglicher Zusicherung mit der Ummeldung unangemessen lang Zeit läßt. Aus diesem Dilemma hilft entweder nur gegenseitiges Vertrauen oder ein etwas komplizierteres Kompromiß-Verfahren: Der Verkäufer kassiert zunächst nur eine Anzahlung und meldet das Motorrad nach Vertragsunterzeichnung ab. Am nächsten Tag steht der Käufer mit der Restzahlung

Komplett-Ausstattung: Am liebsten wird beim Gang auf die Zulassungsbehörde die Versicherungs-Doppelkarte vergessen. Und mit den Märkern kann man auch nicht mehr viel anfangen.

wieder auf der Matte und kann dann die Papiere und das Motorrad mitnehmen. Dennoch, zum Rumschrauben hat auch bei dieser Lösung der Verkäufer immer noch reichlich Zeit. Bleibt als Beruhigung: Längst nicht alle Verkäufer sind gleichzeitig auch Betrüger.

Zug um Zug: Brief gegen Geld? Geld gegen Motorrad? Brief und Motorrad gegen Geld? Reine Vertrauenssache!

Recht nach dem Gebrauchtkauf

Gekauft ist gekauft?

Trotz sorgfältigster Besichtigung kann es doch immer wieder einmal vorkommen, daß sich der Käufer »vergreift«. Sei es, daß sich nach dem Kauf herausstellt, daß das Motorrad wahrscheinlich deutlich mehr Kilometer auf dem Buckel hat, als der Verkäufer behauptete. Oder sei es, daß das Bike doch nicht ganz so unfallfrei ist, wie der Besitzer bei der Vertragsunterzeichnung treuherzig versicherte.

Doch gerade in diesen beiden Fällen hat der angeschmierte Käufer gute Karten, zu seinem Recht zu kommen. Zwar findet sich in fast allen Muster-Kaufverträgen (auch bei dem in diesem Buch) die Formulierung »gekauft wie besichtigt und probegefahren unter Ausschluß jeglicher Gewährleistung«. Schließlich steckt der Verkäufer nicht in der Maschine drin und soll nicht für jeden versteckten Mangel haften – was er sonst nämlich sechs Monate lang tun müßte. Doch die Angabe eines falschen Kilometerstands oder das Verschweigen eines Unfalls fällt unter die Rubrik »Arglist«. Hier sind die Gerichte streng, besagter Gewährleistungs-Ausschluß wird bei solch einem Delikt hinfällig – die rechtlichen Ansprüche des Käufers verjähren hier sogar erst nach 30 Jahren.

Nach den Regeln des Bürgerlichen Gesetzbuchs (BGB) kann der arglistig behandelte Käufer nun den Kauf rückgängig machen (»wandeln«) oder zumindest einen Teil des Kaufpreises zurückverlangen (»mindern«). Die Hauptschwierigkeit wird aber immer sein: Wie weist man dem Verkäufer nach, daß er tatsächlich arglistig gehandelt hat, also wußte (auch ahnen zählt hier übrigens schon), daß das Motorrad einen deutlich höheren Kilometerstand oder einen Unfallschaden hat? Bei Unfallschäden kann das – auf eigene Faust recherchiert – aufgrund von Versicherungsunterlagen oder Polizeiakten funktionieren. Beim Kilometerstand kann dagegen ein Anruf beim »Vor-Vorbesitzer« durchaus aufschlußreich sein. Zwar lassen die Gerichte geringe Abweichungen der tatsächlichen Laufleistung vom Tachostand meist noch durchgehen (die Toleranzgrenze steigt mit dem Alter des Fahrzeugs), doch bei zehn Prozent ist die Geduld der meisten Richter überstrapaziert.

Bei Unfallschäden nutzt dem Verkäufer die spätere Ausrede »Sie haben mich ja nicht danach gefragt« überhaupt nichts, denn bei dem Besichtigungstermin hat der Verkäufer unaufgefordert darauf hinzuweisen. Und hat er im Kaufvertrag gar die Unfallfreiheit ausdrücklich zugesichert, haftet er sogar für Stürze, von denen er gar nichts wußte – von einem weiteren Vorbesitzer beispielsweise. Ebenso muß er bei Fehlern, die die Verkehrssicherheit betreffen, plaudern, etwa bei kaputten Bremsen oder schwerwiegenden Mängeln an Motor oder Getriebe. Eine Pflicht aber, das Motorrad vor Verkauf komplett durchzuchecken, besteht für ihn nicht – selbst für Händler erstaunlicherweise nicht.

Stellt sich heraus, daß der Verkäufer arglistig gehandelt hat, kann der Käufer statt Wandelung oder Minderung auch einen Schadensersatz verlangen. Die Juristen sprechen hier vom »kleinen« und »großen« Schadensersatz. Das hat nichts mit der Menge des Gelds zu tun, sondern beim »kleinen Schadensersatz« kann der Käufer die Kosten für die Mängelbeseitigung – zum Beispiel für die Reparatur und die entstandenen Nebenkosten wie Telefon und Taxi zur Werkstatt – verlangen. Beim »großen Schadensersatz« – der aber nur dann verlangt werden kann, wenn es sich um wirklich gravierende Defekte handelt – muß der Verkäufer nicht nur das Motorrad gegen Erstattung des Kaufpreises zurücknehmen, sondern auch noch sämtliche Nebenkosten (wie Zulassung und Nummernschilder) tragen. Hatte sich der Käufer mittlerweile Zubehör für sein Motorrad angeschafft, daß nun ohne Bike ja nutzlos geworden ist, muß der Verkäufer dafür ebenfalls blechen. Und: Hätte der Erwerber das Bike mit Gewinn weiterverkaufen könen, muß ihm der Verkäufer sogar diesen »Verlust« ausgleichen.

Damit es zu solch häßlichen Rechtsstreitigkeiten erst gar nicht kommen kann, sollten sich Käufer und Verkäufer an einige Regeln halten. Der Käufer fragt während des Besichtigungstermins alles Mögliche nach – Ist das Motorrad unfallfrei? Ist es schon einmal vom Ständer gekippt? Wie hoch ist der Ölverbrauch? – und versucht den Verkäufer davon zu überzeugen, die Antworten darauf in den Kaufvertrag aufzunehmen. Dann nämlich gelten die Antworten als Zusicherung. Dieses Spielchen wird allerdings kein Verkäufer mit Begeisterung mitmachen, da wie beim Verschweigen eines Unfallschadens auch bei Nichterfüllung einer Zusicherung die Regeln für die Arglist gelten – aber versuchen kann man es ja. Im schlimmsten Fall sucht sich der Verkäufer eben einen anderen Abnehmer für sein Motorrad.

Der Verkäufer dagegen sollte auspacken, nämlich alles mögliche erzählen, was ihm jemals mit dem Motorrad passiert ist – angefangen beim harmlosen Umkipper bis hin zu verdächtigem Motorklappern – und diese Aussagen in den Kaufvertrag integrieren. So kann der Käufer später nicht behaupten, er hätte von nichts gewußt.

Vielleicht spielen hier nun aber Sie als Käufer nicht mit und suchen sich ein anderes Motorrad. Kaufen und verkaufen hat eben eine ganze Menge mit Taktik zu tun.

So weit muß es nun auch wieder nicht kommen: Es ist immer hilfreich, sich gesetzesmäßig etwas auszukennen

ANHANG

Wo gibt's was?

Natürlich kann eine Adress-Sammlung im Anhang eines Buchs niemals den Anspruch auf Vollständigkeit erheben. Aber immerhin: Besser ein paar der wichtigsten Adressen als gar keine, oder? Für Korrekturen oder weitere Anregungen ist der Autor dankbar.

Motorrad-Importeure

Für Gutachten für Leistungsänderungen und Reifenfreigaben ist die Abteilung Homologation zuständig:

Aprilia
Aprilia GmbH Deutschland
Am Seestern 3
40547 Düsseldorf
Telefon 02 11/5 90 18 00
Telefax 02 11/5 90 18 19
www.aprilia.de

BMW
BMW Motorrad Direct
Triebstraße 32
80788 München
Telefon 0 89/9 50 08 50
Telefax 0 89/95 00 85 85
www.bmwmotorraeder.de

Cagiva
MV Agusta Motor Deutschland GmbH
Industriestraße 60a
50389 Wesseling
Telefon 0 22 32/96 90 30
Telefax 0 22 32/96 90 50
www.mvagusta.de

Ducati
Ducati Motor Deutschland GmbH
Industriestraße 180
50999 Köln
Telefon 0 22 36/3 91 20
Telefax 0 22 36/39 12 90
www.ducati.de

Harley-Davidson
Harley-Davidson GmbH
Starkenburgstraße 12
64546 Mörfelden
Telefon 0 61 05/28 40
Telefax 0 61 05/28 41 99
www.harley-davidson.com

Honda
Honda Deutschland GmbH
Sprendlinger Landstraße 166
63069 Offenbach
Telefon 0 69/8 30 90
Telefax 0 69/83 20 20
www.honda.de

Kawasaki
Kawasaki Motoren GmbH
Max-Planck-Straße 26
61381 Friedrichsdorf
Telefon 0 61 72/73 40
Telefax 0 61 72/3 41 60
www.kawasaki.de

KTM
KTM Stöcklmeier GmbH
Hohenburger Straße
92289 Ursensollen
Telefon 0 96 28/9 21 10
Telefax 0 96 28/18 80
www.ktm.at

Moto Guzzi
MGI Motorcycle GmbH
Litzelbacher Straße 15
64689 Hammelbach
Telefon 0 62 53/9 42 20
Telefax 0 62 53/94 22 50
www.moto-guzzi.com

MZ
MuZ Motorrad- und Zweiradwerk GmbH
Alte Marienberger Straße 30-35
09405 Zschopau-Hohndorf
Telefon 0 37 25/4 90
Telefax 03725/4 91 50
www.muz.de

Piaggio
Piaggio Deutschland GmbH
Industriestraße 8
86420 Diedorf
Telefon 0 82 38/3 00 80
Telefax 0 82 38/30 08 72
www.piaggio.com

Sachs
Sachs Fahrzeug- und Motorentechnik GmbH
Nopitschstraße 70
90441 Nürnberg
Telefon 09 11/4 23 10
Telefax 09 11/4 23 13 32
www.sachs-bikes.de

Suzuki
Suzuki Motor GmbH
Tiergartenstraße 8
64646 Heppenheim
Telefon 0 62 52/70 50
Telefax 0 62 52/70 52 00
www.suzuki.de

Triumph
Triumph Motorrad Deutschland GmbH
Otto-Hahn-Straße 20
61381 Friedrichsdorf-Köppern
Telefon 0 61 75/9 33 60
Telefax 0 61 75/93 36 27
www.triumph-deutschland.de

Vespa
siehe Piaggio

Yamaha
Yamaha Motor Deutschland GmbH
Hansemannstraße 12
41468 Neuss
Telefon 0 21 31/2 01 30
Telefax 0 21 31/2 01 33 00
www.yamaha-motor.de

Gebrauchtmotorrad-Händler

Berentelg
Am Goldbach
49716 Meppen
Telefon 0 59 31/9 88 60
www.starke-gebrauchte.de

Bike Discount Shop
Am Korstick 4
45239 Essen
Telefon 02 01/40 23 81

Brune
Wöste 6
48291 Telgte
Telefon 0 25 04/7 34 40

Hohls
Hünenburg 10
29303 Bergen
Telefon 0 50 51/91 03 03

Limbächer & Limbächer
Hauptstraße 59
70771 Leinfelden-Echterdingen
Telefon 07 11/7 94 22 22
www.limbaecher.de

Motorcity
Staufenstraße 18
73095 Albershausen
Telefon 0 71 61/93 93 88
www.motorcity.de

Motorradpark
Am Schwindgraben 4
93083 Obertraubling
Telefon 0 94 01/96 09 60
www.motorradpark.de

Natuschke und Lange
Hasporter Damm 150
27755 Delmenhorst
Telefon 0 42 21/6 50 70
www.natuschke-lange.de

ZRM
Casterfeldstraße 89-91a
68199 Mannheim
Telefon 06 21/84 50 10

Reifen

Avon
Cooper Avon Reifen Deutschland GmbH
Dortmunder Straße 15
57234 Wilnsdorf
Telefon 0 27 39/87 44 14
Telefax 0 27 39/87 44 44
www.wdk.de/cooperavon.htm

Bridgestone
Bridgestone/Firestone Deutschland GmbH
Du Pont-Straße 1
61352 Bad Homburg
Telefon 0 61 72/40 82 55
Telefax 0 61 72/40 82 49
www.bridgestone.de

Continental
Continental AG
Büttnerstraße 25
30165 Hannover
Telefon 05 11/9 38 21 26
Telefax 05 11/9 38 24 01
www.conti-online.com

Dunlop
Dunlop GmbH
Dunlopstraße 2
63450 Hanau
Telefon 0 61 81/68 19 30
Telefax 0 61 81/68 15 15
www.dunlop.de

Heidenau
Reifenwerk Heidenau GmbH & Co KG
Hauptstraße 44
01809 Heidenau
Telefon 0 35 29/55 28 01
Telefax 0 35 29/51 24 38
www.reifenwerk-heidenau.de

Metzeler
Metzeler Reifen GmbH
Gneisenaustraße 15
80992 München
Telefon 0 89/14 90 84 40
Telefax 0 89/14 90 85 10
www.metzeler.de

Michelin
Michelin Reifenwerke KGaA
Michelinstraße 4
76185 Karlsruhe
Telefon 07 21/5 30 12 38
Telefax 07 21/5 30 14 60
www.michelin.de

Pirelli
Pirelli Motorradreifen
Gneisenaustraße 15
80992 München
Telefon 0 89/14 90 83 50
Telefax 0 89/14 90 85 10
www.pirelli.de

Drosselung/Entdrosselung

Alpha-Technik GmbH
Äußere Salzburger Straße 201
83071 Stephanskirchen
Telefon 0 80 36/30 07 20
Telefax 0 80 36/30 07 29
www.alphatechnik.de

Herbert Stauch
Karlstraße 32
70794 Filderstadt
Telefon 07 11/70 19 18
Telefax 07 11/7 07 98 55

Motorrad Boe
Habbeler Straße 4
58849 Herscheid
Telefon 0 23 57/37 60
Telefax 0 23 57/33 28

Motorrad Reinhard
Hauptstraße 55
67459 Böhl-Iggelheim
Telefon 0 63 24/65 82
Telefax 0 63 24/7 89 86

Gabelfedern

Wirth
Osterdiecksfeld 23
21274 Kudeloh
Telefon 0 41 03/9 17 70
Telefax 0 41 03/6 10
www.wirth-federn.de

White Power
Braun GmbH
Schneckenberg 6
79312 Emmendingen
Telefon 0 76 41/4 45 49
Telefax 0 76 41/62 03
www.white-power.de

Stoßdämpfer

Hagon
Wilbers Products
Alfred-Mozer-Straße 84
48527 Nordhorn
Telefon 0 59 21/60 57
Telefax 0 59 21/7 40 99

Koni
Industriegebiet
56424 Ebernhahn
Telefon 0 26 23/60 20
Telefax 0 26 23/6 02 33
www.koni.de

Oehlins
Zupin Moto-Sport GmbH
Werner-von-Siemes-Straße 8
83301 Traunreut
Telefon 0 86 69/8 57 60
Telefax 0 86 69/23 28
www.oehlins.de

White Power
Braun GmbH
Schneckenberg 6
79312 Emmendingen
Telefon 0 76 41/4 45 49
Telefax 0 76 41/62 03
www.white-power.de

Auspuffanlagen

Akrapovic

Jack's Top Gear GmbH
Pausmühle 1b
85617 Assling
Telefon 0 80 65/9 07 70
Telefax 0 80 65/90 77 29
www.akrapovic.de

Arrow
Moto Parts Sport and Go
Neustraße 44
47809 Krefeld
Telefon 0 21 51/55 73 70
Telefax 0 21 51/54 10 15

ART
ART Deutschland
Corneliusstraße 57
40215 Düsseldorf
Telefon 02 11/9 38 52 70
Telefax 02 11/9 38 58 28

Barracuda
M. Kloos Motorradtechnik
Koblenzer Straße 21
57359 Bruchertseifen
Telefon 0 26 82/44 44
Telefax 0 26 82/14 86

BOS
BOS Auspuff GmbH
Reitgaarstraße 2
49828 Neuenhaus
Telefon 0 59 41/47 93
Telefax 0 59 41/53 64

BSM
BSM Deutschland
Hohlstraße 1
65510 Hünstetten
Telefon 0 61 26/60 36
Telefax 0 61 26/60 39
www.bsm-exhausts.com

Cobra
Speed Products
Zum Kaiserbusch 20
48165 Münster
Telefon 02 51/96 25 40
Telefax 02 51/9 62 54 44
www.speedpro.de

D & D
Moto Parts Sport and Go
Neustraße 44
47809 Krefeld
Telefon 0 21 51/55 73 70
Telefax 0 21 51/54 10 15

Devil
Difi Dierk Filmer GmbH
Oldenburger Straße 65
26316 Varel
Telefon 0 44 51/91 50
Telefax 0 44 51/91 51 90

eagle
Speed Products
Zum Kaiserbusch 20
48165 Münster
Telefon 02 51/96 25 40
Telefax 02 51/9 62 54 44
www.speedpro.de

Figaroli
Götz GmbH
Hinter Stöck
72406 Bisingen
Telefon 0 74 76/93 31 50
Telefax 0 74 76/93 32 50

Galasetti
DCT-Motor
Nürnberger Straße 44
86720 Nördlingen
Telefon 0 90 81/21 13 40
Telefax 0 90 81/21 13 42

Gianelli
Polo
Erftstraße 1
40219 Düsseldorf
Telefon 02 11/97 96 96
Telefax 02 11/9 79 68 69
www.polo-motorrad.de

Harpoon
Schuh GmbH
Essener Straße 7
66606 St. Wendel
Telefon 0 68 51/8 90 10
Telefax 0 68 51/17 70

Hurricane
Detlev Louis Motorradvertriebs GmbH
Rungedamm 35
21035 Hamburg
Telefon 0 40/73 41 93 60
Telefax 0 40/73 41 93 47
www.louis.de

Ixil
Paaschburg & Wunderlich
Eiffestraße 418
20537 Hamburg
Telefon 0 40/25 40 36 40
Telefax 0 40/2 50 28 32
www.pwhamburg.de

Kerker
Mizu
Weidgang 3
78247 Hilzingen/Singen
Telefon 0 77 31/6 83 43
Telefax 0 77 31/6 89 90
www.mizu.de

Laser
Laser Deutschland GmbH
In Tenholt 47
41812 Erkelenz
Telefon 0 24 31/9 69 90
Telefax 0 24 31/96 99 19

L & W
Lenhardt & Wagner GmbH
Im Taubenfang 4
64653 Lorsch
Telefon 0 62 51/5 48 49
Telefax 0 62 51/5 48 05
www.phoenix-motorrad.de

Marshall
Schuh GmbH
Essener Straße 7
66606 St. Wendel
Telefon 0 68 51/8 90 10
Telefax 0 68 51/17 70

Marving
M. Kloos Motorradtechnik
Koblenzer Straße 21
57359 Bruchertseifen
Telefon 0 26 82/44 44
Telefax 0 26 82/14 86

Maverick
Schuh GmbH
Essener Straße 7
66606 St. Wendel
Telefon 0 68 51/8 90 10
Telefax 0 68 51/17 70

Micron
Micron Systems GmbH
Boxdorfer Straße 13
90765 Fürth
Telefon 09 11/93 67 40
Telefax 09 11/9 36 74 34

MIG
Motacc Deutschland GmbH
Mühlenstraße 7
79232 March
Telefon 0 76 65/91 20 80
Telefax 0 76 65/91 20 81
www.motacc.com

Moriwaki
Moriwaki Europe
Hansastraße 12
41460 Neuss
Telefon 0 21 31/27 64 97
Telefax 0 21 31/27 83 87

Motad
MGH Motorradteile
Friedrich-Wilhelm-Bleiche 10
33649 Bielefeld
Telefon 05 21/45 24 49
Telefax 05 21/45 27 21
www.mgh-shop.de

Nikko
Nikko Racing
Ayler Weg 15
66113 Saarbrücken
Telefon 06 81/74 00 04
Telefax 06 81/74 00 07

Remus
Phönix Motorradtuning
Neuenhofstraße 160
52078 Aachen
Telefon 02 41/5 68 82 22
Telefax 02 41/5 68 82 23

Scheibel
Ziegelbergweg 31
87629 Füssen
Telefon 0 83 62/8 12 19

Schüle
Bösinger Straße 5
72285 Pfalzgrafenweiler
Telefon 0 74 45/10 59
Telefax 0 74 45/33 71

Scorpion
Team Métisse
Bohmter Straße 8a
46179 Ostercappeln
Telefon 0 54 71/26 58
Telefax 0 54 71/44 89
www.team-metisse.de

Sebring
Mizu
Weidgang 3
78247 Hilzingen/Singen
Telefon 0 77 31/6 83 43
Telefax 0 77 31/6 89 90
www.sebring.de

Shark
Fechter Drive GmbH
Michael-Becker-Straße 22
73231 Weilheim
Telefon 0 70 23/9 52 30
Telefax 0 70 23/49 30
www.fechter.de

Sito
Hans-Joachim Hipp
Kleinburgwedeler Weg 17
30938 Burgwedel-Thonse
Telefon 0 51 39/89 49 06
Telefax 0 51 39/89 49 23

Sound check
Albersloher Weg 45
48155 Münster
Telefon 02 51/6 50 89
Telefax 02 51/66 49 85

Supertrapp
Mizu
Weidgang 3
78247 Hilzingen/Singen
Telefon 0 77 31/6 83 43
Telefax 0 77 31/6 89 90

Termignoni
Hänsle Motorradsport
Industriestraße 12
77955 Ettenheim
Telefon 0 78 22/4 45 80
Telefax 0 78 22/44 58 58
www.termignoni.de

Vance & Hines
Büsch Motorcycle Products
Bogenstraße 71
47661 Issum
Telefon 0 28 35/44 05 70
Telefax 0 28 35/44 05 74

Yoshimura
BMC Yoshimura
Gerberstraße 10
79379 Müllheim
Telefon 0 76 31/1 03 30
Telefax 0 76 31/17 21 67

Vergaser

Bing
Fritz Hintermayr GmbH
Dorfäckerstraße 16
90427 Nürnberg
Telefon 09 11/3 26 70
Telefax 09 11/3 26 72 99
www.bing.de

Keihin
Moriwaki Europe
Hansastraße 12
41460 Neuss
Telefon 0 21 31/27 64 97
Telefax 0 21 31/27 83 87

Mikuni
Mikuni Europe GmbH
Borsigallee 19
60388 Frankfurt
Telefon 0 69/4 20 00 50
Telefax 0 69/42 00 05 50
www.mikuni-topham.de

Tieferlegung

Tieferlegungskits
Alpha-Technik GmbH
Äußere Salzburger Straße 201
83071 Stephanskirchen
Telefon 0 80 36/30 07 20

Emil Schwarz
Weilerstraße 6
73614 Schorndorf
Telefon 0 71 81/4 17 66
Telefax 0 71 81/4 53 46
www.emilschwarz.de

Motorrad Heun
Friedrichstraße 82
47475 Kamp Lintfort
Telefon 0 28 42/1 30 57
Telefax 0 28 42/5 53 03

Motorrad Hiller
Augustenstraße 95
70197 Stuttgart
Telefon 07 11/62 52 98
Telefax 07 11/6 15 39 65

Niedrigere Sitzbänke für Enduros
Götz
Hinter Stöck
72406 Bisingen
Telefon 0 74 76/93 31 50
Telefax 0 74 76/93 32 50

Kürzere Stoßdämpfer für Chopper
Hagon
Alfred-Mozer-Straße 84
48527 Nordhorn
Telefon 0 59 21/60 57
Telefax 0 59 21/7 40 99

Spezialisten

Edelstahl-Auspuffanlagen für BMWs
BK-Moto Edelstahlteile GmbH
Knobelweg 2
33729 Bielefeld
Telefon 05 21/76 20 77
Telefax 05 21/76 20 80

Elektronische Zündanlagen (Piranha)
Peter Wüst Elektronik
Ellwanger Straße 87
73441 Bopfingen
Telefon 0 73 62/68 81
Telefax 0 73 62/68 81

Flammspritzen
Hans-Peter Grammdorf
Korntaler Landstraße 68
70499 Stuttgart
Telefon 07 11/8 87 32 23
Telefax 07 11/8 87 40 23

Kunststoff-Tanks (Acerbis)
Heino Büse MX Import GmbH
Vennstraße 14
52159 Roetgen
Telefon 0 24 71/1 26 90
Telefax 0 24 71/6 91

Original-Lacke
Rudolf Hartjens
Postfach 1131
27239 Twistringen
Telefon 0 42 43/88 87

Präzisions-Lager
Emil Schwarz
Weilerstraße 6
73614 Schorndorf
Telefon 0 71 81/4 17 66
Telefax 0 71 81/4 53 46

Rahmen-Vermessung
Köster GmbH
Nordweg 8
87764 Legau
Telefon 0 83 30/7 72
Telefax 0 83 30/12 10

Scheibner Meßtechnik
Am Hauptgüterbahnhof 22
38126 Braunschweig
Telefon 05 31/79 02 59
Telefax 05 31/7 82 08

Reparaturen

Kabelbäume
Desmo
Stuttgarter Straße 68
70736 Fellbach
Telefon 07 11/58 80 96

Kunststoff-Teile
Leto
Mühlenweg 144
26384 Wilhelmshaven
Telefon 0 44 21/3 31 04

Manfred Voth
Rathausstraße 60
77966 Kappel
Telefon 0 78 22/70 22
Telefax 0 78 22/60 77

Kurbelwellen
Kexel-Präzision
Flughafenstraße 10
56459 Ailertchen
Telefon 0 26 63/68 23
Telefax 0 26 63/78 55

Lager und Lagersitze
Reinhard Scheuerlein
Hardtstraße 28
91522 Ansbach
Telefon 09 81/1 75 54
Telefax 09 81/9 54 78

Sitzbänke und -bezüge
Götz
Hinter Stöck
72406 Bisingen
Telefon 0 74 76/93 31 50
Telefax 0 74 76/93 32 50

Gregor Petri
Waldhauser Straße 34/1
72459 Albstadt
Telefon 0 74 35/13 89
Telefax 0 74 35/17 66

Speichenräder
Fleckenstein
Mühlgasse 1
97717 Euerdorf
Telefon 0 97 04/63 48

Köhler
Carl-Spaeter-Straße 13
56070 Koblenz-Rheinhafen
Telefon 02 61/80 10 36

Link
Schwerinstraße 24
50733 Köln
Telefon 02 21/76 31 41

Stoßdämpfer
Eberhard Motorsport
Haindlstraße 17
83451 Piding
Telefon 0 86 51/41 72

Hubert Hofmann
Falkenstraße 42
72119 Ammerbuch
Telefon 0 70 73/28 44

Tanks
Thomas Schäfer
Goethestraße 6
63584 Gründau
Telefon 0 60 51/1 48 04
Telefax 0 60 51/37 89

Bewertungslisten

eurotaxSchwacke GmbH
Wilhelm-Röntgen-Straße 7
63477 Maintal
Telefon 0 61 81/40 50
Telefax 0 61 81/40 51 11

Deutsche Automobil Treuhand GmbH
Wollgrasweg 43
70579 Stuttgart
Telefon 07 11/45030
Telefax 07 11/4586340

Kaufvertrag für ein gebrauchtes Motorrad

Verkäufer | Käufer

Name: _____ Name: _____

Straße: _____ Straße: _____

Wohnort: _____ Wohnort: _____

Telefon: _____ Telefon: _____

Pers.-Ausweis- od. Pers-Ausweis- od.
Paß-Nr.: _____ Paß-Nr.: _____

Verkauft wird das nachstehend beschriebene Motorrad

Hersteller: _____ Tag der Erstzulassung: _____

Typ: _____ Fahrz-Ident.-Nr.: _____

_____ Fahrz.-Brief-Nr.: _____

Gesamtlaufleistung: _____ Amtliches Kenzeichen: _____

Tachostand (falls abweichend): _____ TÜV bis: _____

Veränderungen abweichend vom Serienzustand (Austauschmotor, Auspuff etc.): _____

_____

Zustandsbeschreibung des Motorrads (Reifenprofil, Beschädigungen etc.): _____

_____

Mitverkauftes Zubehör: _____

Kaufpreis: _____ Euro (bar/Scheck), in Worten: _____

Das Motorrad wird in dem Zustand wie besichtigt und probegefahren unter Ausschluß jeglicher Gewährleistung verkauft

- Der Käufer verpflichtet sich, das Motorrad umgehend selbst zu versichern und umzumelden (spätestens nach Ablauf einer Woche).
- Vom Verkäufer zuviel bezahlte Steuern und Versicherungsbeiträge stehen nach der Ummeldung dem Verkäufer zu.
- Das Motorrad bleibt bis zum Eingang der vollen Kaufsumme Eigentum des Verkäufers.

Weitere Vereinbarungen: _____

_____

- Beide Vertragspartner haben von diesen Vertragsbedingungen Kenntnis genommen und erkennen diese vollständig an.

PLZ, Ort, Datum _____

Verkäufer _____ Käufer _____

Übergabeprotokoll

- Der Verkäufer bestätigt den Empfang des Kaufpreises in bar/Scheck
- Der Käufer bestätigt die Übernahme des oben genannten Fahrzeugs einschließlich des genannten Zubehörs, des Kraftfahrzeugbriefs/-scheins und _____ Stück Schlüsselgarnituren.

PLZ, Ort, Datum, Uhrzeit _____

Verkäufer _____ Käufer _____

Kaufvertrag für ein gebrauchtes Motorrad

Verkäufer | Käufer

Name: _____ Name: _____

Straße: _____ Straße: _____

Wohnort: _____ Wohnort: _____

Telefon: _____ Telefon: _____

Pers.-Ausweis- od. Pers-Ausweis- od.
Paß-Nr.: _____ Paß-Nr.: _____

Verkauft wird das nachstehend beschriebene Motorrad

Hersteller: _____ Tag der Erstzulassung: _____

Typ: _____ Fahrz-Ident.-Nr.: _____

_____ Fahrz.-Brief-Nr.: _____

Gesamtlaufleistung: _____ Amtliches Kenzeichen: _____

Tachostand (falls abweichend): _____ TÜV bis: _____

Veränderungen abweichend vom Serienzustand (Austauschmotor, Auspuff etc.): _____

Zustandsbeschreibung des Motorrads (Reifenprofil, Beschädigungen etc.): _____

Mitverkauftes Zubehör: _____

Kaufpreis: _____ Euro (bar/Scheck), in Worten: _____

Das Motorrad wird in dem Zustand wie besichtigt und probegefahren unter Ausschluß jeglicher Gewährleistung verkauft

- Der Käufer verpflichtet sich, das Motorrad umgehend selbst zu versichern und umzumelden (spätestens nach Ablauf einer Woche).
- Vom Verkäufer zuviel bezahlte Steuern und Versicherungsbeiträge stehen nach der Ummeldung dem Verkäufer zu.
- Das Motorrad bleibt bis zum Eingang der vollen Kaufsumme Eigentum des Verkäufers.

Weitere Vereinbarungen: _____

- Beide Vertragspartner haben von diesen Vertragsbedingungen Kenntnis genommen und erkennen diese vollständig an.

PLZ, Ort, Datum _____

Verkäufer _____ Käufer _____

Übergabeprotokoll

- Der Verkäufer bestätigt den Empfang des Kaufpreises in bar/Scheck
- Der Käufer bestätigt die Übernahme des oben genannten Fahrzeugs einschließlich des genannten Zubehörs, des Kraftfahrzeugbriefs/-scheins und _____ Stück Schlüsselgarnituren.

PLZ, Ort, Datum, Uhrzeit _____

Verkäufer _____ Käufer _____

DIE WELT IST EINE KURVE.

Nichts ist so berauschend wie die Fliehkraft im Scheitelpunkt einer Kurve. Nichts weckt die Sehnsucht nach Freiheit und Geschwindigkeit so sehr wie der Geruch des Asphalts an einem heißen Sommertag. Und nichts ist so aufregend wie der vibrierende Sound eines 2-Zylinders bei 6.500 Umdrehungen. Außer eines: das Blättern in den Seiten von MOTORRAD. Alle 14 Tage Faszination, die am Kiosk beginnt. Jetzt holen und selbst erleben.

Bücher mit Benzingeruch

Jürgen Gaßebner
Deutsche Motorrad-Klassiker der 50er Jahre
In phantastischen Farbaufnahmen präsentiert das Buch die Motorrad-Ikonen von vorgestern und setzt den deutschen Motorradklassikern der 50er-Jahre ein Denkmal. Alles, was Rang und Namen hatte, gibt sich hier ein Stelldichein: Horex Regina, BMW R 51/2, NSU Max, Adler MB 250, DKW RT 250 und Zündapp KS 601.

160 Seiten, 166 Farbbilder **Bestell-Nr. 02177 € 26,–**

Hanns-Martin Fraas, Perfekt Fahren mit »Motorrad«
Dieser Ratgeber, herausgegeben von »Motorrad«, ist der ideale Wegbegleiter für mehr Sicherheit im Straßenverkehr. Dass das Ganze trotz des ernsten Hintergrunds unterhaltsam und gut lesbar aufbereitet ist und auch erfahrenen Bikern jede Menge bringt, versteht sich bei der Kompetenz des Action-Teams von selbst.

240 Seiten, 100 Farbbilder **Bestell-Nr. 02176 € 22,–**

Gaetano Cocco, Motorrad-Technik pur
Gaetano Cocco beschreibt die konstruktiven Hintergründe eines Motorrads, zeigt Zusammenhänge auf und erklärt die technischen Parameter, die das Fahrverhalten eines Motorrades beeinflussen. Der erste Teil seines Buches informiert über physikalische Grundlagen, der zweite Teil erläutert Motor und Fahrwerk.

216 Seiten, 202 Farbbilder **Bestell-Nr. 02127 € 26,–**

Kuch/Gaßebner
Suzuki
Das Buch spannt den Bogen von der »Power Free« des Jahres 1952 bis zur GSX-R 1000 von 2001 und befasst sich mit dem Rennsport, den MotoCross-Erfolgen und der Entwicklung in Deutschland, kurzum: ein reich illustriertes Lese- und Nachschlagewerk, dem kaum ein Motorradfan wird widerstehen können.
240 Seiten, 300 Bilder
Bestell-Nr. 02091 € 26,–

Kuch/Gaßebner
Yamaha
Seit 1955 entwickelte sich Yamaha zu einer außerordentlich aktiven Firma mit einem breit gefächerten Programm. Und genau das spiegelt sich in diesem Typenbuch wieder, das die Motorräder und Roller, Chopper, Cruiser und Rennmaschinen der Marke vorstellt.
224 Seiten, 291 Bilder, davon 241 in Farbe
Bestell-Nr. 02065 € 26,–

Koenigsbeck/Petri
Honda Goldwing
Von der ersten GL 1000 KO über das Dickschiff GL 1200 und die GL 1500/6 bis hin zum brandneuen und fast 50.000 Mark teuren Luxusliner GL 1800. Zudem geht diese prachtvoll illustrierte Monografie auf die Szene und die Menschen um das Motorrad ein.
216 Seiten, 279 Bilder, davon 259 in Farbe
Bestell-Nr. 02179 € 36,–

Wolfgang Zeyen
Ducati Desmoquattro
Eine Ducati bleibt unvergleichlich – und eine »Quattrovalvole« allemal. Mehr noch: Die Vierventil-Duc, steht für die Wiedergeburt des europäischen Sportmotorrades. Wolfgang Zeyen – Quattrovalvole-Kenner – beschreibt in diesem reich illustrierten Buch die Geschichte dieses überragenden Motorrades.
176 Seiten, 200 Farbbilder
Bestell-Nr. 02178 € 32,–

IHR VERLAG FÜR MOTORRAD-BÜCHER

Postfach 10 37 43 · 70032 Stuttgart
Telefon (07 11) 21 08 065 · Fax (07 11) 21 08 070

Stand Februar 2002
Änderungen in Preis und Lieferfähigkeit vorbehalten

Motorbuch Verlag